Jürgen Hartmann

Westliche Regierungssysteme

Grundwissen Politik
Band 29

Begründet von Ulrich von Alemann

Herausgegeben von

Arthur Benz
Susanne Lütz
Georg Simonis

Jürgen Hartmann

Westliche Regierungssysteme

Parlamentarismus, präsidentielles und semi-präsidentielles Regierungssystem

2., aktualisierte Auflage

VS VERLAG FÜR SOZIALWISSENSCHAFTEN

VS Verlag für Sozialwissenschaften
Entstanden mit Beginn des Jahres 2004 aus den beiden Häusern
Leske+Budrich und Westdeutscher Verlag.
Die breite Basis für sozialwissenschaftliches Publizieren

Bibliografische Information Der Deutschen Bibliothek
Die Deutsche Bibliothek verzeichnet diese Publikation in der Deutschen Nationalbibliografie;
detaillierte bibliografische Daten sind im Internet über <http://dnb.ddb.de> abrufbar.

1. Auflage 2000
2. Auflage April 2005

Alle Rechte vorbehalten
© VS Verlag für Sozialwissenschaften/GWV Fachverlage GmbH, Wiesbaden 2005

Lektorat: Frank Schindler

Der VS Verlag für Sozialwissenschaften ist ein Unternehmen von Springer Science+Business Media.
www.vs-verlag.de

Umschlaggestaltung: KünkelLopka Medienentwicklung, Heidelberg
Druck und buchbinderische Verarbeitung: MercedesDruck, Berlin
Gedruckt auf säurefreiem und chlorfrei gebleichtem Papier
Printed in Germany

ISBN 3-531-14221-6

Inhalt

Vorwort der Herausgeber

Die Institutionen westlicher Regierungssysteme wie Parlamente, Regierungen und Verwaltungen sowie die Organisationsformen vertikaler Staatlichkeit (Einheitsstaat, Bundesstaat) bieten sich zu Beginn des Studiums als geeignete Einstiegspunkte in den politikwissenschaftlichen Vergleich an. In diesem Feld der Politikwissenschaft wird nicht nur weitgehend unstrittiges Wissen den Studierenden geboten, sie werden auch mit zentralen Kategorien des Fachs – Präsidentialismus, Parlamentarismus, Semipräsidentialismus – vertraut gemacht. Darüber hinaus eignet sich die Vergleichende Regierungslehre in besonderer Weise dazu, ein besseres Verständnis der Funktionsweise eines demokratischen Regierungssystems zu gewinnen. Diese beruht auf einer jeweils besonderen Ausprägung von Gewaltenteilung zwischen den Kerninstitutionen des Staates, deren Untersuchung im Mittelpunkt des Interesses steht.

Das Buch soll auch Basiswissen im Rahmen des Regierungsvergleichs über drei wichtige Länder vermitteln, denen in der Weltpolitik, wie den USA, oder in der europäischen Politik, wie Frankreich und Großbritannien, besonderes Gewicht zukommt.

Wie alle Bände dieser Reihe ist auch der vorliegende Studientext aus dem Lehrangebot des Instituts für Politikwissenschaft der FernUniversität Hagen hervorgegangen. Dem Autor sei an dieser Stelle für die angenehme langjährige Kooperation gedankt. Redaktionell wurde der Band von Stephan Bröchler, wissenschaftlicher Assisstent am Lehrgebiet Internationale Politik/Vergleichende Politikwissenschaft betreut. Auch ihm gilt für seinen Einsatz unser Dank.

Hagen, im August 2000

Arthur Benz   *Roland Czada*   *Georg Simonis*

Einleitung

Das vorliegende Buch soll einen Überblick über die Entstehung, die Strukturen und die Funktionsweise dreier Regierungssysteme verschaffen, die stets das besondere Interesse der politikwissenschaftlichen Sparte der Vergleichenden Regierungslehre gefunden haben. Das Buch ermöglicht zugleich einen Einstieg in die empirischen Strukturen der modernen Demokratie, da es sich mit demokratischen Regierungssystemen befasst.

Die Vergleichende Regierungslehre ist eine spezielle Form des politikwissenschaftlichen Vergleichs. Ganz allgemein geht es in der Vergleichenden Regierungslehre darum, dass die richtigen Fragen gestellt werden, um die wesentlichen politischen Merkmale einer Gesellschaft herauszufinden. Die Vergleichende Politikwissenschaft betrachtet die Gesamtheit der gesellschaftlichen Verhältnisse, soweit diese die Politik bestimmen. Diese Sparte der Politikwissenschaft wird vielfach auch als Systemvergleich bezeichnet. Das politische System umschreibt eine Vergleichsperspektive, die Staat und Gesellschaft gleichermaßen einbezieht. Der Staat mit seinen Institutionen steht im Zentrum der Vergleichenden Regierungslehre, und diese operiert bei der Bestimmung des Institutionengefüges mit dem Begriff des Regierungssystems. Die Vergleichende Regierungslehre hat also einen engeren und stärker staatsbezogenen Blickwinkel, ohne freilich die Verknüpfung des Regierungssystems mit der Gesellschaft zu ignorieren. Wahlen, Interessengruppen, Medien und politische Einstellungen sind beispielsweise genauso wichtig für die Politik wie die Institutionen der Gesetzgebung und des Regierens. Aber diese Themen verweisen auf die gesellschaftlichen Dimensionen der politikwissenschaftlichen Analyse, die ein spezielleres theoretisches und handwerkliches Vorwissen verlangen und insoweit höhere Ansprüche stellen als der Institutionenvergleich (vgl. etwa die Übersichtswerke von Berg-Schlosser/ Müller-Rommel 1997, Hartmann 1995, Naßmacher 1991). Schließlich befaßt sich die Vergleichende Politikwissenschaft mit den Ergebnissen des politischen Handelns, d. h. sie fragt nach den Zielen und Methoden der Politik auf verschiedenen Themen- und Politikfeldern (z. B. Innere Sicherheit, Sozialpolitik, Bildungspolitik, Arbeitsmarktpolitik). Dieser Gegenstandsbereich des Vergleichs setzt gründliche Kenntnisse nicht nur des politischen Systems insgesamt, sondern auch der Probleme voraus, mit denen sich die Politik auseinandersetzt. Für die politischen Institutionen, die im Mittelpunkt dieses Buches stehen, hat sich der Oberbegriff des Regierungssystems eingebürgert. Es handelt sich vorrangig um jene Institutionen, die das Regieren ermöglichen und kontrollieren, also um Regierung, Parlament und Gerichte sowie um Parteien und Verbände (vgl. von Beyme 1988, 50 ff., Stammen 1972).

Die Entscheidung für das Regierungssystem als Einstiegspunkt in den politikwissenschaftlichen Vergleich bietet folgende Vorteile:

– Die Kenntnis und Bewertung der Institutionen fließt als Voraussetzung in die Beschäftigung mit dem weiter gefaßten politischen System ein, z. B. in die Vermittlung gesellschaftlicher Interessen und Konflikte in die Politik (Wahlkämpfe, Medienkampagnen, Einflußnahme durch Verbände, innerparteiliche Auseinandersetzungen, Debatte unterschiedlicher Problemlösungswege).
– Die Institutionen des Regierungssystems wie Parlamente, Parteien und Verwaltungen sowie die Organisation der vertikalen Staatlichkeit (Einheitsstaat, Bundesstaat) bieten sich als Ausgangspunkt an, um die Dimension der informellen Politik zu erschließen. Die Konfrontation der rechtlich-formellen Grundlagen der Politik mit der politischen Praxis lenkt den Blick auf „ungeschriebene Gesetze", die das Handeln und Zusammenwirken der Institutionen überhaupt erst verständlich machen.
– Schließlich soll das Buch im Rahmen des Regierungssystemvergleichs Basiswissen über drei wichtige Länder vermitteln, denen in der Weltpolitik, wie den USA, oder in der europäischen Politik, wie Frankreich und Großbritannien, besonderes Gewicht zukommt.

Viele Themen, die der Leserin oder dem Leser in geläufigen Einführungs- und Überblickswerken vorgestellt werden, kommen in diesem Buch nicht vor. Das ist so gewollt. Der Übergang zu den hier ausgesparten Themen wird im weiteren Studium auf Informationen dieses Buches rekurrieren können. Bei der Vertiefung solcher Themen wie Parteien, Verbände, politische Bürokratie oder Gewaltenteilung wird dies der Fall sein. Politikfelder (Policies) werden hier nicht einmal am Rande erörtert. Aber wer immer sich international vergleichend mit Politikinhalten befaßt, wird feststellen, daß Großbritannien und die USA in der Politikfeldforschung besonders starke Beachtung finden. Für autoritäre Systeme, also für Diktaturen der verschiedensten Art, bietet dieses Buch keinen Anknüpfungspunkt. Autoritäre System bilden in der Vergleichenden Politikwissenschaft ein Thema für sich. Der Regierungssystemvergleich eignet sich am besten für offene Gesellschaften, deren Politik um das zeitlich befristete Regierungsmandat, um legitime Opposition und um institutionelle Gegenmacht kreist. Autoritäre Systeme, die alles dies nicht kennen, verlangen den herrschaftssoziologischen Zugang. Dieser wird aber in einer anderen Sparte der Vergleichenden Politikwissenschaft vermittelt.

Das Buch besteht aus vier Hauptkapiteln. Kapitel 1 über die Dimensionen und Fragestellungen eines Regierungssystemvergleichs definiert den Begriff des Regierungssystems und skizziert knapp die wichtigsten Kategorien moderner Regierungssysteme: Demokratien und Diktaturen. Sodann leitet es zu den Besonderheiten demokratischer Regierungssysteme und zu ihren wichtigsten Vergleichsmerkmalen über. Abschließend werden die Besonderheiten des parlamentarischen und des präsidentiellen Regierungssystems entwickelt und im Zusammenhang mit der klassischen politischen Literatur sowie mit den modernen

Klassikern des Regierungssystems dargelegt. Kapitel 2 befaßt sich mit dem britischen Regierungssystem. Die USA sind Gegenstand des Kapitels 3. Frankreich wird im Kapitel 4 behandelt, und Kapitel 5 fasst die Ergebnisse des Vergleichs zusammen.

Die Kapitel über Großbritannien, die USA und Frankreich befassen sich jeweils mit den historischen Entwicklungsphasen der jeweiligen Regierungssysteme, ferner mit dem formalen Staatsaufbau, mit der tatsächlichen Funktionsweise der staatlichen Entscheidungsorgane und schließlich mit dem gesellschaftlichen Umfeld sowie den wichtigsten Trägern politischer Willensbildung (Parteien und Verbände). Die Länderkapitel enthalten die detailliertesten Ausführungen dieses Textes. Sie folgen einer einheitlichen Gliederung, um bereits in der Systematik der Darstellung die Gemeinsamkeiten und Unterschiede der betrachteten Regierungssysteme deutlich zu machen.

Das abschließende Kapitel 5 über die Ergebnisse des Vergleichs wertet im Rückgriff auf die im ersten Kapitel dargelegten Vergleichskriterien und Fragestellungen die in den Länderkapiteln präsentierten Fakten und Zusammenhänge aus.

Die Stoffdarbietung des Buches orientiert sich an den folgenden Fragen:

– Was ist ein Regierungssystem?
– Welche historischen Konflikte und welche herrschaftstheoretischen Konzeptionen spielten bei der Entstehung der Regierungssysteme eine Rolle?
– Wie sind die Regierungssysteme aufgebaut? Wie ist das Verhältnis von Parlament und Regierung geregelt? Welche politische Bedeutung kommt der Gerichtsbarkeit zu? Welche Rolle spielen die Parteien im Regierungsprozeß? Inwieweit werden Parteien und Verbände von den Besonderheiten der staatlichen Institutionen beeinflußt?
– Welches Regierungssystem funktioniert einfacher, welches ist offener für gesellschaftliche Einflüsse und Veränderungen?

1 Das Regierungssystem. Definition, Typologie und politiktheoretischer Hintergrund

1.1 Regierungssystem, Staat und politisches System

Das Regierungssystem ist seit langem zum Standardbegriff in der Sprache der Politikwissenschaft geworden. Vor 20 und 30 Jahren waren politikwissenschaftliche Darstellungen über Großbritannien, Frankreich und die USA mit Titeln wie „Das Regierungssystem Großbritanniens", „Frankreichs" oder „der USA" versehen. Heute tragen entsprechende Bücher eher Überschriften wie „Das politische System Großbritanniens" oder „Politik in Frankreich" etc. Wo liegt der Unterschied? Ist das „politische System" nur ein modegerechter Begriff für das, was seinerzeit schlicht als „Regierungssystem" bezeichnet wurde?

Was heißt
Regierungssystem?

Viele Buchveröffentlichungen und Zeitschriftenartikel rekurrieren nach wie vor auf die Vokabel des Regierungssystems. Um der Sache näher zu kommen, scheint es zunächst angebracht, das Regierungssystem vom politischen System abzugrenzen. Läßt man sich aber erst auf Abgrenzungen ein, so stellt sich bald die naheliegende weitere Frage, was denn das Regierungssystem eigentlich vom Staat unterscheidet. Vordergründig hat es den Anschein, als sei der Staat nur ein traditionelles Synonym für das politische System oder für das Regierungssystem.

Setzen wir zunächst bei letzterer Unterscheidung an. Der Staat meint im herkömmlichen Sinne den Gegenstand des Staats- und Völkerrechts. Die Rechtswissenschaft analysiert den Staat als einen Komplex von Rechtsvorschriften, der das politische Handeln und die Rechte und Pflichten der Bürger definiert. Der Kern der Sache sind Normen, d.h. schriftlich fixierte Erwartungen, die sich aus den Verfassungs-, Gesetzes-, Verordnungs- und Verfahrenstexten entnehmen lassen. Setzen wir zunächst beim Staatsbegriff des Völkerrechts an. Dieses bemißt die Staatsqualität eines politischen Gebildes nach einer erstmals vom Staatsrechtler Jellinek (1914) getroffenen Unterscheidung nach drei Kriterien: Bestimmung des Staatsgebiets, d.h. der territorialen Grenzen; Bestimmung des Staatsvolkes, d.h. die Definition des Staatsbürgers; und schließlich – auch für die Politikwissenschaft überaus wichtig – die Effektivität der Staatsgewalt (siehe etwa in der neueren Literatur: Kriele 2003). Letzteres Kriterium ist von besonderer Bedeutung. Es bestimmt die Staatsqualität delikaterweise nicht nach formalen Kriterien, sondern es verweist auf die Durchsetzungsfähigkeit der für das Staatsgebiet und das Staatsvolk geltenden Rechtsnormen. Die Einhaltung der Rechtsordnung muß gewährleistet sein. Der Staat muß sich in seinem äußeren Umfeld zu behaupten wissen. Dieses völkerrechtliche Staatsverständnis läßt am heiklen Punkt der Staatsgewalt erkennen, daß die Beschäftigung mit Rechtsnormen wenig Sinn macht, wenn es an Institutionen fehlt, die ihnen Wirksamkeit verschaffen.

Ein weiterer Aspekt der Staatsbetrachtung gilt der Organisation der Willensbildung. Diese Perspektive kommt dem Regierungssystem in der Politikwissenschaft ein großes Stück entgegen. Hier geht es nicht mehr darum, den Staat als Rechtsordnung im Außenverhältnis zu bestimmen, sondern um die innere Differenzierung des Staates. Sie bildet den engeren Gegenstand des Staatsrechts. Das Staatsrecht befaßt sich damit, wie das Volk an der Politik teilnimmt, zum Beispiel durch Wahlen oder Volksabstimmungen, welches Staatsorgan den Volkswillen zwischen den Wahlen geltend macht, wie die Regierung zustande kommt, wer den Staat nach außen vertritt. Mit Bedacht sind für diese Illustrationen allein Staaten vom Typus der westlichen Demokratie gewählt. Diese organisieren die politischen Willensbildungsprozesse und das Regierungsgeschehen nach dem Prinzip der Gewaltenteilung. Nach der Legitimation des Staatsoberhauptes ergibt sich die Differenzierung in Staatsformen wie Monarchien und Republiken.

„Monarchie: Staatsform, in der das Staatsoberhaupt eine auf Lebenszeit bestellte Einzelperson, der Monarch, ist. Nach der Bestellung des Monarchen unterscheidet man die Erbmonarchie von der Wahlmonarchie. Nach der Reichweite der monarchischen Gewalt bzw. Beschränkung der Rechte des Monarchen differenziert man zwischen absoluter Monarchie, in der dem Monarchen die gesamte Staatsgewalt unbeschränkt zukommt, ständischer Monarchie, in der die Kompetenz des Monarchen durch Sonderrechte ... beschränkt ist, konstitutioneller Monarchie, die die Macht des Monarchen durch eine Verfassung einschränkt, und parlamentarischer Monarchie. ... Monarchie kennzeichnete viele Regime im Europa des 19. Jahrhundert, während im 20. Jahrhundert in den westlichen Ländern die Republik oder die parlamentarische Monarchie vorherrschen. Mit fortschreitender Parlamentarisierung und Demokratisierung schrumpfte die politische Bedeutung der Monarchie und des Monarchen, so daß auch die Aussagekraft einer am Monarchietypus orientierten Staatsformlehre entsprechend vermindert wurde. Republik: Als Staatsform ist die Republik eine Herrschaftsordnung, in der das Staatsoberhaupt durch Wahl für eine bestimmte Zeitdauer bestellt wird. ... Die Aussagekraft der Differenzierung (zur Monarchie) wird freilich in dem Maße schwächer, in dem die politische Funktion des Staatsoberhauptes an Bedeutung verliert. Republik ist mittlerweile die (inzwischen nicht mehr sonderlich trennscharfe) Bezeichnung für höchst unterschiedliche Herrschaftsordnungen..." (Manfred G. Schmidt, Wörterbuch zur Politik, Stuttgart 1995, S. 835).

Man unterscheidet ferner zwischen konstitutionellen Monarchien, parlamentarischen Monarchien sowie präsidialen und parlamentarischen Republiken. Das bestimmende Kriterium ist jeweils die Rückbindung des Regierungshandelns an die Zustimmung parlamentarischer Gremien. Die Staatsformenlehre greift bereits in die politikwissenschaftliche Regierungssystembetrachtung über.

Politisches System
    Der Akzent des Staatsbegriffs liegt auf den Rechtsbestimmungen, in denen sich die Politik entfaltet. Das politische System hingegen rückt die Verknüpfung der Gesellschaft mit dem Staat in den Mittelpunkt. Im verbreitetsten Modell des politischen Systems kommt der Politik die Aufgabe zu, Konflikte zum Ausdruck zu bringen und sie zu lösen. Das Basismodell des politischen Systems hat vor gut 50 Jahren der amerikanische Politikwissenschaftler David Easton (1965) entwickelt; seine bekannteste Weiterentwicklung leisteten Gabriel A. Almond und John Bingham Powell 1966. (Die Grundzüge der Systemtheorie sind kurz dargestellt bei Münch 1995, 626 ff.): Das Primäre ist die Gesellschaft, das politische System wird von der Gesellschaft in ihren Dienst gestellt. Die Vorstellung vom politischen System richtet ihr Augenmerk auf die Ursachen politischer Interessen und Konflikte. Beispiele sind etwa Konflikte zwischen Arbeitgebern und Gewerkschaften, zwischen Konsumenten und Produzenten, zwischen Um-

16

weltschützern und Befürwortern großer Industrieprojekte. Diese Interessen sind bereits integraler Bestandteil des politischen Willensbildungsprozesses und gehören zum Gegenstand der Regierungssystembetrachtung. Den dritten Komplex des politischen Systems bilden die Strukturen des Regierungsprozesses. Hier handelt es sich um die Art der Institutionen, die das Regierungs- und Verwaltungsgeschäft besorgen, um ihr Zusammenwirken und um typische Konflikte sowie um die Art und Weise, wie die Parteien und Verbände das Regierungsgeschehen mitbestimmen. Es geht hier um einen Ausschnitt des politischen Systems, der den Kern des Regierungssystems ausmacht. Die gesellschaftlichen Interessen im politischen System laufen auf diesen Kern zu, sie werden dort gebündelt, und dort werden die Entscheidungen getroffen. Diese Entscheidungen wirken auf die Gesellschaft zurück, wo sie recht unterschiedliche Wirkungen entfalten, etwa die fortlaufende Anerkennung des politischen Systems als Ganzes, Unzufriedenheit, Protest, Zusatzforderungen oder – in seltenen Fällen – auch das Abstellen einer Konfliktquelle.

Nach diesen Skizzen des Staatsbegriffs, der das Regierungssystem in seiner Rechtsnormenstruktur berührt, und des politischen Systems, das die Gesellschaft einbezieht, aber das Regierungssystem voll integriert, kann nunmehr das Regierungssystem selbst näher bestimmt werden. Recht allgemein bedeutet das Regierungssystem die Gesamtheit aller Institutionen und Praktiken der politischen Willensbildung (Wahlen, Abstimmungen), der politischen Entscheidung (Gesetzgebung, Regierung) und der Vorbereitung und Anwendung solcher Entscheidungen (Verwaltung, Gerichtsbarkeit). So wird im Englischen das „government" verstanden, das im Deutschen am besten als „Regierungssystem" zu übersetzen wäre. Die Schwierigkeit bei der Übertragung des Government ins Deutsche liegt darin, daß unter der Regierung hierzulande herkömmlicherweise die Exekutive, d.h. der politisch verantwortliche Teil des Staates und die Spitze der ausführenden Gewalt, verstanden wird.

Regierungssystem: Definition

Die Erkenntnisse der Staatsrechtslehre sind für die Regierungssystemanalyse unverzichtbar, sofern es sich um Regierungssysteme von demokratischer Qualität handelt. Diese Qualifikation ist überaus wichtig. Blicken wir auf die gut 200 souveränen Staaten der Erde, so gelangen wir bei der Zählung demokratischer Länder auf etwa 40. Überwiegend hat man es in der Welt also mit Staaten zu tun, bei denen es sich um Diktaturen handelt. Gewiß haben auch Diktaturen oder, wie sie in der Politikwissenschaft vielfach genannt werden, autoritäre Systeme ihr Regierungssystem – nicht anders als die totalitären Regime des 20. Jahrhunderts.

Demokratische und andere Regierungssysteme

„Autoritäre Regime: Idealtypische Bezeichnung für Regierungsformen, die zwischen Demokratie und Totalitarismus anzusiedeln sind. Von der Demokratie unterscheiden sich die autoritären Regime durch eingeschränkte bzw. gänzlich fehlende Freiheitsräume für gesellschaftlichen und politischen Pluralismus. Im Gegensatz zu totalitären Diktaturen verzichten autoritäre Regime sowohl auf eine permanente Mobilisierung der Bevölkerung (...) als auch auf eine alle Gesellschaftsbereiche durchdringende, ausformulierte Ideologie. In Gestalt von Einparteiensystemen und Militärregimen sind autoritäre Regime heute vornehmlich verbreitet in Ländern der Dritten Welt ... Autoritäre Regime können aber auch entstehen sowohl aus einer Krise demokratischer Systeme ... als auch hervorgehen aus dem Wandel totalitärer Regime ..." (Everhard Holtmann, Politik-Lexikon, 3. Aufl., München 2000, S. 55).

„Totalitarismus: Typus neuerer politischer Gewaltherrschaft, die unter den Vorzeichen eines weltanschaulichen Hegemonialstrebens den Staat in seiner Gesamtheit instrumentalisiert mit dem Anspruch, alle gesellschaftlichen und persönlichen Lebensbereiche uneingeschränkt zu erfassen und gleichzuschalten. Im Unterschied zu ... autoritären Systemen ... ist der Totalitarismus eine ‚moderne‘ Erscheinung industrieller Massengesellschaften, eine Herrschaft mit Hilfe moderner Technologie, allumfassender Ideologie, scheindemokratischen Strukturen und monopolistischer Staatspartei. Als Totalitarismus werden italienischer Faschismus bezeichnet, Nationalsozialismus und Kommunismus (vor allem Stalinismus). Diese einzelnen totalitären Systeme werden von der Totalitarismustheorie der 50er und 60er Jahre trotz unterschiedlicher Ideologien, Wirtschaftsordnungen und Gesellschaftsstrukturen unter Hinweis auf übereinstimmende Herrschaftsformenmerkmale unter dem Sammelbegriff Totalitarismus subsumiert" (Everhard Holtmann, Politik-Lexikon, 3. Aufl., München 2000, S. 690).

Es gibt ein Regierungssystem der Volksrepublik China, des indonesischen Inselstaates oder Ägyptens. Ihnen gemeinsam ist die Tatsache, daß sie das Volk von der politischen Willensbildung fernhalten. Die Machtverhältnisse mögen sich vielleicht sogar aus der Lektüre der Verfassungsdokumente erschließen, aber das Herrschafts- und Bestandsinteresse der Regierungsinhaber zählt in Zweifelsfällen stärker als die Beachtung der Verfassungs- oder Rechtsbestimmungen. Der Eigenwert von Verfassungen paßt mit Diktaturen nicht zusammen. Die Regierungssystemanalyse hält sich vorzugsweise an demokratische Rechtsstaaten. Regelwerke wie Verfassungen, Gesetze oder Verfahrensordnungen lassen sich dort letztlich auf den Volkswillen und auf den Mehrheitsentscheid parlamentarischer Körperschaften zurückführen. Selbst die Parlamente bleiben im allgemeinen dem Verfassungstext unterworfen, der mit einfachen parlamentarischen Mehrheiten nicht geändert werden kann. An den Gerichten ist es, unklare oder umstrittene Willensäußerungen verbindlich auszulegen. Kurz: Rechtsstaatlichkeit und politische Willensbildung mit dem Ursprung im Volksvotum verweisen auf die *Gewaltenteilung* als Konstitutionsmerkmal des demokratischen Regierungssystems. Die Politikwissenschaft läßt sich bei der Auseinandersetzung mit autoritären Systemen auf die Analyse der Verfassungsstrukturen meist nur am Rande ein: Deren Verpflichtungswert ist einfach gering bis zur Bedeutungslosigkeit. Die Zeitungslektüre und das Zwischen-den-Zeilen-lesen sind bei diesem Gegenstand wichtiger als die wohltönenden Formulierungen irgendwelcher Verfassungstexte.

Regierungssystem und materielle Verfassung

Soweit hier von der Verfassung die Rede ist, muß hinzugefügt werden, daß für die Regierungssystembetrachtung nicht ausschließlich das Verfassungsdokument wichtig ist. Es handelt sich hier lediglich um die sog. *formelle Verfassung*, die in der Regel nur mit Hilfe erhöhter Quoren (Zweidrittelmehrheit) geändert werden kann. Für das Regierungssystem interessanter ist die *materielle Verfassung*, in die neben diese formelle Verfassung zahlreiche, mit einfacher Mehrheit veränderbare Gesetze wie das Wahlgesetz, das Parteienfinanzierungsgesetz, das Vereinsgesetz und das Gerichtsverfassungsgesetz einfließen. Das Regierungssystem rankt sich weithin um diese weitgefaßte materielle Verfassung. Hinzu kommt aber noch ein weiteres Moment, das sich aus der rechtlichen Sichtweise nicht erschließt. In sämtlichen Regierungssystemen spielen auch *Konventionen* oder *Usancen* eine Rolle – politische *Bräuche*. Hier handelt es sich um ein Phänomen, das in der politischen Praxis entsteht und sich in etwa wie folgt umschreiben läßt: Im Parlament und zwischen den Parlamentsfraktionen oder zwischen Regierung und Parlament oder zwischen Regierung und Opposition spielen sich „ungeschriebene Gesetze" ein. Diese liegen im Interesse aller Beteiligten und werden deshalb um nichts weniger respektiert als die für den Regierungsprozeß relevanten Rechtsbestimmungen. Im Englischen werden sie „constitutional conventions" genannt. Es liegt in der Eigenart der Regierungssysteme, daß sie breiten Raum für solche informellen Regeln und damit auch für politische Wandlungsfähigkeit ohne Eingriffe in die materielle Verfassung lassen.

Die Regierungssystemanalyse in der Politikwissenschaft befaßt sich mit den Beziehungen zwischen dem Parlament und der Regierung und dem institutionellen Umfeld des Wahlsystems, ferner mit der Gerichtsbarkeit, den Parteien, den Verbänden und der politischen Bürokratie. Das Regierungssystem läßt sich als *Gewaltenteilungsproblem* umschreiben: Die Gewaltenteilungsfrage stellt sich allein dort, wo eine Rückbindung der Regierungstätigkeit an eine gewählte Vertreterversammlung eingerichtet ist. Das verfassungspolitische Verhältnis zwischen Parlament und Regierung ist für das demokratische Regierungssystem schlechthin konstitutiv. Es erschließt sich aber erst dann, wenn die Regierungs- und Parlamentspraxis in die Beobachtung einbezogen wird.

1.2 Die Typisierung der Regierungssysteme

Seit Montesquieu und den Autoren der Federalist Papers, wichtigen Klassikern des politischen Denkens der Moderne, wird die Gewaltenteilung als die Trinität von gesetzgebender, ausführender und richterlicher Gewalt verstanden. Auf diese Klassiker wird unten näher einzugehen sein. Hier soll nun zunächst die Bedeutung des Gewaltenteilungsschemas für das Erkennen und die Zuordnung der Regierungssysteme diskutiert werden. Die monströsen und altmodisch wirkenden, von der Rechtswissenschaft vereinnahmten Begriffe der gesetzgebenden und der ausführenden Gewalt werden in der politikwissenschaftlichen Literatur kurz und bündig mit Parlament und Regierung übersetzt. Weil die gesetzgebende Gewalt in der Regel allein von einer gewählten Versammlung ausgeübt wird, ist das Parlament zum Oberbegriff für jede Art der gesetzgebenden Repräsentativversammlung geworden. In gleicher Weise wird die ausführende Gewalt politikwissenschaftlich auf die Regierung zugespitzt. Dies hat seinen guten Sinn, weil die ausführende Gewalt streng besehen den gesamten Exekutivapparat des Staates, also oft Millionen von Beamten, Angestellten, Richtern und Soldaten umfaßt. Für die Regierungssystembetrachtung relevant ist aber lediglich jener Teil der ausführenden Gewalt, der an der Spitze dieses Apparats steht und eigens dafür von der Wählerschaft oder von einer Parlamentsmehrheit berufen worden ist. Entscheidend für beide, für Parlament und Regierung, ist der zeitlich beschränkte Auftrag.

In bezug auf die Legitimation speziell des Regierungshandelns durch den Wählerwillen lassen sich zwei Grobkonstruktionen unterscheiden. Die eine hält sich strikt an das klassische Gewaltentrennungsmodell: Die Regierung wird genau wie das Parlament vom selben Elektorat bestimmt, nur eben von räumlich gestuft großen Wählerabteilungen (Gesamtwählerschaft, Wahlkreise). Beide müssen für die Dauer ihrer Amts- oder Mandatsperiode miteinander auskommen.

Gewaltenteilung als Kern demokratischer Regierungssyteme

Gewaltenteilung im präsidentiellen Regierungssystem

Gewaltenteilung im parlamentarischen Regierungssystem

Dieses *präsidentielle Regierungssystem* setzt Wählerwillen gegen Wählerwillen. Sein Betriebsstoff ist der Kompromiß, das Ergebnis ist allzu oft die Blockade. Die andere Möglichkeit, die Regierung an das Wählervotum zu binden, ist das *parlamentarische Regierungssystem*. Eine seiner Eigenarten besteht darin, daß die Parlamentsmehrheit aus ihrer Mitte Personen bestimmt, denen die Regierungsfunktion übertragen wird. Dieser Auftrag erlischt spätestens mit der Wahl eines neuen Parlaments. Wenn nun in diesem Fall noch ein *Rückholrecht* des Parlaments hinzutritt, wenn also, um einen Schlüsselbegriff des Regierungssystemvergleichs einzubringen, die Regierung vom Parlament auch wieder *abberufen* werden kann, dann gewinnt das parlamentarische Regierungssystem seine charakteristische Qualität. Herr des Regierungsgeschehens wird dann das Parlament. Der Unterschied zu einer zwar parlamentsgewählten, aber nicht abberufbaren Regierung ist bei näherem Hinsehen weit größer, als es auf den ersten Blick scheint.

„Die kennzeichnenden Unterschiede zwischen parlamentarischem und präsidentiellem Regierungssystem sind:

1. Parlamentarisches Regierungssystem: Zugehörigkeit der Regierung zum Parlament rechtlich zulässig und politisch notwendig (...). Präsidentielles Regierungssystem: Zugehörigkeit der Regierung zum Parlament verfassungsrechtlich verboten (Inkompatibilitätsgebot).
2. Parlamentarisches Regierungssystem: Rücktrittsverpflichtung der Regierung im Fall eines Mißtrauensvotums. Präsidentielles Regierungssystem: Fortbestand der Regierung unabhängig von parlamentarischen Mehrheiten.
3. Parlamentarisches Regierungssystem: Recht der Regierung auf Auflösung des Parlaments. Präsidentielles Regierungssystem: keine Auflösung des Kongresses durch Präsidenten.
4. Parlamentarisches Regierungssystem: Regierungspartei unter strikter Kontrolle des Regierungschefs. Fraktionsdisziplin unerläßlich. Präsidentielles Regierungssystem: Partei des Präsidenten (denkbarerweise die Minderheitspartei) relativ unabhängig vom Präsidenten; Fehlen einer Fraktionsdisziplin in anderen als personalpolitischen Fragen)" (Ernst Fraenkel, Parlamentarisches Regierungssystem, in: Ernst Fraenkel und Karl-Dietrich Bracher (Hrsg.), Staat und Politik, Das Fischer Lexikon, Bd. 2, Frankfurt/M. 1964, S. 240).

Die abberufbare Regierung kann es sich nicht allzu oft und allzu lange leisten, den Willen des Parlaments oder den der im Parlament vertretenen Parteien zu ignorieren. Die Regierung muß einen Mechanismus entwickeln, der es ihr erlaubt, mit dem Rückhalt einer Parlamentsmehrheit zu regieren. Die Regierung verdankt ihre Existenz letztlich dem Willen der Mehrheitspartei im Parlament, und sie benötigt deren dauerhafte Unterstützung, um auch in unpopulären Entscheidungssituationen nicht an einer Mißfallenskundgebung der Parlamentsmehrheit zu scheitern. Der einschlägige Fachbegriff dafür ist das „parlamentarische Vertrauen". Das parlamentarische Vertrauensbedürfnis der Regierung konstituiert das parlamentarische Regierungssystem. Die Abhängigkeitsbeziehungen zwischen Parlamentsmehrheit und Regierung sind wechselseitig. Die Regierung braucht den stabilen Rückhalt einer Parlamentsmehrheit. Deren politische Zukunft hängt davon ab, daß die Regierung erfolgreich arbeitet – so erfolgreich und überzeugend, daß die Mehrheitsparteien beim nächsten Wahlgang gute Chancen haben, ihre Mehrheit bestätigt zu finden. Auf beide Seiten, auf das Parlament wie auf die Regierung, wirkt diese Verschränkung disziplinierend. Im Vergleich mit dem präsidentiellen Regierungssystem verkörpert das parlamentarische Regierungssystem die komplexere Sache. Es funktioniert nicht einfach nach Maßgabe eines in der Verfassung niedergelegten Vorschriftenkatalogs, sondern es braucht vielmehr subsidiäre, in der Gesellschaft verwurzelte Institutionen, insbesondere Parteien, die das Geschäft der parlamentarischen Mehrheitsbildung betreiben. Das parlamentarische Regierungssystem ist vielgestaltiger als das präsidentielle. Schon der politisch nicht sonderlich interessierte Konsument einer Tageszeitung wird bald darauf stoßen, daß es zwischen der parlamentarischen Regierungspraxis Großbritanniens, Deutschlands, Frankreichs und Italiens erhebliche Unterschiede gibt.

Unter Fachwissenschaftlern ist umstritten, wie streng das förmliche Mehrheitsbedürfnis für das parlamentarische Regierungssystem ausgelegt werden muß. Dazu sei auf die Extrempositionen Steffanis und von Beymes hingewiesen:

Unterschiedliche Definitionen des parlamentarischen Regierungssystems

Steffani: „Ist die Regierung vom Parlament absetzbar, so haben wir es mit der Grundform ‚parlamentarisches Regierungssystem' zu tun, ist eine derartige Abberufbarkeit verfassungsrechtlich nicht möglich, mit der Grundform ‚präsidentielles Regierungssystem'. Die Abberufbarkeit steht in engster Verbindung zur Regierungsbestellung, über die ein Parlament des parlamentarischen Regierungssystems verfassungsrechtlich jedoch nicht unbedingt verfügen muß ... Zunächst ist darauf hinzuweisen, daß beide Grundformen vorfindbarer Regierungssyteme in mannigfacher Ausgestaltung möglich sind. So können sie einerseits sowohl in monarchischer als auch in republikanischer Form auftreten. Dabei scheint es evident zu sein, daß Demokratie und Monarchie lediglich im Rahmen eines parlamentarischen Regierungssystems, Demokratie und präsidiales System hingegen nur in republikanischer Staatsform miteinander vereinbar sind" (Winfried Steffani, Parlamentarische und präsidentielle Demokratie. Strukturelle Aspekte westlicher Demokratien, Opladen 1979, S. 39-41).

Von Beyme: „Die parlamentarische Regierung als Begriff beschränkt sich bewußt auf das Verhältnis von Exekutive und Legislative ... Das parlamentarische System soll nicht als geschlossenes autarkes Ganzes verstanden werden. Es ist kein bloßer Verantwortungsmechanismus, der nach den mechanischen Regeln einer Geschäftsordnung abläuft ... Die bewußte Beschränkung auf den Ausschnitt des Verhältnisses von Exekutive und Legislative im politischen System führt zu folgenden Kennzeichen der parlamentarischen Regierung: Institutionelle Kriterien: (1) Enge Verbindung zwischen Exekutive und Legislative, verbunden mit dem Recht der Abgeordneten, Minister zu werden. Die Kompatibilität fehlt zwar in einigen Systemen, sie hat sich jedoch für die engere Verbindung von Parlament und Regierung im allgemeinen als wichtig erwiesen ... (2) Premierminister und Minister stammen in der Regel aus dem Parlament ... (3) Die Regierung hat die Pflicht zu demissionieren, wenn die Parlamentsmehrheit ihr das Vertrauen entzieht ... (4) Das Parlament hat das Recht, die Regierung unter Interpellationen zu kontrollieren ... (5) Manche Autoren fordern über diese Minimalfordernisse der parlamentarischen Regierung hinaus noch ein Recht des Parlaments, die Regierung durch eine förmliche Vertrauensabstimmung zu investieren ... (6) Neben der Investitur wird von vielen auch das Recht der Regierung, das Staatsoberhaupt um eine Parlamentsauflösung zu bitten, als Wesensmerkmal parlamentarischer Regierung angesprochen ... Sozialstrukturelle Kriterien: (7) Die Existenz organisierter Parteien, welche die parlamentarische Mehrheitsbildung erleichtern und im modernen Parlamentarismus als Klammer zwischen Parlament und Regierung dienen ... (8) Ein hoher Grad von Homogenität und solidarischem Verhalten im Kabinett, auch in den Fällen, in denen die Regierung nicht nur aus einer Partei besteht ... (9) Die herausgehobene Stellung des Premierministers, der die ‚Richtlinien der Politik' formuliert ... (10) Die Existenz einer loyalen Opposition ... (11) Die Existenz einer für den Parlamentarismus günstigen politischen Kultur ..." (Klaus von Beyme, Die parlamentarische Demokratie. Entstehung und Funktionsweise, 3. Aufl., Opladen/Wiesbaden 1999, S. 41-44).

Steffani legt großen Wert auf das verfassungsmäßig verbürgte Abberufungsrecht der Regierung. Danach sind Regierungssysteme entweder parlamentarisch, falls die Abberufbarkeit der Regierung gegeben ist, oder eben präsidentiell (siehe auch Steffani 1995). Von Beyme wählt eine Vielzahl weicher Kriterien, die erst in der

Kontroverse Deutungen des „semi-präsidentiellen Regierungssystems"

Summe die Zuordnung zum parlamentarischen oder zum präsidentiellen System erlauben. Als Prüfstein wird gern das Regierungssystem der V. Republik Frankreichs genommen. Dieses bereitet der Politikwissenschaft gewisse Zuordnungsschwierigkeiten. Wo Steffani im Sinne des Abberufungskriteriums darauf beharrt, Frankreich sei ein parlamentarisches System (s. obiges Zitat), weil die Regierung vom Parlament gestürzt werden könne, meint von Beyme (1999, 51 f.), Frankreich sei eher als Mischsystem zu betrachten, das sich eindeutig weder dem parlamentarischen noch dem präsidentiellen System zuordnen lasse: Die Regierung könne sowohl vom Parlament als auch vom Staatspräsidenten abberufen werden, und der Staatspräsident besitze Möglichkeiten, die Regierung und das Parlament zu disziplinieren. Seit mehr als zehn Jahren kursiert in der Debatte ein weiterer Begriff, der des „semi-präsidentiellen Regierungssystems" (Bahro/Veser 1996), den der französische Politikwissenschaftler Duverger geprägt hat (Duverger 1980). Duverger meint damit freilich nichts anders als das, was von Beyme in älteren Auflagen seines oben zitierten Buches (Die parlamentarischen Regierungssysteme in Europa, 2. Aufl., München 1973, 381 ff.) ein „Mischsystem" genannt hat.

„Semi-präsidentielle Regierungssysteme: Mischform zwischen den parlamentarischen Regierungssystemen und den präsidentiellen Regierungssystemen. Die Weimarer Republik und die V. Republik in Frankreich sind die bekanntesten Erscheinungsformen dieses typologischen ‚Zwittergebildes' ... Die verfassungsrechtliche Position des Präsidenten nähert sich der im präsidentiellen Regierungssystem an, das Präsidentenamt bildet die Spitze der Exekutive. Die in solchen Systemen übliche Direktwahl des Präsidenten verleiht ihm gegenüber der Regierung eine originäre Machtposition, da die plebiszitäre Bestellung dieses Amtes als Ausdruck der Volkssouveränität gilt. Da die Regierung sowohl vom Präsidenten als auch vom Parlament abhängig ist, können sich unterschiedliche parteipolitische Mehrheiten im Präsidentenamt und im Parlament eher und stärker dysfunktional auswirken als im präsidentiellen System mit seiner institutionellen Gewaltenteilung" (Everhard Holtmann, Politik-Lexikon, 3. Aufl., München 2000, S. 622).

„Was mit den Bezeichnungen Semi-Präsidentialismus oder parlamentarisch-präsidentielles Mischsystem der Sache nach gemeint sein könnte, erscheint ... als parlamentarisches System mit Präsidialdominanz (...). Mit dieser Systemkennzeichnung wird zugleich darauf hingewiesen, daß auch ein sowohl mit weitreichenden, vornehmlich außenpolitischen Kompetenzen ausgestatteter als auch bei der Regierungsbildung und Gesetzgebung einflußreicher Präsident – wie beispielsweise der der fünften Französischen Republik – nur solange seine Verfassungsbefugnisse voll ausnutzen kann, wie dies von der Parlamentsmehrheit hingenommen wird. Erscheinungsformen einer ‚cohabitation' (ein Präsident des einen politischen Lagers steht einer Parlamentsmehrheit des anderen politischen Lagers gegenüber, J.H.) wären in Präsidialsystemen (d.h. in präsidentiellen Regierungssystemen, J.H.) undenkbar, in parlamentarischen dieses Untertyps sind sie hingegen stets eine Möglichkeit" (Winfried Steffani, Gewaltenteilung und Parteien im Wandel, Opladen, 1997, S. 121)

Die Exekutive als Kriterium des Regierungssystems

Eng verbunden mit dem parlamentarischen Abberufungskriterium ist die Bestimmung der Regierungssysteme nach der Struktur ihrer Exekutive, bzw. ihrer Regierungen. So spricht Steffani bei präsidentiellen Systemen, zu denen er auch die Schweiz zählt, von einer geschlossenen Exekutive, die sowohl die Repräsentation des Staates nach außen als auch die Regierungsfunktion nach innen besorge (Steffani 1979, 40 ff.). Das Musterbeispiel der geschlossenen Exekutive bietet der US-amerikanische Präsident. Parlamentarische Systeme sind durch die sog. doppelte Exekutive charakterisiert. Die effektive Seite des Regierungsgeschäfts betreibt die parlamentsabhängige Regierung, d.h. ein Kollegialorgan, das die Spitzen der Regierungsparteien einschließt, und die zeremonielle Seite ein Staatsoberhaupt, wie es etwa die britische Königin oder der deutsche Bundespräsident verkörpern, die beide der Alltagspolitik recht weit entrückt sind.

Die Abgrenzung der Funktionen des Staatsoberhaupts und des Regierungschefs ist oft unklar. Der vorerst letzte Grundtypus eines demokratischen Regierungssystems, wie er vor bald 50 Jahren in Frankreich entstand, das semi-präsidentielle Regierungssystem, verteilt die Regierungsfunktionen auf den Staatspräsidenten und den Regierungschef. Abhängig von den parlamentarischen Mehrheitsverhältnissen und von der Persönlichkeit des Staatspräsidenten wird die Regierungsfunktion entweder zugunsten des Präsidenten oder zugunsten der parlamentsgestützten Regierung ausgedehnt. Frankreich ist mit dieser Konstruktion kein Einzelfall mehr. Die Demokratisierungsprozesse in Osteuropa haben vielerorts die Präferenz für ein Regierungssystem nach französischem Vorbild erkennen lassen.

Ein weiteres Unterscheidungsmerkmal der Regierungssysteme betrifft das Recht zur Auflösung des Parlaments. Im Präsidialsystem gibt es dieses Instrument nicht. Regierung und Parlament müssen für die vorbestimmte Amtsperiode miteinander auskommen, auch wenn beide miteinander im Konflikt liegen. Im parlamentarischen Regierungssystem ist die Parlamentsauflösung nicht durchweg gegeben. Der britische Verfassungsrechtler Karl Loewenstein (1964, 144) hat noch behauptet, zum parlamentarischen Regierungssystem gehöre neben der Möglichkeit zur Abberufung der Regierung auch das Recht der Regierung, das Parlament aufzulösen und damit den Weg für Neuwahlen freizumachen. So verhält es sich in der Tat in Großbritannien und auch in vielen anderen parlamentarischen Demokratien. Es gibt aber eine Reihe parlamentarischer Systeme, in denen die Verfassung der Regierung das Parlamentauflösungsrecht vorenthält. Das dem deutschen Leser bekannteste Beispiel ist die Bundesrepublik Deutschland. 1972 und 1983 haben die im Bundestag vertretenen Parteien gemeinsam und in Absprache mit dem Bundespräsidenten einen Weg – Enthaltung der Regierungsmehrheit bei der Vertrauensabstimmung – gefunden, um vorzeitige Bundestagswahlen zu veranlassen. Aber das Bundesverfassungsgericht hat diese Praxis für die Zukunft so gut wie ausgeschlossen. Auch in der skandinavischen Verfassungslandschaft – mit Ausnahme Dänemarks – ist der Regierung die Auflösung des Parlaments verwehrt. In allen diesen Fällen handelt es sich nach dem Kriterium der Abberufbarkeit der Regierung um parlamentarische Regierungssysteme. Beim Recht zur Auflösung des Parlaments handelt es sich um ein ergänzendes, aber kein definitorisch notwendiges Merkmal des parlamentarischen Regierungssystems.

Das gleiche gilt für das Problem der Vereinbarkeit von Parlamentsmandat und Regierungsamt. Im präsidentiellen System gilt die strikte Inkompatibilität beider Funktionen. Das parlamentarische Regierungssystem läßt ihre Verbindung zu. Sie gilt als geradezu notwendig, weil die parlamentarische Regierung aus dem Parlament hervorgehen und aus der Natur der Sache heraus für ihr Handeln den Rückhalt des Parlaments haben muß. Es handelt sich freilich um ein pragmatisches Argument. Eine Regierung, die der parlamentarischen Absicherung bedarf, sollte aus Mitgliedern bestehen, die das parlamentarische Geschäft selbst kennen.

Weitere Regierungssystemmerkmale

Übrigens schließt Inkompatibilität den parlamentarischen Erfahrungshintergrund der Regierung nicht aus. Sie verlangt von den Regierungsmitgliedern nur einen Preis: Sie müssen auf das Mandat verzichten. Das bedeutet ein Karriererisiko für den Fall, daß sie in der Regierung scheitern. Das Inkompatibilitätsgebot wirkt hier eher als Monitum, daß es keine Rückkehr ins Parlament gibt.

Daneben gibt es noch weitere Merkmale, zum Beispiel das Ein- oder Zwei-kammerparlament, den zentralistischen oder föderalen Staatsaufbau, oder das Vorhandensein und das Fehlen von Verfassungsgerichten. Solche Phänomene haben keinen offensichtlichen Bezug zum Angelpunkt der Regierungssystemun-terscheidung: zum Verhältnis von Parlament und Regierung. Es sei nur daran er-innert, daß es parlamentarisch und präsidial regierte Bundesstaaten gibt. Aus Vollständigkeitsgründen sollen diese Aspekte bei den folgenden Länderbetrach-tungen dennoch berücksichtigt werden.

1.3 Frankreich, Großbritannien und die USA als prototypische Regierungssysteme

Regierungssysteme sind Produkte der historischen Entwicklung. Wo parlamenta-rische Regierungssystemstrukturen zuerst Fuß fassen konnten, wie in Großbritan-nien, oder wo sich das präsidentielle Regierungssystem zuerst durchsetzte, wie in den USA, standen noch keine Modelle von den Vorteilen der einen oder anderen Regierungsweise Pate, die später die Verfassungsentwicklung in anderen Ländern beeinflussen sollten. Aus diesem Grunde finden Großbritannien und die USA im Regierungssystemvergleich bis zum heutigen Tage starke Beachtung. Bei beiden Ländern handelt es sich um Gesellschaften, die ökonomisch und weltpolitisch nach wie vor eine bedeutende Rolle spielen. Das gilt für Großbritannien auch nach dem Verlust des britischen Kolonialimperiums. Es stellt neben der Bundesre-publik Deutschland und Frankreich einen der drei großen Spielmacher in der Euro-päischen Union dar. Nicht anders steht es mit Frankreich. Das französische Regie-rungsystem der V. Republik findet in aller Welt seit einiger Zeit starke Beachtung. Vor allem Länder ohne ausgeprägte Parteientradition oder mit schwachen Parteien finden Gefallen an einer Regierungskonstruktion, die für den Fall instabiler parla-mentarischer Mehrheiten die Handlungsreserve eines volksgewählten Staatspräsi-denten vorhält. Das semi-präsidentielle Regierungssystem bietet Entwicklungsmög-lichkeiten in beide Richtungen – hin zur Supratie des Präsidenten oder hin zur parlamentarisch gestützten Regierung. Zwar ist das semi-präsidentielle Regierungs-system eigentlich schon älter als das französische Beispiel. Die Verfassungen der Weimarer Republik oder Finnlands waren bereits nach dem Ersten Weltkrieg ganz ähnlich konstruiert. Doch Finnland wurde als kleines Land nicht wahrgenommen. Das Ende der Weimarer Republik in der Katastrophe des Dritten Reiches war mit der Demokratieuntauglichkeit einer starken Präsidialfigur behaftet. Das französi-sche Regierungssystem hat sich aber unter sehr verschiedenen Mehrheitsverhältnis-sen und in vielen politischen Belastungsproben bewährt. Aus diesem Grunde wird Frankreich in systematischen Darstellungen des Regierungssystems seit einiger Zeit als weiterer Standardtypus berücksichtigt.

Frankreich, Großbritannien und die USA haben inzwischen den Status von Regierungssystemen gewonnen, an denen andere Regierungssysteme gemessen werden. Die zahlreichen Abweichungen von diesen modellhaften Systemen sollen in diesem Buch nicht unterschlagen werden. Jedes Regierungssystemkapitel schließt mit einer kurzen Rundschau über die demokratischen Regierungssysteme in aller Welt, soweit sie sich den betreffenden Modellen zuordnen lassen. Das soll zwar lediglich summarisch geschehen, ist aber für den gewollten Lerneffekt dieses Buches unverzichtbar. Dieses Buch will keine formale Darstellung der Regierungssysteme. Es zielt auf die historische Herleitung der Regierungspraxis, und es will ferner zeigen, daß die Praxis der Regierungssysteme in vieler Hinsicht Annäherungen erkennen läßt, die den Dualismus parlamentarisch-präsidentiell stark relativieren. Ein Beispiel: Der US-amerikanische Präsident ist heute in ähnlicher Weise als Produzent komplizierter Gesetzgebungsprojekte gefordert wie der britische Premierminister. Der französische Regierungschef agiert nicht viel anders. Diese faktische Konvergenz der Systeme stößt hier und dort an Systemgrenzen, die nicht übersprungen werden können. Der amerikanische Präsident kann mit seinen Projekten im Kongreß scheitern, ohne daß es für ihn Konsequenzen hat. Ein britischer Regierungschef müßte entweder bereits bei der Aussicht auf ein Scheitern zurücktreten oder die Vertrauensfrage stellen oder aber Neuwahlen anberaumen. Der Konvergenzdruck auf die Systeme überlagert viele Eigenarten des parlamentarischen oder des präsidentiellen Regierungssystems. Die Gesellschaften benötigen Gesetze und staatliche Maßnahmen, die im Umfang, in der Komplexität und in der Vielfalt von keiner parlamentarischen Körperschaft mehr geleistet werden könnten.

„Ein Vorzug des parlamentarischen gegenüber dem präsidentiellen System wird häufig darin gesehen, daß im parlamentarischen System die Initiativfunktion und deren ... Funktionsträger, der Regierungschef, jederzeit austauschbar sind. Damit engstens verbunden ist die im parlamentarischen System gegebene Austauschbarkeit auch anderer Parlamentsfunktionen und ihrer Funktionsträger. ... Auch in den Vereinigten Staaten kann die Volksvertretung im äußersten Konfliktfalle ihren Willen gegen denjenigen des Präsidenten durchsetzen; der Kongreß kann zwar nicht die Person des Präsidenten, wohl aber dessen Programm in der Exekutive ‚austauschen‘. Dieses Faktum reduziert die Dramatik der essentiellen Differenz beider Systeme" (Uwe Thaysen, Roger H. Davidson und Robert G. Livingston, US-Kongreß und Deutscher Bundestag im Vergleich; in: Uwe Thaysen, Roger H. Davidson und Robert G. Livingston (Hrsg.), US-Kongreß und Deutscher Bundestag. Bestandsaufnahmen im Vergleich, Opladen 1988, S. 563).

Die Unverzichtbarkeit politischer, d.h. gesetzesvorbereitender Verwaltungen bringt die Regierungen überall in die Rolle der Vorschlagsgeber. Die Eigenarten der Regierungssysteme greifen erst dort, wo solche Vorschläge die Parlamente und die kritische Öffentlichkeit beschäftigen. Dort allerdings greifen sie dann recht markant. Deshalb hat der systematische Vergleich der Regierungssysteme unverändert seinen guten Sinn. Die tieferen Ursachen der Regierungssystemeigenheiten lassen sich nicht aus Verfassungsbestimmungen oder aus beobachtbaren politischen Usancen entnehmen. Sie zwingen zur Auseinandersetzung mit der Geschichte. Regierungssysteme verknüpfen sich mit Erfahrungen und Sichtweisen, die sich den Bürgern und politisch Interessierten von Generation zu Generation in Symbolen, Geschichtsbüchern und staatsbürgerlichen Lektionen mitteilen. Kurz: Der Blick in die Geschichte des Regierungssystems klärt über die gewachsene politische Kultur auf, in der ein Regierungssystem operiert.

1.4 Regierungssystemquellen im klassischen politischen Denken: Die Gewaltenteilung als Schlüssel

Vor der näheren Betrachtung der Regierungssysteme bedarf es einiger Vorbemerkungen zum Gewaltenteilungsbegriff, die an die einleitenden Ausführungen zum Gegenstand des Regierungssystems anknüpfen.

„Checks-and-balances" als Grundlage des präsidentiellen Regierungssystems

Da gibt es das klassische Gewaltenteilungsschema der „Checks-and-balances". Es hält Regierung und Parlament strikt getrennt; jedes für sich ist autonom. Sieht man von Großbritannien mit seinem Fehlen einer geschlossenen, formellen Verfassung ab, so hält sich die Gliederung der demokratischen Verfassungen an das bekannte Montesquieusche Schema der Getrenntheit von Parlament und Regierung. Die Mehrheitsabhängigkeit der Regierung im parlamentarischen Regierungssystem kommt in der Regel nicht in der Verfassungssystematik zum Ausdruck, die zumeist der Gliederung nach Legislative, Exekutive und Judikative folgt, sondern häufig in ein oder zwei speziellen Artikeln. Diese verschieben die Balance zwischen Parlament und Regierung dann aber zugunsten der parlamentarischen Mehrheit, die eine Regierung im Amt hält. Das Gewaltenteilungsproblem stellt sich damit ganz anders dar als im herkömmlichen Checks-and-Balances-System, wie es aus den USA bekannt ist. Durch Berge von staatstheoretischer Literatur, die ihren Tribut an den „Erfinder" dieses Schemas, Montesquieu, entrichten, ist dieses Konzept in die politische Vorstellungswelt eingeflossen.

Mandatsbefristung als Kontrollmittel im parlamentarischen Regierungssystem

Das machtbegrenzende Moment, der Sinn aller Gewaltenteilung, greift im parlamentarischen Regierungssystem hauptsächlich bei der Mandatsbefristung für das Parlament. Solange die Parlamentsmehrheit ihre Regierung stützt, bestimmen beide das politische Geschehen auf der gesetzgeberischen und auf der politisch-administrativen Ebene. Die parlamentarische Opposition ist per definitionem machtlos, sie bildet die parlamentarische Minderheit. Ihre Kontrollmöglichkeiten gegenüber der Regierung müssen bei realistischer Betrachtung als bescheiden angenommen werden. Die Möglichkeiten der politischen Mißstandsrecherche sind für eine mit guten Journalisten bestückte Tages- oder Wochenzeitung ungleich besser als für die Abgeordneten einer Oppositionsfraktion. Und dennoch ist die Opposition ein machtbegrenzender Faktor! Die Presse und die kritische Öffentlichkeit können die Regierung zwar gezielt unter Druck setzen.

Parlamentarische Opposition und Gewaltenteilung

Das Recht, im Parlament Fragen zu stellen und die Regierung mit Erklärungen oder Anfragen in Bedrängnis zu bringen, bleibt allein der parlamentarischen Opposition vorbehalten. Die Opposition sollte im Gewaltenteilungsschema des parlamentarischen Regierungssystems besser als Kurzformel für die Verbindung der oppositionellen Kontrollminderheit mit der kritischen Öffentlichkeit verstanden werden. Bis zur Zuspitzung der klassischen Gewaltenteilungsproblematik auf den Dualismus der älteren, Montesquieuschen, dem präsidentiellen System gemäßen Grundform und der neueren, dem parlamentarischen System entsprechenden Grundform war es ein weiter Weg (zum ereignis- und theoriegeschichtlichen Hintergrund der einschlägigen Theorien Hartmann/Meyer/Oldopp 2002).

John Locke (1632-1704)

Beginnen wir mit *John Locke* (1632-1704). Locke gehört zu den führenden Theoretikern des modernen Naturrechts. Er konstruiert den Staat als Ergebnis der Unerträglichkeit des Naturzustandes, d.h. eines vorgestellten ursprünglichen Zustandes ohne Recht und Gesetz (vgl. zum folgenden Locke 1989 (Erstaufl. 1690), 200 ff.). Die Menschen im Naturzustand leben von den Früchten des Bodens. Wer zur Sicherung seines Lebensunterhalts ein Stück Boden bearbeitet, vermischt diesen Boden mit seiner Arbeit, und dadurch entsteht Eigentum. Ist der Boden nun durch die Arbeit veredelt, so hat kein anderer mehr Anspruch darauf. Mit dem Eigentum geht nicht nur die Unterscheidung zwischen Eigentümern und Nicht-Besitzenden einher. Auch unter den Eigentümern entstehen Unterschiede. Wer erfolgreicher wirtschaftet als sein Nachbar, wird reichere Ernten einbringen. Nach und nach verdrängt das Geld den blanken Lebensunterhalt als Ziel der Wirtschaftstätigkeit. Ernteerträge werden in Geld getauscht, die Vermögensunterschiede schießen noch krasser ins Kraut. Die Folgen sind Neid, Mißgunst, auch Habsucht und Verbrechen. Die Regeln des Eigentumserwerbs werden von vielen nicht akzeptiert. Zwar gilt auch weiterhin die Devise, daß die Menschen einander nicht ungestraft nach Leben und Eigentum trachten dürfen. Es wird für die Besitzenden aber immer schwieriger, der Respektierung ihrer Rechte aus eigener Kraft Geltung zu verschaffen. *Menschenbild*

An diesem Punkt gelangt Locke zur Gründung des Staates. Locke geht es darum, daß der Staat das Leben und die Freiheit seiner Bürger sichert. Die berühmte, ähnlich auch in der amerikanischen Verfassung anzutreffende Formel von Life, Liberty and Estate, letzteres ein Kürzel für Eigentum ganz allgemein, weist auf den engen inneren Zusammenhang hin. Der Staatsgründungszweck läßt sich bei Locke nicht von den Eigentümerinteressen lösen. Die Nichteigentümer haben auch ohne den Staat wenig von Neid und Mißgunst zu fürchten. Entsprechend wenig gewinnen sie durch den Staat. *Staatsbildung*

Locke bietet in seiner politischen Theorie ein wohlbegründetes, ausgefeiltes Gewaltenteilungsmodell an (Locke 1989 (Erstaufl. 1690), 283 ff.). Die Lockesche Gewaltenteilung verdient große Beachtung, da sie einem Regierungssystem, wie es heute in den westlichen Industriegesellschaften dominiert, weitaus näherkommt als das übliche, auf Montesquieu zurückgehende Gewaltentrennungsmodell (Rostock 1974). Diese Leistung liegt darin begründet, daß Locke seine Gewaltenteilungslehre am englischen Konstitutionalismus des späten 17. Jahrhunderts orientiert, d.h. ein Gewaltenteilungsmodell vorführt, das aus der konkreten Anschauung der englischen Verfassungsverhältnisse des 17. Jahrhunderts gewonnen ist, die wenig später bereits in eine vormoderne parlamentarische Regierungsweise übergingen. Die Tatsache, daß sich Locke um die Struktur des Staates ausführliche Gedanken macht, hat wieder mit den gesellschaftlichen Prämissen seiner Staatstheorie zu tun. Locke konstruiert „seinen" Staat um den einzelnen, oder genauer: um den einzelnen Eigentümer, herum. Die schwerwiegendsten Eingriffe des Staates in das Leben des Untertanen definiert Locke als Gesetze, insbesondere als Strafgesetze, aber auch als Steuergesetze, die ja allein für jene Untertanen einkommens- oder vermögensmindernd wirken, die überhaupt Eigentum haben. Hieraus resultiert der Grundsatz, der in der amerikanischen Revolution in dem knappen Slogan „no taxation without representation" zusammengefaßt wurde. Steuern und Staatsausgaben sollen nach Locke nur dann in Kraft treten, wenn Vertreter der Betroffenen, also insbesondere Repräsentanten der Besitzenden, an diesen Entscheidungen mitbeteiligt worden sind. Ort dieser Beteiligung ist das Parlament, die Legislative. Und die Legislative setzt sich aus Ver- *Staatszweck* tretern der Bürger zusammen, die sich in bestimmten Abständen um die Erneuerung ihres Mandats bemühen müssen. So entsteht eine Situation, in der die Steuer- und Abgabenzahler selbst, vertreten durch ihre Repräsentanten, darüber beschließen, ob sie dem Staat einen Teil ihres Vermögens abtreten, damit dieser ihre gemeinsamen Interessen besorgt.

Gewaltenverständnis   Lockes Gewaltenteilungslehre stellt in erster Linie auf staatliche Funktionen ab und erst in zweiter Linie auf Institutionen. Die Legislativfunktion kommt der Legislative, einer gewählten Repräsentativversammlung, und der Krone, dem Monarchen, gemeinsam zu. Daneben unterscheidet Locke die Prärogative, d.h. das Recht des Herrschers, im Rahmen der vom Parlament beschlossenen Gesetze politische Entscheidungen zu treffen. Er nennt ferner die Exekutivgewalt, die Ausführung der Gesetze, sowie schließlich die Föderativgewalt, worunter das Recht des Herrschers verstanden wird, mit anderen Herrschern völkerrechtliche Verträge zu schließen. Prärogative, Exekutive und Föderative liegen beim Herrscher. Damit ist präzise ein Verfassungszustand umschrieben, wie er im zeitgenössischen England nach der „Glorious Revolution" von 1688/89 erreicht war: Eine konstitutionelle Monarchie, ein herrscherzentriertes Regierungssystem, in dem jedoch alle staatlichen Befugnisse, die den Bürgern vermögenswirksame Belastungen auferlegen oder die in ihre persönliche Freiheit eingreifen, von den Vertretern der Betroffenen gebilligt werden müssen. Diese letzte Bedingung sah Locke bereits als ausreichende Garantie gegen unzulässige Übergriffe der Regierung gegen Leben, Freiheit und Eigentum der Bürger an. Aus diesem Grund spielt eine unabhängige Judikatur im Lockeschen Staatsentwurf keine Rolle. Doch der Monarch als Alleininhaber der Regierungsfunktionen und das Parlament als Vertretungsorgan operieren in separaten Bereichen. Dieses Modell ist noch nicht parlamentarisch im Sinne des parlamentarischen Regierungssystems.

Historische Wirkung   Die Popularität der Lockeschen politischen Theorie, vor allem in der angelsächsischen Welt, erklärt sich aus der Entstehung des Staates aus Individualinteressen, besonders Eigentumsinteressen, und aus der Beschränkung staatlichen Handelns durch Vertreter in einer gewählten Legislative, die jene Interessen artikuliert. Locke fand in den Eliten der britischen Kolonien Nordamerikas wie auch später in den unabhängigen USA ungeheuer große Resonanz. Der Staat ist ein lästiges, aber unverzichtbares Übel. Soweit er geduldet wird, hat er sich den kollektiven Interessen der Tüchtigen, der Erfolgreichen, der Besitzenden zu fügen. Diese Haltung entsprach exakt der Hauptströmung der englischen Politik zur Zeit der Glorious Revolution. Aber Locke ist mit seinem Staats- und Gewaltenteilungsentwurf im Schatten der großen Staatsentwürfe Montesquieus und der Federalist Papers geblieben. Sein Denken bestimmte freilich die Überlegungen der Gründungsväter der USA maßgeblich mit, als diese gut hundert Jahre nach dem Erscheinen des Lockeschen Buches, das diese Ideen vorstellte, daran gingen, für die nordamerikanischen Kolonien Großbritanniens die erste Verfassung der modernen Welt auszuarbeiten. Montesquieu war der andere Klassiker, der erkennbar seine Handschrift in der amerikanischen Verfassung hinterließ.

Charles de Montesquieu (1689-1755)   *Charles de Montesquieus* (1689-1755) beherrschendes Thema ist ein rechtlich geordnetes Regierungssystem, das die Allmacht des Herrschers verhindert. Montesquieu sieht den Untertanen als Träger gewisser Rechte, die vor dem willkürlichen Zugriff des Herrschers geschützt werden müssen. Montesquieus Werk ist von zwei Erfahrungen inspiriert, erstens von den Zuständen im zeitgenössischen Frankreich mit seinen Hofintrigen und korrupten Beamten und zweitens von einer Bildungsreise nach Großbritannien, bei der er die politischen Verhältnisse in London studierte. Die Despotie ist sein Haupt- und Schlüsselthema. Mit seiner Ablehnung der Despotie zielt er auf das absolutistische Regime der Bourbonen.

In der Tradition des Klassikers Aristoteles unterscheidet Montesquieu gute und schlechte Regierungsformen. Die absolut schlechte Regierungsform ist die Despotie in allen ihren Erscheinungsformen. Sie zeichnet sich durch das tragende Herrschaftsprinzip der Furcht aus. Von der Despotie unterscheidet er positiv die sog. gemäßigten Regime, d.h. die Demokratie, die Aristokratie und die Monarchie. Die staatsrechtlichen Formen, bzw. die Anzahl der Herrschenden, sind ihm aber weniger wichtig als die Art und Weise, wie Herrschaft ausgeübt wird, und ob sich die Herrschenden insbesondere mit intermediären Gewalten arrangieren müssen. Unter den letzteren versteht er Parlamente oder andere Selbstverwaltungskörperschaften, die auch die Untertanen an der Herrschaft beteiligen.

Aristoteles (384–422 v. Chr.) war ein antiker Staatsphilosoph. Er gilt als Begründer der politischen Philosophie und der Staatsformenlehre. Nach Aristoteles ist der Mensch ein gemeinschaftsbezogenes Wesen, d.h. er ist durch die Gemeinschaft bestimmt, und die Gemeinschaft bestimmt sein Handeln. Das vornehmste Ziel des Staates ist es, Menschen dahin zu bringen, daß sie das Leben in der Gemeinschaft als den höchsten anzustrebenden Wert ansehen. Dem Individualismus des modernen politischen Denkens, d.h. dem Staat als Ausdruck individueller Interessen, ist Aristoteles' Denken diametral entgegengesetzt. Aristoteles' Verfassungslehre unterscheidet nach der Anzahl und der moralischen Qualität der Herrschenden. An guten Herrschaftsformen führt er die Monarchie auf, die Einherrschaft einer tugendgeleiteten Person, ferner die Aristokratie, die Herrschaft der Besten, d.h. der moralisch Qualifiziertesten, und die Demokratie, die Herrschaft aller, die sich von den Antrieben eines einfachen, tugendhaften Lebens leiten lassen. Kommt die Tugend bei den Herrschaftsträgern abhanden, so schlagen die guten Herrschaftsformen in schlechte um. Die Einherrschaft wird zur Despotie, die keine moralischen Schranken mehr kennt, die Aristokratie wird zur Oligarchie, in der es nur mehr um Privilegien geht, und die Demokratie endet in der Pöbelherrschaft. Aristoteles unterstellt, daß sich Herrschaftsformen in stetigem Wandel befinden und daß gute in schlechte, schlechte in noch schlechtere und am Ende die schlechten wieder in bessere Herrschaftsformen umschlagen. Der Idealfall einer guten Verfassung wäre die „gemischte Verfassung", die Politie: Einer regiert, die Besten verwalten und besorgen die Rechtsprechung, alle beteiligen sich an der Gesetzgebung.

Angelpunkt der Montesquieuschen Regierungsformenlehre ist das Gesetz (vgl. zum folgenden Montesquieu 1992, Erstaufl. 1748). Das Gesetz regelt das Zusammenleben der Menschen ohne Ansehen der Person. In der Despotie gibt es kein Gesetz, bloß die Laune eines Autokraten. Der Despot entscheidet heute so und morgen anders. Der Untertan hat keine Möglichkeit, sich darauf einzustellen. Folglich begegnet er den Repräsentanten des Staates mit Furcht. Er richtet sein Leben so ein, daß er so wenig wie möglich mit ihnen zu tun hat. Die besseren Regierungsformen lassen sich nach Montesquieu unter den Oberbegriff der Republik subsumieren. Dabei unterscheidet er zwischen demokratischen und aristokratischen Republiken. In der demokratischen Republik partizipiert das gesamte Volk an der Gesetzgebung. Dort gelten die Prinzipien der Tugend, die Liebe zum einfachen Leben und die Achtung der Gleichheit. Die aristokratische Republik ist nach dem Prinzip der Mäßigung aufgebaut. Eine Klasse beschließt das Gesetz. Diese übt ihr Regiment über die restliche Bevölkerung aber mit Augenmaß aus. Deshalb wird den Herrschenden der Gehorsam nicht verweigert. Auch die Monarchie zählt zu den gemäßigten Regierungssystemen. Ihr tragendes Prinzip ist das der Ehre, d.h. das Bestreben, sich vor anderen auszuzeichnen, dabei Gerechtigkeit zu üben und eingegangene Verpflichtungen zu respektieren. Die Monarchie kann ebenso gute Gesetze geben, wie die übrigen Varianten der Republik. Jede dieser positiven Regierungsformen schlägt in eine schlechte Regierungsform um, sobald die Herrschenden ihre Tugenden vernachlässigen. Die demokratische Republik ohne Tugend entartet zu einem Staat, in dem der Luxus und die Maßlosigkeit die Bürger korrumpieren. Die aristokratische Republik, in der die Tugend der Mäßigung abhanden kommt, wird von den Beherrschten bald als unterdrückerisch empfunden und verliert damit ihre Grundlage; sie schlägt in eine Oligarchie um. Die Monarchie ohne Ehre versinkt in Korruption, im Streben des Monarchen und seiner Beamten nach materiellen Vorteilen.

Vorzüge der gemischten Verfassung In den Republiken gewährleistet die Verständigung des Volkes bzw. der Aristokratie auf gute Gesetze, daß keine Willkürherrschaft Platz greifen kann. Anders steht es in der Monarchie. Allein durch die „Ehre" unterscheidet sich die Monarchie von der Despotie. In beiden Herrschaftsformen bestimmt letztlich nur „einer". Eine wirkliche Monarchie indes, die es verdient, zu den gemäßigten Regierungsytemen gerechnet zu werden, schaltet zwischen den Willen des Souveräns und das Volk eine Reihe intermediärer Instanzen, die den Herrscherwillen in einem förmlichen Verfahren begutachten und mitgestalten. Namentlich Adel und Parlament haben den Auftrag, den Herrscherwillen gewissen Zustimmungs- und Prüfverfahren zu unterwerfen. Die Monarchie als eine gute oder gemäßigte Regierungsform wird unter diesen Vorgaben zur Republik. Zwar „herrscht" in dieser Staatsform ein Monarch. Aber Regierung und Gesetzgebung des Staates involvieren weitere Gewalten, die ihre Legitimation nicht aus dem monarchischen Prinzip gewinnen. Die politische Beteiligung des Adels hieß nach historischer Lage der Dinge wohl nichts anderes, als daß der Adel über Thronräte oder Stände an der Regierung mitwirkte. Die Parlamente überprüften zur Zeit Montesquieus als Gerichte die Herrscherakte an den bestehenden Gesetzen und Gewohnheitsrechten. Sie unterwarfen also den Herrscherwillen Überlegungen der Rechtlichkeit und der Rechtsüberlieferung. Adel und Parlamente legitimieren sich anders als der Monarch. Montesquieus Monarchievorstellung entspricht dem Ideal der seit Aristoteles gepriesenen „gemischten Verfassung" (dazu ausführlich: Hereth 1995).

Gewaltenteilungsmodell Im sechsten Kapitel des elften Buches des „De l'Esprit des Lois" präzisiert Montesquieu seine Gewaltenteilungsidee (Riklin 1989, Lange 1980). Dieser Teil des Montesquieuschen Werkes, durch das der Verfasser wirkungsgeschichtlich am stärksten bekannt geworden ist, entstand unter dem Einfluß eines Englandaufenthalts. Montesquieu beschreibt in diesem Kapitel die Institutionen der englischen Verfassung und bettet diese gleichsam als Vorbild in sein staatstheoretisches Werk ein. Die englische Verfassung konstituiert nicht nur ein typisches gemäßigtes Regierungssystem, sie gewährleistet darüber hinaus die Freiheit der Untertanen durch das Gleichgewicht ihrer konstitutiven Institutionen. An dieser Stelle rekurriert Montesquieu abermals auf das Gesetz. Dessen prozedurale Re-

30

gularien sind ebenso wichtig für eine freiheitliche Regierung wie die Inhalte. In England verteilen sich in Montesquieus Darstellung die Rechte des Souveräns auf drei Gewalten, a) die Krone als Exekutive, b) das Parlament als Legislative und c) den unabhängigen Richterstand als Judikative. Der König als Exekutive hat das Privileg zu regieren und die vom Parlament beschlossenen Gesetze anzuwenden. Das Parlament als Vertretung des Volkes, unter anderem des Adels, hat die Aufgabe, die Gesetze zu beschließen. An der Gesetzgebungsfunktion ist aber nicht nur die Legislativkörperschaft beteiligt, sondern auch die Krone. Die Krone kann durch ihr Veto verhindern, daß vom Parlament Gesetze beschlossen werden, die nach ihrer Auffassung überflüssig, falsch oder unzweckmäßig sind. Der Richterstand wacht darüber, daß die Krone im Geist der Gesetze regiert. Er besitzt das Recht, Handlungen der Exekutive zu annullieren, die gegen bestehendes Recht verstoßen. Wirkliche Freiheit kann es nach Montesquieu nur dort geben, wo sich wie in England jede dieser drei Gewalten darauf beschränkt, die ihr zugewiesenen Aufgaben zu erfüllen. Maßt sich eine Gewalt an, Aufgaben im Bereich einer anderen Gewalt zu besorgen, so gefährdet sie das ausgeklügelte Gewaltenkontrollsystem. Es kommt zu Störungen im politischen Leben, die letztlich auch die Freiheit der Untertanen in Frage stellen. Despotische Verhältnisse treten ein, wenn es einer Gewalt gelingt, Gesetzgebungs-, Regierungs- und Rechtsprechungsbefugnisse bei sich zu konzentrieren. Solange noch mindestens zwei unabhängige Gewalten bestehen, ist zwar das Gleichgewicht der Gewalten bereits empfindlich gestört. Aber es besteht immerhin noch eine gewisse Restkontrolle der schwächeren gegenüber der stärkeren Gewalt.

Montesquieus Modell der Gewaltenteilung und -verschränkung mit seiner strengen Unterscheidung von Legislative, Exekutive und Judikative hat die Verfassungsgeschichte denkbar stark beeinflußt. Dabei handelt es sich eher um ein mit Illustrationen aus dem britischen Verfassungsleben veranschaulichtes Modell für eine beste, ideale Verfassung als um eine korrekte Beschreibung der zeitgenössischen britischen Verfassungszustände. So hatte zu dem Zeitpunkt, als Montesquieus monumentales Opus „De l'Esprit des Lois" erschien, Großbritannien bereits das Stadium eines parlamentarischen Regierungssystems erreicht. Darin hatten Elemente der parlamentarischen Gewaltenverbindung größere Bedeutung erlangt als Verfassungselemente, die sich im Sinne der von Montesquieu bezeichneten Gewaltentrennung hätten interpretieren lassen. Montesquieu aber entwarf ein Gewaltenteilungsmodell, das trotz seiner monarchischen Regierungsspitze bereits deutlich die Konturen eines präsidentiellen Regierungssystems zeigt.

Legitimation für das präsidentielle Regierungssystem

Die wirkungsgeschichtliche Kraft des Montesquieuschen Werks ist aus der Sicht des heutigen Betrachters gewaltig. Diese Bedeutung liegt wesentlich darin begründet, daß die Väter der amerikanischen Verfassung unter den im 18. Jahrhundert bekannten politischen Theoretikern außer Locke besonders Montesquieu schätzten. Vor allem Montesquieus Gewaltenmodell mit seiner strikten Trennung von Exekutive, Legislative und Judikative fügte sich gut in die Vorstellung der einflußreichsten amerikanischen Verfassungsväter ein, vor allem Madisons, daß sich die Freiheit nur dort behaupten könne, wo staatliche Macht kontrolliert werde. Kommen wir nun zu den Federalist Papers.

Die *Federalist Papers* umfassen 85 Zeitungsartikel, die im Kontext der Debatten um die Verabschiedung der 1787 erarbeiteten amerikanischen Verfassung

Federalist-Autoren

31

zur Verteidigung des neuen Verfassungsdokuments verfaßt wurden. Dessen Ratifizierung durch die Legislative des Staates New York war höchst umstritten. Die Federalist Papers nahmen in diesem Streit Partei (Young 1985, 626 ff.). Die Autoren der in den Federalist Papers gesammelten Essays waren James Madison, John Hamilton und John Jay. Alle drei gehörten zur schmalen politischen Elite der USA. John Hamilton wurde unter dem ersten Präsidenten Washington Finanzminister, er war der brillanteste politische Kopf in dieser ersten Administration; Madison wurde später zum Präsidenten der USA gewählt; Jay wurde Handelsminister der USA. James Madison ist der unbestritten wichtigste Federalist-Autor. Zwei der drei Schlüssel-Essays, Federalist Nr. 10 und Federalist Nr. 51, entstanden aus seiner Feder. Der dritte, Federalist Nr. 78, geht auf John Hamilton zurück. Die Bedeutung der Federalist-Papers nicht nur für die Geschichte der politischen Ideen, sondern auch für die gegenwärtige amerikanische Politik liegt in der Kontinuität des Verfassungsdokuments, zu dessen Verteidigung sie geschrieben wurden. Noch heute argumentiert der Supreme Court der USA in seiner Eigenschaft als Verfassungsgericht bisweilen mit den Federalist Papers, um seine Deutung der Absichten der Verfassungsgeber zu untermauern.

Republikideal Der Staat der Federalist Papers hebt auf die von Locke hervorgehobenen staatlichen Grundfunktionen der Lebens- und Eigentumssicherung ab. Er ist darüber hinaus aber einem bestimmten Bürgerideal verpflichtet. Der von den Federalist-Autoren verteidigte Staat soll die Qualität einer Republik haben. Republik meint hier indes nicht einfach, wie in der heutigen verfassungstechnischen Terminologie, einen nicht-monarchisch verfaßten Staat, sondern eine Republik im Sinne Montesquieus, eine gemischte Verfassung (Hamilton/Madison/Jay 1995 (Erstersch. 1788)). Mit dem Gedanken der Republik verbindet sich in den Federalist Papers die Idee eines Bürgers, der nicht nur seine privaten Interessen verfolgt, sondern sein Verhalten nach dem Nutzen für das Ganze bemißt. Bei dieser Idee des Gesamtnutzens oder Gemeinwohls kommt Aristoteles in den Sinn, dessen Werk schlichtweg Gemeingut aller Verfassungsväter der amerikanischen Republik war. Die Federalist-Autoren machen aber keinerlei Anstalten auszumalen, was das Gemeinwohl sei. Das Gemeinwohl wird zum praktischen, mehrheitsfähigen Kompromiß. Die Herstellung dieses Mehrheitskonsenses macht den Kern des politischen Denkens der Federalist-Autoren aus. Dieser technisch hergestellte Konsens mit seinem Mehrheitserfordernis wird als eine Art Sicherung ausgestaltet, daß nicht irgendwelche Zufallsmehrheiten die Würde eines allumfassenden Konsenses beanspruchen können. Der Konsensgedanke in den Federalist Papers hebt auf die Berücksichtigung von Minderheiten und auf die Respektierung individueller Überzeugungen ab.

Menschenbild Aus der Sicht der Federalist-Autoren ist es eine Tatsache, daß sich die menschliche Natur mit gewissen schlechten Eigenschaften verbindet, die einen mit Zwangsgewalt bewehrten Staat erfordern. Indessen wird der Mensch nicht als schlechthin unfähig eingeschätzt, von seiner Vernunft Gebrauch zu machen. Er kann diese Vernunft nicht nur zur Förderung des eigenen Wohls einsetzen, sondern auch zugunsten eines Gemeinwohls. Dieses Gemeinwohl ist keine mehrheitstechnische Größe. Es hat moralischen Gehalt, der sich nur denjenigen Bürgern erschließt, die das politische Geschäft nicht zum eigenen Vorteil, sondern als Ausdruck moralischer Verpflichtung, d.h. als „Bürger" betreiben. Der Staat

32

muß deshalb so eingerichtet sein, daß die Stimmen der „guten" oder „wirklichen" Bürger nicht ungehört verhallen und daß sie schließlich auch die Chance erhalten, ihre Auffassung im politischen Betrieb zur Geltung zu bringen. Ein rein majoritärer Regierungsmechanismus, und hierin stimmen alle Federalist-Autoren überein, wäre der Republik nicht angemessen. Das Bürgerideal der Federalist-Autoren wird so zum Schlüssel für die Rechtfertigung eines so komplizierten Regierungssystems, wie es die USA bis heute besitzen.

Im Federalist Nr. 10 stellt Madison die berühmte Frage, welcher Weg sinnvoll sei, um die Ursachen von Faktionen zu bekämpfen, oder besser: ihre Wirkungen zu kontrollieren? Der Begriff der Faktion nimmt in der Argumentation der Federalist Papers eine Schlüsselstellung ein (ebd., 50 ff.). Unter Faktion ist hier freilich kein – heute gebräuchlicher – politikwissenschaftlicher Fachausdruck zu verstehen, sondern lediglich eine Chiffre für Zusammenschlüsse von Menschen zu beliebigen Zwecken. Faktion hat dabei einen negativen Klang. Faktionen bilden sich um vorgefaßte Meinungen, die dem einzelnen ein eigenes Urteil erschweren oder die es ihm abnehmen. Sie verfolgen irgendeinen materiellen Nutzen, der jedoch auschließlich ihren Mitgliedern zugute kommt. Oder Faktionen wollen einfach lästige Konkurrenten und unbequeme Meinungen unterdrücken. So ähnlich, wie negative Eigenschaften in der Natur des Menschen liegen, so geht Madison davon aus, daß auch Faktionen eine Tatsache des politischen Lebens sind, die nicht aus der Welt zu schaffen sei. Deshalb komme es darauf an, eine im oben erläuterten Sinne wirkliche Republik so zu konstruieren, daß die Faktionen möglichst wenig Unheil anrichten. Mehr noch als Faktionen, die nur eine Minderheit der Bürger ausmachen, fürchtet Madison Faktionen, hinter denen eine Mehrheit der Bürger steht, oder Allianzen verschiedener Faktionen, die sich auf dem geringsten gemeinsamen Nenner einigen, um wenigstens einen Teil ihrer Pläne mit dem Rückhalt einer Mehrheit durchzusetzen. Minotäre Faktionen sind unter Umständen bereits imstande, die republikanische Gesinnung zu schwächen, indem sie den Bürger unter Anpassungsdruck setzen und ihn daran gewöhnen, andere für sich selbst denken zu lassen. Indes bietet das Prinzip der Mehrheitsentscheidung, wie es in der Republik gilt, immerhin eine Gewähr, daß die Bäume der kleinen Faktionen nicht in den Himmel wachsen.

Anders steht es mit den größeren Faktionen, die unter Umständen zur Mehrheit werden können. Die Mehrheit hat nicht immer Recht, aber es gibt zu ihr keine Alternative. Eine probate Lösung dieses Dilemmas einer Mehrheit, die von einer Interessen- oder Meinungsgruppe beherrscht wird, erblickt Madison in der Entscheidung der Philadelphia-Convention für ein Zweikammerparlament, das in unterschiedlich großen politischen Einheiten (Wahlkreisen) gewählt wird und in dem die Gesetze übereinstimmend von Mehrheiten beider Kammern beschlossen werden müssen. Dürfte es schon schwierig sein, daß eine Faktion das Wählervotum in einer großen Anzahl von Wahlkreisen für die eine Kammer manipuliert, so erscheint es um vieles schwieriger, daß sie auch noch die Wähler in den ganz anders zusammengesetzten Wahlkreisen der anderen Kammer mehrheitlich auf ihre Seite bringt. Falls es ihr dennoch gelingt, hat sie nach Madison die Legitimation, ihren Willen in Gesetzesform zu gießen. Daß eine Faktion auf diese Weise den Gesetzgebungsprozeß kontrollieren könnte, hält er im Grunde genommen für ausgeschlossen. Mehrheiten sind unter diesen Voraussetzungen überhaupt nur

Institutionen als Programm politischer Mißbrauchsverhinderung

Mehrheitsprinzip und Minderheitenschutz

33

als Koalitionen verschiedener Gruppierungen denkbar, die bei der Verständigung auf eine gemeinsame Lösung jede einen Teil ihrer ursprünglichen Absichten aufgeben müssen, so daß am Ende durch das Nehmen und Geben verschiedener Faktionen ein Ergebnis entsteht, das eine Vielzahl von Auffassungen berücksichtigt. Tyrannei kann sich unter diesen Bedingungen nur schwer entfalten. Das Arrangement der Institutionen und Verfahren wirkt so als Kontrolle gegen den Mißbrauch der Mehrheit und als Gewähr für das angesichts der menschlichen Natur bestmögliche Ergebnis einer Mehrheitsentscheidung. Wo die „Tyrannei der Mehrheit" effektiv gebremst wird, dort wird der Freiheitsraum des einzelnen geschützt, dort kann sich auch unter widrigen Umständen ein unabhängiges Urteil bilden.

Dieses Thema der „checks and balances" variiert Madison im Federalist Nr. 51, in dem das von Montesquieu entwickelte Gewaltenschema für die amerikanische Verfassung mit den gleichen Gründen gerechtfertigt wird, wie sie bei der Faktionskontrolle durch das Aufsplittern und Austarieren verschiedener Mehrheiten eingebracht werden (ebd., 313 ff.). Die Exekutive soll sich von Legislativaufgaben fernhalten, die Legislative darf keine Exekutivfunktion übernehmen. Eine tyrannisverdächtige Gewaltenkonzentration bei einem Amt oder einer Institution soll vermieden werden. Zusätzlich werden jedoch Legislative und Exekutive im Zustimmungswege an den Entscheidungen jedes Organs beteiligt (Gewaltenverschränkung). So muß die von den Bürgern gewählte Exekutive, d.h. der Präsident, Gesetzesbeschlüssen des Kongresses zustimmen; sein Veto kann das Verfahren blockieren. Und die Legislative muß den Vorschlägen des Präsidenten für die Leiter der wichtigsten Verwaltungsbehörden ebenfalls zustimmen.

Normenkontrolle Hamilton rechtfertigt im Federalist Nr. 78 (ebd., 469 ff.) bereits die Gesetzesnormenkontrolle der Legislativbeschlüsse durch die Gerichtsbarkeit. Er nimmt damit einen Gedanken vorweg, der erst seit der Rechtsprechung des Supreme Court unter Chefrichter John Marshall im Jahr 1803 Verbindlichkeit für die Verfassungspraxis gewinnen sollte. Hamilton formuliert hier bereits in nicht zu überbietender Deutlichkeit die Logik eines Staates, in dem die Verfassung über dem einfachen Recht, d.h. dem Recht der Mehrheit, steht. Soweit nicht die Legislative in einem überaus komplizierten Verfassungsänderungsverfahren den Verfassungstext selbst ändert, liegt die Wahrung der Verfassung also bei den Gerichten. Obgleich geleitet von dem Gedanken, eine vom Geist der Antike beseelte Republik unabhängiger Bürger ins Leben zu rufen, kommen in der Staatskonstruktion der Federalist Papers doch so viele Hürden für Mehrheiten und rasche Entscheidungen ins Spiel, daß sie die vom liberalen Urvater Locke in seiner Gewaltenteilungslehre vorgesehenen Sicherungen zum Schutz der individuellen Freiheits- und Eigentumsphäre noch bei weitem übertreffen. Im Gewaltenteilungsentwurf der Federalist Papers steckt das idealtypische präsidentielle Regierungssystem, wie bereits im Montesquieuschen Staatsmodell. Ein bedeutsamer Unterschied liegt aber darin, daß die Federalist-Autoren die Gewaltenteilung mit der Idee der Wahl auch des Regierungsinhabers und des gesamten Parlaments, ferner mit dem Mehrheitsprinzip, mit dem Vorsatz des Minderheitenschutzes und schließlich mit dem Vorrang des Verfassungsrechts zusammenspannen. Das präsidentielle Regierungssystem, diese weitere Lehre läßt sich daraus ziehen, ist eine theoretisch angeleitete Konstruktion.

34

Bemühen wir unter den Verfassern gewaltenteiliger Staatsentwürfe noch kurz den französischen Autor *Benjamin Constant* (1767-1830). Ihm kommt vor dem Hintergrund des französischen Regierungssystems, das in diesem Buch behandelt wird, besondere Bedeutung zu. Constants Ausgangspunkt ist die Freiheit. Darunter faßt er die Entfaltung der Persönlichkeit, geistige und materielle Unabhängigkeit, Religions- und Meinungsfreiheit, die Handels- und Gewerbefreiheit und die Sicherung der Eigentumsrechte. Wem es nicht gelingt, Eigentum zu bilden oder materielle Unabhängigkeit zu erreichen, dem nützt die Freiheit nichts. Die Freiheit gilt als ein individuell erfolgsabhängiger Wert.

Unter diesen Voraussetzungen entwickelt Constant sein Verfassungsmodell, das in moderner Diktion treffender als Gewaltenteilungsmodell zu bezeichnen ist. Dieses ist ähnlich wie das ältere Montesquieusche Gewaltenteilungsmodell aus der Anschauung der britischen Verhältnisse gewonnen, von denen sich Constant bei einem Englandaufenthalt ein Bild machte (vgl. zum folgenden Constant 1970, Bd. 4, 49 ff.). Constants Gewaltenteilungsmodell sieht fünf Gewalten vor, die an den klassischen staatlichen Funktionen – Gesetzgebung, Regierung, Rechtsprechung – mitwirken. Die gesetzgebende Gewalt liegt bei einer Legislativversammlung, die sich aus zwei Kammern zusammensetzt. Eine dieser Kammern verkörpert die „pouvoir représentatif de la durée", ein Oberhaus, das als Adelskammer angelegt ist. Sitz und Stimme haben allein Vertreter des Hochadels, die auf Lebenszeit amtieren und die im Gesetzgebungsprozeß das Moment der Kontinuität, der Beharrung, zum Ausdruck bringen. Diese Kammer ist als Gegengewicht zur anderen Kammer der Legislative konzipiert, die Constant als „chambre représentatif de l'opinion publique" bezeichnet. Diese gewählte Kammer repräsentiert die Meinung der wahlberechtigten Bürger, nach Constant gleichbedeutend mit der politisch relevanten öffentlichen Meinung. Die öffentliche Meinung bzw. die Wähler unterliegen Stimmungen, sie schwanken in ihrem Urteil und neigen zu spontaner Begeisterung oder Enttäuschung. Um das Durchschlagen wechselnder Stimmungen auf die Gesetzgebung einzuschränken, hat Constant die Adelskammer gleichberechtigt am Gesetzgebungsprozeß beteiligt. Am Gesetzgebungsprozeß wirkt außer den beiden Kammern der Legislative ferner noch der Herrscher – ein Monarch – mit, der „pouvoir neutre". Der „pouvoir exécutif", die Regierung, führt die Gesetze aus und leitet die Verwaltung. Constant fordert die Regierung auf, bei ihren Maßnahmen die Meinungen zu berücksichtigen, die in den Beratungen der Legislative eine Rolle spielen. Die Aufgabe der „pouvoir judiciaire", der Judikative, definiert Constant in Übereinstimmung mit Montesquieu.

Die Besonderheit des Constantschen Gewaltenteilungsmodells ist der „pouvoir royal", die Herrschergewalt. Das Herrscheramt wird auch als „pouvoir neutre" bezeichnet, als überparteiliche Gewalt, die am üblichen Regierungs- und Gesetzgebungsgeschäft nicht beteiligt ist. Es handelt sich um eine sanktionierende Instanz, die mit der Autorität des Herrscheramtes Beschlüsse der Legislative und der Regierung förmlich in Kraft setzt. Constant zeichnet hier das Bild eines Herrschers, der nicht mehr selbst regiert, sondern – von einigen Ausnahmefällen abgesehen – nur noch herrscht (Gall 1963). Gerade diese Ausnahmesituationen sind indes von größter Bedeutung. Wann immer der Staat in eine Notsituation gerät, die von den übrigen Gewalten nicht beherrscht werden kann, ist der „pouvoir neutre" als Reservegewalt aufgefordert, einzugreifen. Auch wenn es zu Störungen im Verfassungsleben kommt, wenn die Parlamentskammern oder wenn Parlament und Regierung in einen Streit geraten, der das Regierungsgeschäft lahmlegt, dann liegt es beim „pouvoir neutre", die Situation durch Vermittlung oder Entscheidung zu klären. Die Figur des „pouvoir neutre" ist das herausragende Merkmal des Constantschen Gewaltenteilungsentwurfs. Gewisse Anklänge an den „pouvoir neutre" gibt es selbst noch in modernen Verfassungen, so etwa in der Figur des Staatspräsidenten der V. französischen Republik oder im Reichspräsidenten der Weimarer Republik. Eine parlamentarische Verfassung indes bedeutet das Constantsche Gewaltenteilungsmodell noch nicht. Die Regierung, die Exekutive, kann vom Parlament nicht abgelöst werden; sie wird vom Herrscher eingesetzt. Denkt man sich ein modernes parlamentarisches Recht zur Abberufung der Regierung durch das Parlament zu den Befugnissen der Constantschen Legislative und statt eines Monarchen noch einen gewählten Präsidenten hinzu, so wird die Nähe dieses Verfassungsmodells zum semi-präsidentiellen Regierungssystem, wie es in Frankreich seit 40 Jahren Bestand hat, noch deutlicher.

Sämtliche hier vorgestellten Staats- und Gewaltenteilungsentwürfe fanden Verbreitung und entfalteten Wirkung, weil sie historische Entwicklungen in ihrer Epoche trafen. Sie verfahren ausnahmslos deduktiv. Sie haben ein bestimmtes Menschen- und Gesellschaftsbild vor Augen. Sie konstruieren die Verfassungen entweder zum Nutzen und Frommen der Begüterten und Privilegierten, oder um die unterstellte Neigung des Menschen zu konterkarieren, seinen schlechteren Eingebungen zu folgen. Diese Gewaltenteilungskonzepte hatten mit Demokratie noch nichts im Sinn. Die moderne Demokratie ist ein Kind der Französischen Revolution und des 19. Jahrhunderts. Mit der Erweiterung des Wahlrechts und dem Verschwinden des Adels und privilegierter Gruppen entfielen – empirisch gesehen – viele Grundlagen etwa des Montesquieuschen Gewaltenteilungsmodells. Die Parlamentarisierung der Monarchien entzog der Begründung für die Fürstenherrscher die Grundlage. Dennoch haben sich die Gewaltenteilungskonzepte bis zum heutigen Tage gehalten. Sie tragen bis in den Aufbau der demokratischen Regierungssysteme durch.

Hinter allen diesen Konstruktionen scheint das Faszinosum der britischen Verfassungszustände durch. Dies wird am deutlichsten bei Montesquieu und Constant. Beide verkannten in ihrer Zeit ein entscheidendes Moment der realen britischen Verfassungszustände. Ihnen blieb verborgen, daß die Gewaltenteilung im britischen Regierungssystem schon lange nicht mehr dem institutionellen Dualismus von Krone und Parlament folgte, sondern daß sie den Monarchen als politischen Faktor bereits entwertet hatte. Ferner waren durch das Auftreten der Parteien die Parlamentsmehrheit und die Regierung zu dem für das parlamentarische Regierungssystem so charakteristischen Gespann von Regierung und Parlamentsmehrheit, d.h. zur Regierungsmehrheit, zusammengewachsen, dem als Gegenpart die parlamentarische Opposition gegenüberstand.

Nach Montesquieu und den Federalist Papers verzweigte sich die klassische staatstheoretische Literatur in eine Richtung, die nach wie vor ideale Staatsentwürfe konstruierte, und in eine andere Richtung, die sich von der Beobachtung der tatsächlichen Verfassungsverhältnisse leiten ließ. Erstere hat an dieser Stelle deshalb ihre Bedeutung, weil sie das Volk in das Staatsdenken aufnahm. Rousseau steht exemplarisch für diese Denkrichtung (Fetscher 1975). Aus ihrer Rezeption sind plebiszitäre Politikinstrumente in die demokratische Verfassung hineingelangt.

Ausgangspunkt der Rousseauschen politischen Philosophie ist die Zivilisationskritik. *Jean-Jacques Rousseau* (1712-1778) erlangte schlagartig Berühmtheit, als er auf ein Preisausschreiben der Akademie von Dijon, ob der Fortschritt der Künste und der Wissenschaften zur Verbesserung der menschlichen Verhältnisse beigetragen habe, in der eingesandten und preisgekrönten Arbeit mit einem emphatischen „Nein" antwortete. Nach Rousseau haben Wissenschaft, Technik, Literatur und Kunst den ursprünglichen, seinen natürlichen Instinkten und Neigungen gehorchenden Menschen „verbildet". Diese anthropologische Ausgangsprämisse veranlaßt Rousseau, sich ausführlich mit dem ursprünglichen Menschen im Naturzustand und mit dem Übergang von einem ungeregelten, naturhaften Zustand zum Leben in der staatlichen Gemeinschaft zu befassen. Der Mensch des Naturzustandes kennt keine Moral, kein „gut" und kein „böse". Bei Unterstellung eines gewissen Bevölkerungswachstums treten diese unverbildeten Naturmenschen zueinander in Kontakt. Rousseau unterstellt hier eine natürliche Fähigkeit des Menschen zum Leben in der Gemeinschaft.

Nicht die natürliche Sozialität der Menschen erzwingt den Staat, sondern vielmehr die Tatsache, daß zwischen den Menschen Konflikte entstehen, die sie ohne Vermittlung oder ohne das Machtwort eines Dritten nicht lösen können. Rousseau erklärt die Entstehung des Staates in seinem frühen Werk damit, ähnlich wie Locke, daß soziale Unterschiede bzw. das Entstehen von Gegensätzen zwischen arm und reich die Ursachen für Streit und somit für den Bedarf an allgemein verbindlichen Gesetzen bilden. So werde der Staat spätestens dann notwendig, wenn unter den bereits vergesellschafteten Menschen einer ein Stückchen Boden umzäune und erkläre, es gehöre ihm, und niemand sonst habe das Recht, diesen Boden zu bearbeiten oder von ihm zu ernten (vgl. zum folgenden Rousseau 1958 (Erstaufl. 1762)). Streit sei dann unausweichlich.

Unter den unumkehrbaren Bedingungen der modernen Zivilisation kann die ursprüngliche Einheit von Moral und Lebensform durch eine entsprechende Ordnung von Staat und Gesellschaft nur künstlich wiederhergestellt werden. Die Überwindung der zivilisatorischen Übel kann der Mensch nur in staatlicher Gemeinschaft mit anderen erreichen. Der Mensch gelangt im Staat zu einer neuen, unverfälschten Moralität, indem er sich mit der Gemeinschaft identifiziert, d.h. sein Denken, Handeln und Bewußtsein nicht auf private Bedürfnisse, sondern ganz auf die Bedürfnisse der in einem Staat vereinigten Menschen als Gesamtheit abstellt.

Die zu seiner Zeit vorhandenen Staatswesen verwirft Rousseau ausnahmslos. Diese Staaten, zumeist moderne Flächenstaaten, seien bereits durch das schlechte Beispiel ihrer Herrscher, durch die schlechten Sitten der Untertanen und durch Traditionen und alte Gesetze verdorben. Lediglich „junge" Völker, die noch nach einer passenden Staatsform suchen, erachtet Rousseau als fähig, einen seinen Vorstellungen entsprechenden Staat zu bilden. Am Anfang der Rousseauschen Staatstheorie steht die Idee des „législateur", d.h. eines Verfassungsgebers, der aus nicht näher erklärten Gründen auftritt, um eine Situation zu retten, die sonst

Menschenbild

Besserungsfähigkeit des Menschen im Staat

Art und Entstehung des Staates

37

in heilloser Verwirrung enden würde. Aufgabe dieses „législateur" ist es nun, den Menschen, die nach einer ihnen gemäßen politischen Existenzform suchen, ein Verfassungsprogramm vorzuschlagen. Ein solcher Staat, der sich aus der Vielfalt der bestehenden, überwiegend großflächigen Staaten durch sein überlegenes Herrschaftsmodell und eine moralisch geläuterte Gesellschaft herausheben könnte, ist nach Rousseaus Vorstellungen allein in den engen Grenzen einer Stadtrepublik denkbar. Indes lassen sich in Rousseaus Werk auch Anhaltspunkte dafür erkennen, daß er in der Idee des Föderalismus, die in der zeitgenössischen Schweiz eine gewisse Anschauung bot, eine praktikable Möglichkeit erblickte, um die Vorteile des überschaubaren Kleinstaates mit denen eines mächtigen Flächenstaates in Einklang zu bringen.

Nun gibt der Rousseausche „législateur" aber nicht eine beliebige Verfassung, sondern eine bestimmte Verfassung. An der Souveränität, d.h. an der Herrschaft im Staat sollen alle Bürger teilhaben. Nachdem der „législateur" den Menschen eine solche Verfassung vorgelegt und erläutert hat, zieht er sich aus der Politik zurück. Er ist lediglich Ideenproduzent und Impulsgeber, kein Herrscher. Nun liegt es an den Menschen, dieses Verfassungswerk als Bürger mit Leben zu erfüllen. Der „législateur" bestimmt den Souverän, die Staatsform und die Staatsreligion (réligion civile). Unter der Réligion civile hat man sich einen Mindeststandard an staatsbürgerlichen Verhaltensmaßstäben, also die Kanonisierung von Bürgertugenden, vorzustellen. Dieser Punkt ist von besonderer Bedeutung. Er

zeigt, daß der Rousseausche Idealstaat ein funktionierendes politisches Erziehungsprogramm voraussetzt. Alle Bürger sollen an der Souveränität teilhaben, jeder Bürger ist Gesetzgeber. Damit Gesetzgebungsfragen aber keinen Streit unter den Bürgern auslösen, sondern vielmehr Einigung stiften, darf es dem Staat nicht gleichgültig sein, wie seine Bürger denken und welche Werte sie respektieren. Meinungsvielfalt und offene Wertekonkurrenz würden nur dazu führen, daß über ein Problem, das qua Gesetz entschieden werden soll, verschiedene Ansichten entstehen, so daß sich am Ende die Auffassung einer Mehrheit durchsetzt. Dabei ist allerdings fraglich, ob diese Mehrheit die richtige Entscheidung trifft. Für die Urteilsfindung des Souveräns ist ein jenseits der Mehrheitsregel liegender Maßstab wichtiger, der – in modernen Begriffen – als Gemeinwohlvorstellung umschrieben werden kann.

Der staatsbegründende Gesellschaftsvertrag kommt bei Rousseau so zustande, daß sich die künftigen Bürger des Staates gegenseitig versprechen, dem Willen des künftigen Souveräns absoluten Gehorsam zu leisten. Durch die im Vertrag begründete Vereinigung mit anderen bleibt der einzelne so frei, wie er es vorher war. Freilich genießt er diese Freiheit im Vertragszustand als Bürger, als „citoyen", der den Staat vernunftgeleitet und mit voller Überzeugung akzeptiert. Behält er auch im Staat noch Vorbehalte gegen den Willen des Souveräns, so mißversteht er seine Freiheit als diejenige eines „bourgeois", der im Staat lediglich ein Instrument für den eigenen Vorteil erblickt.

In der Seele jedes Menschen widerstreiten sich nach Rousseau zwei Gefühle, der „amour propre" und der „amour de soi". „Amour de soi" drückt den allen Menschen angeborenen Selbsterhaltungstrieb aus. Dieser wird von der Vernunft gesteuert und befähigt den Menschen, als „citoyen" Gesetzgeber zu sein. Der „amour propre" bezeichnet demgegenüber die Selbstsucht, den individuellen

Vorteil als Richtschnur für das Handeln auch im Staat. Er charakterisiert die Dispositionen eines „bourgeois". Im „amour de soi" manifestiert sich zum einen ganz rationale Liebe zu sich selbst, sie reflektiert aber gleichzeitig auf die Bedürfnisse der übrigen „citoyens". Wenn und soweit der Bürger bei Gesetzesentscheidungen seinen privaten Interessen, Vorurteilen und Sympathien folgt, artikuliert er eine „volonté particulière". Wenn er jedoch nach übergeordneten Gesichtspunkten entscheidet, insbesondere in den Blick faßt, was allen Bürgern gemeinsam nützt, dann handelt er nach den Prinzipien der vernünftigen Willensbildung, der „volonté générale", die das Gemeinwohl hervorbringt.

In dem von Rousseau beschriebenen Staat, in dem das Volk selbst die Souveränität innehat, genügt es nicht, daß bei Gesetzesentscheidungen lediglich die Mehrheit ausgezählt wird. Entscheidend sind die Motive, von denen sich die Bürger leiten lassen. Selbst wenn alle Bürger unisono das gleiche wollen, sich in diesem Willen aber von der „volonté particulière" leiten lassen, so wollen sie nicht das Gemeinwohl und konstituieren sie keine „volonté générale", sondern lediglich den Willen aller, die „volonté de tous". Auch Mehrheiten, ja alle können die „volonté générale" verfehlen. Ebenso ist es denkbar, daß bei einer Vielfalt von Auffassungen über ein Gesetz die „volonté générale" unterliegt, weil jene Bürger, die das allgemeine Interesse im Auge behalten, in der Minderheit bleiben. Ideal wäre ein Zustand, in dem alle Bürger der „volonté générale" folgten. Entscheidet sich eine überwältigende Mehrheit der Bürger entsprechend der „volonté générale", so ist bereits eine starke Annäherung an den Idealzustand erreicht. Auch ist ein Zustand, in dem lediglich zwei Meinungen im Volk widerstreiten, immer noch einer Situation vorzuziehen, in der es eine Vielfalt von Auffassungen gibt, aus denen sich per Zufall oder taktischem Kalkül vielleicht Mehrheiten ergeben, die das Gemeinwohl verfehlen. Als Staatsform läßt Rousseau allein eine Republik gelten, in der alle Bürger an der Gesetzgebung teilhaben. Hinsichtlich der idealen Regierungsform bleibt Rousseau weniger entschieden. Die Gesetzgebung ist für ihn das Entscheidende. Das Regieren sieht er als rein verwaltende Funktion, weshalb er ihm geringe Beachtung schenkt. Rousseau lehnt die Gewaltenteilung ab – sie würde schließlich die Allmacht des gesetzgebenden Souveräns einschränken. In traditioneller Weise unterscheidet er nach der Anzahl der Regierenden im engen exekutiven Sinne zwischen Monarchie, Aristokratie und Demokratie. Er läßt freilich erkennen, daß er die Demokratie für keine sonderlich praktikable Regierungsform hält, da hier der Bürger in der doppelten Funktion des Gesetzgebers und des Gesetzesanwenders aufträte und so leicht in Interessenkonflikte geriete.

Rousseau faßt tatsächlich alle Einwohner seines Staates als Teilhaber an der Souveränität auf. In der Rückschau kann ohne Übertreibung resümiert werden, daß Rousseau die Rhetorik und die Ideen der Französischen Revolution so stark beeinflußt hat wie kein anderer Denker. Die Revolution wurde als Konstituierung des wahren Souveräns, des Volkes, verstanden. Dem Volk wurde eine überlegene Vernunft zugeschrieben, die einem nach dem Prinzip der Volkssouveränität eingerichteten Staat von vornherein die Qualität des Besseren gegenüber allen bekannten Staaten verlieh. Die dritte bedeutende Hinterlassenschaft des Rousseauschen Werkes ist die Vorstellung von einem Gemeinwohl, wie es Rousseau in der „volonté générale" umschreibt.

Die Verschwisterung von Repräsentationsprinzip und Volkssouveränität sollten erst die aufgeschlossenen liberalen Denker und demokratischen Sozialisten im 19. Jahrhundert leisten. Gerade Frankreich, die geistige Heimat Rousseaus, geriet hier in eine Vorreiterrolle. Der Parlamentarismus bedeutet Meinungspluralität und das Vorhandensein von Mehrheit und Minderheit. Mit der Rousseauschen Vorstellung der „volonté générale" läßt sich der Parlamentarismus nicht vereinbaren. Rousseau ist deshalb mit dem Gedanken des Plebiszits, der Volksabstimmung, in Verbindung gebracht worden. Die Volksgesetzgebung schaltet die intermediären Gewalten als „verfälschende" Übermittler des Volkswillens aus. Dabei ergab sich ein Problem. Das revolutionäre Frankreich war nach 1789 mit der Frage konfrontiert, wie diese unmittelbare Volksgesetzgebung in einem der größten Flächenstaaten Europas organisiert werden sollte.

Abbé Siéyès
(1748-1836)
Souveränität plus
Repräsentation

Der *Abbé Siéyès* (1748-1836), ein Denker aus geistlichem Stande, machte dazu einen Vorschlag, der über die Französische Revolution hinaus Bedeutung erlangen sollte. Siéyès traf eine Unterscheidung zwischen dem originären Volkswillen, der „pouvoir constituant", und dem abgeleiteten Volkswillen, der „pouvoir constitué". Eine – von der „pouvoir constituant" gewählte – Repräsentativversammlung sollte stellvertretend für das Volk, den Souverän, dessen Rechte wahrnehmen. So konnte die Idee der Volkssouveränität Praktikabilität auch in modernen Großstaaten gewinnen. In der französischen Verfassungsvorstellung hieß es lange, daß der Wille des Parlaments für den Volkswillen genommen werden müsse und auch durch entgegenstehende Verfassungsbestimmungen nicht eingeschränkt werden könne. Die jüngste bzw. letzte Äußerung des Souveräns, das heißt: das zuletzt gewählte Parlament, hatte das letzte Wort. Genauso wog die unmittelbare Willensbekundung des Volkes, wie sie in einer Volksabstimmung zum Ausdruck kam, schwerer als ein Parlamentsvotum. Das Parlament war demzufolge der Regierung als dem parlamentshergeleiteten Organ überlegen – ganz so, wie der Gesetzgeber auch bei Rosseau durch kein gewaltenteiliges Regierungsverständnis gehemmt ist (zu Siéyès siehe Dippel 1986, 24-28). Regierung und Regierbarkeitsprobleme kommen in dieser Denkweise erst deutlich nach dem theoretisch aufgebauten Primat des förmlichen Gesetzgebers zum Zuge.

1.5 Das moderne Verständnis parlamentarischer und präsidentieller Regierungssysteme

Bagehot als
Parlamentarismus-
klassiker
„Dignified und
efficient parts of the
Constitution"

Walter Bagehot (1826-1877) war kein Verfasser eines großen staatstheoretischen Entwurfs mehr. Seinen Klassikerstatus verdankt er dem klaren Blick, mit dem er sich in seinem Werk „The English Constitution" (1969 (Erstaufl. 1867), dt. übers. 1971) über die rechtliche Fassade des britischen Regierungssystems hinwegsetzt. Er arbeitet die dahinter liegenden Strukturen einer Realverfassung heraus. Bagehot war zu seiner Zeit ein berühmter Journalist, sein Hausblatt war der heute noch vitale „Economist", nach gegenwärtigen Begriffen ein Nachrichtenmagazin. Bagehots Thema ist das sog. „efficient secret", das „Geheimnis der Wirksamkeit" der britischen Verfassung. Damit meint er die verborgenen Mechanismen, die den Einblick in die eigentliche Funktionsweise des Regierungssystems gewähren. Davon unterscheidet er die Institutionen und Strukturen, die sich aus den Rechtsdokumenten und dem Staatszeremoniell ersehen lassen. Die Trinität Krone-Unterhaus-Oberhaus hat aus Bagehots Sicht ihre Bedeutung verloren. Der Monarch und die Adelskammer, das Oberhaus, spielen im Regierungsgeschehen keine Rolle mehr. Bagehot bucht sie als „dignified parts" der Verfassung auf das Traditionskonto ab. Als „efficient parts" sind nur mehr das Kabinett und das Unterhaus übrig geblieben. Das Kabinett kam aber zu seiner Zeit in der Ämterordnung Großbritanniens gar nicht vor. Das Kabinett, so Bagehot, ist der eigentliche Regent Großbritanniens. Diese Aufgabe hat es gewonnen, weil es mit der Unterhausmehrheit verbunden ist. Bagehot nimmt also deutlich die typische Funktionsteilung des parlamentarischen Regierungssystems in Parlamentsmehrheit plus Regierung versus parlamentarische Opposition wahr. Sodann entwickelt er mit vielerlei Illustrationen, daß die um Unterhaus und Kabinett kreisende Verfassung allein auf Gewohnheiten, auf den „constitutional conventions" fußt. Es haben sich politische Bräuche eingebürgert, zum Beispiel jener, daß der Monarch die vom Parlament beschlossenen Gesetze unterzeichnen muß, oder daß die Regierung zum Rücktritt gezwungen ist, wenn sie eine wichtige Abstimmung im Unterhaus verliert.

Bagehot hat sich mit seinen Beobachtungen den Rang des wichtigsten zeitgenössischen Analytikers des britischen Regierungssystems verdient (Nuscheler 1969). Seine Methode ist bestechend einfach. Er will wissen, wie die Dinge wirklich sind, und warum dem so ist. Dabei kümmert er sich wenig um Geschriebenes. In dieser Vorgehensweise ist ihm die moderne Regierungssystemanalyse gefolgt. Bagehot schrieb sein Buch über die englische Verfassung am Vorabend einer Zäsur in der Entwicklung des britischen Regierungssystems. Eine dramatische Ausweitung der Wahlberechtigung für die arbeitende Bevölkerung (1867) stand unmittelbar bevor. Sie sollte sich als die Geburtsstunde der modernen britischen Parteien erweisen. Diese sollten dann in kürzester Zeit die von Bagehot notierten „efficient parts of the constitution" um einen wichtigen Teil erweitern, nämlich die beherrschende Rolle der Parteien im Wahl- und im Regierungsgeschehen. Bagehots Werk ging noch vom Typus des Gentleman-Abgeordneten aus, der die meisten seiner Wähler kannte und der seine Nominierung und Wahl nicht den Bemühungen einer politischen Großorganisation wie der politischen Partei verdankte.

Es hat seine Gründe, wenn Bagehots Schrift fast nur noch in Verbindung mit einem ebenfalls zum Klassiker gewordenen Vorwort erscheint, das der damalige Labour-Unterhausabgeordnete Richard Crossman (1969) verfaßt hat. Crossman spricht vom „prime ministerial government". Damit will er ausdrücken, daß der britische Parlamentarismus letztlich zum Vehikel einer Parteienherrschaft geworden ist. Die Parteien führen die Wahlkämpfe, sie nominieren die Kandidaten, und sie beschließen mit dem disziplinierten Votum ihrer Parlamentsmitglieder die Gesetze. Die Regierung, und dort mit besonderem Gewicht die herausgehobene Person des Premierministers, bestimmt, womit sich das Parlament überhaupt befaßt. Die Parlamentarier sind vital auf den Erfolg ihrer Partei angewiesen, für die sie im Wahlkampf auftreten. Die Popularität des Premierministers hängt an der Bewertung durch die Medien. In der öffentlichen Wahrnehmung spitzen sich die Parteien auf den Premierminister und seinen Herausforderer, den Führer der parlamentarischen Opposition, zu.

Bagehots Methode

Moderne Fortschreibung Bagehots im demokratischen Zeitalter

Westminster-Modell: Westminster ist der Londoner Stadtteil, in dem das Parlamentsgebäude gelegen ist. Das Westminster-Modell bezieht sich auf den gewachsenen britischen Parlamentarismus mit seiner Sovereignty of Parliament. Der Stadtteil Whitehall steht demgegenüber als Kürzel für die Ministerien und die Ministerialbürokratie. Das Westminster-Modell meint deshalb die parlamentarische Seite des Regierungsgeschäfts.

Die klassischen Institutionen des Westminster-Modells, das Unterhaus und das Kabinett, Bagehots „efficient parts of the constitution", werden durch die Parteienrealität verdrängt und überlagert. Der Parteienstaat hat sich des Parlamentarismus bemächtigt, die Parteien sind mit dem Premierminister zu „efficient parts" geworden.

Crossmans Analyse ist bis zum heutigen Tage aktuell. Die dramatischen Veränderungen in der Medienwelt haben die Bedeutung des Regierungschefs als Parteiführer und die seines Herausforderers in der Opposition eher noch stärker herausgestrichen, als es Crossman ahnen konnte, der bloß Zeitzeuge erster Gehversuche des Fernsehens war. Die Nivellierung der programmatischen Unterschiede zwischen den Parteien und die gleichbleibenden Problemhaushalte bei allen Regierungswechseln haben den Stellenwert von Personen und Amtsinhabern noch weiter gesteigert. Doch die Scheidelinie zwischen Regierung plus Regierungsmehrheit und Opposition, wie Bagehot sie beschrieben hat, ist ein konstitutives Merkmal nicht nur des britischen, sondern aller parlamentarischen Regierungssysteme geblieben.

Regierungsmehrheit „Eine Regierungsmehrheit kann es nur in parlamentarischen Regierungssystemen geben. Wird darunter doch jene Einheit von verantwortlichem Regierungspersonal und stimmberechtigter Parlamentsmehrheit verstanden, die ihre Existenz der politischen Vertrauensabhängigkeit der Regierung vom Parlament verdankt. In einem parlamentarischen System ist eine Regierung nicht nur in ihrer Handlungsfähigkeit – insbesondere beim Haushalt und in Fragen der allgemeinen Gesetzgebung –, sondern vor allem in ihrer Amtsdauer, in ihrer existentiellen Befindlichkeit auf die politische Haltung der stimmberechtigten Parlamentsmehrheit angewiesen. Sämtliche Abgeordnete, die eine Regierung im Amt halten, gehören zur Regierungsmehrheit. Sind alle verantwortlichen Regierungsmitglieder zugleich Abgeordnete, so kann von einer Identität zwischen Parlaments- und Regierungsmehrheit ausgegangen werden. Je mehr Mitglieder der Regierung nicht zugleich dem Parlament angehören, desto deutlicher wird die Unterscheidung zwischen Parlaments- und Regierungsmehrheit und deren wechselseitige Abhängigkeit in der Tagespolitik ihren Ausdruck finden. Insbesondere bei knappen Parlamentsmehrheiten wird dann die Anwesenheit von Regierungsmitgliedern im Plenum an Beschlüssen wenig ändern ... Daß die Parlamentsmehrheit und das Regierungspersonal eine politisch verantwortliche Einheit bilden, die als solche öffentlich zur Rechenschaft gezogen werden kann, ist auch die maßgebliche Sichtweise seitens der Opposition ... Die Regierungsmehrheit aufzubrechen, sie abzulösen oder zumindest auf sie Einfluß auszuüben, wird das Bestreben jeder parlamentarischen Opposition sein" (Winfried Steffani (Hrsg.), Regierungsmehrheit und Opposition in den Staaten der EG, Opladen 1991, S. 19).

Neuere Bewertung der Gewaltenteilung in den USA

Blicken wir zuletzt noch einmal auf die Gewaltenteilungskonzeption der Federalist Papers, die in den USA ein Regierungssystem mit dem Dualismus von Exekutive und Legislative begründet hat. Einer der bekanntesten Essays zur Struktur des gegenwärtigen Regierungssystems der USA stammt aus der Feder Richard Neustadts. In einer zuerst 1960 erschienenen Studie über „Presidential Power" schildert Neustadt an Fallbeispielen, wie mächtig der amerikanische Präsident tatsächlich ist. Sein Ergebnis faßt er in einer bekannten Formel zusammen, in der er das Regierungssystem der USA als ein Ensemble von „separate institutions sharing powers" beschreibt. Getrennte Institutionen sind gemeinsam an den Regierungsfunktionen (powers) beteiligt. Diese Formulierung verweist auf eine bemerkenswerte Differenz zu den Federalist Papers. Nicht die „powers" wie Gesetzgebung oder Gesetzesanwendung sind das eigentlich hemmende Moment im Regierungssystem, sondern die Präsidentschaft, die Regierungsbürokratie, der Kongreß mit seinen zahlreichen Ausschüssen und schließlich die Gerichte, allen voran das Oberste Bundesgericht. An der Gesetzgebung sind der Präsident und der Kongreß zwar gleichermaßen, aber doch an unterschiedlichen Stationen beteiligt. Die Ausführung der Gesetze ist keineswegs ein Privileg des Präsidenten und seiner höheren Beamten. Sie beteiligt in hohem Maße auch den Kongreß. Dieser befindet letztlich darüber, welche Regierungsbehörden eingerichtet, welche aufgelöst und welche zusammengelegt werden. Schließlich wirkt der Kongreß an der Bestellung des Führungspersonals mit. Dies sind alles Dinge, an die im verwaltungsarmen späten 18. Jahrhundert auch die hellen Köpfe im amerikanischen Verfassungskonvent nicht denken konnten. Wer mochte schon ahnen, was sich aus den Haushaltsbewilligungsrechten des Kongresses viel später einmal für den Regierungsprozeß ergeben sollte?

Die Gesetzgebung und die Verwaltung der USA setzen voraus, daß sich die parlamentarischen und die exekutivbürokratischen Institutionen einigen, daß sie ggf. Kompromisse finden; andernfalls geschieht nichts. Das Unterlassen ist aber politisch heikel – anders als vor 200 Jahren, als die Gesellschaft keine aktive Regierung erwartete, weil sie nicht mehr als ein Minimum an Politik brauchte! Neustadts Befund, vor 45 Jahren dargelegt, gilt auch heute noch. Das präsidentielle Regierungssystem funktioniert unverändert grundlegend anders als das parlamentarische, nicht zuletzt deshalb, weil es keine Mehrheit kennt, die im Gleichtakt das Parlament und die Regierung beherrscht. Mögen der volksgewählte Präsident und die Parlamentariermehrheit im Kongreß auch derselben Partei angehören, so bleiben doch die unterschiedlichen Bezugsgrößen in der Wählerschaft: Hier die nationale Wählerschaft für den Präsidenten, dort eine Wählerschaft, die an den Grenzen eines Gliedstaates oder eines noch kleineren Wahlbezirks endet. Es fehlt in den USA, was Crossman zu seiner Rede vom Prime-ministerial government veranlaßt hat – das Instrument effektiver politischer Parteien, die Parlament und Regierung zusammenspannen. Die USA haben kein „presidential government", das britische „prime ministerial government" ist seit langem Realität. Das hat konkrete Folgen für die politische Praxis, vor allem für die Inhalte des Regierungshandelns. Das präsidentielle Regierungssystem steht für komplizierte Mehrheitsbildungen, für mühsame Kompromisse, für politische Entscheidungen, die in der Regel weit hinter den erhofften oder befürchteten Vor- und Nachteilen für die Anhänger oder Gegner einer bestimmten Politik zurückbleiben. Die Checks-and-Balances wirken auch nach über 200 Jahren noch. Die Regierungspartei im parlamentarischen System kann hingegen durchsetzen, was sie will. Die politische Kontrolle des Regierungshandelns reduziert sich in letzterem Falle auf das Zusammenspiel von Opposition und kritischer Öffentlichkeit. Im präsidentiellen System der USA sind Kontrollelemente in alle Schritte des politischen Entscheidungsprozesses eingebaut. Parlamentswahlen mit dem Ergebnis eines Regierungswechsels, oder besser: des Parteienwechsels in der Regierung, bedeuten im parlamentarischen System eine größere Zäsur als ein neuer Präsident oder eine veränderte Kongreßmehrheit in den USA.

Vor über 50 Jahren gab es in der amerikanischen Politikwissenschaft eine heftige Debatte, ob der vermeintliche Reformstau, der durch das präsidentielle System entstanden sei, überhaupt im Rahmen der überbrachten Kompromißzwänge zwischen Kongreß und Präsident bewältigt werden könne. Kritiker (American Political Science Association 1950) schlugen eine Reform des amerikanischen Systems in Richtung auf den Parteienparlamentarismus nach britischem Modell vor (diese Debatte ist nachzulesen bei von Beyme 1986, 136 f.). Nach ihrer Vorstellung sollten die politischen Parteien eine wirksame Klammer zwischen der Kongreßmehrheit und dem Präsidenten herstellen. Ähnliche Vorschläge hatte vor über hundert Jahren bereits der nachmalige Präsident Woodrow Wilson (1956 (Erstaufl. 1885)) unterbreitet, der ein enthusiastischer Anhänger des Westminster-Parlamentarismus war. Der Vollständigkeit halber sei hinzugefügt, daß es bei der akademischen Debatte geblieben ist. Das entscheidungshemmende, von den Federalist-Autoren gerechtfertigte System ist tief in die politische Alltagskultur der USA eingelassen. Die Gesellschaft kommt damit zurecht. Die europäischen Demokratien hegen traditionell größere Erwartungen an rasches Staatshandeln. Bezeichnenderweise gilt das Regierungssystem der USA nicht als exportfähiger Artikel. Es hat den Charme des Unikums.

Wir können also resümieren, daß das präsidentielle Regierungssystem in kurioser Umkehrung der tatsächlichen Verhältnisse eher von der starken Stellung des Parlaments und umgekehrt das parlamentarische Regierungssystem von der beherrschenden Stellung der Regierung im Verhältnis zum Parlament bestimmt wird. Die übliche Begriffsverwendung läßt sich inzwischen nicht mehr umkehren. Sie sollte beibehalten werden, um die sonst unvermeidliche Begriffsverwirrung zu vermeiden. Betrachtet man aber die in diesem Buch zu besichtigenden Regierungssysteme, so stellt sich bald heraus, daß selbst das semi-präsidentielle Regierungssystem der V. französischen Republik letztlich näher beim Typus des parlamentarischen als bei dem eines präsidentiellen Regierungssystems liegt.

1.6 Kriterien des systematischen Regierungssystemvergleichs

Die im folgenden aufgeführten Punkte bezeichnen gemeinsame Strukturen aller demokratischen Regierungssysteme. Sie gliedern die folgenden Kapitel:

a) Gewaltenteilung
In der historischen Tradition der westlichen Demokratien ist der Grundsatz der Repräsentation mit dem Grundsatz der Gewaltenteilung verschwistert. Gewaltenteilung ist ein unverwechselbares Merkmal repräsentativ-demokratischer Regierungsweise. Dieses Merkmal ist weder logisch noch funktionsnotwendig, es ist vielmehr das Ergebnis historischer Erfahrung. Das Gewaltenteilungsprinzip wurde in Zeiten und für Gesellschaften entwickelt, die den Begriff und das Phänomen der modernen Demokratie noch nicht kannten (für die Gesellschaften des 18. Jahrhunderts). Wichtig ist im Zusammenhang mit dem Regierungssystemvergleich die Tatsache, daß die Gewaltenteilung in den westlichen Demokratien von drei Teilgewalten ausgeht – Gesetzgebung, vollziehende Gewalt und Rechtsprechung.

Beide Gewaltenteilungsvarianten verkörpern unterschiedliche Vorkehrungen zur Bewältigung von Konflikten zwischen Parlament und Regierung. Die „parlamentarische" Gewaltenteilungsvariante erzielt den beabsichtigten Effekt, die Verhinderung von Machtmißbrauch und Machthäufung bei einem Staatsorgan, indem sich die Regierung und die Parlamentsmehrheit mehr oder weniger eng miteinander verbinden und indem sie sich der Kritik einer an den Wähler appellierenden parlamentarischen Opposition stellen müssen, die sie „in Schach zu halten" versucht. Im extremen Konfliktfall riskiert die Regierungsmehrheit den Mandatsentzug durch die Wähler. Die „präsidentielle" Gewaltenteilungslösung schließt diesen Weg aus: Besteht zwischen Parlament und Regierung in wichtigen Fragen ein großer Dissens, so kommt als einzige Konfliktlösung nur der Kompromiß in Frage. Fehlt es beiden Seiten an Kompromißbereitschaft, dann unterbleibt die Entscheidung. Keine der beiden Gewalten ist imstande, der anderen ihren Standpunkt aufzuzwingen.

b) Vertikaler Staatsaufbau

Ein weiteres Unterscheidungsmerkmal demokratischer Regierungssysteme ist die vertikale Staatsgliederung. Einige entscheiden sich für bundesstaatliche Lösungen. Der Zentralstaat oder Bund besitzt Regierungs- und Gesetzgebungsbefugnisse lediglich in genau abgezirkelten Bereichen. Alle übrigen Befugnisse verbleiben bei den Gliedstaaten. Einheitsstaaten ziehen es vor, unterhalb der Ebene des Zentralstaates lediglich die Gemeinden als demokratische Selbstverwaltungen auszugestalten. Dezentrale Einheitsstaaten errichten darüber beschränkte autonome Verwaltungseinheiten.

c) Unabhängigkeit der Gerichte

Die Unabhängigkeit der Gerichte ist ein integraler Bestandteil nicht nur der Gewaltenteilungskonzeption, sondern der Demokratie überhaupt. Bei der Ausgestaltung der Gerichtsbarkeitsbefugnisse wählen die Länder unterschiedliche Lösungen. In einigen Regierungssystemen sind Verfassungsgerichte vorgesehen, die Zuständigkeitsstreitigkeiten zwischen den obersten Staatsorganen schlichten (in Bundesstaaten auch Konflikte zwischen Zentralstaat und Gliedstaaten). Sie bestimmen auch das adäquate Verhältnis zwischen der Staatsgewalt und den persönlichen Freiheits- und Gleichheitsrechten. Verfassungsgerichte können den Gesetzgeber korrigieren, d.h. beschlossene Gesetze als nichtig feststellen. Andere Länder scheuen vor Verfassungsgerichten zurück. Dort herrscht die Befürchtung vor, daß die Gerichtsbarkeit übermächtig werden könnte, wenn sie den demokratisch legitimierten Gesetzgeber kontrollieren dürfe. Die Unabhängigkeit der Gerichte bewegt sich dort im Rahmen der von den parlamentarischen Körperschaften und Volksabstimmungen beschlossenen Gesetze.

d) Wahlen

Schlechthin zentral für die Funktionsweise repräsentativer Demokratien sind Wahlen und Parteien. Die Regeln des Wahlsystems bestimmen wesentlich darüber mit, welche Parteien und welche Art von Parteien sich behaupten und ob kleine oder kleinste Parteien überhaupt eine Chance haben, in die Parlamente einzuziehen. Wichtig ist vor allem die Grundentscheidung für das Mehrheitswahlsystem oder für das Verhältniswahlsystem. Verhältniswahlsysteme sind darauf angelegt, möglichst alle Parteien entsprechend ihrem Wählerstimmenaufkommen spiegelbildlich im Parlament zu repräsentieren. Mehrheitswahlsysteme legen größeren Wert darauf, klare Regierungsmehrheiten zu fördern. Nach letzterem Wahlsystem werden in den Wahlkreisen nur jeweils die Kandidaten, für die sich eine Wählermehrheit ausspricht, mit einem Mandat ausgestattet. Die Wählerstimmenanteile der unterlegenen Kandidaten werden bei der Zumessung der Mandate im Parlament nicht berücksichtigt.

e) Parteien
Parteien sind eine Schlüsselinstitution der Demokratie. Die Struktur der politischen Parteien, ihre Anzahl und ihre Beziehungen zueinander erklären die Funktionsweise eines Regierungssystems in hohem Maße. Überall dort, wo die Regierung letztlich vom Vertrauen einer Parlamentsmehrheit abhängig ist, werden mutmaßlich disziplinierte und programmatisch orientierte Parteien auftreten. Ein anderer Parteientyp zeichnet sich allein durch seine Wahlkampffunktion aus: Nicht Programme und Organisationsdisziplin stehen dort im Vordergrund, sondern allein die Kandidaten für politische Ämter.

f) Verbände
Die Art und Weise des verbandlichen Einwirkens auf den Regierungsprozeß ist ein weiterer wichtiger Gesichtspunkt des Regierungssystemvergleichs. Systeme, in denen das Parlament im Mittelpunkt des Regierungsprozesses steht, weisen gemeinhin Verbände auf, die ihre Bemühungen neben der Regierung stark auf das Parlament und auf die Parlamentsausschüsse konzentrieren (Beispiel: USA). In Regierungssystemen, die der mit der Parlamentsmehrheit verbundenen Regierung die Schlüsselrolle im Regierungsprozeß zuweisen, richten die Verbände ihre Bemühungen eher darauf, die gesetzesvorbereitende Arbeit der Ministerialverwaltungen und das Kabinett zu beeinflussen.

g) Mechanismen plebiszitärer Demokratie
Weiterhin unterscheiden sich repräsentative Demokratien nach dem Vorhandensein der Vorkehrungen direkter Demokratie wie Volksbegehren und Volksabstimmung.

1.7 Leitfragen des folgenden Regierungssystemvergleichs

In der einleitenden Hinführung zum Thema mit ihrer Betonung der Institutionenkenntnis, der informellen Politik und der tatsächlichen Gewaltenteilungsverhältnisse wurde dieses Buch als ein Vorhaben der Vergleichenden Regierungslehre charakterisiert. Diese verkörpert einen wichtigen und für das vertiefende Studium grundlegenden Bereich der Vergleichenden Politikwissenschaft. Die nächsten drei Kapitel stellen die Regierungssysteme nach einem einheitlichen Gliederungsraster vor, wie es in der Vergleichenden Regierungslehre üblich ist. Diese gleichbleibenden Darstellungskriterien zielen auch auf einen Lerneffekt. Sie führen am Beispiel der gewählten Länder Punkt für Punkt die Variationsbreite der Institutionen und der politischen Praktiken vor, und sie verdeutlichen auf diese Weise die relativen Bedeutungsunterschiede der Parteien und der Parlamente. Die im folgenden aufgeführten Leitfragen verbinden die drei Akzente des Vergleichs: Ihr Zweck liegt darin, daß sie den Leserinnen und Lesern, die sich mit dem Stoff auseinandergesetzt haben, vor Augen führen sollen, daß die erworbenen Grundkenntnisse über drei Regierungssysteme nicht bloß einen Wissensvorrat angelegt haben, sondern auch dazu befähigen, mit diesem Wissen bereits problemorientierte Fragen zu bearbeiten:

a) Welche politischen Institutionen verkörpern die wichtigsten Willensbildungs- und Entscheidungsorgane? Konzentriert sich die politische Entscheidungsgewalt beim Parlament oder bei der Regierung, oder ist sie annähernd gleichmäßig auf beide verteilt? Inwieweit wirken die Parteien gestaltend an Regierungs- und Gesetzgebungsentscheidungen mit?

b) Welcher Koordinierungsaufwand zwischen den politischen Institutionen und welche Kompromißzwänge sind in ein Regierungssystem eingebaut? Kann die Regierung ihren Willen im Parlament durchsetzen, oder müssen sich beide, Parlament und Regierung, miteinander arrangieren?

c) Birgt das Regierungssystem die Gefahr, die legitime Vertretung bestimmter gesellschaftlicher Interessen (Verbände) zu vernachlässigen oder bestimmte politische Richtungen (Parteien) zu benachteiligen?

2 Großbritannien

2.1 Entstehung des britischen Regierungssystems

2.1.2 Frühgeschichte des Parlamentarismus

Die Anfänge des englischen Parlamentarismus liegen im späten Mittelalter. Diese Periode der englischen Geschichte ist eng mit den Auseinandersetzungen der Könige mit dem Hochadel verknüpft. Der Hochadel beherrschte eine Vielzahl von Territorien, die ihm von der Krone als Lehen übertragen worden waren. Angesichts der Adelsprivilegien war die Macht der Krone vielfältigen Beschränkungen unterworfen. In vielen Teilen des Landes regierte de facto nicht der König, sondern eine mächtige Adelsfamilie. Nicht nur die Entfaltung der Krone zu größerer Macht war durch diese Umstände eingeschränkt. Auch der weniger begüterte niedere Adel (gentry) und die von der Krone mit Privilegien beliehenen Städte, in denen sich ein gewerbetreibendes Bürgertum herangebildet hatte, standen im Schatten des Hochadels.

Auf dem Höhepunkt seiner Macht trotzte der Hochadel gemeinsam mit den höchsten kirchlichen Würdenträgern der Krone das erste Grunddokument der englischen Verfassungsgeschichte ab, die Magna Charta Libertatum (1215). In der Magna Charta sicherte die Krone dem Hochadel und dem Klerus Schutz vor willkürlicher Verhaftung, Schutz des Eigentums und Mitsprache beim Erlaß von Steuern zu. Diese Mitsprache fand in der Curia Regis, dem Kronrat, statt, einem Kreis von Vertrauenspersonen aus dem Hochadel (vgl. zum folgenden Schröder 1995, Kluxen 1983, siehe auch Loewenstein 1964). *Magna Charta*

Die Curia Regis beriet die Krone zunächst ausschließlich im eigenen Interesse. Die Krone war deshalb außerstande, sich ein vollständiges Bild von den wirklichen Verhältnissen im Lande zu verschaffen. Um sich aus dieser Situation zu befreien, bezog sie immer stärker den niederen Adel und die Vertreter der Stadtbürgerschaft in ihren Kronrat ein. Beide gewannen Vorteile daraus. Hoch- und Kleinadel waren durch eine große Kluft getrennt. Die Interessen und Lebensgewohnheiten des niederen Adels und der wohlhabenden Stadtbürger glichen sich jedoch an. Vom Kleinadel und von den Bürgern erhielt die Krone in der Curia Regis eine andere Darstellung der Verhältnisse im Lande, und sie vermochte die Verhältnisse im Lande auf diese Weise besser einzuschätzen, als wenn sie ausschließlich von der Mitwirkung des Hochadels an den Regierungsgeschäften abhängig gewesen wäre. Die Mitsprache des Hochadels, der Lords, in der Curia Regis wurde auf diese Weise informell abgeschwächt und entwertet. *Curia Regis*

Für den Beraterkreis am Thron setzte sich umgangssprachlich und später amtlich die Bezeichnung „Parlament" durch (vom spätmittelalterlich-lateinischen „parlamentum": Gespräch, Beratung). Das Parlament differenzierte sich im Laufe *Ursprünge des Parlaments* der Zeit in die „Lords", das spätere Oberhaus, und in die „Commons", das Unterhaus. Dem House of Lords gehörten die Oberhäupter der englischen Hochadelsfamilien an, die „Peers". Die Mitgliedschaft vererbte sich dort vom Vater auf den ältesten Sohn. Im Unterhaus, dem House of Commons, saßen die Vertreter der Stadtbürger und des niederen Adels, der „gentry". Sie wurden von den Städten bzw. dem Kleinadel der verschiedenen Grafschaften (Gerichts-, später auch Verwaltungsbezirke) delegiert, wann immer die Krone das Parlament zu einer Sitzung einberief.

Steigendes Gewicht des Unterhauses

Die britischen Könige beriefen das Parlament im Laufe der Zeit häufiger ein, weil sie auf die Erweiterung ihrer Macht auf Kosten des Hochadels drängten. Der politische Regelungsbedarf einer Gesellschaft, die sich mit der Entwicklung von Handel und Gewerbe aus den starren mittelalterlichen Verhältnissen zu lösen begann, wurde größer. Aus dem Parlament wurde eine ständische Vertretung, in der sich namentlich das Gewicht des Unterhauses steigerte, das den dynamischen Teil der Gesellschaft, insbesondere die Kaufleute, repräsentierte. Mit der Lösung der englischen Kirche aus der Oberherrschaft Roms und mit der Bildung einer „Anglikanischen Kirche", deren weltliches Oberhaupt die Krone war (ab 1534), beschleunigte sich der Abbau der Hochadelsprivilegien aus dem Mittelalter. England entwickelte sich zum frühmodernen Staat, der immer mehr nach einheitlichem, in allen Landesteilen geltenden Recht regiert wurde.

Die politischen Privilegien des Hochadels schrumpften allmählich auf die Sondergerichtsbarkeit vor dem House of Lords und die erbliche Mitgliedschaft in dieser Kammer des Parlaments; im übrigen behielt er seine großen Besitzungen. Mit der Hilfe des im Unterhaus vertretenen niederen Adels und der Stadtbürger hatte die Krone den Hochadel weitgehend entmachtet. Dabei hatte sich das Unterhaus das Recht einer mit dem Oberhaus gleichberechtigten Vertretung erstritten: Der König, der sich der im Unterhaus vertretenen Kräfte für die eigenen Interessen bediente, war sein Verbündeter. Langjährige Praxis hatte zu einem Zustand geführt, der eine vorsichtige rechtliche Sanktionierung erfuhr und auf bessere verfassungsrechtliche Absicherung drängte. Formell war das Unterhaus zwar immer noch eine ständische Vertretung. Faktisch war es zu Beginn des 17. Jahrhunderts im Kern bereits ein Instrument des aus den ständischen Schranken ausbrechenden Bürgertums geworden.

2.1.3 Machtkämpfe zwischen Parlament und Krone in der Stuart-Zeit

Gesellschaftliche Bedingungen für den Bedeutungszuwachs des Unterhauses

Der Kleinadel und das Bürgertum standen in den ersten Jahrzehnten des 17. Jahrhunderts im Begriff, miteinander zu verschmelzen. Der Kleinadel, der keinen nennenswerten Grundbesitz hatte, wandte sich kommerzieller oder freiberuflicher Tätigkeit zu, die typischerweise in den Städten konzentriert war. Stehende Heere und größere Verwaltungen, die – wie es auf dem europäischen Festland geschah – dem Adel mit Offiziers- und Beamtenstellen Beschäftigung hätten bieten können, gab es in England nicht. Sie waren auch nicht vonnöten. Englands insulare Lage schützte es vor den Bedrohungen und Eroberungsfeldzügen, die in Kontinentaleuropa den Adel in den Spitzen des Militärs und der Staatsverwaltung verankert hatten. Das Unterhaus wurde um diese Zeit zum politischen Sprachrohr einer wohlhabenden Klasse mit gemeinsamen Interessen und Lebensformen. Zwischen dem niederen Adel und den Bürgern waren die überlieferten Schranken eingerissen. Die Beseitigung der territorialherrschaftlichen Vorrechte des Hochadels hatten es dem Kleinadel und den Stadtbürgern ermöglicht, zu prosperieren. Im Unterhaus waren sie an der Politik beteiligt.

Zwei Mitwirkungsmechanismen gaben dem Unterhaus seine Bedeutung: Die Teilhabe an der Steuerbewilligung und das Recht zur Amtsanklage (Impeachment). Im England des 17. Jahrhunderts erlangte das Impeachment erhebliche politische Bedeutung, nachdem es in der Zeit davor – ähnlich wie heute – nahezu in Vergessenheit geraten war. Diese Amtsanklage ist ein altes angelsächsisches Rechtsinstitut, das dem ordentlichen Gerichtsverfahren nachgebildet ist. Ähnlich einer Großen Geschworenenkammer (Grand Jury), die nach angelsächsischem Recht Anklage in gewöhnlichen Strafverfahren erhob, übte das Unterhaus das Recht der Amtsanklage gegen die Minister und Beamten der Krone aus, denen es politische Fehler oder Vergehen vorwarf. Der Träger der Krone, der Monarch selbst, war und ist rechtlich unangreifbar. Entsprechend einer Kleinen Geschworenenkammer (Petit Jury) im Strafverfahren mußte das Oberhaus daraufhin über die Anklage entscheiden. Es konnte den oder die Angeklagten für schuldig oder nicht schuldig erklären. Die Verurteilung bedeutete Amtsenthebung oder gar Staatshaft oder Hinrichtung.

Unterhaus als politische Anklagebehörde

- Die Amtsanklage (Impeachment) verlor bereits im 18. Jahrhundert wieder ihre Bedeutung als verfassungsrechtliche Vorkehrung. Lediglich im Verfassungsrecht der USA, die sich dabei am frühen englischen Vorbild orientierten, spielt sie nach wie vor eine wichtige Rolle.
- Die Steuerbewilligung war im Ursprung ein ständisches Recht, für das es im übrigen Europa viele Parallelen gab. Es wurde wegen der Steuerbeschließungsrechte des Unterhauses zu einer wichtigen politischen Waffe dieser Parlamentskammer. Im 16. Jahrhundert und im beginnenden 17. Jahrhundert mußte die Krone auf Steuern rekurrieren, um sich von den unzureichenden Finanzquellen unabhängig zu machen, die ihr traditionell zustanden (Erträge aus Kronländereien, Abgaben der Staatskirche u.ä.).

Das Unterhaus bediente sich des Steuerbewilligungsrechts und der Amtsanklage als politischer Instrumente im Machtkampf. Nach 1621 geriet es zunehmend in eine Konfrontation mit der Krone. Dem Monarchen Karl I. aus der Stuart-Dynastie unterstellte das Unterhaus – nicht ganz zu Unrecht – die Absicht, in England eine absolutistische Herrschaft in der Art des kontinental-europäischen Absolutismus einrichten zu wollen, d.h. das Parlament an seinen Entscheidungen tunlichst nicht zu beteiligen und gegebenenfalls gegen dessen Willen zu handeln.

Steuerbewilligung als Hebel – die dauerhafte Machtsteigerung des Unterhauses

Absolutismus – Herrschaftsmodell des 17. und 18. Jahrhunderts, das einen Monarchen als einzigen Träger staatlicher Macht anstrebte und alle traditionellen Einschränkungen der monarchischen Herrschaft zu überwinden trachtete. Der französische König Ludwig XIV. galt lange als exemplarischer Vertreter absoluter Herrschaft. Der aufgeklärte Absolutismus des späten 18. Jahrhunderts, der von der Philosophie der Aufklärung beeinflußt war, wollte den uneingeschränkt herrschenden Monarchen an ethische Postulate binden und das Herrschaftsmodell in den Dienst des sittlichen Fortschritts der Menschheit stellen. In diesem Zusammenhang wird der preußische König Friedrich II. als Vertreter des aufgeklärten Absolutismus angesehen.

Schon lange vor der Thronbesteigung der Stuarts war es üblich geworden, daß sich das Unterhaus im Gegenzug für seine Bewilligung der Geldwünsche der Krone alterworbene und auch neue Rechte bestätigen ließ. So verband es 1628 seine Steuerbeschlüsse mit der Verabschiedung einer Petition of Rights, in der es feststellte, daß der König bei Steuerbeschlüssen an die förmliche Zustimmung des Unterhauses gebunden und darüber hinaus verpflichtet war, etwaige Mißstände auszuräumen, die das Parlament in Regierung und Verwaltung kritisierte. Die Petition of Rights enthielt ebenfalls die Feststellung, daß es unrechtmäßig sei, wenn der König ohne Zustimmung des Parlaments in die Besitz- und Vermögensverhältnisse der Untertanen eingriff. Sie wurde damit zum Dokument der politischen Mitspracheforderung und des Rechtsstaatsbegehrens vor allem der Gentry, d.h. des niederen Adels, und des Bürgertums.

Die Petition of Rights hatte ihre Bewandtnis vor dem historischen Hintergrund, daß die Gerichte der Stuart-Zeit noch abhängig und keineswegs in erster Linie auf die Beachtung der Parlamentsgesetze verpflichtet waren. Die Richter wurden vom König ernannt und waren im Interesse der Krone tätig. Oberste Justizbehörde war die am Hofe tätige Sternkammer, die unter den Stuarts mit ihren Urteilen zum Symbol des königlichen Alleinherrschaftswillens wurde. (Als Tagungsort der höchsten königlichen Gerichtsbeamten gab die Sternkammer diesem Gericht seinen Namen.) Der Tätigkeit der Sternkammer setzte das Parlament das Impeachment, die Amtsanklage, entgegen. Erst unter den Stuart-Königen war das alte angelsächsische Rechtsinstitut des Impeachment von Richter Coke als Parlamentswaffe in der Auseinandersetzung mit der Krone wiederentdeckt und juristisch neubegründet worden (vgl. auch Kluxen 1976, 287 ff.).

Absolutistische Neigungen der englischen Stuart-Herrscher

Das wachsende politische Selbstbewußtsein des Unterhauses, das der steigenden Bedeutung von Handel und Gewerbe in der englischen Gesellschaft entsprach, entfaltete sich parallel zu den Versuchen der Stuarts, sich in der Manier der gekrönten Häupter im übrigen Europa aus der Abhängigkeit vom Parlament zu befreien. Für die lange Dauer von elf Jahren wurde das Parlament nach 1629 nicht mehr einberufen. Das letzte Parlament vor dieser parlamentslosen Zeit war von der Krone aufgelöst worden, hatte sich aber dem königlichen Auflösungsbefehl widersetzt. Das Unterhaus hatte seinerzeit den Sprecher, der damals noch als Vertreter der Krone die Sitzungen leitete, mit Gewalt gezwungen, trotz der Auflösungsorder solange anwesend zu bleiben, bis es seine Beschlüsse gefaßt hatte. In Abwesenheit des Sprechers wäre es beschlußunfähig gewesen. Erst dann löste es sich auf.

In diesen Jahren der „parlamentslosen Zeit" betrieb die Krone zur Deckung ihres Geldbedarfs eine Finanzpolitik, die auf den bestehenden gesetzlichen Grundlagen vor allem die Grundbesitzer und die großen Handelsvermögen belastete. Kleinadel und Bürger wurden so zu den Hauptleidtragenden einer Politik, die ihnen darüber hinaus die politische Artikulierung ihrer Beschwerden und Wünsche nahm (weil das Parlament nicht mehr tagte). Ein weiteres Moment schürte die Unzufriedenheit mit den Stuarts. Der König war zugleich das Oberhaupt der Anglikanischen Hochkirche. Er ernannte die Bischöfe und bestimmte alle Fragen der kirchlichen Riten.

Religiöse Ursachen für den Konflikt zwischen Parlament und Krone

Karl I. begünstigte die Kirchenpolitik des anglikanischen Erzbischofs, der das Staatskirchentum rigoros gegen alle religiösen Dissenserscheinungen anzuwenden versuchte. Konfessionelle Streitfragen sollten im 17. Jahrhundert die Auseinandersetzung zwischen Krone und Parlament zugunsten des Parlaments entscheiden. Der konfessionelle Dissens zur anglikanischen Staatskirche wurde seinerzeit von zwei Seiten her vorgetragen: einmal vom Eindringen des calvinistischen Puritanismus in England, zum anderen vom Katholizismus.

- Der Puritanismus fand vor allem in den Städten und beim Handelsbürgertum viele Anhänger. Dabei spielten zwei Gesichtspunkte eine Rolle: zum einen die Identifikation der Staatskirche mit den parlamentsfeindlichen, die Bürger finanziell belastenden Herrschaftsneigungen der Stuarts, und zum anderen die Botschaft des Calvinismus, der alle Menschen vor Gott als gleich betrachtet, zugleich aber lehrt, daß Gott solche Menschen, die ein gottgefälliges Leben führen und die es mit Arbeit und Genügsamkeit füllen, mit weltlichem Reichtum auszeichne. Die Anhänger des Puritanismus wurden, soweit sie sich lautstark bekannten und für ihre Konfession warben, mit exemplarisch harten Strafen belegt.
- Dem Katholizismus gegenüber ließen Krone und Kirche größere Milde walten. Das führte zur verbreiteten Verdächtigung, daß Karl I., der mit einer katholischen Prinzessin verheiratet war, unter dem Mantel des Staatskirchentums die Rekatholisierung Englands vorbereite.

Der Anstoß zum Machtkampf zwischen Krone und Parlament resultierte aus diesen religiösen Zwistigkeiten. Karl I. war in Personalunion König von England und Schottland. Die Schotten hatten seit der Reformation eine eigene, calvinistische Staatskirche. Der König ließ seinen anglikanischen Erzbischof mit einer Liturgiereform für Schottland gewähren. Begreiflicherweise wurde dies als Versuch verstanden, den Ritus der englischen Staatskirche auch dort einzuführen. Dagegen leisteten Adel und Kirchenleute Schottlands Widerstand. Sie stellten ein Heer auf, das in den Norden Englands einmarschierte. Karl I. konnte den Schotten mangels Geld und Truppen kein eigenes Heer entgegenstellen. Er gab in der Liturgiefrage nach und verpflichtete sich, für die Kosten des schottischen Heeres aufzukommen. Für die damit anfallenden Ausgaben reichten seine üblichen Geldquellen aber nicht aus. Nur das Parlament konnte diese zusätzlichen Mittel bereitstellen. Auf diese Weise kam es 1640 zur Einberufung des später so genannten Langen Parlaments.

Personalunion – Kombination von zwei Ämtern durch dieselbe Person, d.h. die Person bildet die Klammer zwischen beiden Ämtern. Tritt diese Person von einem oder beiden Ämtern zurück, so erlischt die Personalunion. Davon zu unterscheiden ist die Realunion, d.h. zwei Ämter gehören deshalb zusammen, weil staats- oder völkerrechtliche Akte dies bestimmen. Bis ins 18. Jahrhundert verklammerten die englischen Könige in Personalunion die Königreiche England und Schottland. Schottland blieb ein eigenes Königreich mit eigenem Parlament. Mit dem Union Act (1707) wurden England und Schottland in einer Realunion verklammert: Das in England herrschende Königshaus, welcher Dynastie auch immer, sollte fortan auch stets über Schottland herrschen, die Zuständigkeit des englischen Parlaments wurde entsprechend auf Schottland ausgedehnt.

Das Parlament nutzte die Zwangslage des Königs im vollen Umfang aus, um die Krone ein für alle Mal in verfassungsrechtliche Schranken zu weisen und seiner abermaligen Ausschaltung aus dem Regierungsprozeß vorzubeugen. Zunächst bestrafte es exemplarisch die führenden Beamten und Ratgeber des Königs. Im

Erste Formen der konstitutionell beschränkten Monarchie

Wege der Amtsanklage (Impeachment) wurden nach 1641 insgesamt 98 Personen, darunter Mitglieder des Hochadels und Bischöfe, aus ihren Ämtern entfernt. Bedeutender für die Verfassungsentwicklung war jedoch die Tatsache, daß das Parlament durchsetzte, daß es in regelmäßigen Abständen einberufen werden mußte. Gleichzeitig ließ es sich die Unabhängigkeit und Unabsetzbarkeit der Richter bestätigen; die Sternkammer wurde abgeschafft. Verhaftungen ohne richterliche Verfügung über die Dauer von drei Tagen hinaus wurden verboten, und es wurde bestimmt, daß der König nur noch auf Beamte und Ratgeber hören durfte, die das Vertrauen des Parlaments besaßen. Sämtliche dieser 1641 erreichten Parlamentsrechte schufen bereits eine voll ausgebildete konstitutionelle Monarchie im modernen Sinne, d.h. eine Regierungsform, in der ein Monarch sein Herrschaftsrecht nur noch in verfassungsrechtlichen Schranken, insbesondere mit Zustimmung des Parlaments, ausüben darf.

2.1.4 Verfassungsentwicklung nach dem Bürgerkrieg[*]

Verfassungsumbruch der Krone und Bürgerkrieg

Die im Unterhaus vertretenen radikalen Puritaner gingen 1641 auf Konfliktkurs zur englischen Staatskirche. Karl I. betrieb 1642 die Verhaftung der führenden radikalen Unterhauswortführer und verletzte so heiligste Parlamentsprivilegien. Nach dem Scheitern dieses Disziplinierungsversuchs – die betreffenden Abgeordneten hatten sich dem Zugriff des Königs durch Flucht entzogen – floh der König aus London, während das Parlament ihn des Verfassungsbruchs beschuldigte und ein Heer ausrüstete, das gegen die königstreuen Truppen einen erbitterten Bürgerkrieg führte. Hier zeigte sich in gewaltiger Dramatik, daß der König gegenüber dem Unterhaus bereits ins Hintertreffen geraten war.

Langes Parlament

Nach einem langen Bürgerkrieg, der mit der Gefangennahme und Hinrichtung Karls I. (1649) zu Ende ging, geriet England unter einen Parlamentsabsolutismus. Das „Lange Parlament" (1640-1653) zwang dem Lande – gegen den Willen breitester Bevölkerungskreise – den strengen puritanischen Sittenkodex auf. Bis 1653 war das „Rumpfparlament" – das „Lange Parlament" ohne seine königstreuen und anglikanischen Mitglieder – die höchste gesetzgebende und ausführende Autorität des Landes. England war in dieser Zeit eine Republik; die Monarchie war mit der Hinrichtung des Stuart-Königs abgeschafft worden.

Diese Republik unterwarf sich 1653 einer Verfassung, den Instruments of Government. An ihrer Spitze stand der Diktator Cromwell – der Führer des siegreichen Parlamentsheeres. Dieser sollte die chaotischen inneren Verhältnisse ordnen. Cromwell stellte Gewissens- und Glaubensfreiheit her, konnte damit aber die Erinnerung an die Exzesse der puritanischen Herrschaft nicht mehr auslöschen. Eine weitere Hinterlassenschaft der Parlamentsherrschafts- und Cromwell-Periode, die erneut verfassungsgeschichtliche Bedeutung haben sollte, waren die Kriege gegen die irischen Katholiken, die sich immer wieder gegen die englische Herrschaft über Irland auflehnten. Sie untermauerten die strenge Ablehnung des Katholizismus in England. Dieser wurde wegen der unterstellten katholischen

---

[*] Es wird empfohlen, hierzu noch einmal die Ausführungen über John Locke (oben) zu lesen.

Neigungen Karls I. innenpolitisch mit Parlamentsfeindlichkeit in Verbindung gebracht.

Bald nach Cromwells Tod (1660) machte ein Putsch der Republik ein Ende. Cromwell hatte zwar noch seinen Sohn als Nachfolger bestellt, aber das Land war der Cromwells überdrüssig geworden. Die Putschisten setzten die noch lebenden Mitglieder des Langen Parlaments wieder in ihre Rechte ein. Dieses Rumpfparlament beschloß 1660 die „Restauration", die Rückkehr zum Zustand vor dem Bürgerkrieg. Der erbberechtigte Stuart-Prinz Karl II. wurde zur Rückkehr aus dem Exil eingeladen, nachdem er zugesichert hatte, die überlieferten und dokumentierten Parlamentsrechte und den Anglikanismus als Staatsreligion zu achten. Dieser erste Restaurationskönig respektierte die Parlamentsrechte, schöpfte aber auch seine Rechte als König voll aus, nicht zuletzt in seiner Eigenschaft als Haupt der englischen Hochkirche.

Restauration der konstitutionellen Monarchie

Religiöse Fragen waren nach den Erfahrungen des Bürgerkrieges Angelegenheiten von größter politischer Sensibilität geworden. Die Restauration hatte die Hochkirche wieder in ihre alten Staatskirchenrechte eingesetzt. Karl II. tat alles, um das Vertrauen der kirchlichen Würdenträger, des streng anglikanischen Hochadels und der anglikanisch denkenden Untertanen zu gewinnen, vor allem durch die Auswahl der Bischöfe und seiner Berater. Die Lords, die Bischöfe und große Teile des niederen Adels und der Bürgerschaft begrüßten die Haltung der Krone. Dessen ungeachtet artikulierte sich in einer Minderheit der Unterhausmitglieder ein protestantisch motivierter Anti-Katholizismus. Im Unterhaus bildeten sich erneut Fronten in der Einstellung zur Politik des Königs, insbesondere in der Bewertung der Verfassungsstellung der Krone.

Für die loyalen Parteigänger der Krone im Parlament bürgerte sich die Bezeichnung „Tories" ein, für die Kritiker die Bezeichnung „Whigs". Beide Gruppen begründeten ihre Position mit bestimmten Herrschaftstheorien:

Herausbildung verfassungs-politischer Lager

- Die Tories akzeptierten ein gottgewolltes Herrschaftsrecht des Königs, das zwar an bestimmte Rechtsüberlieferungen gebunden und durch parlamentarische Privilegien eingeschränkt sei, aber als Teil der Weltordnung grundsätzlich nicht bestritten werden könne.
- Die Whigs behaupteten demgegenüber eine Vertragsbeziehung zwischen den im Parlament repräsentierten Lords und dem Volk einerseits und der Krone andererseits, die Krone und Parlament mit wechselseitigen Rechten und Pflichten ausstatte. Verletze die Krone ihre Pflichten, dann falle die Herrschaftsgewalt an das Parlament zurück.

Erst die Thronbesteigung des katholischen Stuart-Königs James II. (1685) gab den oppositionellen Whigs politischen Auftrieb. Diesem Monarchen lag daran, die Wogen der konfessionellen Auseinandersetzungen zu glätten. Er verfügte 1687 eine Toleranzerklärung, die den puritanischen Dissidenten und den Katholiken gleichermaßen die legale Ausübung ihres Glaubens gestatten sollte. Wie dieser Versuch auch immer gedeutet werden mochte, als Versöhnungspolitik oder als Versuch, die politische Basis der Krone im Lande zu erweitern: Die verfassungsgeschichtliche Folge war der vollständige Vertrauensverlust bei den Bischöfen der Staatskirche und im Parlament. Die Bischöfe waren verpflichtet, die

Abermals konfessionelle Zwistigkeiten

ausschließliche Geltung der anglikanischen Konfession in England zu verteidigen. Die Krone wurde des Rechtsbruchs bezichtigt.

Glorious Revolution: Die endgültige Festigung des Parlamentsvorrangs

Die politische Überzeugung der Tories wurde durch James II. auf eine harte Probe gestellt: Sollten sie dem königlichen Herrschaftsrecht gehorchen oder sollten sie der Fortgeltung der Konfessionsverhältnisse Vorrang vor einem königlichen Willensakt geben und damit im Kern die Behauptung ihrer Gegner, der Whigs, vom Vertragscharakter der königlichen Herrschaft bestätigen? Die Tories entschieden sich letztlich gegen die Krone. Die Bischöfe weigerten sich, die Toleranzerklärung von den Kanzeln zu verlesen. Whigs und Tories kamen 1688 im Parlament überein, den Thron fiktiv für vakant und damit die Stuart-Dynastie für beendet zu erklären, während sich Jacob II. tatsächlich noch im Lande befand. Dieser Vorgang wird rückblickend als Glorious Revolution bezeichnet, als ruhmreiche Revolution, die als ein unblutiger Umsturz des Throninhabers ein für allemal die beschränkten Rechte der Krone fixierte. Eingedenk des Schicksals Karls I. zog es James vor, das Land zu verlassen.

Bill of Rights als erstes ausführliches Verfassungsdokument

Die Glorious Revolution endete 1689 mit der Einsetzung Williams III. – aus der protestantischen niederländischen Dynastie Oranien – als König von England. William III. mußte einen Eid auf die Bill of Rights leisten, bevor er den Thron bestieg. Die Bill of Rights bestätigte die Rechte des Parlaments auf regelmäßige Einberufung, die Beteiligung der Lords (des Oberhauses), des Volkes (des Unterhauses) und der Krone an der Gesetzgebung und die Unabhängigkeit der Gerichte, und sie übertrug die höchste Autorität über die englische Staatskirche auf das Parlament (das übrigens knapp 25 Jahre später die dissentierenden Konfessionen still duldete, ohne sie offiziell anzuerkennen). Schließlich verbot die Bill of Rights der Krone die Unterhaltung eines stehenden Heeres. Wenn ein Heer aufgestellt wurde, so mußte seine Unterhaltung alljährlich vom Parlament neu gebilligt werden. Faktisch bedeutet dies das Ende des Gottesgnadentums in England. Der König war nunmehr bloß Herrscher von Parlaments Gnaden.

Mit der Bill of Rights wurde die konstitutionelle Monarchie in England endgültig verankert, d.h. die Krone wurde dem Recht untergeordnet. Das Recht wurde jetzt zwar (noch) nicht ausschließlich, so doch bereits maßgeblich vom Parlament gesetzt. Durch die nunmehr unumstrittene Gleichstellung des Unterhauses mit dem Oberhaus waren Konflikte zwischen Oberhaus und Unterhaus langfristig unvermeidlich: Das Oberhaus repräsentierte nach wie vor den erblichen Hochadel und die höchsten Würdenträger des anglikanischen Klerus, während sich das Unterhaus in Abständen durch Wahlen erneuerte. Das Wahlrecht wurde zum erheblichen Teil von Personen ausgeübt, die den neuen kommerziellen Reichtum des Landes repräsentierten, der England in wachsendem Maße veränderte.

Act of Settlement

England hatte 1689 in der Substanz, obgleich nach keinem rechtlich vorgefaßten Schema, eine gewaltenteilige Verfassung hervorgebracht, die alle drei Gewalten moderner Verfassungen benannte: das in Oberhaus und Unterhaus geteilte Parlament als Legislative, die Krone als Exekutive und die unabhängigen Richter als Judikative. Das Act of Settlement (1701) besiegelte mit der Thronfolgeregelung für das Haus Oranien – das keine Thronfolger hinterließ – die Ergebnisse der Glorious Revolution.

2.2 Entwicklung des britischen Parlamentarismus

Das Union Act besiegelte 1707 die Vereinigung von England und Schottland. Es verwandelte die seit langem bestehende Personalunion zwischen England und Schottland in eine Realunion: Fortan war der Monarch nicht mehr allein die Klammer zwischen beiden Königreichen auf den britischen Inseln, sondern auch das Londoner Parlament, das jetzt beide Landesteile vertrat. Ferner war für die Fortentwicklung des britischen Parlamentarismus der Umstand von großer Bedeutung, daß das bereits erwähnte Act of Settlement (1701) in aller Form die Kompetenz des Parlaments zur Festlegung der Thronfolge, die Unabhängigkeit der Richter und die Teilung der staatlichen Souveränität zwischen Parlament und Krone bestätigt hatte. Mit dem Union Act wurde die englische zur britischen Verfassungsentwicklung (erst jetzt erhielt die Formel vom „Vereinigten Königreich" ihre gegenwärtige Grundlage). Freilich verlief die weitere Entwicklung fortan stärker in informellen Bahnen, als daß sie sich in Verfassungsdokumenten niederschlug (vgl. zum folgenden Kluxen 1983, 89 ff., Kluxen 1971). Union Act: Aus England wird Großbritannien

Die Geldbedürfnisse der Krone und die Zustimmungsrechte des Parlaments bei den Finanzforderungen der Krone machten es bereits zu Beginn des 18. Jahrhunderts erforderlich, die Handlungsfähigkeit des Parlaments in dieser Hinsicht zu gewährleisten. 1706 und 1713 beschloß das Unterhaus Geschäftsordnungsbestimmungen, denen zufolge die Initiative in Steuer- und Haushaltsfragen ausschließlich von der Regierung ausgehen mußte und das Unterhaus unverzüglich und sorgfältig darüber zu beraten hatte. Der Erste Lord des Schatzamtes (First Lord of the Treasury) geriet auf diese Weise in eine bedeutsame Position. Ihm kam die Aufgabe zu, im Unterhaus für die Finanzwünsche der Krone zu werben und die erforderlichen Mehrheiten zusammenzubringen. Ein Schatzamtsleiter, der in dieser Hinsicht versagte, besaß für die Krone keinen Nutzen mehr und wurde fallengelassen. In der Hofbeamtenfunktion des Ersten Lords des Schatzamtes steckt der Keim des heutigen Premierministers, der traditionell nach wie vor diesen Titel trägt. Durch die parlamentarischen Haushaltsbefugnisse kommt es zu den Anfängen parlaments-abhängigen Regierens

Das Veto der Krone gegen Gesetzesbeschlüsse des Parlaments kam zu Beginn des 18. Jahrhunderts in Verfall. Seit dem Ende der Herrschaft der Königin Anne (1714) hat kein Träger der britischen Krone mehr einem Parlamentsbeschluß die Zustimmung verweigert. Zwar ist der „royal assent", die förmliche Zustimmung der Krone zu jedem Gesetz, bis heute erhalten geblieben. Aber er wird automatisch gewährt. Der Verzicht auf den negativen Gebrauch des Zustimmungsrechts war ein undramatischer Vorgang. Alle wichtigen Gesetzesinitiativen gingen ohnehin von der Krone aus, in deren Auftrag der Erste Lord des Schatzamtes handelte. War die Krone mit dessen Arbeit nicht zufrieden, so konnte sie ihn entlassen. Das mäßige Interesse der ersten Könige aus der – seit 1714 herrschenden – Dynastie Hannover an den britischen Angelegenheiten kam der wachsenden Bedeutung dieses Regierungsamtes entgegen. Verfall des Herrschervetos

Seit der Glorious Revolution hat sich das Parlament nicht mehr anheischig gemacht, selbst politische Initiativen zu ergreifen. Es begnügte sich damit, solchen Initiativen der Krone, mit denen es nicht einverstanden war, die Zustimmung zu versagen. Dieser Umstand ist insofern bemerkenswert, als die Verfassung der USA, die in mancher Hinsicht das britische Modell vor Augen hatte, achtzig Jahre nach dem Tode der Königin Anne dem Präsidenten zwar das Initiativrecht verweigerte, ihn aber dafür mit einem Vetorecht gegenüber dem Kongreß ausstattete. Darin wird deutlich, daß die amerikanischen Verfassungsväter aus ihren Erfahrungen mit den kolonialen Versammlungen und mit den Legislativen der dreizehn Gründungsstaaten der USA wesentlich aktivere, in Konkurrenz zur Exekutive stehende gesetzgebende Versammlungen vor Augen hatten. Während das amerikanische Verfassungsverständnis bei einem unterstellten Dualismus von Legislative und Exekutive ansetzte, kristallisierte sich in Großbritannien bereits lange vor der amerikanischen Unabhängigkeit – aber erst in der historischen Rückschau bemerkbar – ein Dualismus zwischen Krone und Parlamentsmehrheit (den sog. „ins") einerseits und der Opposition bzw. der Parlamentsminderheit (den sog. „outs") andererseits heraus.

Mehrheits-beschaffung durch Patronage

Wie schon kurz erwähnt, war die Krone nur dann handlungsfähig, wenn es ihr gelang, durch den Schatzlord eine Mehrheit des Parlaments, insbesondere des Unterhauses, für ihre Pläne zu gewinnen. Der Schatzlord bzw. Premierminister verließ sich dabei nicht auf Argumente. Es spielte sich die Gewohnheit ein, Unterhausabgeordnete zu belohnen, die in den Abstimmungen Partei für die Krone ergriffen hatten. Die Belohnung nahm vielfältige Formen an. Die häufigste und wichtigste Form dieser Patronage war die Ernennung in zeremonielle, teilweise auch besoldete Regierungs- und Staatsämter, die zum größten Teil den Zweck eines Lockmittels und einer Rückversicherung für zweifelhafte Parteigänger der Krone hatten.

Patronage: Besetzung öffentlicher Ämter (politische Ämter, Beamtenstellen) als Anerkennung oder Belohnung für geleistete politische Dienste. Es handelt sich um Ämterbesetzung ausschließlich nach politischer Opportunität.

Herausbildung der parlamentarischen Opposition

Dieses „government by corruption" wurde unter Sir Robert Walpole (Premierminister von 1725 bis 1740) zu höchster Perfektion getrieben. Walpole, der zur Gruppe der Whigs im Unterhaus gehörte, setzte mit großem Erfolg Patronage ein, um Mehrheiten zu bilden. Die von der Verfügung über Regierungsämter abgeschnittenen Tories konnten Walpoles Politik nur ohnmächtig kritisieren. Die Konfrontation zwischen Regierungsmehrheit und Minderheit im Parlament verfestigte sich rasch. Da die Minderheit nicht erwarten konnte, die Regierungsmehrheit aufzubrechen, solange das Patronagesystem funktionierte, und solange Walpole das Vertrauen der Krone besaß, handelte und polemisierte die parlamentarische Minderheit mehr und mehr geschlossen, indem ihre Abgeordneten unisono die Regierungspolitik kritisierten. Die Parlamentsminderheit wurde so zur Opposition. Ihren frühen Theoretiker fand die Opposition in Lord Bolingbroke, der die These aufstellte, jede Regierung verschleiße sich mit wachsender Amtsdauer und begehe Fehler. Um so wichtiger werde die Aufgabe der Opposition, diese Fehler anzuprangern und sich selbst als unverbrauchte Alternative zur Regierung in Bereitschaft zu halten (vgl. Bode 1962, Landshut 1971, 401 ff.).

Geschlossenes Auftreten der Regierung als Kabinett

Eine zweite Konsequenz des Dualismus „Regierung und Parlamentsmehrheit gegen Opposition" war die Herausbildung des Kabinetts als geschlossene politische Führungsmannschaft der Exekutive. Unter dem Premierminister Pitt (1783-1801; 1804-1806) traten die Minister der Krone gegen Ende des 18. Jahrhunderts als Vertreter einer gemeinsamen Politik auf: In der Öffentlichkeit und im Parlament vertraten sie als Kabinett eine einheitliche Meinung. Das entscheidende

Verbindungsglied zwischen Kabinett, Krone und Parlament blieb jedoch der Premierminister. Dieser machte der Krone die Personalvorschläge für sein Kabinett; die Minister verloren ihr Amt oder traten zurück, wenn der Premierminister zurücktrat oder entlassen wurde. Fehler, die ein Minister beging, wurden im Unterhaus der gesamten Kabinettsmannschaft angelastet.

Im Verhältnis Krone, Kabinett und Parlament gewannen das Unterhaus und das Kabinett immer größeres Gewicht. Eine überfällige Reform des Wahlrechts für das Unterhaus wurde vor dem Hintergrund der Wirren der französischen Juli-Revolution (1830) immer dringlicher. Viele wohlhabende Bürger und Handwerker, erst recht die Arbeiter, waren noch vom Wahlrecht ausgeschlossen, obgleich sie schon lange die tragenden Klassen der wirtschaftlichen und gesellschaftlichen Entwicklung geworden waren. Im Unterhaus erzeugte die Reformforderung nach Ausdehnung der Wahlberechtigung positive Resonanz. Das Oberhaus hingegen lehnte die Reform ab.

Erste Reform des Unterhauswahlrechts

Gegen den Widerstand des Oberhauses konnte keine Wahlrechtsreform durchgesetzt werden. Als der Premierminister den König zur Drohung mit einem Peer-Schub bewegen konnte, lenkte das Oberhaus ein. Der Peer-Schub bedeutete, daß die Krone so viele neue Oberhausmitglieder ernannt hätte, die in der Wahlrechtsstreitfrage den Regierungsstandpunkt vertraten, daß die Front der Reformgegner in die Minderheit geraten wäre. (Bereits das Reform-Kabinett Pitt hatte um die Wende zum 19. Jahrhundert mit kleinen Peer-Schüben verschiedentlich den Widerstand des Oberhauses gebrochen.) 1832 gab das Oberhaus nach, die Wahlrechtsreform wurde Gesetz. Damit zog sich das Oberhaus im wesentlichen aus der Rolle der mit dem Unterhaus gleichberechtigten Ersten Kammer zurück. 1911 verlor es auch noch förmlich die Befugnis, Gesetzesbeschlüsse des Unterhauses unwirksam zu machen. Der effektive Teil des Parlaments war fortan allein das Unterhaus.

Bereits zur Zeit Walpoles (1725-1740) hatte die Opposition ein neues Instrument der Regierungskritik erprobt, das Mißtrauensvotum. Die Amtsanklage (Impeachment) mit ihren strafrechtlichen Implikationen hatte nach der Glorious Revolution ihre Bedeutung verloren. Die Kritik des Unterhauses an den Ministern der Krone beschränkte sich jetzt darauf, deren politische Richtung zu verurteilen. Freilich hatte sogar ein erfolgreiches Mißtrauensvotum, das von der Mehrheit des Unterhauses unterstützt wurde, zunächst noch keine unmittelbaren Konsequenzen. Es stand der Krone frei, an einem Kabinett festzuhalten, dem eine Mehrheit des Unterhauses sein Mißtrauen ausgesprochen hatte. Allerdings wurde es für einen Premierminister, der das Vertrauen des Unterhauses nicht mehr besaß, schwierig, noch eine Mehrheit für seine Politik zu finden. Die alten Praktiken des „government by corruption" griffen bei den Vertretern einer neuen Parlamentariergeneration nicht mehr, die von Ehrentiteln und Ehrensold nichts hielten und die ihr eigenes materielles Auskommen als Selbständige und Erben großer Vermögen hatten.

Der parlamentarische Vertrauensentzug löst die Amtsanklage als parlamentarisches Kontrollmittel ab

Nach der Wahlrechtsreform von 1832 wurden die Wahlkreise neu eingeteilt. Es gab fortan mehr Wähler als jemals zuvor, sie gehörten aber immer noch vornehmlich den gebildeten und besitzenden Klassen an. Die Ausübung des Wahlrechts war jetzt an Einkommensschranken gebunden, die so bemessen wurden, daß die neuen Klassen der Fabrikanten, Kaufleute und Bankiers sowie vermögendere städtische Handwerker das Unterhaus mitwählen durften. Ihren Vorstellungen mußten die Unterhausabgeordneten fortan Rechnung tragen. Der Monarch verlor unter diesen Umständen seinen Einfluß auf die Regierungspolitik. Dementsprechend verselbständigte sich der Premierminister neben der Krone. Er wurde gleichzeitig abhängiger vom Vertrauen des Parlaments. 1841 entließ die Krone das Kabinett des Premierministers Melbourne nach einem erfolgreichen Mißtrauensantrag der Opposition; sie hatte dieses Kabinett vorher zwei Jahre gegen den Willen des Parlaments im Amt gehalten. Das politisch motivierte Mißtrauensvotum war damit als Mechanismus zur Abberufung der Regierung fest verankert. Ihm folgte künftig der sofortige Rücktritt des Kabinetts bzw. die Auflösung des Unterhauses.

Das Unterhaus wurde nach 1832 und im wesentlichen bis zur zweiten Wahlrechtsreform von 1867 von einer größeren Wählerbasis als jemals zuvor gewählt. Es gab aber noch keine modernen Massenparteien mit professionell geführten Parteiorganisationen. Wohl gab es die Konservativen und Liberalen im Unterhaus, die sich jeweils als Erben der Tories und der früheren Whigs betrachteten. Sie bildeten aber noch reine Honoratiorenparteien, die sich vor allem durch die gemeinsamen Grundüberzeugungen ihrer Parlamentsabgeordneten auszeichneten. Außerhalb des Parlaments verfügten sie weder über beitragszahlende Mitglieder noch über eine effektive Organisation. Parteidisziplin war noch nicht bekannt. Häufig kam es vor, daß ein Kabinett für seine Vorlagen im Unterhaus keine Mehrheit fand. Sogar erfolgreiche Mißtrauensanträge hatten lediglich den Rücktritt des Kabinetts zur Folge, das Unterhaus hingegen tagte weiter.

Die Ära des klassischen Parlamentarismus

Diese Zeit, in der das Unterhaus über die Existenz von Regierungen entschied, ohne seine vorzeitige Auflösung zu riskieren, und in der Argumente, Rhetorik und die intellektuelle Brillanz parlamentarischer Debattierbeiträge noch tatsächlich das Votum etlicher Abgeordneter ungeachtet ihrer Parteizugehörigkeit bestimmten, ist als die „Ära des klassischen Parlamentarismus" in die Parlamentsgeschichte eingegangen. Ihr bedeutendster Chronist war der oben erwähnte Walter Bagehot.

Weitere Konsequenzen eines parlamentarischen Vertrauensverlustes bürgerten sich nur wenige Jahre später ein: Nach 1867 pflegte jedes Kabinett, das ein Mißtrauensvotum nicht überstanden hatte, die Krone um die Auflösung des Parlaments zu bitten. Seit dieser Zeit, als sich bereits organisierte Parteien inner- und außerhalb des Parlaments gebildet hatten, gaben die Wahlergebnisse bereits untrügliche Fingerzeige, welche Parteirepräsentanten mit dem Vertrauen des Unterhauses rechnen konnten.

Veränderungen der Wählerbasis durch die Wahlreform

Erste Partizipationszugeständnisse an eine größere Anzahl von britischen Untertanen konnten bis 1832 hinausgezögert werden. Bis zu diesem Zeitpunkt hatten noch die jahrhundertealten Wahlkreiseinteilungen auf der Basis der Grafschaften Gültigkeit. Die in den alten Wahlkreisen gewählten Unterhausabgeordneten hatten den Auftrag, die Interessen eines bestimmten Gebietes, einer Stadt oder einer Landschaft mit allen nicht zum Hochadel gehörenden Wählern zu repräsentieren. Auf deren Zahl kam es dabei nicht an. Viele Wahlkreise hatten sich durch die Bevölkerungsverschiebungen im Zuge der wachsenden Bedeutung der Seehandelsmetropolen und der beginnenden Industrialisierung entvölkert. Sie wurden zum Teil nur noch von einigen Hundert Menschen bewohnt. In anderen

Wahlkreisen drängten sich Zehntausende. Vielfach bestimmte noch ein Grundbesitzer und Lord, wer einen Wahlkreis im Unterhaus repräsentieren sollte, wenn die wenigen wahlberechtigten Einwohner, was meist zutraf, von ihm wirtschaftlich abhängig waren. 1831 waren 2,1 % der Bevölkerung (entsprechend 500.000 Wähler) wahlberechtigt (vgl. dazu und zum folgenden Setzer 1973). Die Wahlrechtsreform von 1832 erweiterte den Kreis der Wahlberechtigten nur geringfügig. Jetzt waren 4,2 % der Bevölkerung (entsprechend eine Million Wähler) wahlberechtigt. Es handelte sich vornehmlich um Fabrikanten, Kaufleute und reiche Handwerker, die das für die Ausübung des Wahlrechts vorgeschriebene Vermögen besaßen. Die Reform beschränkte sich weitgehend auf die städtischen Wahlkreise.

Eine zweite Wahlrechtsreform erweiterte 1867 das Wahlrecht auf einen Teil der Bewohner ländlicher Wahlkreise, und sie senkte den Zensus (Vermögensqualifikation für Wahlberechtigte). Die Anzahl der Wahlberechtigten verdoppelte sich auf diese Weise, aber sie blieb noch immer gering. 1871 waren erst 8,3 % der Bevölkerung (entsprechend 2,5 Millionen Wähler) wahlberechtigt. Freilich war die Wählerschaft jetzt bereits so stark angewachsen, daß sie eine strukturelle Veränderung des Regierungssystems erzwang: die Bildung landesweit organisierter Parteien.

Eine dritte Wahlrechtsreform von 1884 sprach etwa der Hälfte der erwachsenen männlichen Bevölkerung das Wahlrecht zu; 1891 waren 15,9 % der Bevölkerung (entsprechend sechs Millionen Wähler) wahlberechtigt. Diese Reform konnte im Ausmaß tatsächlich schon als Demokratisierungsfortschritt bezeichnet werden, und sie untermauerte die Rolle der Parteien als modernste Komponente des britischen parlamentarischen Systems. Erst 1925 wurde auch den Frauen das Wahlrecht zugestanden.

Nach der ersten Wahlrechtsreform von 1832 waren die sog. „registration societies" entstanden. Ihre Aufgabe war es, bei der noch überschaubaren Wählerschaft eines Wahlkreises dafür zu sorgen, daß sich die Wähler rechtzeitig in die Wählerlisten eintrugen, damit sie am Wahltag von ihrem Wahlrecht Gebrauch machen konnten. Diese „registration societies" standen zwar hinter einem Abgeordneten, der einer Partei angehörte. Aber in erster Linie ging es dabei um die Wahl einer Person, nicht einer Partei. Die persönliche Kontaktpflege mit den wahlberechtigten Einwohnern des Wahlkreises lag für viele Abgeordnete und Unterhauskandidaten noch im Bereich des Machbaren. Die Reform von 1867 schuf andere Voraussetzungen für Abgeordnete und Kabinett, so bescheiden sie auch – gemessen an der Zahl der noch immer nicht wahlberechtigten Bevölkerung – war. Die größere Wählerschaft erforderte eine neue Qualität der politischen Willensbildung. Konnten sich das Kabinett und die Oppositionsführung bis dahin darauf verlassen, daß die Abgeordneten der Mehrheit und die der Minderheit des Unterhauses alles Notwendige zur Gewährleistung ihrer Wiederwahl – mit Hilfe ihrer Freunde im Wahlkreis – selbst leisten konnten, so mußten sie jetzt umdenken (vgl. zum folgenden Kluxen 1983, 118ff.).

Die etwa verdoppelte Wählerschaft konnte nicht mehr im direkten Kontakt zwischen Abgeordneten und Wählern erreicht werden. Die „registration societies" bekamen Mühe herauszufinden, welche Wähler mutmaßlich mit ihren Kandidaten sympathisierten; Zeitaufwand und Kosten politischer Werbung und

Die vergrößerte Wählerschaft begünstigt die Kontrolle der Parteien über den Wahlprozeß

Überzeugungsarbeit ließen sich nicht mehr von Honoratioren erbringen, die politische Amateure waren. Die Politik war für die Mitglieder der „registration societies" und für die damaligen Unterhausmitglieder nicht ihr Broterwerb.

Konservative

Der Parteiführer der Konservativen, Disraeli, machte mit der Gründung einer ersten modernen britischen Parteiorganisation den Anfang. Aus einer Wahlniederlage, die den Konservativen 1865 von den Liberalen zugefügt worden war, zog er mit der Gründung eines zentralen konservativen Parteihauptquartiers die Konsequenz. Er betrieb in den Wahlkreisen die Gründung einzelner, formell unabhängiger konservativer Wahlkreisparteiorganisationen. Das Hauptquartier unterstützte die Wahlkreisparteien bei der Erfüllung ihrer Aufgaben, insbesondere bei der zentralen Aufgabe der Kandidatennominierung. Es half ihnen bei der Verbreitung politischer Werbung und der Wählermobilisierung, es entwickelte ferner Richtlinien, Broschüren und Slogans für die Arbeit der lokalen Parteien und förderte deren Arbeit ganz allgemein durch den Einsatz seiner festangestellten Mitarbeiter (vgl. Mac Kenzie 1961).

Liberale

Der Erfolg dieser Organisationsgründung, die den Konservativen bald einen überzeugenden Wahlsieg verschaffte, zwang die Liberale Partei zur Nachahmung. Die politische Arbeit der Parteien blieb auch weiterhin überwiegend Amateurarbeit. Aber die Lenkung und Anleitung dieser Arbeit war professionalisiert worden. Sie wurde von einer Handvoll von Parteifunktionären in den Parteihauptquartieren besorgt. Die Kandidaten in den Wahlkreisen gelangten allmählich dahin, den Wählern mit ähnlichen Versprechungen, Erklärungen und Bekenntnissen gegenüberzutreten, sofern sie derselben Partei angehörten. Auch ihre Nominierung wurde von Kriterien abhängig, die in den Parteizentralen als erwünscht galten und von den sonst autonom bleibenden Wahlkreisparteien akzeptiert wurden.

Es wäre falsch, diese Vorgänge so aufzufassen, als hätten sie binnen weniger Jahre den Honoratioren-Parlamentarismus unabhängiger Gentlemen in die aus heutiger Sicht geläufige zentralisierte Parteiapparatur umgewandelt. So rasch verlief die Entwicklung nicht, obgleich sie 1884 durch die sprunghafte Erweiterung der Wählerschaft noch einmal einen kräftigen Schub erhielt. Bis um die Jahrhundertwende und selbst später noch kam es vor, daß Abgeordnete ihren Parteien und Mehrheitsabgeordnete ihrem Kabinett in wichtigen Fragen zwar die Unterstützung versagten, daß sie aber trotzdem erneut als Kandidaten aufgestellt und auch wiedergewählt wurden. Die Voraussetzungen der heutigen Parteien reiften damals heran.

Die Gewerkschaften und die Labour-Party betreten die politische Bühne

Durch die weitere große Wahlrechtsreform von 1884 mit ihrer Absenkung des Zensus konnten sich auch etliche Arbeiter für das Wahlrecht qualifizieren. Bereits seit 1868 gab es den heutigen Gewerkschaftsbund Trades Union Congress (TUC), der mit seinen zahlreichen Einzelgewerkschaften versuchte, das Parlament im Sinne einer arbeiterfreundlichen Gesetzgebung zu beeinflussen. Zunächst hatten die Gewerkschaften ihre Interessen durch die Unterstützung der Liberalen Partei bzw. liberaler Parlamentskandidaten zu fördern versucht. Die Liberalen vertraten traditionell aber die industriellen Eigentümerinteressen. Als der geringe Nutzen dieser Allianz für den TUC offensichtlich wurde, wandten sich die Gewerkschaften von den Liberalen ab und gründeten 1900 zusammen mit der unbedeutenden Sozialistischen Partei und sozialistisch orientierten Intel-

62

lektuellenzirkeln ein Labour Representation Committee, das Gewerkschaftskandidaten für das Unterhaus aufstellte. Aus diesem parlamentarischen Vertretungsorgan der Gewerkschaften und der mit ihnen verbündeten Gruppen ging 1901 die gegenwärtige Labour Party hervor. Nach dem Ersten Weltkrieg verdrängte sie die Liberalen als zweite große Partei neben den Konservativen. Bereits 1922 überrundete die Labour Party die Liberalen in den Unterhauswahlen als stärkste Oppositionspartei. In den 1920er Jahren fielen die letzten Wahlrechtsbeschränkungen; auch Frauen erlangten das Wahlrecht. Im Jahr 1935 waren die Liberalen bereits auf einen so kleinen Wählerstamm und eine so schwache parlamentarische Repräsentanz abgesunken, daß sie seither eine nachgeordnete Rolle in der britischen Politik spielen.

In dieser Periode zwischen den Weltkriegen war das herkömmliche Zweiparteiensystem gestört. Konservative und Labour Party waren zeitweilig gezwungen, Regierungskoalitionen mit den Liberalen zu bilden. Die schlechten Erfahrungen mit diesen Koalitionsregierungen sind der Hintergrund für die bis heute wirksame Abneigung der Konservativen und der Labour Party gegen Koalitionskabinette. Als 1974 die Unterhauswahlen keiner Partei die absolute Parlamentsmehrheit brachten, zog die Labour Party als relativ stärkste Parlamentsfraktion die Minderheitsregierung jedwedem Bündnisversuch vor. Sie ließ sich lieber tolerieren.

Die Ausweitung des Wahlrechts und die Bildung moderner Parteiorganisationen hatten einen neuen Faktor in die parlamentarisch geprägte britische Politik eingebracht. Die Parteien waren zu den maßgeblichen Verbindungsgliedern zwischen Wählern, Parlament und Regierung geworden. Sie kontrollierten die Auslese der Parlamentskandidaten und stellten Personal und Geldmittel bereit, mit denen der Wahlkampf bestritten wurde. Die Existenz moderner Parteien hatte ferner das Verhältnis von Parlament und Regierung unumkehrbar verschoben: Die Parlamentsmehrheit wird als Vehikel des Wählervotums und Ausdruck für den Regierungsauftrag einer Partei verstanden. Trotzdem sind die politischen Entscheidungszentren im Einzugsbereich des Parlaments verblieben. Die Führungsmannschaften der Parteien sind identisch mit dem Kabinett und der Oppositionsführung im Unterhaus. Der Parteiapparat im Lande ordnet sich der Führung der im Parlament vertretenen Parteieliten unter.

In der Vergangenheit war es zeitweise zu Rivalitäten zwischen den parlamentarischen Führungszirkeln und dem außerparlamentarischen Parteiapparat gekommen. In den 80er Jahren des 19. Jahrhunderts erhoben die Organisationsführer des außerparlamentarischen Apparats beider großer Parteien, Joseph Chamberlain bei den Konservativen und Randolph Churchill bei den Liberalen, Anspruch auf Mitsprache an der Regierungspolitik. Durch geschicktes Taktieren gelang es den seinerzeitigen Premierministern, Disraeli für die Konservativen und Gladstone für die Liberalen, den Konflikt mit der außerparlamentarischen Partei zu vermeiden. Chamberlain und Churchill wurden ins Kabinett aufgenommen, und sie unterlagen fortan der Kabinettsdisziplin. Ihre Parteifunktionen mußten sie aufgeben, um Kabinettsminister werden zu können. Künftig hüteten die Premierminister beider Parteien sorgsam ihre Kontrolle über den außerparlamentarischen Parteiapparat (vgl. Kluxen 1976, 611 ff.). Bis in jüngere Zeit wurden innerparteiliche Herausforderungen immer wieder auch aus den Wahlkreis-

Die Unterhausfraktionen setzen sich als Führungszentren der Parteien gegen außerparlamentarische Apparate durch organisationen geltend gemacht. Das klassische Mittel, ihnen zu begegnen, blieb die Einbindung der Kritiker und Opponenten in die Regierung oder in die Oppositionsführung.

Die folgenreichste Auswirkung der Demokratisierung lag darin, daß sich die Unterhausmehrheit künftig als Verkörperung des Wählerwillens bzw. als Instrument für den Regierungsauftrag an eine Partei verstand. Die Wähler entscheiden sich in den von ihnen gewählten Kandidaten für das Unterhaus nicht in erster Linie für Personen, sondern für die Partei, in deren Namen diese Kandidaten auftreten. Die Mehrheitspartei im Unterhaus erhält durch das Wählervotum einen Regierungsauftrag. Dessen Erfüllung ist die Aufgabe des Kabinetts; er hat sich mit der Personalisierung der Wahlkämpfe auf den Premierminister zugespitzt. Die Unterhausmehrheit ist gänzlich auf die Funktion eines politischen Vehikels verwiesen – und dies in doppelter Hinsicht: Sie ist dem Wählervotum unterworfen, und sie muß die Regierung im Amt halten. Beides kann sie nur dann leisten, wenn sie strikte Fraktionsdisziplin praktiziert und wenn die Regierung die Unterstützungsbereitschaft ihrer Mehrheit nicht überfordert. Nur kraft der Fraktionsdisziplin ist es möglich, Abstimmungsniederlagen der Regierung zu verhindern und Mißtrauensanträge der Opposition zu parieren. Die strengen Debattierregeln des Unterhauses, die detaillierte Verfahrenskontrolle durch das Kabinett und die generelle Regulierung der Zeit und Arbeit des Unterhauses durch einen Kabinettsminister sind erst das Ergebnis der Demokratisierung gewesen. Alles das hatte es in Ansätzen schon vorher gegeben, aber es war noch wesentlich großzügiger gehandhabt worden.

Als Gesetzgebungsorgan ist das Unterhaus ein blindes Instrument der Mehrheitspartei geworden. Als Ort politischer Debatten und kritischer Auseinandersetzung mit der Regierung dient es vor allem der parlamentarischen Opposition bzw. der Minderheit im Unterhaus. Die parlamentarische Opposition verkörpert die bei den Wahlen unterlegene zweite große Partei des Landes. Auf der Basis der Minderheitenrechte im Unterhaus greift sie die Regierung an, um diese einerseits zur öffentlichen Rechtfertigung ihrer Politik zu nötigen und um andererseits auf sich aufmerksam zu machen und bei den nächsten Wahlen einen Vorteil zu gewinnen. Regierungs- und Oppositionsparteien bestimmen die Funktionen des Unterhauses.

2.3 Struktur und Arbeitsweise der staatlichen Institutionen

2.3.1 Aktuelle Verfassungslehre

Ein verbreitetes Fehlurteil behauptet, Großbritannien besitze keine geschriebene Verfassung. Ansätze zu einer geschriebenen Verfassung gibt es sehr wohl: Hierzu gehören die Magna Charta (1215), die Habeas-Corpus-Akte (1679), die Bill of Rights (1689), das Act of Settlement (1701), das Union Act (1707) und die Parliament Acts (1911, 1949). Allerdings wurden diese Dokumente nie zusammengefaßt. Sieht man davon ab, daß britische Richter jeden Parlamentsbeschluß respektieren müssen, so gibt es allerdings kein als solches deklariertes, mit höherrangigen Rechtsqualitäten ausgestattetes Dokument. Selbst die altehrwürdigen schriftlichen Verfassungsgrundlagen sind einfache Gesetze, die jederzeit mit ei-

64

ner Mehrheit geändert werden können. Ein durch besonderes Mehrheitserfordernis (z.B. Zweidrittelmehrheit) geschütztes Verfassungsrecht gibt es nicht.

Die gegenwärtige Verfassung Großbritanniens ist das Resultat eines jahrhundertelangen Prozesses. Dieser veränderte zunächst die Stellung der Krone und stärkte die Macht des Parlaments und übertrug später de facto einen großen Teil der Parlamentsmacht auf das Kabinett und den Premierminister. Seit dem frühen 20. Jahrhundert hat es in Großbritannien keine wichtigen Parlamentsgesetze mehr gegeben, die Grundnormen für das Verfassungsleben setzten.

Die informelle Verfassung

Das moderne britische Regierungssystem basiert auf den im historischen Teil erläuterten Dokumenten und ferner – in größerem Ausmaß – auf den sogenannten Verfassungskonventionen, den „constitutional conventions" (Jowell/Dawn 1994). Verfassungskonventionen sind der Schlüssel für die Funktionsweise des britischen Regierungsytems. Die in ihren wesentlichen Teilen bis heute ungeschriebene Verfassung erschließt sich dem Betrachter allein aus dem historischen Rückblick. Keine aktuelle Beschreibung der britischen Verfassungsverhältnisse kann umhin, auf historische Beispiele und Vorbilder zu rekurrieren (vgl. zum folgenden Döring 1993 a, Sturm 1998 a).

Verfassungs-konventionen

Die Umschreibung der Verfassungskonvention bereitet einige Schwierigkeiten. Einschlägige Definitionen lassen sich dahin auf einen Nenner bringen, daß solche Konventionen oder Usancen im Laufe der Zeit aus der Praxis entstanden sind, in bestimmten, verfassungspolitisch bedeutsamen Standardsituationen in bestimmter Weise zu verfahren. Verfassungskonventionen lassen sich nicht systematisch begründen. Sie wurzeln in praktischen, von politischer Opportunität gesteuerten Überlegungen. Dem Betrachter erschließen sie sich allein durch das intensive Studium der Handlungsweisen der Krone und des Kabinetts über Jahre und Jahrzehnte hinweg. Der Rekurs auf historische Analogien spielt bei ihrer Handhabung die wichtigste Rolle. Ein unabdingbares Merkmal der Verfassungskonvention ist das Erfordernis, daß eine auf viele Beispielfälle aufbauende Verfassungspraxis von allen wichtigen Akteuren im Regierungssystem als verbindlich anerkannt wird. Der Kreis dieser Akteure läßt sich nicht präzise umreißen. Neben dem Premierminister und dem Kabinett gehören die Mitglieder des Unterhauses, der Oppositionsführer, die Parteien und mittlerweile auch die meinungsführenden Medien dazu. Insbesondere die politische Stellung der Krone und des Kabinetts beruhen auf solchen Übereinkünften. Diese haben den einen gemeinsamen Nenner, daß sie die praktische Bedeutung der königlichen Prärogative, d.h. die Regierungskompetenz des Monarchen, in der Praxis zunichte machen. Der gesamte Komplex des so modellhaft funktionierenden britischen parlamentarischen Regierungssystems ist durch die gesetzesrechtliche Lage so gut wie überhaupt nicht abgesichert. Die immer noch grundlegende Bill of Rights legt als schriftliches Regelwerk nicht mehr fest, als daß Großbritannien als eine konstitutionelle Monarchie verfaßt ist. Die nachfolgende Beschreibung des Regierungs- und Gesetzgebungsprozesses hält sich an den Hintergrund einer Realverfassung, die sich auf informelle Übereinkünfte gründet. Beispiele sind die automatische Bestätigung der Gesetzesbeschlüsse des Parlaments durch die Krone oder die Erwartung, daß der Premierminister zurücktreten muß, wenn er im Unterhaus eine Vertrauensabstimmung verliert, oder die Regel, daß beim Fehlen der absoluten Parlamentsmehrheit der Führer der relativ größten Unterhausfraktion mit der Regierungsbildung beauftragt wird.

Beobachtung, Entstehung und Geltung verfassungs-politischer Kern-beispiele

Die britische Verfassungstradition läßt keine Verfassungsgerichtsbarkeit zu. Als Grundpfeiler des politischen Prozesses gilt die Sovereignty of Parliament. Sie ist seit 110 Jahren herrschende Meinung in der Rechtsprechung. Seinerzeit wurde sie von einem bekannten Verfassungsrechtler (Dicey 2002 (Erstaufl. 1885)) in einem Werk ausgeführt, das seither als Leitfaden für die Lesart der auf so vielen unterschiedlichen Quellen basierenden Verfassungsordnung gilt. Demzufolge ist der Parlamentswille, wie er sich in den Gesetzesbeschlüssen artikuliert, absolut. Der jeweils jüngste parlamentarische Beschluß annulliert mit Blick auf seinen Gegenstand alle vorausgehenden Beschlüsse und auch solche verfassungspolitischen Altregelungen, die davon mit betroffen sind. Das britische Parlament weigert sich bis heute, eine Autorität zu akzeptieren, die seine Gesetzgebungsfreiheit einschränken könnte. Hier liegt eines der Grundprobleme, das die Briten mit der Mitgliedschaft in der Europäischen Union haben. Die Parlamentssouveränität darf nicht als Schrankenlosigkeit mißverstanden werden. De facto respektiert das Parlament die wichtigsten förmlichen Gesetze mit der Bedeutung eines Verfassungsdokuments, ferner die „constitutional conventions", die auf parlamentarischen Brauch zurückgehen, und schließlich auch das Common Law. Das Common Law bezeichnet die hergebrachten Eigenarten des britischen Rechtssystems, das anders als das kontinentaleuropäische auf richterliches Recht und insbesondere auf Präzedenzentscheidungen abhebt (Weber 1998).

Die Unabhängigkeit der Richter gehört zum Schutzbereich der britischen Verfassung. Aber die britischen Gerichte führen keine Normenkontrolle durch. Für sie gäbe es mangels förmlichen Verfassungsrechts auch keinerlei Anhaltspunkte. Die klassischen Verfassungsgesetze stehen genauso zur Disposition einer Parlamentsmehrheit wie jene Gesetze, die später verabschiedet wurden. Grundsätzlich gehen die Gerichte mit verfassungspolitisch bedeutsamen Rechtsfällen so um, daß sie das umstrittene Gesetz nach der maßgeblich vom Richter Coke im 17. Jahrhundert entwickelten Vorstellung von der Rule of Law im Einklang mit dem kodifizierten Recht und unter Berücksichtigung des hergebrachten Common Law interpretieren. Das geht so weit, daß die Gerichte zurückstehen – z.B. in Verwaltungsstreitigkeiten, die von einem Minister entschieden werden können –, wann immer die politische Kontrolle durch das Parlament greifen kann. Eine Fremdbindung des Parlaments wird so vermieden, die richterliche Unabhängigkeit bleibt gewahrt. Dabei müssen die Gerichte ihre Entscheidungen mit Blick auf die Vielfalt der verschiedenen Rechtsquellen legitimieren. Die Gerichte besitzen im Grenzbereich von Recht und Politik einen gewissen Spielraum. In den letzten Jahren haben sie vor allem ihre Rolle als Verwaltungsgerichte stärker betont. Ursächlich war die Auslagerung zahlreicher öffentlicher Aufgaben aus der hoheitlichen Verwaltung der Ministerien, in deren Angelegenheiten sich die Gerichte nicht gern einmischten. Die Wahrnehmung zahlreicher Aufgaben durch private und halbautonome, dem Zugriff der Ministerien entzogene Organisationen läßt nur noch die Gerichte als Kontrollinstanz für die Aufgabenerledigung nach dem Gesetzesauftrag übrig. Auch das Nebeneinander von EU- und britischen Rechtsnormen zwingt die Gerichte in eine profiliertere Rolle (Johnson 1998). Die Wahrung der Verfassung bleibt freilich in erster Linie Sache des Parlaments selbst, und sie gehört besonders zum Kontrollauftrag der parlamentarischen Opposition.

2.3.2 Das Parlament und der Gesetzgebungsprozeß

Formell gehorcht die Gesetzgebung der Verfassungsformel des „Queen" – oder „King-in-Parliament". Das heißt, daß beide Parlamentskammern ein Gesetz beschließen, das der Bestätigung des Monarchen bedarf. Durch die faktische Entwertung des Oberhauses und der Krone ist das Unterhaus zum zentralen Legitimationsorgan der britischen Politik geworden.

Das Unterhaus wird nach dem einfachsten Wahlsystem der Welt gewählt. Wahlsysteme lassen sich gemeinhin danach unterscheiden, ob sie das politische Spektrum der Wähler repräsentieren sollen, oder ob sie nicht vielmehr dazu bestimmt sind, regierungsfähige Parlamentsmehrheiten hervorzubringen. Das britische Wahlsystem steht geradezu mustergültig für die zweite Absicht (dazu näher Nohlen 2004, 263ff.). Das System der relativen Mehrheitswahl ist darauf berechnet, die Repräsentanten der stärksten Parteien im Parlament so massiv zu begünstigen, daß sie aus ihren Reihen eine Regierung bilden können (siehe Tabelle 1 und 2).

Unterhauswahlsystem

Tabelle 1:   Wählerstimmenanteile und Unterhausmandate der größeren Parteien bei den Wahlen zum britischen Unterhaus 1950-2001

	1950	1951	1955	1959	1964	1966	1970	1974 Febr.	1974 Okt.	1979	1983	1987	1992	1997	2001
Konservative															
– Stimmen (in v.H.)	43,5	48,0	49,7	49,4	43,4	41,9	46,4	37,8	35,8	43,9	42,4	42,3	42,3	30,6	31,7
– Mandate	299	321	345	365	304	253	330	297	276	339	397	375	336	165	166
Labour-Party															
– Stimmen (in v.H.)	46,1	48,8	46,4	43,8	44,1	47,9	43,0	37,1	39,2	36,9	27,6	30,8	34,7	43,2	40,7
– Mandate	315	295	277	258	317	363	288	301	319	268	209	229	271	419	413
Liberale*															
– Stimmen (in v.H.)	9,1	2,5	2,7	5,9	11,2	8,5	7,5	19,3	18,3	13,8	25,3	22,6	18,1	16,7	18,8
– Mandate	9	6	6	6	9	12	6	14	13	11	23	17	20	46	52

* *Die Zahlen nach 1983 beziehen Stimmen und Mandate für die Sozialdemokratische Partei (SDP) mit ein.*

Großbritannien ist heute in 659 Wahlkreise eingeteilt, die in regelmäßigen Abständen neu gegliedert werden, um die Differenz zwischen dem größten und dem kleinsten Wahlkreis möglichst gering zu halten. Gesetzlich ist diese Differenz auf 20 % der Wahlberechtigten beschränkt. In jedem Wahlkreis gilt derjenige Kandidat als gewählt, der eine Stimmenmehrheit auf sich vereinigt. Relative Mehrheiten genügen. Die beiden britischen Traditionsparteien, die Konservativen und die Labour Party, profitieren von diesem System. Jeder Abgeordnete, auch der Premierminister selbst, muß sich den Wählern seines Wahlkreises stellen. Es gibt in der jüngeren Vergangenheit Beispiele für Minister oder einflußreiche Abgeordnete der Regierungsmehrheit, die bei den Unterhauswahlen ihren Sitz einbüßten und damit ein vorzeitiges Ende ihrer politischen Karriere in Kauf nehmen mußten. Die Fluktuation unter den Unterhausmitgliedern liegt, bedingt durch das Wahlsystem, in den Wahlen der letzten 50 Jahre in einer Marge von 50 bis 80 Mandaten, die der Labour-Party oder den Konservativen verloren gehen. Mandatsverschiebungen im Umfang der Unterhauswahl von 1997 sind außergewöhnlich (siehe Tabelle 2). Stirbt ein Abgeordneter, so muß im betreffenden Wahlkreis eine Nachwahl durchgeführt werden. Solche Nachwahlen finden in der Öffentlichkeit größte Beachtung, weil sie als Stimmungsbarometer für die Popularität der Regierung gewertet werden. So kommt es vor, daß in Wahlkreise, denen die britische Öffentlichkeit sonst keine Beachtung schenkt, plötzlich die Medien einfallen, daß die Politikprominenz dort Veranstaltungen bestreitet und daß ferner eine ungewöhnliche Wahlbeteiligung erzielt wird. Nachwahlen werden gern zu Testwahlen hochstilisiert. Auf diese Weise werden statistisch auffällige Wählerverluste für den Kandidaten der Regierungspartei mit der Politik des amtierenden Kabinetts in Verbindung gebracht.

Diskriminierung kleinerer Parteien – Stabilität des Zweiparteiensystems

Gemessen an Vorstellungen, die sich mit der Idee der Verhältniswahl verbinden, die im kontinentalen Europa vorherrscht, verzerrt das britische Mehrheitswahlsystem die Abbildung der Parteipräferenzen im Parlament (siehe Tabelle 3). Die Fraktionsstärke der beiden größten Parteien überzeichnet massiv den Anteil ihrer Wählerstimmen. Kleinere Parteien schaffen bestenfalls eine minimale Vertretung im Unterhaus, oder ihre Stimmen fallen komplett unter den Tisch. Doch immerhin sind im Unterhaus regelmäßig mehr als zwei Parteien vertreten. Zwei Parteien beherrschen zwar das parlamentarische Geschehen und die britische Politik; in diesem Sinne ist die Redewendung vom britischen Zweiparteiensystem richtig.

Aber es verhält sich nicht einmal im Parlament so, geschweige denn in der außerparlamentarischen Parteienlandschaft, daß ausschließlich die beiden bekannten Großparteien anzutreffen wären. Die britischen Liberalen sind von jeher die Hauptleidtragenden des Wahlsystems, und sie treten verständlicherweise am vehementesten dafür ein, es zugunsten der Verhältniswahl abzuschaffen. Die jüngere Vergangenheit verzeichnet eine Reihe von Wahlen, in denen die Unzufriedenheit der Wähler mit beiden Traditonsparteien so groß wurde, daß beide die absolute Parlamentsmehrheit verfehlten. Dies war im Februar 1974 und abermals im Oktober 1974 der Fall.

Tabelle 2: Veränderung der Mehrheitsverhältnisse im Unterhaus (in Mandatsgewinn oder -verlust für die Labour Party)

Unterhauswahl	Gewinn/Verlust
1950	-78
1951	-20
1955	-18
1959	-19
1964	+59
1966	+46
1970	-75
1974, Febr.	+13
1974, Okt.	+18
1979	-51
1983	-59
1987	+20
1992	+42
1997	+148
2001	+6

Die Liberale Partei, die sonst kaum über ein halbes Dutzend Sitze hinausgekommen war, erreichte nunmehr 20 % der Wählerstimmen und gewann viele Unterhaussitze. Offenkundig war die politische Unzufriedenheit so groß geworden, daß die Liberalen zum Vehikel einer Protestäußerung wurden. Dauerhafte Verschiebungen in den Parteienmehrheiten sollten sich daraus nicht ergeben. Heute bestimmen abermals unangefochten die Konservativen und die Labour Party das politische Spiel.

Tabelle 3: Differenz zwischen Wählerstimmen und Mandatsanteilen für die im
Unterhaus vertretenen Parteien (in v. H.)

	Labour	Liberale und andere	Konservative
1950	+3.9	-7.1	+14.0
1955	-4.0	-1.5	+2.2
1959	-2.8	-4.9	+8.5
1964	+6.2	-9.8	-5.1
1966	+9.7	-6.6	-1.7
1970	+2.7	-6.5	+6.0
1974, Febr.	+10.3	-17.1	+9.0
1974, Okt.	+11.0	-16.3	+7.7
1979	+5.3	-12.1	+9.5
1983	+5.3	-21.7	+20.1
1987	+4.4	-20.0	+18.6
1992	+7.0	-15.0	+9.4
1997	+20.4	-9.7	-5.6
2001	+21,8	-10,4	-6,5

Das Unterhaus gilt als „Redeparlament". Das bedeutet, daß die wichtigste Tätigkeit des Unterhauses darin besteht, im Plenum und somit öffentlich zu debattieren. Die Fraktionen und das unterschiedliche Rollenverständnis der Regierungs- und Oppositionsfraktionen bestimmen das Erscheinungsbild dieser Kammer.

Die Regierung kontrolliert die Arbeit des Unterhauses „Front bench" und „back bench"

Tabelle 4: Premierminister seit 1945

Premierminister	Partei	Amtszeit	Unterhauswahl	Regierungsmehrheit im Unterhaus (in % der Sitze)
Clement Attlee	Labour	1945-50	1945	63,4
Clement Attlee	Labour	1950-41	1950	50,4
Winston Churchill	Konserv.	1951-55	1951	51,4
Anthony Eden	Konserv.	1955-57	1955	54,8
Harold MacMillan	Konserv.	1957-59	Amtswechsel	zwischen den Wahlen
Harold MacMillan	Konserv.	1959-63	1959	57,9
Douglas Home	Konserv.	1963-64	Amtswechsel	zwischen den Wahlen
Harold Wilson	Labour	1964-66	1964	50,3
Harold Wilson	Labour	1966-70	1966	57,6
Edward Heath	Konserv.	1970-74	1970	52,4
Harold Wilson	Labour	1974	1974 (Febr.)	47,4*
Harold Wilson	Labour	1974-76	1974 (Okt.)	50,2
James Callaghan	Labour	1976-79	Amtswechsel	zwischen den Wahlen
Margaret Thatcher	Konserv.	1979-83	1979	53,4
Margaret Thatcher	Konserv.	1983-87	1983	61,0
Margaret Thatcher	Konserv.	1987-90	1987	57,5
John Major	Konserv.	1990-92	Amtswechsel	zwischen den Wahlen
John Major	Konserv.	1992-97	1997	51,6
Tony Blair	Labour	1997-2001	1997	63,5
Tony Blair	Labour	2001-	2001	62,5

* *Minderheitsregierung*

Die Parlamentsmehrheit versteht es als ihren wichtigsten Auftrag, die von ihr getragene Regierung im Amt zu halten und sie rhetorisch gegen die Opposition zu verteidigen. Sie verzichtet auf eigene Gesetzesinitiativen und läßt sich weitgehend von der Regierung vorschreiben, was das Unterhaus beschließen soll, in welcher Reihenfolge und mit welcher Debattierzeit. Für den Arbeitsplan und die Debattengestaltung des Unterhauses ist ein Kabinettsminister verantwortlich. Die Aufgaben dieses sog. Leader of the House können mit den Aufgaben der Vorsitzenden der Regierungsfraktionen im Deutschen Bundestag verglichen werden. Der Leader of the House nimmt eine bedeutende, wenn auch nach außen nicht sonderlich herausgestellte Schlüsselfunktion in der Regierung und im Kabinett ein. Die starke parlamentarische Führungsrolle der Regierung wird nur verständlich durch die Tatsache, daß im Unterhaus Parlamentsmehrheit und Regierung eine politische Einheit darstellen und das Kabinett praktisch zu einem Gutteil die „Fraktionsführung" der Parlamentsmehrheit besorgt (Kastning 1991). Regierung und parlamentarische Mehrheitsfraktion bilden zusammen die Regierungsmehrheit: Die Regierungsmitglieder des Unterhauses bilden die „front bench" (auch „government bench" genannt) der Parlamentsmehrheit, d.h. sie repräsentieren auch in der Sitzanordnung des Unterhauses vorrangig die Mehrheit. Die Regierungsfunktion drängt die Abgeordneten als Repräsentanten der Wahlkreise somit schon optisch in den Hintergrund. Sämtliche Mehrheitsabgeordnete ohne Ämter und Funktionen bilden die „back bench": Sie nehmen die hinteren Plätze ein – als parlamentarisches Fußvolk.

Westminster: Der Westminster-Palast im Londoner Stadtbezirk gleichen Namens ist der traditionelle Sitz beider Parlamentskammern. Ganz in Übereinstimmung mit dem Auseinanderfallen von Sein und Schein, wie es die britische Realverfassung kennzeichnet, rangiert das Unterhaus am Rande der baulichen Gegebenheiten. Sein historischer Plenarsaal ist so klein, daß er den gegenwärtig 659 Abgeordneten nicht genügend Sitzplätze bietet. Mit guten Gründen ließ der Kriegs-Premier Churchill den von deutschen Bomben zerstörten Sitzungssaal originalgetreu wiederherstellen. Die Enge des Plenarsaals kommt dem Debattiercharakter des britischen Parlamentarismus entgegen. Die konfrontative Sitzordnung – rechts vom Speaker die Regierungsfraktion, direkt gegenüber die Opposition – unterstreicht ihn ebenfalls. Es braucht keine Saalmikrophone. Nicht nur der Redner, auch seine Kollegen aus der betreffenden Partei reden, polemisieren und signalisieren mit Zwischenrufen sowie mit einer breiten Geräuschpalette Widerspruch und Beifall. Der weitaus größere Plenarsaal des Oberhauses vermittelt selbst bei durchschnittlich gutem Besuch das Bild gähnender Leere. Es hat inzwischen auch seine praktischen, nicht nur seine historischen Gründe, wenn bei der allfälligen Thronrede der Monarchin die Unterhausmitglieder in einem alten Zeremoniell gebeten werden, sich die vom Premierminister verfaßte Programmrede aus dem Munde der Königin in der Tagungsstätte des House of Lords anzuhören.

Die Regierung kontrolliert den Gesetzgebungsprozeß vollständig (Döring 1993 a, 133 ff., Hereth 1992). Alle wichtigen Gesetzesvorlagen – die sog. „public bills" – werden von der Regierung vorgelegt. Daneben gibt es sog. „private members' bills", d.h. Vorlagen, die von einfachen Abgeordneten eingebracht werden können. Sie beziehen sich jedoch stets auf Gesetzesbeschlüsse für Einzelpersonen, Gemeinden oder öffentliche Körperschaften. Es handelt sich um Einzelfallgesetze (private laws), denen neben den allgemeinen Gesetzen (public laws) keine große Bedeutung zukommt. Das Kabinett beschließt de facto auch die Tagesordnung und den Geschäftsordnungsgang des Unterhauses. Der Leader of the House, der für Unterhausangelegenheiten zuständige Kabinettsminister, entwirft einen parlamentarischen Fahrplan, an den sich der Sprecher des Unterhauses traditionsgemäß hält. Einige Sitzungstage und die Haushaltsdebatte sind nach alter Tradition der Themenbestimmung durch die Opposition vorbehalten.

Das Einbringen einer Gesetzesvorlage gilt als Erste Lesung. In einer Zweiten Lesung debattiert das Unterhaus die Grundzüge des betreffenden Gesetzesentwurfs. Danach wird der Entwurf an einen Ausschuß überwiesen. Für bestimmte Gegenstände, z.B. den Haushalt, konstituiert sich das Unterhaus als Hauptausschuß (Committee of the Whole), der allen Abgeordneten die Beteiligung erlaubt. Im Hauptausschuß wird strikt nach Fraktionsdisziplin abgestimmt, die Beratungen sind in der Regel oberflächlich und bringen selten nennenswerte Änderungsvorschläge hervor. In einer Dritten Lesung wird noch einmal – auch über Details – der Vorlage debattiert; anschließend wird abgestimmt. Die Annahme der Vorlage ist angesichts der Mehrheitsverhältnisse von vornherein sicher (siehe Schaubild auf der nächsten Seite). Die übrigen Ausschüsse des Unterhauses haben geringe Bedeutung. Ihnen fehlt die feste Zuständigkeit für bestimmte Gesetzgebungsmaterien; deshalb sind sie auch lediglich nach Buchstaben bezeichnet. Weil es sich bei den Abgeordneten um Generalisten handelt, fehlt das Potential für die Detailberatung über Gesetze. Bei Abstimmungen gibt die Parteizugehörigkeit den Ausschlag. Die Stärke des britischen Parlamentarismus ist die Kunst des rhetorisch-polemischen Angriffs und der Verteidigung in der Plenardebatte.

Schaubild 1

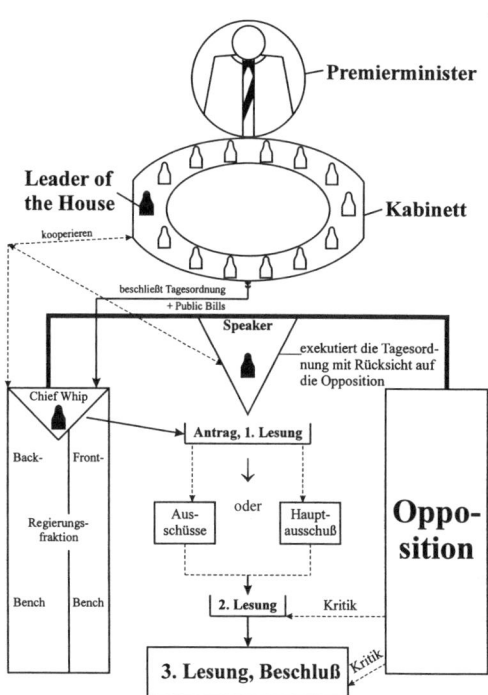

Hier zählen andere Qualitäten als die Kleinarbeit von Themenspezialisten, wie wir sie in anderen Parlamenten antreffen, die insoweit die Fachlichkeit der Regierungsbehörden als eigenen Maßstab übernehmen. Seit Ende der 1970er Jahre gibt es im Unterhaus auch sog. Select Committees, die vor allem als parlamentarische Aufsichtsgremien für die Arbeit der Behörden konstruiert sind. Ihre Rechte gegenüber der Ministerialbürokratie sind bescheiden. Dies alles ist gewollt. Das Plenum als zentraler Ort des Parlamentsgeschehens soll keinen Schaden nehmen (Garett 1992, Norton 1990 b). Dessen ungeachtet sind diese Select Committees ein Indiz für die wachsende Professionalität der Unterhausabgeordneten, die heute nur noch zum geringeren Teil keine Berufspolitiker sind. Der Abgeordnetenberuf und das Befaßtsein mit der Tätigkeit der Regierungsbehörden bringt es mit sich, daß die Abgeordneten im Vergleich zu früher regierungskundiger sind, wenn sie einmal in ministerielle Funktionen aufrücken (Jun 1999).

Die Regierung schreibt vor, unter welchen Bedingungen eine Vorlage debattiert wird. Jeder Abgeordnete hat das Recht zur Wortmeldung. Ob seine Meldung beachtet wird, hängt allein vom Speaker, dem Sprecher des Unterhauses, ab. Der Sprecher ist ein reiner Verfahrensmoderator, der an den von der Regierung gesteckten Themen- und Tagesordnungsrahmen gebunden ist. Er sorgt nach eigenem Ermessen dafür, daß auch Abgeordnete der Opposition ausreichend zu Wort kommen. Die Unterhausfraktionen klären intern vor, wer aus ihren Reihen wichtige Stellungnahmen abgibt. Allerdings verhält es sich nicht so, daß Wortmeldungen bis ins einzelne abgesprochen werden. Um der Lebhaftigkeit der Debatten willen berücksichtigt der Sprecher auch Meldungen jüngerer Abgeordneter. Wie lange debattiert wird, steht faktisch im Ermessen der Regierung. Hundert Abgeordnete können den Schluß der Debatte zu jedem Punkt verlangen. Wenn es um eine wichtige Debatte geht, wird die Regierung dafür sorgen, daß die Regierungsfraktion den Debattenschluß durchsetzt. Umstrittene Regierungsvorlagen, die voraussichtlich viele Wortmeldungen provozieren und eine Debatte aus Sicht der Regierung unerwünscht in die Länge ziehen könnten, werden nach dem Verfahren der sog. „guillotine" beraten: Die Regierung setzt für die Debatte über jeden Punkt der beratenen Vorlage ein maximales Zeitpensum, nach dessen Ablauf der Sprecher des Unterhauses die Debatte für beendet erklärt und die Debatte über den nächsten Punkt eröffnet. Ferner gibt es das Verfahren des sog. „kangaroo": Der Sprecher läßt von vornherein nur die Debatte über bestimmte Punkte einer Vorlage zu, alle übrigen Punkte werden ohne Debatte entschieden.

Ca. ein Drittel der Mehrheitsabgeordneten bekleiden Ämter

Zwischen einem Viertel und einem Drittel der Regierungsfraktionsmitglieder des Unterhauses, etwa hundert Unterhausabgeordnete, bekleiden heute Regierungsämter. Neben der überschaubaren Zahl der engeren Kabinettsmitglieder (ca. 20) gehören zur Regierung im weiteren Sinne auch Minister ohne Kabinettsrang, stellvertretende oder niedrigrangige Minister (junior ministers), parlamentarische Staatssekretäre (parliamentary secretaries of State) und vor allem „private" parlamentarische Staatssekretäre (private parliamentary secretaries – PPS). Bei der zuletzt genannten Gruppe handelt es sich um Abgeordnete, die in einem Ministerium (mit oder ohne Kabinettsrang) dem Minister zur Hand gehen, indem sie dessen Arbeit parlamentarisch absichern. Die Position des privaten parlamentarischen Staatssekretärs ist eine klassische Vorbereitungsstation für einen Ministerposten in fernerer Zukunft.

Die Zugehörigkeit zur Regierung im weiteren Sinne verlangt von den Abgeordneten mit solchen Funktionen eine besondere Loyalität gegenüber dem Kabinett und dem Premierminister (vgl. zum folgenden das Schaubild auf der übernächsten Seite). Regierungskritiker im Mehrheitslager werden, wenn sie eine kritische Masse von Gleichgesinnten repräsentieren, entweder in absehbarer Zeit in die erweiterte Regierungsmannschaft integriert; andernfalls disqualifizieren sie sich von vornherein für eine Karriere im Regierungsapparat. Die Anreize, aus eigener Einsicht der Fraktionsdisziplin zu gehorchen, sind gewaltig (vgl. Searing 1994, 1995).

Die Opposition praktiziert ähnlich wie die Regierungsmehrheit des Unterhauses strenge Fraktionsdisziplin. Dort liegen die Führungsaufgaben beim Schattenkabinett, einem Team der führenden Oppositionspolitiker, das sich als Gegenspieler des Kabinetts begreift. Aus dem Rollenverständnis als „Regierung im Wartestand" (Schattenkabinett) erklärt sich die hierarchische Unterscheidung zwischen dem Schattenkabinett („front bench of the Opposition") und den Oppositionshinterbänklern (Searing 1995). Sie bildet Strukturen, die streng genommen bei der Opposition leerlaufen. Die Opposition trifft ihrem Status gemäß keine politischen Entscheidungen und kann auch nicht darauf hoffen, die Regierung auf dem Wege eines Mißtrauensvotums aus dem Amt zu drängen. Viele Eigenheiten der parlamentarischen Opposition in Großbritannien sind darin begründet, daß diese neben ihrer öffentlichen Regierungskritik in Permanenz Regierungsverhalten einübt (Döring 1993 b, Helms 2002, 70 ff.). Rollenverständnis der parlamentarischen Opposition

Zur Aufrechterhaltung der Fraktionsdisziplin bedienen sich die Regierungsmehrheit und die Opposition der Whips, die sich etwa mit den Parlamentarischen Geschäftsführern im deutschen Parlamentsbetrieb vergleichen lassen. Allerdings sind Whips im Unterhaus in größerer Zahl anzutreffen als Geschäftsführer im deutschen Parlamentsbetrieb. Die Whips sind von der Fraktionsführung damit beauftragt, dafür zu sorgen, daß alle Abgeordneten ihrer Fraktion bei wichtigen Abstimmungen anwesend sind. Jeder einzelne Whip betreut eine Anzahl von Abgeordneten, deren Präsenz er im Bedarfsfall zu gewährleisten hat. Whips entlassen Abgeordnete nur aus triftigen Gründen aus ihrer Präsenzverpflichtung. In der Regel tun sie dies nur dann, wenn einer „ihrer" Abgeordneten eine Absprache mit einem Abgeordneten der gegnerischen Fraktion nachweisen kann, der in der besagten Abstimmung ebenfalls nicht anwesend sein wird. Auf diese Weise bleibt das Zahlenverhältnis zwischen Opposition und Regierungsmehrheit gewahrt. Die Funktion der Whips im Unterhausbetrieb

Die Whips arbeiten nach den Anweisungen eines Chief Whip, der in der Opposition dem Schattenkabinett angehört und in der Regierungsfraktion mit dem für das Unterhaus zuständigen Kabinettsminister (dem Leader of the House) zusammenarbeitet.

Beim Management der parlamentarischen Seite des Regierungsgeschäfts hat der Chief Whip den Part, die Stimmung unter den Hinterbänklern zu registrieren und sie in das Kalkül des Kabinetts einzubringen. Die Whips haben nicht nur disziplinarische Funktionen. Sie fungieren auch als Kontaktstellen für die Abgeordneten, damit diese mit ihren Beschwerden und Anregungen die Fraktionsführung auch wirklich erreichen. Sie tragen erheblich dazu bei, daß sich das Kabinett ein zuverlässiges Bild von der Stimmung in seiner Unterhausfraktion machen kann. Das gleiche gilt entsprechend im Verhältnis von Schattenkabinett und Oppositionshinterbänklern.

Die starke Betonung der Fraktionsdisziplin im Unterhaus wirft die Frage auf, welche Sanktionen Abgeordnete erwarten müssen, die häufig oder massiv gegen die Fraktionsdisziplin verstoßen. Abgeordnete, die sich aus dem Aufstieg zum privaten parlamentarischen Staatssekretär oder zum Junior Minister, d.h. aus den zahlreichsten Regierungsfunktionen, nichts machen, kann die Aussicht auf eine blockierte Karriere nicht schrecken (Norton 2000). Ganz ähnlich steht es in der Oppositionsfraktion, deren Führung ja allenfalls den Trumpf in der Hand hält, daß notorische Dissidenten auf keinen Fall mit einem Regierungsamt zu rechnen haben, falls die Partei eines Tages wieder auf die Regierungsbänke wechselt. An die 500 und mehr aller Unterhausabgeordneten füllen auf beiden Seiten des Hauses die Hinterbänke.

Schaubild 2

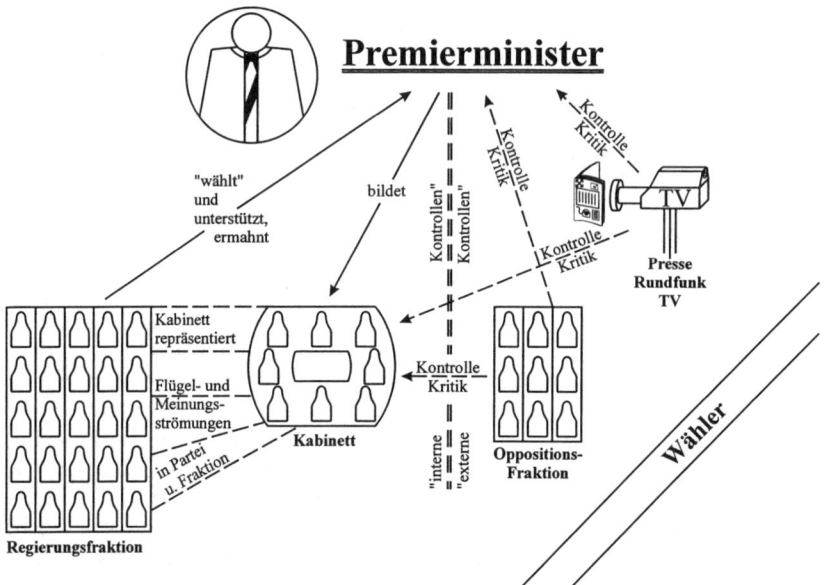

Die Parteiapparate haben sich in der Vergangenheit als untaugliche Instrumente der Fraktionsdisziplin erwiesen. Die zentralen Parteihauptquartiere können lediglich Anregungen geben und Empfehlungen aussprechen, um bei den Kandidatenaufstellungen auf die Auswahl bestimmter Personen zu drängen. Die Weigerung, einen Abgeordneten nicht erneut als Parlamentskandidaten zu nominieren, weil er beständig die Fraktionsdisziplin mißachtet hat, liegt letztlich bei den aktiven Mitgliedern im Wahlkreis (Saalfeld 1997). Viele Beispiele zeigen, daß aktive Parteimitglieder an ihrem Abgeordneten auch dann festhalten, wenn dieser in Querelen mit der Regierung der eigenen Partei bzw. mit der Oppositionsführung gerät. Die Unabhängigkeit der Abgeordneten ist in den letzten Jahren gewachsen (Norton 1987). Es kommt durchaus vor, daß die Regierung schon einmal mit einem Vorschlag in den eigenen Reihen scheitert. Darin wird aber kein

Anlaß für den Rücktritt des Premiers mehr gesehen. Nur ein erfolgreiches Mißtrauensvotum kann dies heute noch bewirken. Dies ist ein Beispiel für den aktuellen Wandel einer Verfassungskonvention. Allerdings wird die Fraktionsdisziplin im allgemeinen beachtet. Die Nominierungsausschüsse der Wahlkreisparteien schaffen dafür die Voraussetzung, indem sie im Regelfall nur solche Kandidaten nominieren, die erwarten lassen, daß sie Parteiloyalität üben werden. Parlamentsabgeordnete werden gemeinhin nicht um ihrer Person willen, sondern vor allem wegen ihrer Parteizugehörigkeit gewählt. Verstöße gegen die Parteidisziplin wirken deshalb spektakulär, weil sie vom Regelfall abweichen.

Das Oberhaus ist seit einigen Jahrzehnten umstritten. Bereits mehrfach hat die Labour Party angekündigt, im Zuge einer Verfassungsreform das Oberhaus abzuschaffen. Es ist deutlich geworden, daß sich das Oberhaus, ein „dignified part of the constitution", selbst in dieser politisch nicht tragenden Eigenschaft abgenutzt hat. Das Oberhaus bestand bis 1999 aus über 1.000 erblichen und Lebenszeitmitgliedern sowie aus den Bischöfen der anglikanischen Kirche. Lange hatten nur die Oberhäupter der britischen Hochadelsfamilien Sitz und Stimme im Oberhaus. Nur wenige „geborene" Oberhausmitglieder machten wirklich Gebrauch von ihrer Parlamentsmitgliedschaft. Seit 1958 gibt es die Einrichtung der Life Peers: Die Krone darf seither verdiente Persönlichkeiten als Oberhausmitglieder auf Lebenszeit mit allen Rechten eines geborenen Oberhausmitglieds ernennen. Sie hält sich dabei strikt an Vorschläge der Regierung. Auf diese Weise gelangten vor allem viele aus der aktiven Politik zurückgezogene Unterhaus- und Parteipolitiker ins Oberhaus. Der Gedanke hinter dieser Reform war die Absicht, die Arbeit des Oberhauses zu professionalisieren und nicht ganz den Zufällen des Beratungsgeschicks und des politischen Interesses erblicher Lords zu überlassen. Nach dem Willen der derzeitigen Labour-Regierung Blair und einem bereits im März 1999 vom Unterhaus gefaßten Beschluß wurde das Oberhaus reformiert. Die erblichen Mitglieder verloren bis auf eine kleine Zahl ihre Sitze. In einem weiteren Reformschritt sollen auch diese ausscheiden. Die Zahl der Life Peers mit dem Recht auf Mitgliedschaft im Oberhaus soll reduziert werden, um die Mitgliederzahl dieser Kammer (derzeit noch rund 700) auf 550 zurückzuführen. Ein Teil der künftigen Mitglieder soll gewählt werden (Einzelheiten bei Becker 2002, 114 ff.).

Das Oberhaus spielt schon lange keine politisch bedeutende Rolle mehr. Dennoch muß es sich formell zu jedem Unterhausbeschluß äußern. Es kann das Inkrafttreten der Unterhausbeschlüsse seit dem Parliament Act von 1949 aber nur noch um ein Jahr verzögern; bei Haushaltsgesetzen kann es nicht einmal dies. Dabei leistet es gelegentlich nützliche Arbeit, weil es anders als das Unterhaus die Muße hat, sich mit den technischen Details einiger Gesetze näher zu beschäftigen. Hierzu zählt heute vor allem die EU-Gesetzgebung. Das Oberhaus fungiert auch als höchstes britisches Gericht. Freilich wird diese Aufgabe ausschließlich den Law Lords überlassen, ausgewählten Mitgliedern des Oberhauses, die anerkannten juristischen Sachverstand besitzen. Die von der Regierung ernannten Law Lords sollen auch künftig dem Oberhaus angehören.

Oberhaus
(House of Lords)

2.3.3 Volksabstimmungen

Die unmittelbare Beteiligung der britischen Untertanen an der Entscheidung politischer Sachfragen ist denkbar schwach entwickelt. Erst in den 70er Jahren des 20. Jahrhunderts kam es zu vereinzelten Referenden. Angesichts des zwischen allen Parteien und innerhalb der Parteien kontroversen Beitritts Großbritanniens zur Europäischen Gemeinschaft (heute: Europäische Union) entschloß sich das britische Kabinett, für das Jahr 1975 ein Referendum anzusetzen, in dem die britischen Wähler selbst mitteilen sollten, ob sie den Beitritt wollten oder nicht. Das Referendum war mit Rücksicht auf den Grundsatz der Parlamentssouveränität lediglich als beratende Volksäußerung ausgestaltet. Es unterlag aber keinem Zweifel, daß das Unterhaus bei einem negativen Votum beschlossen hätte, den von der Regierung bereits 1972 vollzogenen Beitritt wieder rückgängig zu machen. Allerdings fiel das Votum positiv aus. Im Jahr 1979 und abermals 1997 gab die Regierung der Bevölkerung von Schottland und Wales die Gelegenheit, ihren Willen zur regionalen Selbstverwaltung zu bekunden. Das Referendum kann trotz allem nicht als reguläres Instrument politischer Mitwirkung in Großbritannien verstanden werden.

2.3.4 Die Krone

Die Krone hat im Regierungssystem ihre eigenständige Macht verloren. Sie löst auf Vorschlag des Premierministers das Parlament auf und bestimmt einen Wahltermin. Sie entläßt den amtierenden Premierminister, wenn dieser nach einer Wahlniederlage seinen Rücktritt anbietet, und sie ernennt den Führer der stärksten Unterhausfraktion als seinen Nachfolger. Das Regierungsprogramm wird zwar jedes Jahr als Thronrede von der Krone verlesen, aber es ist wortwörtlich vom Premierminister verfaßt worden. Die Krone bestätigt seit langem automatisch jedes Gesetz und jede Regierungsverordnung. Nicht allzu viel ist über die politischen Funktionen der Krone bekannt. Ob sich die seit mehr als einem halben Jahrhundert gesammelte Erfahrung der derzeit regierenden Monarchin Elisabeth II. auf ihren Nachfolger übertragen läßt, steht dahin. Die eindeutigen Mehrheitsverhältnisse im Unterhaus und das ebenso dichte wie geschmeidige Geflecht der Verfassungskonventionen, die unter anderem die Beziehungen zwischen Parlament, Krone und Kabinett regeln, lassen der Krone so gut wie keinen eigenen politischen Spielraum (Hartmann/Kempf 1989). Die gesellschaftliche Bedeutung der Krone ist eine andere Sache. Aber der Königin wird nicht einmal soviel politische Akzentgebung zugebilligt, wie sie etwa der deutsche Bundespräsident mit seinen öffentlichen Reden für sich in Anspruch nimmt. Öffentliche Kritik und Ermahnung, die als Fingerzeig auf das Kabinett verstanden werden könnten, wird man in persönlichen Erklärungen der Monarchin vergeblich suchen. Hin und wieder exponieren sich in dieser Hinsicht enge Verwandte der Throninhaberin, der Prinzgemahl oder der Thronfolger. Aber in der Regel folgt dann geharnischte Kritik aus dem Regierungslager, die anzeigt, daß der königlichen Familie nicht mehr als eine Statistenrolle zugebilligt wird. Das gesellschaftliche Ansehen der Krone hat in den letzten Jahren kaum weniger gelitten als das des Oberhauses – sogar noch mehr, weil die Krone weit stärker öffentliche Beachtung findet.

2.3.5 Premierminister und Kabinett

Unbestrittener Führer der Regierung ist der Premierminister, bei dem es sich stets um den formellen Führer der Regierungspartei handelt. Wechselt der Premierminister im Verlauf einer Legislaturperiode, so bestimmt die Mehrheitspartei im Unterhaus einen neuen. Gewinnt in den Unterhauswahlen die bisherige Opposition, dann wird ihr Führer von der Krone zum neuen Premierminister berufen. Der Premierminister kann das Unterhaus vor Ablauf der fünfjährigen Legislaturperiode jederzeit auflösen lassen. Nach der einschlägigen Verfassungskonvention bittet er die Krone um Auflösung, diese muß dem Antrag entsprechen. Binnen drei Wochen finden dann Neuwahlen statt. Der Premier ernennt ferner – formell tut auch dies auf seinen Vorschlag die Krone – sämtliche Minister, und er kann sie jederzeit entlassen. Er verteilt die Aufgaben zwischen den Ministerien und kann jederzeit Grundsatzentscheidungen für ihre Politik treffen. In der Richtlinienkompetenz des deutschen Bundeskanzlers blickt dieses Vorbild abgeschwächt durch.

Status des Premierministers kraft Verfassungskonventionen

Whitehall: Wohl kein Amtssitz eines Regierungschefs fällt so bescheiden aus wie der des britischen Premierministers. Downing Street No. 10 im Londoner Stadtbezirk Whitehall, in einer für den öffentlichen Verkehr gesperrten Seitenstraße gelegen, mutet wie ein mittelprächtiges viktorianisches Reihenhaus an. Das gleiche gilt für Downing Street No. 11, die offizielle Residenz des Schatzministers (Finanzministers). Whitehall steht in der politischen Sprache für die ministerielle Seite der britischen Politik. Die meisten und älteren Ressorts befinden sich dort auf relativ engem Raum an der gleichnamigen Straße gelegen. Aber Whitehall läßt hektische Geschäftigkeit vermissen. Die Örtlichkeiten der Regierungsmacht gewanden sich unauffällig.

Die herausragende Stellung des Premierministers im politischen Betrieb Whitehalls beruht ausschließlich auf Verfassungskonventionen (siehe zum Überblick: Shell/Hodder-Williams 1995). Alle besonderen Befugnisse des Premierministers liegen verfassungsrechtlich beim Kabinett, das allerdings in den britischen Gesetzen eine schmale förmliche Basis hat; auch das Kabinett fußt zu einem Gutteil auf Konventionen (Becker 2002, 133 ff.). Das Kabinett räumt dem Premierminister tatsächlich die persönliche Ausübung einiger seiner wichtigsten Gesamtbefugnisse ein. Formell ist der Premierminister wie alle Kabinettsminister lediglich Mitglied eines Kollektivs (Döring 1993 a, 159 ff.). Gesetzesvorlagen der Regierung an das Parlament werden im Kabinett beschlossen. Wichtige Personalentscheidungen und Rechtsverordnungen werden förmlich vom Thronrat, dem Privy Council, getroffen, einem heute rein zeremoniellen Organ, das als Kulisse für die Verfassungsfiktion von der Herrschaft des Monarchen steht. Im Beisein der Monarchin oder ihres Vertreters werden in Windeseile ganze Bündel von Verordnungstexten verlesen, welche dann pauschal abgesegnet werden.

Das Kabinett besteht aus etwa zwanzig Ministern, die jeweils an der Spitze eines Ministeriums oder Departments stehen. Nur die wichtigsten Ministerialverwaltungen sind durch ihren dem Unterhaus angehörenden politischen Leiter im Kabinett vertreten, darunter die Ressorts für Finanzen, Verteidigung, Äußere Angelegenheiten, Arbeit, Soziales, Gesundheit und Landwirtschaft. Alle Regierungsmitglieder müssen dem Parlament (Unterhaus oder Oberhaus) angehören. Seit 1923 gilt die informelle Regel, daß der Premierminister zudem Mitglied des Unterhauses sein muß. Die Kabinettsminister sollen dem Unterhaus angehören. Nur selten wird heute noch ein erblicher Lord, der sich nie den Wählern eines

Wahlkreises hat stellen müssen, zum Leiter eines Kabinettsressorts ernannt (Mackintosh 1981).

Neben den im Kabinett vertretenen Ressorts gibt es eine Reihe weiterer Ministerien oder Departments, zumeist mit eher technischen Aufgaben, die von Parlamentsmitgliedern ohne den Rang eines Kabinettsministers geleitet werden. Diese minderkarätigen Ressorts sind aber genau wie die wichtigeren Ressorts in die Kabinettsdisziplin eingebunden. Sie können jederzeit durch Kabinettsbeschlüsse umorganisiert und ihre Leiter können nach dem Ermessen des Premierministers entlassen oder umgesetzt werden (siehe Schaubild auf dieser Seite).

Richtlinien-
kompetenzen des
Premierministers
Das Kabinett ist ein wirkliches Kollegialorgan. Alle dort vertretenen Minister beteiligen sich an der Beratung der zu entscheidenden Fragen. Formelle Abstimmungen finden aber nicht statt. Vielmehr wird eine Kabinettsberatung vom Premierminister geleitet und von ihm beendet, wobei dieser das Ergebnis der Diskussion „zusammenfaßt". Diese Zusammenfassung wird sich möglicherweise bemühen, den Konsens der Ministerrunde wiederzugeben (Beattie/ Dunleavy/ Rhodes 1994). Das ist aber nicht ihre eigentliche Aufgabe. Die Zusammenfassung drückt den Willen des Premierministers aus und bestimmt verbindlich, in welchem Sinne alle Kabinettsminister eine Regierungsentscheidung in ihren Ressorts verwirklichen und in der Öffentlichkeit begründen sollen. Das Gewohnheitsrecht des Premierministers, Kabinettsberatungen zusammenzufassen, kommt inhaltlich einer weitgesteckten Richtlinienkompetenz gleich. Die Mißachtung einer solchen Richtlinie wäre ein Verstoß gegen die Kabinettsdisziplin – ein ungeheuerlicher politischer Vorgang. Kabinettsmitglieder, die eine Kabinettsentscheidung nicht mittragen wollen, treten zurück.

Schaubild 3

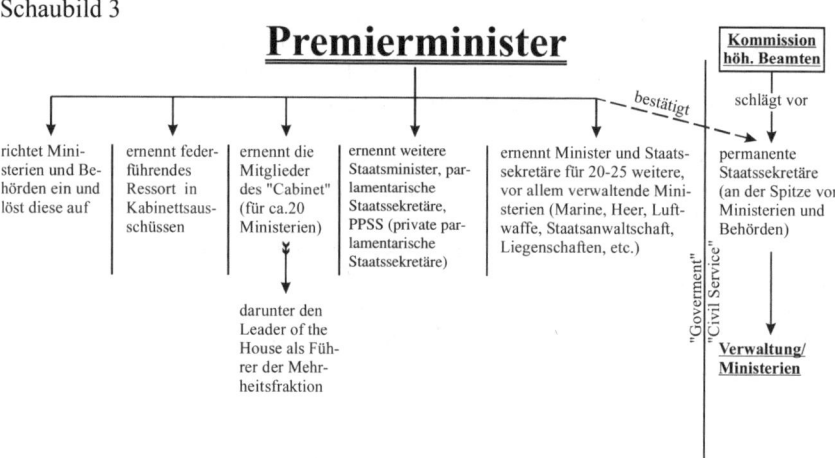

Cabinet Office
Der Premierminister
wird auch heute noch
immer wichtiger
Zur Leitung der Regierungsgeschäfte steht dem Premierminister das Hilfsmittel eines Kabinettsamtes (Cabinet Office) zur Verfügung. Dieses Kabinettsamt bereitet für den Premierminister die Kabinettssitzungen vor und pflegt den Kontakt zu den Ressorts der Kabinettsminister. Es erstellt und aktualisiert eine Übersicht

78

der laufenden Arbeiten in den Ministerien für den Premierminister. Ferner wirkt es an der Bildung von Kabinettsausschüssen mit, die Entscheidungen bei ressortübergreifenden Problemen vorbereiten sollen. Diese Kabinettsausschüsse sind eines der wichtigsten Führungsinstrumente des Premierministers (James 1992, 53 ff.). Sie werden ad hoc gebildet, wobei es dem Premier darauf ankommt, Minister, Beamte und Fachkompetenz zusammenzubringen, die eine Lösung im Sinne seiner Vorstellungen erwarten lassen (King 1991). Im Mittelpunkt dieses Geflechts interministerieller Gremien steht der Premier selbst. Seit der Premierministerschaft M. Thatchers (1979-91) spielen auch Beraterstäbe eine Rolle, die vom Regierungschef nach ideologischen Kriterien ausgesucht werden: Sie sollen z.B. als Policy units eine bestimmte politische Linie in den traditionell parteineutral geführten Ministerien durchsetzen. Die politische Statur des Premieramtes hat dabei noch zusätzlich gewonnen – ein Prozeß, der übrigens auch nach dem Wahlsieg der Labour Party im Jahr 1997 andauert (Hennessy 1998, Rose 2001). Bereits am Ende der Ära Thatcher war zugespitzt von der Entstehung einer „britischen Präsidentschaft" die Rede (Foley 1993).

Der Rückgriff auf die Ideen und die personellen Exponenten liberaler „Denkfabriken" spielte erstmals in den 1980er Jahren eine wichtige Rolle in der Entwicklung der Regierungspolitik (Gaffney 1991). Die Ministerien selbst sind handlicher als politische Bürokratien in anderen Ländern. Die Beamten stehen außerhalb des Parteienbetriebs. Die Regierungsbehörden werden deshalb auch kaum als Institutionen mit eigenen Interessen wahrgenommen.

Die Kabinettsminister sind vollständig für den Bereich ihres Ressorts verantwortlich. Erweist sich ihre Ressortführung als glücklos oder wird sie in Parlament und Öffentlichkeit mit erheblichem negativen Echo kritisiert, dann zieht es der Premierminister im allgemeinen vor, sie auszuwechseln und sie entweder ganz aus dem Kabinett zu entlassen oder sie an die Spitze eines anderen Ressorts zu stellen. Kabinettsumbildungen gelten als übliches Führungsmittel des Premierministers. Sie kommen weitaus häufiger vor als in anderen Ländern.

2.3.6 Ministerialverwaltung

Politische Beamte kennt die britische Ministerialverwaltung, der Civil Service, nicht. Nur die Behördenleiter und deren parlamentarische Staatssekretäre, die dem Unterhaus angehören müssen, sind Politiker und verdanken ihre Position der Kontrolle der Regierung durch eine Partei. Durch den Verzicht auf die Besetzung hoher Beamtenstellen mit parteilich gebundenen Personen wächst den höchsten Karrierebeamten in den britischen Ministerien große politische Bedeutung zu. Die Minister gelangen in der Regel ohne fachliche Qualifikation in die Führung eines Ressorts. Die häufigen Kabinettsumbildungen machen die Lernerfolge eines Ministers gerade dann wieder zunichte, wenn diese so weit gediehen sind, daß sie eine Ressortführung mit eigenen Akzenten, d.h. in größerer Unabhängigkeit von den höchsten Ressortbeamten, ermöglichen könnten. Die Ministerialbeamten des höheren Dienstes, d.h. die parlamentarisch nicht verantwortlichen Spitzen der politischen Bürokratie, sind eminent wichtig für das Regieren in Großbritannien. Sie treten in der Öffentlichkeit aber kaum hervor (Heclo/Wildavsky 1974).

Es gibt keine politischen Beamten
Die Minister verstehen sich nicht als Fachleute

Beamte leisten ein
Gutteil des weniger
spektakulären
Regierungsgeschäfts

Die Beamten folgen – unbeschadet aller Reformen in der britischen Ministerialverwaltung – dem Ideal des Generalisten, der sich in jedes Fachproblem hineindenkt, aber in allem stets der loyale Diener wechselnder parlamentarischer Mehrheiten bleibt. Diese Unparteilichkeit der britischen Ministerialbeamten hat die Eroberung der politischen Verwaltung durch die Parteien bis heute verhindert. Die Minister sind als parlamentarische Funktionsträger Spezialisten fürs Politische. Sie bringen aber trotz aller Veränderungen noch keine ausreichenden Voraussetzungen mit, um komplizierte Bürokratien zu leiten oder sich in technische Sachprobleme hineinzufinden. Deshalb wird ein Großteil des kleinteiligen Regierungsgeschäfts von Beamten geleistet, die in der politischen Öffentlichkeit so gut wie nicht bekannt sind. Dieser überaus diskrete Teil des Regierungsapparats ist der Hauptadressat politischer Interessenten, wie sie Unternehmen, Verbände oder Gewerkschaften darstellen. Das ist insofern kein Problem, als es der politischen Bürokratie weder an Effizienz noch an politischer Loyalität gegenüber wechselnden Regierungen mangelt. Für die britische Verbändelandschaft hat dies die Konsequenz, daß spektakuläre Kontakte zwischen der Politik und den Verbänden kaum stattfinden. Die Berührungsflächen zwischen den Verbänden und dem Regierungsapparat sind vielfältig und nach ministeriellen Zuständigkeiten segmentiert (siehe Schaubild auf der nächsten Seite).

Die Spitzenbeamten in der britischen Ministerialverwaltung bilden eine geschlossene Elite. Sie sind durch das Studium in geisteswissenschaftlichen Fächern an den klassischen Eliteuniversitäten – Oxford und Cambridge – und von Pragmatismus und Diskretion geprägt. Ihre Beförderung besorgte bis 1981 ein Staatssekretärskollegium, das unabhängig von den Weisungen politischer Instanzen arbeitete. Dort entschieden die erfahrensten und angesehensten Karrierebeamten über das berufliche Fortkommen ihrer jüngeren Kollegen. Unter Premierministerin Thatcher wurde diese Aufgabe organisatorisch ins Amt des Regierungschefs geholt. An der Spitze jedes Ministeriums steht ein Staatssekretär (Permanent Secretary of State), der mit der Organisation und Funktionsweise seines Ressorts engstens vertraut ist.

Die höheren Karrierebeamten nehmen also eine Schlüsselstellung im Regierungsprozeß ein. Sie sind nicht nur zur Neutralität verpflichtet. Sie nehmen diese den Parteien gegenüber auch strikt wahr, kombinieren sie aber mit unbestrittener Loyalität zum jeweils regierenden Kabinett. In gewisser Weise verkörpert die Beamtenschaft damit ein krasses Gegenbild zur Parteiensteuerung der parlamentarischen Strukturen. Die Regierung Thatcher und ihr Nachfolger Major mißtrauten dieser sozial homogenen Beamtenschaft gerade deshalb, weil sie politisch nicht festgelegt war, zum Beispiel, weil sie in der Vergangenheit die Sozialstaatspolitik der Labour-Regierung loyal ausgeführt hatte. Das neue Ideal waren Beamte, die im Sinne des ökonomischen Effizienzdenkens und der liberalen Wirtschaftsphilosophie den Staat überall dort ausrangieren sollten, wo Aufgaben auch von privaten, gewinnorientierten Anbietern übernommen werden konnten. Die ausführende Verwaltung wurde abgebaut und – unter Beteiligung privater und betriebswirtschaftlich arbeitender öffentlicher Einrichtungen – umgebaut.

Im klassischen Kernbereich der ministeriellen Bürokratie, der Gesetzesvorbereitung, hält sich allerdings das Neutralitätsideal. Ohne dieses würden die Parteien die politische Personalsteuerung kaum länger auf parlamentarische Führungspositionen beschränken. Die Reformen der Thatcher-Zeit hinterlassen dennoch Spuren. Der neuartige Rückgriff auf bürokratiefremde Politikexperten und Ökonomen im Amt des Premierministers hat die Exklusivität der Politikberatung durch Beamte beseitigt. Zugleich hat er die Möglichkeit gesteigert, daß sich die Beamtenschaft stärker zugunsten der Tagesregierung politisiert, um mit dem Einfluß privater und wirtschaftsnaher Politikberater Schritt zu halten.

Schaubild 4

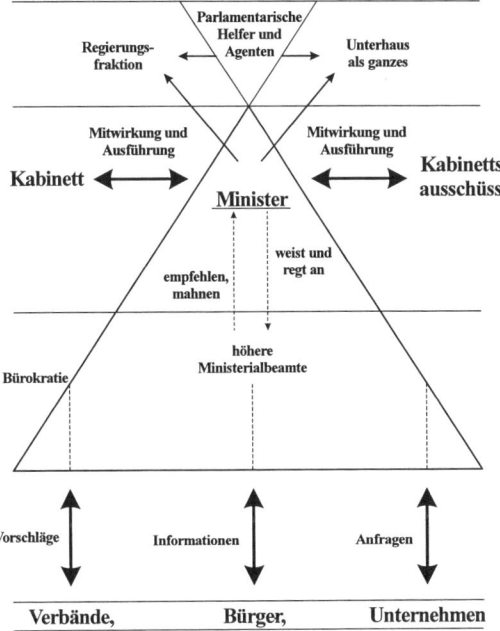

Auch die erwähnte größere Professionalisierung des Unterhauses (Berufspolitikertypus) trägt dazu bei, das Beratungs- und Wissensmonopol des Civil Service zu schwächen (Campbell/Wilson 1995, Barberis 1996, Dowding 1995). Die Folgen dieser Veränderungen werden sich im vollen Umfang erst in der Zukunft zeigen, wenn Spitzenbeamte, die noch in den älteren Verhältnissen aufgestiegen sind, aus ihren Positionen ausscheiden. Auch dann wird Whitehall noch in der beschriebenen Weise erkennbar sein, nur im oft wichtigen Detail weniger oder auch gar nicht mehr (Wilson/Barker 1995).

2.4 Territoriale Staatsorganisation

Prä-föderaler Staatsverband von England, Wales und Schottland

Als Gebietskörperschaft ist Großbritannien ein Kuriosum. Offiziell gilt es als „Vereinigtes Königreich von Großbritannien und Nordirland". In vieler Hinsicht ist Großbritannien ein Einheitsstaat. Von der staatsrechtlichen Konstruktion her ist es eher ein quasi-föderativer Zusammenschluß. Dieser Zusammenschluß erfolgte jedoch historisch so früh, daß er sich Formen suchen mußte, die im Mittelalter und in der frühen Neuzeit gang und gäbe waren, seit dem 18. Jahrhundert jedoch durch die Form des modernen Bundesstaates verdrängt wurden. Großbritannien besteht aus den Gebietsteilen England, Schottland, Wales und Nordirland. Der Zusammenschluß Englands mit Wales erfolgte bereits 1536/42. Durch ihn wurde nicht nur die englische Krone Oberhaupt beider Gebiete, auch die Gesetze des englischen Parlaments galten für Wales. Beide Gebiete werden bis heute von englischen Behörden nach einheitlichen Grundsätzen und Organisationsregeln verwaltet.

England und Schottland wurden erstmals 1603 in Personalunion durch den schottischen König Jakob I. verbunden: Nur das Staatsoberhaupt verband beide Landesteile, Schottland behielt sein eigenes Parlament bzw. seine eigenen Gesetze. Durch das Union Act (1707) wurde die Personalunion zur Realunion erweitert: Fortan galten die Gesetze des britischen Parlaments auch für Schottland. Freilich behielt Schottland bis auf den heutigen Tag einige Sonderrechte: So gab es in London ein Ministerium für schottische Angelegenheiten; Schottland besaß eine eigene Polizei, ein eigenes Kommunalrecht und eigene schottische Verwaltungsbehörden mit Sitz in Edinburgh, die allerdings nach Weisungen der Londoner Regierung arbeiteten. Schottland betreffende Gesetze des britischen Parlaments mußten in einem besonderen Parlamentsausschuß für Schottland-Angelegenheiten vorberaten werden.

Das Irland-Problem

Im Jahr 1801 wurde auch eine Realunion zwischen Irland und dem übrigen Großbritannien hergestellt. Das bisherige irische Parlament wurde abgeschafft. Diese Entscheidung wurde von den Iren nie akzeptiert. Bereits die Besetzung Irlands durch Großbritannien wurde als Unrecht empfunden. Dabei spielte die Tatsache eine Rolle, daß Irland anders als die übrigen Teile des Vereinigten Königreiches von einer strenggläubig katholischen Bevölkerung bewohnt wurde. Bürgerkriegsartige Auflehnung gegen die britische Herrschaft in Irland hielt durch das ganze 19. Jahrhundert an und steigerte sich noch nach der Jahrhundertwende. Irland war im Londoner Parlament zwar vertreten, aber die irische Fraktion betrieb dort eine konsequente parlamentarische Obstruktionspolitik. Im Ersten Weltkrieg steigerte sich die irische Opposition zum Bürgerkrieg. Großbritannien sah keine andere Möglichkeit, als Irland in die Unabhängigkeit zu entlassen. Damit freilich waren große Teile der nordirischen Bevölkerung, die protestantischen Glaubens waren, nicht einverstanden. Irland wurde deshalb geteilt.

Nordirland

Als Irland 1922 unabhängig wurde, blieben 22 nordirische Grafschaften als Ulster bei der britischen Krone. Ulster genoß im Vereinigten Königreich weitgehende Sonderrechte, so daß Nordirland größere Autonomie besaß als Schottland. Es besaß sogar ein eigenes Parlament. In Nordirland wohnten aber nicht nur Protestanten, sondern auch Katholiken, die den Anschluß von Ulster an die irische Republik im Süden der Insel anstrebten. Aus diesem Konflikt, der auch gesellschaftliche Dimensionen hatte – so gehören die nordirischen Katholiken fast ausschließlich den stark von Arbeitslosigkeit betroffenen Unterschichten an –, entwickelte sich das Nordirland-Problem, das 1969 in den offenen Bürgerkrieg umschlug. Ende 1999 zeichnete sich mit der Bildung einer Regierung aus Parteien, die beide Konfessionen repräsentieren, eine tragfähige Autonomie auch für diesen Landesteil ab. Wenige Monate später wurde die Autonomie wieder zurückgenommen, weil die Differenzen wieder überhandnahmen. Trotzdem blieben die Einschätzungen für die baldige Rückkehr zur Zusammenarbeit gedämpft optimistisch. Alles in allem bleibt festzuhalten, daß die politischen Verhältnisse in Nordirland schwer überschaubar sind und daß dieser Landesteil nur wenige Gemeinsamkeiten mit den Verhältnissen im übrigen Großbritannien hat.

Autonomie-gewährung an die nicht-englischen Landesteile

Die nicht-englischen Landesteile Schottland und Wales fühlen sich gegenüber dem Landesteil England stark benachteiligt. Diese Einschätzung hat angesichts der überdurchschnittlichen Arbeitslosigkeit und der Verlagerung der wirtschaftlichen Ressourcen nach Südengland, besonders in den Londoner Raum, einen realen Hintergrund. Die wachsende Verdrängung der gälischen Sprachen in Wales und Schottland durch das Englische als Umgangssprache kommt hinzu. In den 1970er Jahren gewann deshalb die Forderung nach „Devolution", nach effektiver Selbstverwaltung, Anziehungskraft. Besonders in Schottland war Devolution ein wichtiges Thema: Schottland wollte sein eigenes Parlament mit eigenen Gesetzgebungsbefugnissen. London sollte nur mehr einige, allerdings bedeutende Politikbereiche auch mit Geltung für Schottland regeln. Im Jahr 1979 stand in Schottland eine konsultative Volksbefragung über die Einführung eines Selbstverwaltungsstatuts für Schottland an. Zur Enttäuschung aller Devolution-Befürworter fand das Statut aber nicht einmal 40 % Zustimmung bei den Schotten, die sich überhaupt an der Volksbefragung beteiligten. 40 % waren von der Londoner Regierung als Indiz bestimmt worden, daß die Schotten wirklich Devolution wollten. Aufgrund des Abstimmungsergebnisses verzichtete die Londoner Regierung auf das Inkraftsetzen des Selbstverwaltungsstatuts. Auch eine Volksbefragung in Wales zur Devolution erwies sich als Mißerfolg. Im Jahre 1997 trat die Labour Party mit dem Versprechen an, die Regionalisierung wieder voranzutreiben. Jetzt gab es in Schottland und Wales bei den vom Parlament vorgeschriebenen Volksabstimmungen klare Voten für die Regionalautonomie. In Edinburgh und Cardiff gibt es inzwischen schottische und walisische Parlamente, die den Zugriff der Londoner Regierung schwächen. (Eine vorläufige Einschätzung bieten Miller, 1998 und Jeffery 2001.)

Kommunal-verwaltung

Großbritannien besitzt die unter allen westeuropäischen Ländern (neben der Schweiz) rechtlich und finanziell noch relativ stärkste kommunale Selbstverwaltung. Die britische Regierung führt nur wenige politische Aufgaben vermittels eigener Verwaltungsbehörden bis hin zu den Bürgern aus. Von wenigen Bereichen abgesehen, die in den Ministerien eine ausgebaute Unterverwaltung besitzen, ruht die Verwaltung Großbritanniens auf den Schultern der Grafschaften (in England und Wales 54 Counties, in Schottland 12 Parishes, in Nordirland 22 Counties kleineren Zuschnitts). Die Counties haben die Verantwortung für Polizei, Sicherheit und Ordnung, Bauangelegenheiten und vieles andere mehr. Neben den Counties gibt es eine noch größere Anzahl von etwa 150 sog. „special districts", die als mit Steuerhoheit ausgestattete kommunale Verwaltungen Schulen unterhalten, Abwässer beseitigen und Müll abfahren. Die unterste Ebene der kommunalen Selbstverwaltung bilden kleine Ämter, die alles das besorgen, was die höheren Kommunalebenen nicht erledigen. An sich sind die Counties und die sonstigen Gemeindekörperschaften im Rahmen der vom Parlament beschlossenen Gesetze autonom. Dennoch wirken sie tatsächlich wie Ausführungsorgane der Londoner Ministerien. Die Zentralregierung unterstützt die Tätigkeit der Counties mit zweckgebundenen Zuschüssen. Nur etwa zwei Drittel der Ausgaben können die Counties mit Eigenmitteln bestreiten. Auch wenn die Counties sich rechtlich weigern könnten, Aufträge der Zentralregierung wahrzunehmen, so müßten sie als Sanktion doch finanzielle Einschränkungen in Kauf nehmen, die sie zu einer drastischen Leistungsverringerung auf allen Gebieten zwängen. Über finanzielle Verflechtungen geraten die Counties so zu einem Status, der für die Kommunen in den kontinentaleuropäischen Staaten auch rechtlich fixiert ist: Sie fungieren als Auftragsverwaltungen, als örtliche Ausläufer der allgemeinen Staatsverwaltung.

2.5 Parteien und Verbände

2.5.1 Parteien

Zwei Parteien prägen von jeher die politische Landschaft Großbritanniens (Rohe 1998): Bis zum Ende des Ersten Weltkrieges handelte es sich um die Konservativen und die Liberalen, seit 1945 um die Konservativen und die Labour Party.

2.5.2 Die Konservativen – Programm und Politik

Traditionelle Programmatik Die Konservative Partei kennt kein geschlossenes Parteiprogramm. Dennoch bekennen sich ihre Führer und Anhänger in programmatischen Erklärungen und in ihrer Regierungs- und Oppositionsarbeit unübersehbar zu den Interessen der Eigentümer. Das klassische Merkmal der britischen Konservativen war lange die Fähigkeit, das Festhalten am Status quo mit der flexiblen Reaktion auf sozialen Wandel zu verknüpfen. Bis zur Ära Thatcher in der Konservativen Partei (seit Mitte der 1970er Jahre) gab sie dem Drängen auf Reformen des Status quo – insbesondere zugunsten der Mittelschichten und der Arbeiterschaft – mit kleinen Schritten nach.

Liberale Wende der Konservativen in den 70er Jahren Die Wertschätzung des marktwirtschaftlichen Systems und der privaten unternehmerischen Initiative sowie die Hinnahme selbst krasser sozialer Ungleichheit sind liberales Gedankengut. Es hatte Eingang in die Konservative Partei gefunden, als die Liberale Partei noch die einzige ernstzunehmende Konkurrenzpartei war. Dieser Liberalismus wurde bis zur Ära Thatcher durch das Gespür für die Notwendigkeit eines rechtzeitigen Nachgebens vor gesellschaftlichen Kräften und Entwicklungen abgeschwächt, die eher auf ein Eingreifen des Staates drängten. Obwohl die Konservativen die von der Labour Party vorgenommen Verstaatlichungen und den von dieser aufgebauten Wohlfahrtsstaat in der unmittelbaren Nachkriegszeit anfänglich vehement abgelehnt hatten, behielten sie als nachfolgende Regierungspartei doch viele der von der Labour Party durchgeführten Verstaatlichungen bei und akzeptierten voll die staatliche Sozial- und Gesundheitspolitik. Erst seit dem Sieg des ultrakonservativen Parteiflügels unter Führung von M. Thatcher (1975) und insbesondere in der Regierungsära Thatcher/Major (1979-1997) schwenkten die Konservativen auf den Abbau des Sozialstaates, der Staatsindustrien und althergebrachter Gewerkschaftsrechte um.

Die Konservative Partei hat seither einen dramatischen Wandel durchlaufen (vgl. zum folgenden: Kavanagh 1996, 1987). Die Befürworter des klassischen britischen Wohlfahrtsstaates sind inzwischen in die Minderheit geraten. Die Ära Thatcher steht für die radikale Umwandlung der britischen Gesellschaft vom sozialdemokratisch inspirierten Wohlfahrtsstaat zum liberalen Staat. Dieser findet nur dort noch Platz, wo gesellschaftlich notwendige Aufgaben aus der Natur der Sache heraus nicht von privaten Anbietern wahrgenommen werden können. Den Hintergrund dafür bildete eine seit Anfang der 1960er Jahre währende, ununterbrochen sich verschärfende Wirtschaftskrise, die von der Labour Party und den Konservativen in gleicher Weise nach den überkommenen Rezepten staatlicher Einflußnahme auf den Konjunkturverlauf bekämpft wurde. Regierungen beider Parteien hatten dabei die verschiedensten Konzepte ausprobiert, allesamt hatten sie versagt. Während die Labour Party daraus zeitweise die Lehre zu ziehen schien, nur mit sozialistischen Wirtschaftskonzepten lasse sich die Krise bewältigen, driftete eine Mehrheit in der Konservativen Partei in die entgegengesetzte Richtung. Letztere sollte den historischen Erfolg auf ihr Konto verbuchen. $\quad$ *Hintergrund*

In den 1970er Jahren gewannen die Anhänger der neoliberalen Wirtschaftsphilosophie des amerikanischen Nationalökonomen Friedman an Resonanz in der Konservativen Partei. Letztlich gewannen sie dort die Kontrolle. Heute prägt der Neoliberalismus die Konservativen stärker als die jahrzehntelange wohlfahrtsstaatliche Orientierung. Die Konservative Partei hat unter der Premierministerin Thatcher und ihrem Nachfolger Major in nahezu 20 Jahren die britische Gesellschaft so stark verändert, wie zuvor nur die wohlfahrtsstaatliche Umgestaltung nach dem Zweiten Weltkrieg. Die vormals starken, militanten Gewerkschaften wurden durch den Verzicht auf staatliche Beschäftigungspolitik in die Enge getrieben. Mit einem restriktiven Arbeitsrecht und mit polizeilich-administrativer Disziplinierung wurden ihnen die Grenzen ihrer Macht vor Augen geführt. Den Konservativen kam der Wandel der Gesellschaft zum gewerkschaftlich schwer zugänglichen Dienstleistungssektor entgegen. Die sozialstaatlichen Gewährleistungen wurden zwar nicht abgeschafft, aber doch stark abgebaut. Der Empfang sozialer Leistungen wurde stärker an Bedürftigkeit und an den Zwang zur Annahme auch schlecht bezahlter Jobs gebunden. Viele staatliche Verwaltungen wurden aufgelöst, ihr Service nach dem Wettbewerbsprinzip privaten Anbietern überlassen. Schließlich folgte eine durchgreifende Reform der britischen Kommunal- und Ministerialverwaltung, die inzwischen all das realisiert hat, was in der Bundesrepublik Deutschland unter dem Motto der öffentlichen Globalhaushalte erst seit den späten 1990er Jahren diskutiert und teilweise bereits eingeführt wird. Die herkömmliche britische Verwaltungselite weicht immer stärker einem betriebswirtschaftlich geschulten öffentlichen Management, das die staatlichen Dienstleistungen auf Kriterien trimmt, wie sie in der Privatwirtschaft üblich sind. $\quad$ *Politische Folgen*

Die Konservative Partei hat ihr Image im Zuge dieser Politik nahezu vollständig verändert. Gab es in den Reihen der Konservativen zuvor einen recht breiten Konsens darüber, daß der Wohlfahrtsstaat ein unabdingbares Mittel des sozialen Ausgleichs und der Friedenserhaltung sein müsse, so ist jener Parteiflügel, der solchen Vorstellungen noch anhängt, deutlich in die Minderheit geraten (Baston/Seldon 1998). Die Konservative Partei ist unter Beibehaltung ihres Traditionsnamens zu einer liberalen Wirtschaftspartei geworden, die etwa auf der Linie der FDP in der Bundesrepublik Deutschland liegt.

2.5.3 Die Labour Party – Programm und Politik

Traditionelle
Programmatik

Die Labour Party besaß bis in die jüngste Zeit ein radikales Programm. Seit 1918 verpflichtete das Grundsatzprogramm die Partei auf das Ziel, die Produktionsmittel in öffentliches Eigentum zu überführen und dafür zu sorgen, daß sich die Produktion nicht an den Gewinnerwartungen der Eigentümer orientieren darf, sondern dem Bedarf der Gesellschaft folgen muß. 1934 bezeichnete ein Programmdokument die Labour Party erstmals als „sozialistisch". Abgesehen von diesen beiden Fixpunkten fehlte der Labour Party dennoch ein klares Programm.

Herkömmliche
Richtung

In der Labour Party war lange die Politik des gemäßigten oder rechten Flügels tonangebend. Dieser setzte auf die „mixed economy", auf das Nebeneinander von privater und verstaatlichter Industrie unter der Regie einer im Prinzip marktwirtschaftlich orientierten Regierungspolitik. Der Regierung kam danach die Aufgabe zu, eine aufgeschlossene Sozial- und Bildungspolitik zu betreiben, die sich am Ziel wirklicher Chancengleichheit messen lassen sollte. Der linke Labour-Flügel folgte einer viel radikaleren Konzeption: Sämtliche Wirtschaftszweige sollten in direkte Staatsregie überführt werden, die Regierung sollte in einem umfassenden Wirtschaftsplan die Produktionsziele festlegen, rigorose Steuern sollten die Einkommen nivellieren.

Schwieriger
Wandlungsprozeß

Der radikale Flügel bestimmte zwar nie den Kurs einer Labour-Regierung. Seit Anfang der 1970er Jahre unterzog er die Politik der Labour-Regierungen und die Haltung der stets gemäßigten Labour-Oppositionsführungen einer strengen, in aller Öffentlichkeit vorgebrachten Kritik. Das Bild der Gesamtpartei erschien deshalb sehr zerrissen. Aus Protest gegen den linken Flügel, der an der Parteimitgliederbasis einen großen Anhang besaß, sowie aus Ärger über politische Zugeständnisse an den linken Flügel schieden prominente Führer des gemäßigten Labour-Flügels 1980 aus der Partei aus. Sie gründeten mit der Sozialdemokratischen Partei (Social Democratic Party (SDP)) eine eigene Partei, die sich als moderne linke Alternative zur alten Labour Party präsentierte.

Programmatische
Wende in der Ära
konservativer
Vorherrschaft

In den nahezu 20 Jahren liberaler Wirtschaftspolitik unter den Konservativen (1979-1997) geriet die Labour Party zunehmend in die Defensive. Zunächst schien es, als drifte die Labour Party ins Fahrwasser einer nicht mehr zeitgemäßen radikalsozialistischen Politik ab. Auch schien es zweitweise wahrscheinlich, daß sich rechts von ihr eine moderne sozialdemokratische Partei SDP oder in der Verbindung mit den Liberalen eine sozialliberale Partei etablieren würde. Doch sollte sich die Labour Party zwar mit dem alten Namen, aber mit einem neuen inhaltlichen Profil letztlich wieder als die zweite starke Kraft in der britischen Politik einrichten. In einem mehrere Jahre dauernden Prozeß der Reform, der die Partei in schwere innere Konflikte stürzte, setzte sich in den 1990er Jahren der verbliebene gemäßigte Flügel durch. Ein Generationswechsel kam hinzu. So paßte sich die Labour Party – für viele Beobachter überraschend – den Gegebenheiten der langen konservativen Regierungsperiode an. Zunächst löste sich die Labour Party von ihrem Image als Gewerkschaftspartei. Wie alle modernen Sozialdemokratien ist sie zwar noch eng mit den Gewerkschaften verbunden. Sie trägt aber der Tatsache Rechnung, daß die Gewerkschaften im Zuge der Entwicklung zur Dienstleistungsgesellschaft an Einfluß verloren haben und auch noch weiter verlieren werden. Die neue Labour Party hat einen nur mehr schwachen linken Flügel, ihre Mehrheit folgt der liberalen Grundlinie. Von den Labour-Führern Kinnock und Blair wurde die Rolle des Staates in der Gesellschaft klein definiert. Die von den Konservativen betriebenen Reformen der vergangenen Jahre stehen nicht mehr zur Debatte (Kavanagh/Morris 1994). Ganz im Gegenteil: Die Labour-Regierung setzte sie mit lediglich leicht veränderten Akzenten fort. Insofern hat sich die Labour Party dem Kurs der erfolgreicheren Konkurrenzpartei angepaßt (Sturm 1998 b). Mit Rücksicht auf die sozial Schwächeren in ihrer Wählerschaft betont sie allerdings noch die sozialstaatlichen Verpflichtungen des Staates. Der Wandel in beiden großen Parteien hat die Liberalen, die in den 1980er Jahren vorübergehend an Einfluß in der Politik zu gewinnen schienen, erneut an den Rand des Parteiensystems gedrängt.

2.5.4 Die Struktur der Konservativen Partei

Die Konservative Partei besteht aus zwei organisatorisch getrennten Elementen. Die konservativen Backbencher des Unterhauses, das sog. „1922 Committee", wählen in der Opposition den Oppositionsführer, in der Regierung de facto den Premierminister; 1922 hatten sich die Konservativen Unterhausmitglieder entschlossen, Regierungsangehörige von ihren Beratungen auszuschließen. Bis 1965 gab es lediglich ein informelles Verfahren, in dem einige politische Größen in der Unterhausfraktion unter sich ausmachten, wer die Nachfolge eines ausscheidenden oder zurückgetretenen Premierministers bzw. Oppositionsführers antreten sollte. Dies warf gewisse Probleme auf, wenn sich die Konservativen in der Regierung befanden. Das Auswahlverfahren war nicht durchschaubar, und es setzte die Mitarbeit der Königin voraus, der es zukam, einen neuen Premierminister zu ernennen. Um das Verfahren transparenter zu gestalten und um die Krone aus politischen Kontroversen herauszuhalten, beschloß die konservative Unterhausfraktion 1965 eine Satzung. In einem komplizierten Wahlverfahren kann ein neuer Parteiführer gewählt werden, der ähnlich wie beim konstruktiven Mißtrauensvotum nach dem deutschen Grundgesetz den amtierenden Parteiführer ablöst. Erstmals kam diese Wahlbestimmung bereits 1965 zur Anwendung. Ihr Nutznießer war der nachmalige Premierminister Heath, der 1975 nach demselben Verfahren von seiner Herausforderin Thatcher gestürzt wurde. Thatcher wiederum, inzwischen Premierministerin, wurde 1991 als Regierungschefin abgelöst, als ihr Herausforderer Major auf Anraten einiger Parteifreunde gegen sie kandidierte (Alderman/Carter 1991). Ian Duncan Smith wurde Ende 2003 von der Fraktion abgewählt. An seine Stelle setzte sie Michael Howard. Dennoch verabschiedeten sich die Konservativen im Zuge einer Parteireform vorüber-

Die Unterhausfraktion bestimmt die Parteiführung

gehend von dieser Prozedur. Im Jahr 1997 wählten die Konservativen Parteimit-glieder in einer Urwahl Ian Duncan Smith. Die Wahl des Parteiführers war jetzt an die Fraktion zurückgefallen. Die Wahl des Parteiführers durch die Unterhausfraktion hat sich damit in mehr als 30 Jahren als ein wirksames Mitwirkungsinstrument der Hinterbänkler erwiesen.

Die Wahlkreis-gliederungen respektieren den Willen der Parteizentrale

Der konservative Oppositionsführer oder Premierminister erlangt mit seinem Amt die Verfügung über den zentralen Parteiapparat, das Central Office. Dieses Parteihauptquartier unterstützt und koordiniert die Arbeit der konservativen Wahlkreisparteien. Die Wahlkreisparteien sind organisatorisch und rechtlich völlig selbständig und müssen keine Weisungen des Central Office befolgen. Freilich beachten sie in der Regel dessen Empfehlungen. Alle konservativen Wahlkreisparteien haben sich freiwillig in einer National Union, einem landes-weiten Verein der konservativen Wahlkreisparteien, zusammengeschlossen. Die National Union stellt im Grunde genommen nichts anderes als eine Dachorgani-sation unabhängiger konservativer Wahlkreisverbände dar. Eine Organisationsre-form etablierte zwischen dem Central Office und den Wahlkreisparteien Ende der 1990er Jahre eine weitere Ebene mit Koordinierungsaufgaben.

Die National Union veranstaltet alljährlich einen Kongreß, den Konservati-ven Parteitag. Dieser Parteitag diskutiert, aber er faßt keine Beschlüsse. Die Rolle des Parteitags beschränkt sich darauf, die Regierung zu kritisieren, wenn die Labour Party die Regierung stellt, und die Regierungspolitik zu unterstützen, wenn sie von den Konservativen gemacht wird. Die wichtigste Aufgabe der Wahlkreisparteien besteht darin, Unterhauskandidaten zu rekrutieren. Der Wahl-kampf der Konservativen Partei wird vom Central Office aus betrieben, dem sich die Wahlkreisparteien in dieser Hinsicht unterordnen (aber nicht mit Blick auf die Kandidatenauslese). Das Central Office ist eine Einrichtung der National Union. Weil sie aber der Kontrolle des konservativen Parteiführers untersteht, genießt sie volle Selbständigkeit gegenüber den Wahlkreisparteien.

2.5.5 Die Struktur der Labour Party

Traditioneller Aufbau der Labour Party

Die Labour Party gliederte sich bis zu den Parteireformen der 1990er Jahre in verschiedene Sektionen. Die Einzelgewerkschaften des Gewerkschaftsbundes TUC gehörten ihr als kollektive Mitglieder an. Falls die Gewerkschaftsmitglieder dies für sich nicht ausdrücklich ablehnten, wurde ein Teil ihrer Beiträge an die Labour Party abgeführt. Weitere Kollektivmitglieder in der Labour Party waren die britischen Konsumgenossenschaften und kleine Vereinigungen sozialistischer und nahestehender Intellektueller. Schließlich gab es noch eine Sektion, die indi-viduelle Mitglieder der Labour Party repräsentierte, die Wahlkreis-Sektion. Diese Sektion setzte sich aus den Wahlkreisparteien zusammen, die selbständig die Unterhauskandidaten auswählten. Nur Einzelpersonen konnten Mitglieder der Wahlkreisparteien werden. Diese Sektion war die für die Rekrutierung der La-bour-Unterhausfraktion maßgeblich. Ihr Gewicht im Parteikongreß blieb demge-genüber gering. Die Abstimmungen des Labour-Parteikongresses wurden von den Gewerkschaften beherrscht. Entsprechend der Mitgliederzahl der Gewerk-schaften wurden diese an der Vertretung des der Gewerkschaftssektion insgesamt zustehenden Delegiertenkontingents des Parteikongresses beteiligt. Zusammen stellten die Gewerkschaften damit weit über die Hälfte aller Stimmen. Die Einzelgewerkschaften des TUC mußten ihre Stimmenkontingente geschlossen abgeben.

Labour-Parteitage waren im Unterschied zu den konservativen Parteitagen „politische" Parteitage. Kritik an der Parteiführung, an der eigenen Labour-Regierung und an der jeweils beherrschenden politischen Linie der Partei waren gewohnte Erscheinungen des Parteitagsgeschehens. Beschlüsse, die von einer Labour-Regierung und von der Labour-Opposition ein bestimmtes Handeln verlangten, waren bis in die jüngste Vergangenheit üblich. Ebenso üblich war aber der Brauch, daß die Unterhausfraktion Parteitagsbeschlüsse weitgehend ignorierte. Dennoch hatten die Parteitage mit ihren politischen Signalen große Bedeutung für die Labour-Parlamentarier, insbesondere für die Vertreter des linken Flügels.

Dieses Bild gibt einen Zustand wieder, wie er sich noch in vielen lesenswerten Lehrbüchern zum britischen Regierungssystem finden läßt. Er zeigt für die Gegenwart nur noch, was damals anders war. Der Unterschied ist nichts weniger als dramatisch. Auf den Labour-Parteitagen haben die Gewerkschaften ihre beherrschende Stellung verloren. Parteitagsbeschlüsse werden nur mehr von den gewählten Delegierten der Wahlkreisparteien gefaßt, wie man es von den Parteien auf dem europäischen Kontinent kennt. Bis 1981 hatte die Labour Party ihren Oppositionsführer oder Premierminister ähnlich gewählt wie die Konservativen. Der Labour-Führer wurde schlicht von den Labour-Abgeordneten des Unterhauses gewählt; die außerparlamentarische Parteiorganisation hatte damit nichts zu tun. In den für die Labour Party schmerzlichen Jahren der drohenden Marginalisierung unter Thatcher und Major, als die Labour-Linke vorübergehend an Einfluß gewann, wurde diese privilegierte Stellung der Labour-Fraktion revidiert. Seit 1981 wird der Labour-Parteiführer von einem Wahlmännergremium bestimmt, das sich aus Repräsentanten der Unterhausfraktion, der Wahlkreisparteien und der Gewerkschaften zusammensetzt. Damit wollte die Labour-Linke ihren Einfluß auf die Wahl des Parteiführers stärken. Den Gewerkschaften waren 40 % der Stimmen eingeräumt worden; inzwischen wurde diese Quote auf ein Drittel reduziert; sie ist damit gleichgewichtig mit den Stimmen der Wahlkreisaktiven und der Unterhausfraktion. Die langen und harten Jahre der Opposition ließen bei Gewerkschaften und Mitgliedern die Einsicht wachsen, daß die Partei mit einem „linken" Image ihre Existenz gefährdete.

Mit Neil Kinnock und Tony Blair wurden Labour-Führer gewählt, die offenkundig danach beurteilt wurden, ob es ihnen gelingen könnte, mit einem zeitgerechten Programm und mit einer ausstrahlungsfähigen Führerpersönlichkeit die langjährige Herrschaft der Konservativen zu brechen. Der Stimmungsumschwung in der Labour Party zeigte sich am deutlichsten in der Tatsache, daß ein Labour-Parteitag 1997 beschloß, die für unantastbar gehaltene sozialistische Klausel IV im Parteiprogramm zu ändern. Diese symbolische Veränderung dokumentiert stärker als alles andere, daß die Labour Party den Platz einer Volkspartei anstrebt, die dazu befähigt ist, Wahlen zu gewinnen (Helms 1997 c). Seit 1997 steuert die reformierte Labour Party unter ihrem Premierminister Blair in der Regierungspraxis einen Kurs, der in mancher Hinsicht dort anknüpft, wo Thatcher

Organisationsreformen haben den Einfluß der Wahlkreisparteien gesteigert

und Major aufgehört hatten. Die Personalisierung der Labour-Wahlkämpfe und der Regierungspolitik ist heute weiter als je zuvor gediehen. Im Zuge dieser Entwicklung ist das National Executive Committee, der Parteivorstand, immer stärker in die Rolle der Wahlkampfassistenz für eine Labour-Regierung geraten.

2.5.6 Sonstige Parteien

Liberale Alle weiteren Parteien neben den Konservativen und der Labour Party erhalten seit mehr als 20 Jahren immerhin zwischen 10 % und 25 % der Wählerstimmen. Das Wahlsystem verhindert jedoch, daß sie im Parlament eine nennenswerte Rolle spielen. Mehr als zwei Dutzend Parlamentssitze konnte auch die erfolgreichste dritte Partei nach 1945 nicht verbuchen. Die traditionsreichste dieser Parteien sind die Liberalen, die ihre historische Stellung als Konkurrenzpartei der Konservativen seit 1935 eingebüßt haben. Programmatisch liegen die Liberalen etwa auf der Linie der linken Konservativen und des gemäßigten Flügels der La-

Sozpialdemokraten bour Party. Nach der Gründung der Social Democratic Party (SDP) aus ehemaligen gemäßigten Labour-Politikern ergab sich eine enge Zusammenarbeit zwischen Liberalen und SDP. Beide stellten in etlichen Wahlkreisen gemeinsame Unterhauskandidaten auf. Diese sog. Lib-Lab-Allianz erreichte zeitweise 25 % der Wählerstimmen, blieb aber mit maximal 23 Unterhaussitzen parlamentarisch unbedeutend. Liberale und SDP schlossen sich 1983 zur Liberaldemokratischen Partei (LDP) zusammen. Im Landesteil England ist die LDP inzwischen eine bedeutsame politische Kraft, die vor allem den Konservativen in den letzten Jahren ihren Rang als vorrangige Oppositionspartei streitig macht. Das Wahlsystem benachteiligt sie freilich unverändert massiv. Die Stabilisierung der LDP in der Wählerschaft hat die Erscheinungsform des Zweiparteiensystems ganz auf die parlamentarische Ebene schrumpfen lassen. In allen Landesteilen operieren mehr als zwei Parteien mit stabilem Rückhalt im Elektorat.

Regionalparteien In Schottland und Wales operieren Regionalparteien, die dort in den 1970er Jahren zeitweise große Erfolge erzielen konnten. Auch diese blieben im Unterhaus immer schwach. Die Scotch National Party (SNP) mobilisiert ihre Anhänger vor allem mit dem Ruf nach größerer schottischer Selbstverwaltung und der Beendigung einer behaupteten Bevormundung durch London. Ganz ähnliche Forderungen stellt die walisische Nationalpartei Plaid Cymru (PC) in bezug auf den Landesteil Wales. Die nordirische Parteienlandschaft ist zersplittert und wechselhaft. Für das britische Parteiensystem ist sie insofern irrelevant, als Nordirland nicht viele Unterhausabgeordnete stellt. Die Ablösung des diskriminierenden relativen Mehrheitswahlrechts gehört zum Standardrepertoire des Forderungsprogramms der kleinen Parteien.

2.5.7 Verbände

Historisch schwache Anreize für starke Verbände Die britische Verbändelandschaft ist schwächer, als man es aus der Bundesrepublik Deutschland und den angrenzenden mittel- und nordeuropäischen Ländern kennt. Dafür gibt es im wesentlichen zwei Gründe. Industrie, Handel, Banken und Gewerbe hatten es lange überhaupt nicht nötig, auf die Hilfe des Staates zurückzugreifen, um Märkte zu erobern oder Marktpositionen zu verteidigen. Großbritannien als die früheste Industrienation hatte im 19. Jahrhundert lange einen „natürlichen" Startvorteil vor den übrigen europäischen Nationen, die erst später damit begannen, Industrien zu entwickeln. Zum Vergleich: Als sich das Deutsche Reich im späteren 19. Jahrhundert anschickte, Großbritannien bei der Produktion von Industriegütern einzuholen, genoß die deutsche Industrie den massiven Flankenschutz eines Staates, der die ausländische Konkurrenz mit Zöllen benachteiligte.

Die Situation der Gewerkschaften war anders. Vor noch nicht einmal zwanzig Jahren gab es kein Arbeits- oder Tarifrecht, das die britischen Gewerkschaften wirklichen Regularien unterworfen hätte. Das Organisationsprinzip der Gewerkschaftsbewegung ist vielfach noch das gleiche wie vor hundert Jahren: viele Gewerkschaften organisieren nicht die Beschäftigten eines Betriebes oder einer Branche, sondern eine Vielzahl von Beschäftigten, die über eine schwer überschaubare Anzahl von Betrieben streuen. Erst in der wirtschaftsliberalen Ära Thatcher und Major ist mit der Einführung eines modernen Arbeitsrechts, das die Gewerkschaftsfreiheit reguliert, ein Innovationsprozeß in Gang gekommen.

Die verbandliche Schwäche hat ihre Ursachen auch in Eigenarten des britischen Regierungssystems. Wie oben in anderem Zusammenhang dargelegt, werden die britischen Ressortminister vom Premierminister nicht danach ausgewählt, ob sie besondere Fachkompetenz für ihr Ministerium besitzen. Es wird von ihnen nicht weniger, aber auch nicht mehr erwartet, als daß sie die aus ihrem Ministerium kommenden Initiativen und Vorschläge effektiv im Parlament vertreten und diese in die Gesamtpolitik des Kabinetts integrieren. Ihre Funktion ist derjenigen eines Anwalts oder Starverkäufers fachlicher Vorschläge vergleichbar, an denen sie selbst nicht mitgewirkt haben. Die Erarbeitung solcher Pläne, Initiativen und Gesetzentwürfe ist die Aufgabe des Civil Service, der Beamtenschaft. Die Riege der höheren Ministerialbeamten ist dem Ideal politischer Neutralität verpflichtet, und sie antizipiert in ihrer fachlichen Arbeit die öffentlich bekundeten Zielvorstellungen des Premierministers (Baggott 1995).

Die Beamtenschaft tritt nach außen hin nicht in Erscheinung. Umgekehrt mischen sich die Minister nicht in das Fachgeschäft ihrer Beamten ein. Deshalb würde es für die Verbände wenig Sinn machen, Energie und Überzeugungsarbeit auf einen parlamentarisch verantwortlichen Minister zu verwenden, der erstens relativ kurz im Amt ist und der sich zweitens traditionell nicht in die Angelegenheiten seiner Fachbeamten einschaltet. So bleibt als Anlaufpunkt für Verbände, Firmen oder Vereine letztlich die Beamtenschaft (Kaiser 1998, 226 f.). Diese jedoch wahrt ihren diskreten Stil, sie will öffentlich nicht in Erscheinung treten. Dessen ungeachtet sind diese Beamten – wie Ministerialbeamte in aller Welt – auf den Informationsaustausch mit den Fachverbänden oder Firmenrepräsentanten angewiesen. Aus den genannten Gründen vollzieht sich dieser Austausch unter den Bedingungen der Geheimhaltung und Diskretion. Um die Fachressorts ranken sich zahlreiche Kommissionen und Beiräte, in denen dieser Austausch stattfindet. Die Beamten des britischen Civil Service wirken nicht über die Grenzen des Ressorts hinaus, dem sie zugeordnet sind. Die wichtigste Klammer zwischen den Ministerien bildet die parlamentarische Politik, insbesondere das Ka-

Anlaufpunkt der Verbände im Regierungssystem: Ministerien

binett und der Premierminister. Die Kontakte zwischen den Verbänden und der Bürokratie sind dezentral strukturiert.

Schwache Infrastruktur der Verbände

Nun kurz zu einigen Einzelheiten der Verbändelandschaft (Plön 2001; Jordan/Richardson 1987): In Großbritannien operieren etwa 1.500 Unternehmerverbände. Bei den meisten handelt es sich um sog. Trade associations, die Branchen oder Fachsparten innerhalb bestimmter Branchen vertreten. Viele Trade associations sind kaum mehr als wohlklingende Briefkastenadressen, hinter denen sich eine Organisation verbirgt, die lediglich eine Teilzeitkraft beschäftigen kann. Nicht mehr als ein gutes Dutzend Trade associations unterhalten einen voll entwickelten Verbandsapparat mit professionellen Funktionären, Bürokräften und finanzstarken Mitgliedsfirmen.

Geringe Bedeutung der Arbeitgeberverbände

Ferner gibt es an die hundert Arbeitgeberverbände. Die Bedeutung auch dieser Verbände ist gering. Sie zeichnen sich durch geringe Einkünfte, eine fehlende oder schwache Infrastruktur und eine geringe Mitarbeiterzahl aus. Die Schwäche der Arbeitgeberverbände hat ihre besonderen Gründe. Die britischen Unternehmen verhandeln zumeist individuell mit den in ihrem Betrieb vertretenen Gewerkschaften über die Löhne und Arbeitsbedingungen. Die Arbeitgeberverbände haben dort weitgehend ihre Funktion verloren. Zwar verhandeln sie mit den Gewerkschaften über die Mindestlöhne. Entsprechende Verträge haben aber nur für diejenigen kleinen und mittleren Betriebe Bedeutung, in denen die Gewerkschaften zu schwach sind, um maßgeschneiderte betriebliche Vereinbarungen durchzusetzen. Die Hauptaufgabe der Arbeitgeberverbände besteht darin, einzelne Arbeitgeber zu beraten, wie sie am besten mit ihren Betriebsgewerkschaften umgehen. Angesichts der De-Industrialisierung Großbritanniens in den 1980er und 1990er Jahren, die den Gewerkschaften ihr wichtigstes Organisationspotential genommen hat, und der Arbeitsrechtsreformen dieser Zeit, die das Operieren der Gewerkschaften stark einschränkten, sind auch die Arbeitgeberverbände unwichtiger geworden.

CBI als wichtigster Unternehmerverband

Der zentrale britische Unternehmerverband ist die Confederation of British Industry (CBI). Die CBI entstand 1965 aus dem Zusammenschluß dreier separater Verbände, der Federation of British Industry (FBI), der National Association of British Manufacturers (NABM) und der British Employers Confederation (BEC). Die FBI war hauptsächlich der Dachverband der britischen Großindustrie, die NABM repräsentierte hauptsächlich kleine und mittlere Unternehmen, die BEC war ein Verband der britischen Arbeitgeberorganisationen. Die neugegründete CBI sollte die Arbeit der Unternehmerverbände durch Beseitigung der Dachverbandsvielfalt effektivieren. Die CBI ist sowohl ein Industriellen- als auch ein Arbeitgeberdachverband. Als Arbeitgeberverband hat sie keine Bedeutung (entsprechend dem geringen Gewicht der Arbeitgeberfachverbände).

Entgegen den Erwartungen der Gründer blieb die CBI ein schwacher Dachverband. Die großen, kapitalstarken Unternehmen, darunter auch die Dependancen multinationaler Konzerne, benötigen im Grunde genommen keine verbandlichen Organisationen. Sie besitzen die erforderlichen Kontakte und finanziellen Ressourcen, um sich auch in politischer Hinsicht selbst zu artikulieren. In Großbritannien ist dieses Phänomen weniger bemerkenswert als in den Nachbarländern. Die relative Schwäche der unternehmerischen Verbände hatte von jeher ihre Entsprechung im größeren Eigengewicht beschäftigungsstarker Unternehmen.

In der Bundesrepublik macht sich das gleiche Phänomen, der Alleingang großer Unternehmen, viel deutlicher im Gewichtsverlust der Verbände bemerkbar.

Die britischen Gewerkschaften sind die ältesten, zugleich heute aber in vieler Hinsicht immer noch die archaischsten der industrialisierten Welt. Wie alle frühen Gewerkschaften, so entstanden die britischen Gewerkschaften im 19. Jahrhundert als Berufsgewerkschaften qualifizierter Facharbeiter und Handwerker. Von dieser berufsgewerkschaftlichen Tradition beginnen sie sich erst heute zu lösen. Nach der Jahrhundertwende öffneten sich die Gewerkschaften allmählich auch für ungelernte Arbeiter. Darüber hinaus verstehen sich viele der gegenwärtigen größeren Gewerkschaften als „general unions", die jeden Arbeiter in ihre Reihen aufnehmen. Gewerkschaften

Der Gewerkschaftsverband Trades Union Congress (TUC) organisiert heute noch ca. 75 Fachgewerkschaften. In den 1960er Jahren waren es noch über 150. Zum Vergleich: Der DGB zählt nach den letzten Rationalisierungsschritten unter den Mitgliedsgewerkschaften neun Mitgliedsgewerkschaften (vgl. zum folgenden: Marsh 1992; Kastendiek 1998). Als tarifpolitischen Verhandlungsorganisationen kommt den Gewerkschaften allgemein kein großes Gewicht zu. Das „shop bargaining", d.h. betriebsbezogene Verhandlungen zwischen Gewerkschaften und Arbeitgebern, hat in Großbritannien eine lange Tradition. Im Mittelpunkt der betrieblichen Interessenvertretung steht in Großbritannien die Einrichtung des Shop stewards, dessen Funktion entfernt mit der eines gewerkschaftlichen Vertrauensmannes in den deutschen Arbeitsbeziehungen verglichen werden kann. Shop stewards vertreten alle Beschäftigten eines Betriebes, die einer bestimmten Gewerkschaft angehören. Wegen der berufsgewerkschaftlichen Orientierung der Einzelgewerkschaften bedeutet dies meist, daß es sich um Beschäftigte handelt, die sich hauptsächlich in einer bestimmten Produktionsabteilung bzw. in einem bestimmten Betriebszweig befinden. Der Shop steward wird nicht von der Gewerkschaft bestimmt, sondern von den Gewerkschaftsmitgliedern am Arbeitsplatz selbst gewählt (z.B. durch Abstimmung per Handzeichen auf einer Versammlung). Der Shop steward ist der Kontaktmann seiner Kollegen für Gespräche und Verhandlungen mit der Betriebsleitung. Betriebe mit einer komplizierten, vielfach gegliederten Produktionsstruktur, die Arbeiter und Angestellte verschiedener Berufe beschäftigen, kennen mindestens soviele Shop stewards, wie es dort Gewerkschaften gibt, die Teile der Belegschaft organisieren. In den letzten Jahren bildeten die Shop stewards verschiedener Gewerkschaften häufig sog. Shop stewards committees, Vertrauensleuteausschüsse, in denen sich die Repräsentanten der Betriebsgewerkschaften miteinander abstimmten, um den Arbeitgebern gemeinsam gegenübertreten zu können. Die britischen Arbeitgeber fügten sich nach anfänglichen Irritationen schnell in die neuen Verhältnisse. Dachverband TUC

Betriebe als wichtigste Ebene gewerkschaftlicher Tätigkeit

Inzwischen sind weit weniger als die Hälfte der britischen Arbeiter und Angestellten in den Gewerkschaften organisiert. Organisationsschwerpunkte sind der öffentliche Dienst und einige Großunternehmen der Privatwirtschaft. Der Gewerkschaftsbund TUC repräsentiert die Einzelgewerkschaften. Den Höhepunkt seines politischen Einflusses erreichte der TUC zwischen 1974 und 1979, als eine Labour-Regierung amtierte. Labour Party und TUC bildeten einen gemeinsamen Ausschuß, der beraten sollte, wie die Gewerkschaftsinteressen und die Bekämpfung der Wirtschaftskrise am besten miteinander vereinbart werden könnten. Die Regierung Thatcher, die 1979 ins Amt kam, wollte die politische und Schwächung der Gewerkschaften in der Ära Thatcher ökonomische Macht der Gewerkschaften erklärtermaßen brechen. Dieser Effekt wurde auch erreicht. Die Regierung gab das Ziel staatlicher Beschäftigungssicherung auf, und die steigende Arbeitslosigkeit dämpfte die Arbeitskampfbereitschaft. Umfassende Privatisierungsprogramme höhlten klassische Gewerkschaftshochburgen bei Post, Bahn, in vormaligen Staatsindustrien und bei den öffentlichen Versorgungsdiensten aus. Rahmenrechtsbestimmungen für die Tarifparteien führten Urabstimmungen vor dem Arbeitskampf und Schadenshaftung bei illegalen Arbeitskämpfen ein. Am Ende der Ära Thatcher/Major hatten die Gewerkschaften einen Tiefpunkt ihres ökonomischen und politischen Einflusses erreicht. Selbst in der Labour Party haben die Gewerkschaften durch die Parteireform ihren vormals wichtigen Status als starke innerparteiliche Kraft verloren (Farnham 1996).

Landwirte

Neben den Unternehmerverbänden und den Gewerkschaften sind die übrigen britischen Verbände schwach. Der Bauernverband National Farmers' Union (NFU) verfügt zwar über traditionell ausgezeichnete Kontakte zum Landwirtschaftsministerium. Bei weniger als 2 % landwirtschaftlichen Beschäftigten bringen die Landwirte als Wählerpotential kein großes Gewicht auf. Nicht einmal die Konservativen, denen die bäuerlichen Stimmen bis auf einen sehr geringen Teil zufallen, kümmern sich besonders um die Einkommensinteressen der britischen Landwirtschaft.

Ärzte

Das gleiche gilt für den britischen Ärzteverband, die British Medical Association (BMA). Die BMA ist aber alles in allem weniger ein Verband freiberuflich tätiger Ärzte als ein quasi-gewerkschaftlicher Verband. Dies hängt damit zusammen, daß das Gesundheitswesen im Jahr 1948 durch die Schaffung des National Health Service verstaatlicht wurde. Letztlich ist somit die Regierung die maßgebliche Beschafferin der Ärzteeinkommen, mögen Ärzte nun in eigenen Praxen oder in Kliniken oder in Gemeinschaftspraxen arbeiten. Die Regierung ist jedoch angesichts eines großen Ärzteangebots und vieler Ärzteausbildungsplätze seit langem in der überlegenen Position gegenüber der BMA, zumal die Sparpolitik der letzten 20 Jahre auch im Gesundheitssystem Leistungen abbaute und die privatärztliche Versorgung begünstigte.

2.6 Wirkungsgeschichte

Verfassungs-
politische Kontraste
des britischen
Regierungssystems
zur Bundesrepublik
Deutschland

Das britische Regierungssystem wird häufig als modellhaft für die Eigenarten des parlamentarischen Regierungssystems beschrieben. Bei näherem Hinsehen sind jedoch Zweifel angebracht. Es ist richtig, daß die kontinentaleuropäischen Nationen im Laufe der Zeit einige Anleihen bei der britischen Verfassungspraxis gemacht haben. Der Westminster-Parlamentarismus als Variante des parlamentarischen Regierungssystems ist aber eine andere Sache als die parlamentarischen Regierungssysteme in Kontinentaleuropa (dazu ausführlich im exemplarischen Vergleich mit Deutschland und Österreich: Helms 1997 d, und allgemein: von Beyme 1999). Allgemein gleicht das britische System den Nachbarsystemen darin, daß es die Regierung prinzipiell vom Vertrauen des Parlaments abhängig macht und daß es die Abberufungsmöglichkeit für eine parlamentarisch gestützte Regierung vorsieht. Hier freilich enden die Parallelen. Nehmen wir etwa das parlamentarische System der Bundesrepublik Deutschland. Der Kanzler hat keine

Möglichkeit, das Parlament durch simplen Antrag beim Bundespräsidenten aufzulösen. Der Bundestag kann die Regierung allein durch ein konstruktives Mißtrauensvotum gegen den Kanzler ablösen. Dafür gibt es in der britischen Praxis
eine Parallele lediglich in der konservativen Unterhausfraktion (sofern sie die
Regierung stellt). Zwar könnte das Unterhaus eine Regierung zu Fall bringen,
aber es kann nicht die Nachfolgeregierung bestimmen; dazu bräuchte es nach der
Verfassungskonvention Neuwahlen. Sehen wir uns weiter um:

Die vom britischen Kabinett vorgelegten Gesetzentwürfe haben im Unterhaus absoluten Vorrang. Dem ist nach dem deutschen Grundgesetz nicht so. De
facto richten es die Regierungsfraktionen und der Ältestenrat des Bundestages so
ein, daß Regierungsvorlagen bevorzugt zur Entscheidung gelangen. Anträge des
Bundesrates oder aus der Mitte des Bundestages haben jedoch den gleichen
Rang. Nehmen wir weiter das Management der Bundestagsarbeit. Wie wir gesehen haben, fällt diese Aufgabe in Großbritannien dem Kabinett zu. Im Deutschen
Bundestag wird die Tagesordnung im Konsens zwischen den Fraktionen erstellt;
die Regierung hat keinen Zugriff auf die Tagesordnung. Was in London kabi-
nettsseitig erledigt wird, besorgen in Berlin die Führungen der Bundestagsfrak-
tionen, und diese stellen neben dem Kabinett einen politischen Faktor von erheblichem Eigengewicht dar. Soweit zu den offenkundigen Unterschieden der Verfassungslage und Verfassungspraxis.

Das britische Regierungssystem läßt sich in seiner hergebrachten Funktionsweise nicht vom Zweiparteiensystem trennen. Der britische Parlamentarismus
kann nur überleben, wenn ihm Koalitionsregierungen erspart bleiben. Koalitionen sind aber in der Bundesrepublik Deutschland die Standardbedingung des Regierungsprozesses überhaupt – in den meisten Nachbarländern sieht es nicht anders aus. In dem Moment, da eine Regierung von mindestens zwei im Parlament
vertretenen Parteien getragen werden muß, treten Koalitionsgremien und spezielle Vermittlungspraktiken auf den Plan, welche die Entscheidungsfindung im
Kabinett überlagern. Oder die Regierung selbst wird zum Austragungsort der
Koalitionskompromisse (Kropp/Schüttemeyer/Sturm 2002). Zweiparteiensysteme
sind die Ausnahmeerscheinung unter den Demokratien. Das Zweiparteiensystem
thematisieren heißt gleichzeitig auf das relative Mehrheitswahlsystem als Überle-
bensbedingung des hier beschriebenen britischen Regierungssystems verweisen.
Zwar verlangt das relative Mehrheitswahlsystem das Vorhandensein lediglich
zweier relevanter Parteien im Parlament. Doch dieses Wahlsystem ist beileibe
keine Garantie für ein Zweiparteiensystem. Wie unten zu zeigen sein wird, erzielt
es in anderen Teilen der Welt keine vergleichbare Wirkung.

Das britische Regierungssystem inspiriert mit seiner klaren Struktur Politikwissenschaftler, die nach Idealtypen Ausschau halten. Das britische Regierungssystem hat in den Verfassungsberatungen der jüngeren Zeit, etwa bei der Demokratisierung in Südeuropa vor gut 20 Jahren (Überblicke in den Länderbeiträgen
des Sammelwerkes von Ismayr 2003) oder beim demokratischen Wandel in Osteuropa (Beispiele in Widmaier/Gawrich/Becker 1999) eine geringere Rolle gespielt als die Parlamentarismusvariante der deutschen Nachkriegsdemokratie
oder der verwaschene französische Parlamentarismus mit seiner Präsidialregie-
rungskomponente (dazu im übrigen sehr informativ: Ismayr 2004). Das kann
nicht überraschen. Das Demokratiebild der westeuropäischen Gesellschaften prä-

*Mehrparteiensystem
und Koalitions-
regierung*

feriert Verhältniswahlsysteme. Bezeichnenderweise ist es nicht einmal in der frühen Bundesrepublik zur Zeit der Großen Koalition (1966-69) zu einer einschlägigen Wahlreform gekommen, als intensiv über die Einführung der Mehrheitswahl debattiert wurde. Die Erwartung geht im politischen Raum der Europäischen Union bis auf wenige Ausnahmen dahin, daß die Verteilung des Wählervotums auf die wichtigsten politischen Kräfte in der Zusammensetzung des Parlaments erkennbar bleiben soll. Damit ist die Koalitionsregierung als Regelfall vorprogrammiert. Koalitionsregierungen erweitern den Kreis der am Regierungsprozeß Beteiligten. Die Parteivorsitzenden und wichtige Provinzpolitiker müssen eingebunden werden, um den Zusammenhalt einer von ungleichen Partnern gebildeten Regierung zu gewährleisten. Auch greifen die Fraktionen stärker ins materielle Regierungsgeschäft ein, weil es ihre Aufgabe ist, die von den Partei- und Regierungsspitzen getroffenen Entscheidungen in der Parlamentsarbeit zu flankieren (Helms 1997 a). Die größere Konfliktträchtigkeit der Koalitionsregierung läßt es sinnvoll erscheinen, parlamentarische Mechanismen vorzusehen, die das Parlament selbst an einem Regierungsparteienwechsel beteiligen. In Großbritannien ist der Wechsel der Regierungsmehrheit ohne vorausgehende Wahlen nicht möglich. Für die Probleme des Mehrfraktionenparlamentarismus bietet das britische Regierungssystem keine Lösungsvorschläge. Das britische Regierungssystem wird in der Vergleichenden Regierungslehre denn auch seit geraumer Zeit so diskutiert, wie es sinnvollerweise gesehen werden muß: als ein Unikum.

Größere Modellwirkung in der angelsächsischen Welt

In der anglophonen Welt hat das britische Regierungssystem trotz allem Nachahmung gefunden. Die Regierungssysteme Australiens, Irlands, Kanadas und Neuseelands ragen heraus. Besonders deutlich ist die Vorbildfunktion Großbritanniens in Irland, dessen Verfassungspraxis der britischen trotz eines anderen Wahlsystems und trotz einer republikanischen Verfassung sehr nahe kommt (Elvert 1999). Mit großen Abstrichen trifft dies auch auf Kanada zu, das tragende Bestandteile des Westminster-Parlamentarismus unmittelbar in kanadisches Verfassungsrecht übertragen hat – einschließlich der in London so bedeutsamen „constitutional conventions". Kanada zeigt gleichzeitig die Grenzen der Übertragbarkeit britischer Regierungspraktiken auf. Im Unterschied zu Großbritannien verkörpert Kanada einen Bundesstaat, der in zehn Provinzen gegliedert ist. Zwar übernimmt dort noch einmal jede Provinz für sich den Westminster-Parlamentarismus. Aber die fehlende Vorbildfunktion Großbritanniens für ein bundesstaatliches Gebilde schafft Probleme. So hat man in Kanada, um möglichst nahe am britischen Vorbild zu bleiben, auf eine föderative Kammer verzichtet. Nun verhält es sich just in Kanada so, daß die Unterschiede zwischen den Provinzen viel stärker hervortreten als in anderen bundesstaatlich organisierten Demokratien. Daraus erwachsen einige Probleme, die starke Abweichungen von der britischen Praxis erzwingen. Mangels einer gewählten Staatenkammer treten die Premierminister der kanadischen Provinzen informell in die Funktion eines föderativen Vertretungsorgans. Sie bilden die sog. Prime Ministers' Conference, die zur Nebenregierung geworden ist und gewisse Anklänge an den Deutschen Bundesrat erkennen läßt.

Gravierend sind auch die von Großbritannien unterschiedenen Mehrheitsverhältnisse. So wendet Kanada zwar das relative Mehrheitswahlrecht an, auch dort ist das Ergebnis die Repräsentation hauptsächlich zweier Parteien in den Parlamenten. Aber sowohl im Zentralparlament als auch in den Provinzparlamenten ist der Repräsentationsgrad dieser Parteien für die Gesamtheit der Wähler ungleich geringer als in Großbritannien. Es gibt in Kanada einfach mehr kleine Parteien, die jeweils von einer beträchtlichen Anzahl von Bürgern gewählt werden. Ihre Wähler werden deshalb – teilweise massiv – unterrepräsentiert. Immerhin stellen sie eine dritte und vierte Kraft im Zentralparlament und stören so die vom Londoner Vorbild vorausgesetzten klaren Mehrheitsbilder. Mit Koalitionen mag auch in Kanada keine große Partei hantieren. Um so häufiger kam es in der Vergangenheit zu Minderheitsregierungen. Dies alles hat so viele Veränderungen am britischen Modell erzwungen, daß in Kanada ein Regierungssystem von eigenem Zuschnitt entstanden ist (Naßmacher/Uppendahl 1989).

3 USA

3.1 Von der Unabhängigkeitserklärung zur Verfassung der USA

3.1.1 Verfassungslage der britischen Kolonien in Nordamerika

Zur Zeit der amerikanischen Unabhängigkeitserklärung (1776) gab es auf dem nordamerikanischen Subkontinent dreizehn britische Kolonien. Die nordamerikanische Verfassungsentwicklung setzte aber nicht erst mit der Unabhängigkeit ein. Sie begann bereits mit der Gewährung beschränkter Selbstverwaltungsstatuten für die Kolonien. Die Selbstverwaltungspraxis bildete eine besondere Tradition heraus (vgl. zum folgenden: Dippel 1985). Die gewachsenen Unterschiede zur Verfassungslage im britischen Mutterland sprangen freilich erst dann ins Auge, als das Mutterland mit seinen amerikanischen Kolonien in Konflikt geriet.

Oberster Träger der staatlichen Gewalt waren in den Kolonien vom König ernannte Gouverneure. Versammlungen berieten sie bei ihrer Amtsführung. Diese Versammlungen waren Nachbildungen des Londoner Parlaments. Sie setzten sich aus zwei Kammern zusammen, von denen die erste vom Gouverneur ernannt und die zweite von Teilen der kolonialen Bevölkerung gewählt wurde. Das Wahlrecht hatten ausschließlich solche Bewohner der Kolonien, die ein festgesetztes Mindestvermögen nachweisen konnten. Die Verwaltungsbeamten und die Offiziere der Kolonialmiliz wurden von den Gouverneuren ernannt.

Die Selbstverwaltungsbefugnisse der Kolonien waren beträchtlich. Im Rahmen der britischen Gesetze konnten die kolonialen Versammlungen für ihren Zuständigkeitsbereich Gesetze beschließen, die dann mit Zustimmung des Gouverneurs Gültigkeit erlangten. Die Gouverneure waren keine landfremden britischen Beamten. Sie gehörten in der Regel den vornehmen und reicheren Familien der Kolonien an. In Ehrenämter, Beamtenstellen und Offizierspositionen wurden ausschließlich Mitglieder anderer alteingesessener Kolonialfamilien ernannt; diese beherrschten auch die „Oberhäuser" der Versammlungen. Für die gewählten „unteren Kammern" waren hauptsächlich gutsituierte Handwerker und Kaufleute wahlberechtigt. Von diesen gab es in der Kolonialbevölkerung aber relativ viele. Alles in allem trug das Selbstverwaltungssystem der amerikanischen Kolonien oligarchische Züge. Die starke Position der Gouverneure war ähnlich wie die des Monarchen im Mutterland durch Konventionen eingeschränkt. Etliche Kolonien hatten die Besoldung der Gouverneure nur auf Jahresfrist bestimmt; nach Ablauf dieser Frist mußten die Versammlungen neu darüber beschließen (Gerstenberger 1973, S. 84 ff.).

3.1.2 Ursachen der amerikanischen Unabhängigkeitsbewegung

Die nordamerikanischen Kolonien waren Bestandteile eines umfassenden kolonialen Wirtschaftsgebiets. Einen nennenswerten Wirtschaftsverkehr gab es allein mit dem Mutterland. Der Handel zwischen den Kolonien war bedeutungslos. Mit der Produktion und mit dem Export von Tabak und Baumwolle machten die oligarchischen Familien ausgezeichnete Geschäfte. Erst die Veränderung der Wirtschaftsbeziehungen zwischen den Kolonien und dem Mutterland brachte Mißklänge (Adams 1977, S. 26 ff.).

Nordamerika als Kolonialproblem

Die britische Regierung war durch den Siebenjährigen Krieg mit Frankreich (1756-1763), der zwischen diesen Ländern ausschließlich in Nordamerika ausgetragen wurde, in Finanznöte geraten. Die britische Überseeflotte, die zum Schutz der Handelswege gebraucht wurde, kostete darüber hinaus große Summen. Um das Mutterland zu entlasten, zog die Londoner Regierung auch die nordamerikanischen Kolonien für die Finanzierung des Imperiums heran. Dies geschah in Form einer Steuer, die auf amtliche Dokumente und Druckerzeugnisse (Stempelsteuer) erhoben wurde (1765). Aus der Sicht der Siedler handelte es sich um eine rein fiskalische Maßnahme, die ausschließlich dem Mutterland nützte. Die Steuer wurde als ausbeuterisch empfunden. Angesichts wütender Proteste der Kolonialbevölkerung wurde sie wieder zurückgenommen.

Der nächste Versuch, die Kolonien an den Kosten des britischen Imperiums zu beteiligen, galt der Erhebung von Zöllen auf Importwaren. Einige dieser Zölle behielt die Regierung selbst dann noch bei, als sie einen Teil des Maßnahmenpakets wegen erneuter Proteste abermals zurückgenommen hatte. Als es in der Kolonie Massachusetts (Boston Tea Party, 1773) zur symbolischen Vernichtung einer Ladung von Import-Tee kam, schritt die Regierung ein, um ihre Autorität zu demonstrieren. Sie hob die Selbstverwaltung der Kolonie auf, verlangte die Auslieferung der Schuldigen und suspendierte die Untertanenrechte in Massachusetts (1774). Dieser Schritt war der Anfang vom Ende der britischen Herrschaft in den dreizehn Kolonien.

Berufung auf britische Verfassungstradition

Diese repressive Veränderung der britischen Amerikapolitik hatte dramatische Auswirkungen auf das innere Herrschaftsgefüge der Kolonien. Die Kolonisten waren im Bewußtsein der britischen Untertanenrechte aufgewachsen, die das Londoner Parlament in den Verfassungskämpfen des 17. Jahrhunderts gegen die Krone erstritten hatte. Dazu gehörte das Recht auf den Schutz vor solchen staatlichen Eingriffen in das Eigentum, die nicht durch gewählte Vertreter der Eigentümer legitimiert waren. Daher der Slogan vieler Kolonisten: „No taxation without representation" (keine Steuern ohne Zustimmung von parlamentarischen Vertretern der Besteuerten). Ferner waren viele Kolonisten im Geiste des Puritanismus erzogen worden, der Herrschaft als eine Vertragsbeziehung zwischen Herrscher und Beherrschten auffaßte und der sich beim Vertragsbruch durch den Herrscher auf ein Widerstandsrecht berief. Die Schritte der britischen Regierung führten den Bewohnern der Kolonien erstmals dramatisch vor Augen, daß sie geringere Rechte hatten als die Untertanen des britischen Mutterlandes. Die Proteste gegen die britische Kolonialpolitik beriefen sich auf die überlieferten Prinzipien des britischen Verfassungsrechts.

Die führenden Familien Britisch-Amerikas hatten unter dem Kolonialsystem prosperiert. Die Proteste gegen die Londoner Kolonialpolitik schwächten die Legitimität der bestehenden innerkolonialen Verhältnisse. Teile der kolonialen Oberschicht vollzogen in ihrer prinzipiell positiven Einstellung zum Mutterland eine populäre Wendung, um von der Kritik am Kolonialstatus nicht in Mitleidenschaft gezogen zu werden. Sie schlossen sich den Protesten an, ja sie setzten sich an die Spitze der Bewegung, die sich gegen die Londoner Politik auflehnte (vgl. Gerstenberger 1973, S. 90 ff.).

3.1.3 Die Unabhängigkeitserklärung

Der offene Widerstand gegen Großbritannien war von Massachusetts auf die übrigen Kolonien übergesprungen und in einen Krieg gegen die Kolonialmacht eskaliert. Die politischen Führer der aufständischen Kolonien hatten 1775 einen „Kontinentalkongreß" gegründet, der ihnen als Koordinierungsinstrument im Unabhängigkeitskrieg mit Großbritannien diente. Die Kolonien erklärten bereits 1776 ihre Unabhängigkeit. Damit entstanden in Nordamerika dreizehn unabhängige Staaten.

Die Unabhängigkeitserklärung ist ein klassisches Dokument der bürgerlichen Freiheits- und Vertragstheorie. Sie postulierte die Gleichheit aller Menschen, das Recht auf Freiheit, die Bindung der Regierung an die Zustimmung der Regierten, und sie nahm ein Recht auf Ungehorsam in Anspruch, wenn die Obrigkeit Leben, Freiheit und Eigentum ihrer Untertanen nicht respektierte. Die Unabhängigkeitserklärung war als staatsrechtlicher Bruch mit dem Mutterland zwar ein revolutionärer Akt. Aber sie stellte sich mit dem Gedankengut, mit dem sie diesen Bruch begründete, unübersehbar in die Kontinuität des britischen Verfassungsdenkens. Die Unabhängigkeitserklärung markierte den ersten Schritt in Richtung auf eine eigenständige Verfassungsordnung der nunmehrigen amerikanischen Staaten. Die älteren kolonialen Versammlungen wurden im Prinzip zwar beibehalten, aber die oberen Kammern, deren Mitglieder bisher ernannt worden waren, mußten fortan gewählt werden (vgl. Adams 1977, S. 41).

3.1.4 Die Konföderationsartikel

Im Jahr der Unabhängigkeit (1776) begannen die Arbeiten an einer gemeinsamen Verfassung. Die eifersüchtig auf ihre Souveränität pochenden Staaten einigten sich zunächst auf die „Konföderationsartikel" (Articles of Confederation). Diese erste Verfassung der USA bildete aber noch eher eine lockere völkerrechtliche Vereinigung, d.h. eher einen Staatenbund als einen Bundesstaat. Ratifiziert wurde sie 1781. In einem gemeinsamen Kongreß als Legislative war jeder Staat mit gleicher Stimmenzahl vertreten. Beschlüsse mußten mit einer Mehrheit von drei Fünfteln aller Staaten gefaßt werden; Veränderungen der Konföderationsartikel setzten die Zustimmung aller Staaten voraus. Die Befugnisse des Kongresses waren sehr eng bemessen.

Die Konföderationsartikel erwiesen sich bald schon als untaugliche Verfassungskonstruktion: Die Staaten konnten sich in den meisten Fragen nicht einigen;

Konföderation statt Föderation

der Konföderation fehlte es an Einkünften; die gemeinsame Verteidigung war unzulänglich; es gab keine einheitlichen Handels- und Verkehrsgesetze und auch keine gemeinsame Währung. Der traditionelle Wirtschaftsverkehr nach Großbritannien war unterbrochen, die Schaffung eines inneramerikanischen Wirtschaftsraumes hingegen dringend geboten. Schließlich war die Konföderation in Kanada und auf den Meeren von der britischen Weltmacht bedroht. Im Inneren mußte sie sich mit den Indianern auseinandersetzen, die sich dem Vorrücken der Siedler in ihre Stammesgebiete widersetzten.

Vor diesem Hintergrund setzte sich unter den führenden Politikern der dreizehn Staaten die Einsicht durch, daß die Konföderationsartikel für die inneren und äußeren Herausforderungen der Konföderation nicht taugten. Deshalb beriefen die Staatenlegislativen 1787 einen Verfassungskonvent nach Philadelphia (Philadelphia Convention) ein, der die Verfassung überarbeiten sollte (dazu auch Beard 1974).

3.1.5 Verfassungsberatungen des Philadelphia-Konvents*

Der Konvent kam bald zu dem Ergebnis, daß die Revision der Konföderationsartikel nicht sinnvoll sei. Statt dessen arbeitete er eine vollständig neue Verfassung aus. In den Grundzügen hielt sich dieser Entwurf in vieler Hinsicht immer noch an das Vorbild der Verfassungsordnung der Staaten. Die Legislative sollte aus zwei Kammern bestehen, die Exekutivgewalt sollte in Anlehnung an den Status des Gouverneurs in den Staaten von einer Person ausgeübt werden (vgl. dazu im folgenden: Adams 1973, Shell 1992 a).

Erfindung der Bundestaatsformel Die bedeutenderen Kontroversen um den Verfassungsentwurf drehten sich um die Rechte der Staaten und die des Bundes. Die Delegierten der bevölkerungsreicheren Staaten stellten sich hinter den Plan der Delegierten des Staates Virginia (Virginia plan). Letztere hatten vorgeschlagen, die Staaten entsprechend ihrer Bevölkerungsgröße in der Legislative zu repräsentieren. Die kleineren Staaten unterstützten den Gegenvorschlag des Staates New Jersey (New Jersey plan), der eine gleichstarke Vertretung aller Staaten vorsah.

Der später so genannte „Große Kompromiß" (Great compromise) überbrückte den Gegensatz: Er schlug eine Zweiteilung der Bundeslegislative in gleichberechtigte Kammern vor. Im Repräsentantenhaus (House of Representatives) sollten die Staaten entsprechend ihrer Bevölkerung vertreten sein, und in den Senat (Senate) sollten je Staat zwei Vertreter entsandt werden, die von der oberen Kammer der Legislative jedes Staates gewählt werden mußten. Auch der Senat, also die „Staatenkammer", sollte seine Beschlüsse mit einfacher Mehrheit fassen. Die in einer Abstimmung unterlegenen Staaten mußten sich also dem Votum einer Mehrheit fügen. Die Befugnisse des Bundes wurden in der Verfassung zum größeren Teil genau umschrieben, zum kleineren Teil jedoch so gefaßt, daß sie späterer Auslegung bedurften. Alle nicht dem Bund übertragenen Zuständigkeiten verblieben den Staaten. Dem Bund wurde die ausschließliche Zustän-

---

* Es wird empfohlen, hierzu noch einmal die Ausführungen im Teil 1 über die „Federalist Papers" zu lesen.

digkeit für die Außenpolitik, die gemeinsame Verteidigung, die Währung und den Außenhandel übertragen. Er erhielt ferner das Recht, den Handel zwischen den Staaten zu regeln. Schließlich wurden ihm mit den Zöllen eigene Einkünfte zugestanden. Streitiges Bundesrecht und Streitigkeiten zwischen den Staaten sollten von den Bundesgerichten entschieden werden.

Einigkeit bestand im Konvent darin, eine republikanische Staatsform einzuführen. An der Spitze des Staates sollte ein Präsident stehen. Die Ausgestaltung des Präsidentenamtes machte – ähnlich wie die Idee der Zweikammerlegislative (Kongreß) – Anleihen bei den Verfassungen der dreizehn Staaten, die ihrerseits unter dem Einfluß der britischen Anschauung ihre Gouverneure als „Wahlmonarchen auf Zeit" ausgestaltet hatten. Nach langem Hin und Her einigten sich die Delegierten auf eine zweijährige Mandatszeit für die Mitglieder des Repräsentantenhauses, eine vierjährige Amtszeit für den Präsidenten und eine sechsjährige Mandatsdauer für die Mitglieder des Senats. **Präsident als Wahlmonarch**

Der Präsident und der Vizepräsident sind bis heute die einzigen gewählten Vertreter der Bundesexekutive geblieben. Der Präsident ernennt mit Zustimmung des Senats alle Bundesbeamten und Richter. Nach dem Vorbild des englischen Amtsenthebungsverfahrens für die königlichen Beamten, das noch im 17. Jahrhundert praktiziert worden war, kann der Präsident nur dann vorzeitig aus dem Amt entfernt werden, wenn das Repräsentantenhaus ein Amtsanklageverfahren (Impeachment) in Gang bringt und der Senat ihn zum Amtsverlust verurteilt. Gegen Gesetzesbeschlüsse der Legislative steht dem Präsidenten ein Veto zu, das der Kongreß lediglich mit einer Zweidrittelmehrheit beider Kammern zurückweisen kann. Als Wahlmodus für das Amt des Präsidenten wurde die indirekte Wahl durch Wahlmänner (Elektoren) festgelegt, die nach dem Wahlrecht der Einzelstaaten bestimmt werden. In Nachahmung des „Großen Kompromisses" entspricht die Anzahl der Wahlmänner, die dort jedem Staat zustehen, der Anzahl seiner Vertreter in den beiden Kammern des Kongresses.

Der Verfassungstext verlangt für die Änderung der Verfassung ein kompliziertes Verfahren, das breiten Konsens erfordert. Beide Kammern des Kongresses müssen einer Änderung mindestens mit Zweidrittelmehrheit zustimmen. Anschließend müssen die Legislativen oder die eigens zu diesem Zweck eingesetzten Verfassungskonvente in Dreivierteln aller Staaten die Änderung innerhalb einer bestimmten Frist (heute innerhalb von sieben Jahren) billigen. Erst dann tritt die Änderung in Kraft. Verfassungsänderungen sind Ergänzungen des ursprünglichen Verfassungstextes, die dem Text der 1787 beschlossenen Verfassung angehängt werden. Die ersten zehn Änderungsartikel (Amendments) erhielten bereits 1791 Rechtskraft. Bis heute sind insgesamt lediglich 27 Änderungsartikel in Kraft getreten.

3.2 Demokratisierung des Regierungssystems

3.2.1 Die Ausgangslage

Die amerikanische Verfassung begründete zunächst einen oligarchischen Rechtsstaat, der sich später für die Demokratisierung öffnete. Die Ausgestaltung des Wahlrechts für die Wahl der Bundesorgane überließ sie jedoch den Einzelstaaten (Artikel 1, Abschnitt 2 und 4 der US-Verfassung). Diese sorgten lange Zeit dafür, daß das Wahlrecht nur den Bürgern vorbehalten blieb, die sich durch Einkommen und Vermögen dafür qualifizierten (dazu allgemein Loewenstein 1959; Fraenkel 1976 b; Wasser 1984).

In den ersten Jahren der amerikanischen Republik hatte das Repräsentantenhaus eine politische Schlüsselstellung inne. Die – vom Volk direkt gewählten – Abgeordneten des Repräsentantenhauses vertraten den größten Teil der Wählerschaft in den Einzelstaaten. Die Mitglieder des Wahlmännerkollegiums (zur Wahl des Präsidenten) wurden in den meisten Einzelstaaten zunächst von deren Legislativen (Parlamenten) gewählt, nach einiger Zeit jedoch von den Bürgern selbst. Die Senatoren waren bis 1913 Abgesandte der einzelstaatlichen Legislativen. Erst danach wurden sie Kraft einer Verfassungsänderung direkt gewählt. Die Repräsentantenhausmitglieder bildeten bis in die 1820er Jahre jeweils als „Föderalisten" (Vorläufer der heutigen Republikaner) oder als „Jefferson-Republikaner" (Vorläufer der heutigen Demokratischen Partei) sog. Congressional Caucuses. In diesen Caucuses, d.h. Parlamentsfraktionen, nominierten die Parteien in den Anfangsjahren der Republik ihre Kandidaten für die Präsidentschaft.

Alexander Hamilton, Gründer und anerkannter Führer der Föderalistischen Partei, versuchte die Verhältnisse in Richtung auf die britische Verfassungsentwicklung zu lenken. Als Finanzsekretär (Finanzminister von 1789 bis 1795) des betont über den Parteien stehenden ersten Präsidenten George Washington strebte er für sich die Rolle des Premierministers unter einem politisch neutralen Staatsoberhaupt an. Mit der Einbeziehung des Präsidentenamtes in die Parteienauseinandersetzung fand dieser Versuch bereits 1796 ein Ende.

3.2.2 Erweiterung des Wahlrechts

Mit der Expansion der USA nach Südosten und Westen und mit der Gründung neuer Einzelstaaten gelangte ein demokratisches Element zu gesellschaftlicher Bedeutung. Den Siedlern im Westen waren die Besitz- und Statusunterschiede des Lebens in den älteren Gründerstaaten der USA fremd. Aus dem Aufeinanderangewiesensein in den schwach besiedelten Westgebieten erwuchs ein „urdemokratisches" Gleichheits- und Gleichberechtigungsdenken, das in den neuen Einzelstaaten bald auch verfassungsrechtlichen Ausdruck fand. In den westlichen Einzelstaaten und Territorien wurden in den 1820er und 1830er Jahren die noch bestehenden Wahlrechtsbeschränkungen abgebaut. Diese Entwicklung gab entsprechenden Bestrebungen in den älteren Staaten Auftrieb. Diese Demokratisierung des Männerwahlrechts schritt rasch voran, und sie war schon zu Beginn der

1840er Jahre abgeschlossen. Das Wahlrecht für Frauen wurde erst 1920 in der Bundesverfassung verankert.

3.2.3 Entstehung politischer Parteien

„Jacksonian democracy"

Die Demokratisierung veränderte die politische Landschaft vor allem durch das Entstehen der Parteien. Der Congressional Caucus geriet jetzt als Nominierungsorgan in Verfall. Er war ein rein parlamentarisches Gebilde gewesen. Die größere Wählerschaft verlangte nach einer Parteiorganisation, die es den Wählern ermöglichte, sich über die zur Wahl stehenden Kandidaten zu informieren und zwischen ihnen eine Wahl zu treffen. In Gestalt des sog. Konvent-Systems entstand diese Parteiorganisation. Nach dem Präsidenten Andrew Jackson (1829-1837) wurde das Zeitalter dieser frühen organisierten Parteien als „Jacksonian democracy" benannt.

Zunächst taten sich die Anhänger einer Partei auf Gemeindeebene zusammen. Sie bestimmten die Kandidaten für lokale Ämter und wählten gleichzeitig Delegierte für einen Konvent, der auf der Ebene eines Verwaltungsbezirks (county) oder eines Kongreßwahlkreises (congressional district) Kandidaten bestimmte. Daneben wählte dieser Konvent Delegierte für die nächsthöhere Ebene des Einzelstaates. Der Parteikonvent des Einzelstaates wählte dann Delegierte für den nationalen Konvent der Partei. Dessen wichtigste Aufgabe war es, den Präsidentschaftskandidaten zu bestimmen. Das vielfach gestufte Konventgebäude wurde von Parteifunktionären, den sog. Bossen, in Gang gehalten. Sie bekleideten hauptsächlich Ämter als Bürgermeister oder Stadträte, in denen sie tagtäglich mit den Bürgern und Wählern zu tun hatten. Sie waren darüber informiert, was diese Wähler wünschten, und sie wußten, was zu tun war, um sie für die Wahl der Kandidaten ihrer Partei zu gewinnen. Das Parteikonvent-System gewährleistete so in einer Epoche, die weder elektronische noch Print-Massenmedien kannte, die Rückkoppelung des Wählerwillens zu den Parteifunktionären und zu den Amtsträgern auf höherer Ebene.

Bosse und Parteimaschinen

Korruption wurde im Laufe der Zeit ein übliches Mittel, um die Wähler zu beeinflussen. Weil die Parteifunktionäre die Stadtverwaltungen und teilweise sogar die einzelstaatlichen Verwaltungen kontrollierten, eröffneten sich viele Wege, um Wähler zu belohnen: Jobs im Rahmen öffentlicher Beschäftigung, kostenlose Speisungen, Rechtsberatung, Vergünstigungen durch die Behörden. Selbst die Staatenlegislativen und die Abgeordneten und Senatoren des Kongresses konnten es sich teilweise bis ins 20. Jahrhundert hinein nicht leisten, gegen die Wünsche lokaler Parteiführer zu handeln. Andernfalls hätten sie um ihre Nominierung fürchten müssen. Viele einflußreiche Interessenten – Bankiers, Industrielle, Eisenbahnmagnaten – erkauften sich durch die Zusammenarbeit mit den Führern der „Parteimaschinen" – dieser abwertende Ausdruck bürgerte sich ein – Vorteile in der Gesetzgebung und in der Verwaltungspraxis.

Das Parteikonvent-System war dem älteren Caucus-System überlegen: Sein Demokratisierungseffekt lag einfach darin, daß die Konvent-Parteien die Bedürfnisse der Wähler einkalkulieren mußten. Anders ausgedrückt: Die Stärke des Konvent-Systems war seine Nähe zum Wähler in den Bereichen, wo die Bürger überschaubar und fühlbar von politischen Entscheidungen betroffen waren, namentlich in den Gemeinden und Staaten. Die Abgeordneten und Senatoren des Kongresses mußten sich als gute Botschafter ihres Wahlkreises oder ihres Staates „verkaufen", wenn sie vor den Wählern bestehen wollten. Im Kongreß spielte sich eine gründliche Regionalisierung und Lokalisierung des politischen Geschehens ein. Das Parteikonvent-System blieb bis in die erste Hälfte des 20. Jahrhunderts auch für die Bestellung der Präsidentschaftskandidaten beider Parteien maßgeblich. Der Nationalkonvent war eine Addition der einzelstaatlichen Parteien. Unter dem Konvent-System wurde die Präsidentschaftskandidatur von mächtigen Parteiführern ausgehandelt.

Integrationsleistung der Parteiapparate

Alle wichtigen politischen Ämter und Beamtenstellen wurden bereits vor der Mitte des 19. Jahrhunderts durch Wahlen besetzt. Diese Wahlämter wurden von den Parteien kontrolliert, und sie boten den Parteiführern die Gelegenheit, ihre Anhänger mit lukrativen Positionen zu belohnen (Patronage). Umgekehrt war jeder Inhaber eines Wahlamtes seiner Partei verpflichtet. Eine positive Folge dieser Politisierung der Verwaltung und Gerichtsbarkeit – in vielen Einzelstaaten wurden und werden heute noch die Richter durch Volkswahl bestellt – war die Öffnung der öffentlichen Verwaltung für einfache Bürger. Eine negative Folge war die Ineffizienz und Korrumpiertheit der Verwaltung, insbesondere in den Gemeinden und Einzelstaaten. Dieser letzte Aspekt fiel aber lange nicht gravierend ins Gewicht. Bis weit nach der Wende zum 20. Jahrhundert mußten die Verwaltungen keine großen Aufgaben bewältigen. Die „Parteimaschinen" hatten bei der Integration der zahlreichen Einwanderer, die seit den 1880er Jahren in die Industriemetropolen strömten – es handelte sich hauptsächlich um Deutsche, Iren, Italiener, Polen und osteuropäische Juden –, eine positive Funktion. Sie entdeckten die Immigranten als Neuwähler und integrierten sie durch das Entgegenkommen der Verwaltungen sowie durch Rat und Hilfe beim Zurechtfinden in der neuen Umgebung relativ rasch und erfolgreich in die Politik. Vor allem die Demokratische Partei gewann in der meist industriell arbeitenden Einwandererbevölkerung dauerhafte Anhänger. Erst seit etwa zwei Generationen tragen sich diese Anhänglichkeiten, bedingt durch sozialen Aufstieg und den Wandel der Arbeitswelt, ab. Nur bei den Afro-Amerikanern ist die Verbindung zu den Demokraten geblieben. Sie wurde durch den Einsatz liberaler Demokratischer Politiker für den Abbau der Diskriminierung der Schwarzen in den 1950er und 1960er Jahren stabilisiert.

3.2.4 *Progressive Bewegung und parteienschwächende Reformen im 20. Jahrhundert*

Medienöffentlichkeit

Um die Wende zum 20. Jahrhundert kam es zu einem zweiten epochalen Demokratisierungsimpuls. Er war die Reaktion gegen die oligarchische Verfälschung und Manipulation des Wählerwillens durch die Bosse der Parteimaschinen, und er richtete sich auch gegen die nicht sachgerechten, von parteipolitischen Gesichtspunkten diktierten Verwaltungspraktiken. Dieser Impuls wirkt bis heute nach. Seine stärkste Antriebsfeder war die Herausbildung einer kritischen Öffentlichkeit, vor allem in Gestalt einer wachsamen Presse. Eine neu aufkommende Massenpresse im Sinne der heutigen Boulevardpresse machte die amerikanischen Wähler um die Jahrhundertwende mit politischen Entwicklungen, Ereignissen und prominenten Politikern vertraut. Sie bahnte eine politische Kommunikation an, die jetzt nicht mehr allein von den Vertretern der Parteien, sondern auch von Journalisten und indirekt von einflußreichen Pressemagnaten vermittelt wurde.

Die Parteimaschinen und die Bosse gerieten allmählich in die Defensive. Sie waren niemandem verantwortlich, besaßen aber Macht. Daran stießen sich immer mehr Menschen, die in ihren Berufen die öffentliche Meinung beeinflussen konnten: Literaten, Publizisten, Wissenschaftler, Lehrer – auch Politiker, die dieses Publikum als Klientel entdeckten. In der Öffentlichkeit etablierte sich neben den fortbestehenden Parteistrukturen eine parteienfeindliche Grundstimmung. Die Kritiker wurden um die Jahrhundertwende als Progressive bekannt. Sie fanden damals in beiden großen Parteien, bei Demokraten und bei Republikanern, große Resonanz.

In vielen Einzelstaaten wurden seit der Wende zum 20. Jahrhundert Vorwahlen vorgeschrieben, um die Kandidaten für politische Ämter zu ermitteln. An den Vorwahlen durfte sich jeder Bürger beteiligen, der sich als Anhänger einer Partei ausgewiesen hatte – also jeder, der die Partei bei den letzten Wahlen für das in Frage kommende Amt unterstützt hatte. Derjenige Kandidat, der in den Vorwahlen von den meisten Parteigängern gewählt worden war, stand fortan als offizieller Kandidat seiner Partei bei den bevorstehenden Hauptwahlen fest. Die Vorwahl wurde bereits nach dem Ersten Weltkrieg zur üblichen Nominierungsmethode für die Kongreßkandidaten. Die Vorwahlen sollten die Parteien als Organisationen entmachten. Ganz gelang dies nicht, weil immer noch Parteiorganisationen notwendig waren, um Geldquellen zu erschließen und Werbung zu betreiben. Immerhin wurden die Parteien empfindlich geschwächt. Die traditionellen Parteimaschinen verschwanden in den 1950er Jahren – mit wenigen Ausnahmen – von der Bildfläche.

Vorwahlen

Das System der Nominierungskonvente hielt sich für die Auswahl der Präsidentschaftskandidaten länger als für andere politische Ämter. Bis zum Beginn der 1970er Jahre nahmen wichtige Parteiführer der Einzelstaaten noch maßgeblichen Einfluß auf die Entscheidung der Nominierungskonvente, sofern sie ihre Konventsdelegierten „in der Tasche" hatten. Sie mußten allerdings darauf achten, solche Politiker zu benennen, die entweder bekannt waren oder die gute Voraussetzungen mitbrachten, um Popularität zu gewinnen. Mit der Verschiebung des Medienangebots von den Print-Medien hin zum Fernsehen wurde die Person des Präsidentschaftskandidaten wichtiger, die Parteizugehörigkeit aber unwichtiger. Die Kandidaten wurden durch Presse, Rundfunk und Fernsehen bekannt und zugleich einer kritischen Prüfung unterzogen. Dem mußten die Parteien Rechnung tragen.

Bereits das Aufkommen der Massenpresse hatte die Konvente gezwungen, sich darauf einzustellen, wie sich die Meinungsträger einen guten Kandidaten vorstellten. Die ausschlaggebende Rolle der Medienöffentlichkeit wurde erstmals 1912 deutlich, als sich die Republikanische Partei weigerte, den überaus populären früheren Präsidenten Theodore Roosevelt (Präsident von 1901 bis 1909) abermals zum Präsidentschaftskandidaten zu nominieren. Der Republikanische

Parteikonvent entschied sich für den glanzlosen amtierenden Präsidenten Robert Taft. Damit provozierten die Republikaner T. Roosevelt zur Kandidatur als Unabhängiger, und letztlich verloren sie die Wahl, weil sich die Wählerstimmen der Republikaner auf Taft und T. Roosevelt zersplitterten. Wahlsieger wurde deshalb der Demokrat Woodrow Wilson (Präsident von 1913-1921).

Die 1960er Jahre als Auftakt einer neuen Wahlkampfpolitik

Präsidentschaftsvorwahlen (presidential primaries) hatte es in einigen Staaten schon seit der Jahrhundertwende gegeben. Sie hatten aber nie allzu große Bedeutung. Im Wahlkampf von 1960 veränderten diese wenigen Vorwahlen die Grundlagen der präsidentenbezogenen Nominierungspolitik nachhaltig. Der von allen wichtigen Führern der Demokratischen Partei begünstigte Kandidat, Hubert H. Humphrey, unterlag in einer Serie von Vorwahlen dem Mitkonkurrenten John F. Kennedy. Presse und Fernsehen hatten die Vorwahlen zum Test erklärt, welcher Kandidat bei den Wählern besser „ankam". Als sich Kennedy durchsetzte, einigten sich auch etliche Parteiführer darauf, die Ergebnisse als Popularitätstest zu deuten. Dennoch wurde Humphrey 1968, nachdem er abermals alle Vorwahlen der Demokratischen Partei verloren hatte, von den Delegierten des Demokratischen Parteikonvents als Präsidentschaftskandidat aufgestellt. Diese waren zum größten Teil noch nach dem alten Konventsystem gewählt worden.

Die anschließende Entrüstung über diese scheinbare Manipulation veranlaßte zur grundlegenden Revision der Parteisatzung. Dem trugen viele Staaten Rechnung, indem sie jetzt für beide Großparteien verbindlich Präsidentschaftsvorwahlen vorschrieben. Einige Staaten hielten am Konvent-System fest, das heute freilich manipulationsfest geworden ist. Bei den Staaten, die Vorwahlen vorsehen, handelt es sich zumeist um die bevölkerungsstärkeren, in hohem Maße verstädterten Einzelstaaten, die auf den Nationalkonventen das Gros der Delegierten stellen. Seit der Präsidentschaftswahl von 1972 entscheiden definitiv Vorwahlen die Kandidatenauswahl auch für dieses Amt.

Die Parteien hatten sich im 19. Jahrhundert in den Verwaltungen ein riesiges Patronagepotential für ihre Funktionäre und Anhänger erschlossen. Die Progressive Bewegung zielte darauf ab, die Parteien und ihre Amateurverwalter aus den Lokal- und Regierungsbehörden herauszudrängen. Seit Beginn des 20. Jahrhunderts wurde im Bund und in den meisten Einzelstaaten ein Berufsbeamtentum eingeführt, das den Zugang zur Verwaltung an einschlägige Befähigung bindet. Die Anzahl der Wahlbeamten wurde drastisch reduziert und im wesentlichen auf Beamtenstellen der höheren Ränge – mit politischen Aufgaben – beschränkt.

3.2.5 Entstehung der Verfassungsgerichtsbarkeit[*]

Marbury vs. Madison als Geburtsstunde der Verfassungsgerichtsbarkeit

Die Funktion eines Verfassungsgerichts läßt sich aus dem Wortlaut der Verfassung nicht unmittelbar herauslesen. Der Normenkontrollanspruch des Supreme Court, der die Verfassungsentwicklung der USA nachhaltig bestimmt hat, geht letztlich auf eine Eigeninitiative des Gerichts zurück. Anlaß war ein unbedeutender Streitfall, den die Richter des Supreme Court nutzten, um ihre Position im Verfassungsgefüge zu fixieren. Anläßlich der Streitsache Marbury vs. Madison

---

[*] Es wird empfohlen, hierzu noch einmal die Ausführungen im Teil 1 über Montesquieu zu lesen!

108

bestätigte das Oberste Bundesgericht 1803 ein Gesetz als verfassungswidrig. In der Sache folgte es der Rechtsauffassung des eben erst ins Amt gelangten neuen Regelung, gegen die sich alle Klage richtete. Deshalb fand das Urteil zunächst keine große Beachtung. Das Gericht erklärte hier, daß die Befugnis zur Verfassungsprüfung einfachen Gesetzesrechtes – Kongreßbeschlüsse – den Gerichten obliege. Die Verfassung dürfe nur mit einer Zweidrittelmehrheit beider Kammern des Kongresses und mit Zustimmung von Dreivierteln aller Einzelstaaten geändert werden. Hinter einem Gesetz stünden hingegen einfache Kongreßmehrheiten. Sollte es den Gerichten und somit in letzter Instanz dem Obersten Bundesgericht nicht erlaubt sein, ein Gesetz zu prüfen und ggf. für nichtig zu erklären, dann bedeute dies, daß die Verfassung mit einfachen Gesetzen auf eine Stufe gestellt sei und mit einfachen Kongreßmehrheiten verändert werden könne. So lasse sich die Verfassung ändern, ohne daß dies im Text zum Ausdruck komme. Dies widerspreche dem Sinn einer geschriebenen Verfassung. Folglich stehe die Verfassung über dem einfachen Gesetz und müsse ein Gesetz, falls es gegen die Verfassung verstoße, ungültig sein. Doch wer, so argumentierte das Gericht weiter, solle prüfen, ob ein Gesetz vor der Verfassung bestehen kann? Sinnvollerweise könne dies nicht die Sache der Legislative sein, die das fragliche Gesetz selbst beschlossen habe. Auch der Präsident könne es nicht sein, weil er sich damit leicht zum Herren der Verfassung aufschwingen könne. Also bleibe allein ein Bundesgericht, in letzter Instanz das Oberste Bundesgericht selbst, um diese Prüfung vorzunehmen. Gestützt auf diese Verfassungsrechtsprechung steht das Oberste Bundesgericht seit bald 200 Jahren in der Rolle des höchsten amerikanischen Verfassungsgerichts. Erstmals kassierte das Gericht 1819 in einer sehr spektakulären und politisch umstrittenen Entscheidung ein Gesetz. Weitere Entscheidungen von ähnlicher Tragweite sollten folgen. Sie begründeten die Reputation des Gerichts als Wächter über die Verfassungsgrenzen der Mehrheitsherrschaft.

3.2.6 Entwicklung des Bundesstaates und Verfassungsrechtsprechung

Das Verhältnis des Bundes zu den Staaten verschob sich im Laufe des 19. und 20. Jahrhunderts kontinuierlich zugunsten des Bundes. Dies geschah hauptsächlich ohne förmliche Verfassungsänderungen. Grundlage für diese Entwicklung war die Rechtsprechung des Supreme Court (Oberstes Bundesgericht). Dieser paßte in seiner Verfassungsauslegung die ursprünglich für eine kaum verwaltungsbedürftige Gesellschaft ausgelegte Verfassung von 1789 an die Bedürfnisse eines Landes an, das eine stärkere Regierungsaktivität verlangte. Der Bund hat bis heute lediglich sparsam bemessene Kompetenzen, die im Ersten Artikel der Verfassung aufgeführt sind. Es geht im wesentlichen um das Recht des Bundes, völkerrechtliche Verträge zu schließen und die auswärtigen Beziehungen zu bestimmen, die gemeinsame Verteidigung zu organisieren, eine einheitliche Währung einzuführen und die Regularien des Handels zwischen den Einzelstaaten (interstate-commerce-Klausel) näher auszugestalten. Darüber hinaus enthält die Verfassung Generalklauseln, die dem Bund das Recht einräumen, auch im Grenzbereich seiner Kompetenzen aktiv zu werden.

Formelle Föderationsstrukturen

Die ersten Jahrzehnte nach Gründung der USA waren von der Auseinandersetzung bestimmt, ob die Verfassung bundesfreundlich verstanden werden müsse. Dank einer die Bundesseite stärkenden Verfassungsauslegung der Generalklausel über die Bundeszuständigkeit aus der Natur der Sache (necessary-and-proper-Klausel) wuchsen die USA zu einem einheitlicheren Rechts- und Wirtschaftsraum zusammen. Es ließ sich aber noch keine Verständigung darüber erzielen, welches Gesellschaftsmodell in die Verfassung hineingelesen werden sollte. Um diese Frage ging es letztlich im amerikanischen Bürgerkrieg von 1861 bis 1865. Die Südstaaten bildeten eine Plantagenökonomie, die vom Baumwollexport prosperierte; auf den Plantagen arbeiteten hauptsächlich Sklaven. Die übrigen Staaten der amerikanischen Union, vor allem jene an der nördlichen Atlantikküste, durchliefen hingegen einen Industrialisierungsprozeß, der nach Absicherung gegen billigere britische Konkurrenzprodukte verlangte. Die Interessen der Nordstaaten drängten auf Schutzzollpolitik. Mit den Freihandelsinteressen der Südstaaten, deren Hauptabnehmer die Textilfabriken in Großbritannien und im übrigen Europa waren, ließ sich diese Politik nicht vereinbaren. Die Industrialisierung verlangte den mobilen Industriearbeiter. Die lohnabhängigen Industriearbeiter waren Konsumenten, die Sklaven hingegen blieben aus der Geldwirtschaft ausgeschlossen. Diese Gegensätze zwischen den Nord- und den Südstaaten der USA waren die eigentliche Ursache des Bürgerkrieges. Die Sklavenfrage war ein moralischer Nebenaspekt, der von den Nordstaaten propagandistisch ausgebeutet wurde, um sich als moralisch überlegene Partei darzustellen. Der Bürgerkrieg entschied die Suprematie der Bundesinteressen mit den Waffen – zugunsten der industriell überlegenen Nordstaaten (Nagler 1998).

In der Zeit der Hochindustrialisierung vom Ende des 19. Jahrhunderts bis in die Zeit der Weltwirtschaftskrise (1929/33) bemühte der Bund die Klausel über den zwischenstaatlichen Handel (interstate commerce), um Gesetze über bundeseinheitliche Wirtschaftsregeln und Gesundheitsvorkehrungen zu beschließen. Die Gründe dafür lauteten im Regelfall, Kinderarbeit oder mangelnde Unfallverhütungsregularien verzerrten den Wettbewerb zwischen den in verschiedenen Staaten ansässigen Unternehmen. Lange folgte das Oberste Bundesgericht dem Kongreß bei dieser Rechtsauffassung nicht. Erst auf dem Höhepunkt eines schweren Verfassungskonflikts gab das Gericht 1937 der bundesfreundlichen Auffassung nach, die von einer Minderheit der Obersten Bundesrichter schon länger vertreten worden war. Seither gilt das Recht des Bundes auf das Setzen einheitlicher Standards im Wirtschaftsverkehr unbestritten.

Als Ergebnis des Bürgerkrieges wurde ferner der Grundrechtekatalog der ersten zehn Verfassungsergänzungsartikel im 14. und im 15. Ergänzungsartikel dahingehend präzisiert, daß die Freiheitsgarantien der Bundesverfassung für die Staaten unmittelbar gelten. Damit sollte nach dem Ende des Besatzungsregimes, d.h. nach der Restauration der Selbstverwaltung in den vormaligen Sezessionsstaaten, verhindert werden, daß die ehemaligen Sklaven, d.h. Afro-Amerikaner, schlechter behandelt würden als die Weißen. Tatsächlich wurden sie durch einzelstaatliche Gesetze trotzdem erneut massiv diskriminiert. Die Rechtsprechung des Obersten Bundesgerichts sanktionierte diese Tatsache lange durch eine weiche Auslegung dieser Verfassungsbestimmungen. Erst 1954 rang sich der Supreme Court zu einer strikten Lesart der Verfassung durch, die eine Differenzierung der bürgerlichen Rechte nach Rasse und Hautfarbe für verfassungswidrig erklärte. Seither dreht sich die Entwicklung des amerikanischen Bundesstaates in verfassungspolitischer Hinsicht um die praktischen Konsequenzen aus der unmittelbaren Geltung der Persönlichkeitsrechte für die Gesetzgebungsautonomie der Staaten. Dabei geht es schon lange nicht mehr um Fragen der rassischen Diskriminierung. Streitpunkte sind heute das Selbstbestimmungsrecht der Frau beim Schwangerschaftsabbruch oder die Rechte der Polizei bei Festnahmen und Verhören.

Finanzverfassung im Bundesstaat

Die verfassungspolitische Seite ist nur ein Aspekt bei der Entwicklung des amerikanischen Bundesstaates. Ein weiterer ist die Finanzverflechtung zwischen Bund und Staaten. Mit der Einführung der Bundeseinkommensteuer durch eine Verfassungsergänzung (1913) erhielt der Bund die Möglichkeit, sich erhebliche weitere Einkünfte zu erschließen. Die Staaten schöpfen steuerlich vor allem den Konsum und den Grundbesitz ab. Sie haben im Vergleich zum Bund aber die umfangreicheren und kostspieligeren Verwaltungsaufgaben. In den 1930er Jahren kam es zu einer finanziellen Verschränkung zwischen Bund und Staaten. Sie funktionierte in der Weise, daß der Bund den Staaten für Aufgaben in ihrem eigenen Zuständigkeitsbereich Zuschüsse versprach. Die Staaten mußten sich mit einem finanziellen Eigenanteil beteiligen und als Gegenleistung für die Zuschußzahlung die Auflagen des Bundes beachten. Die geringen Finanzressourcen zwangen die Staaten, auf die Angebote des Bundes einzugehen. Auf diese Weise gewann der Bund Einfluß auf die Politik der Staaten.

3.2.7 Veränderungen im Verhältnis von Kongreß und Präsident

Die US-amerikanische Gesellschaft des 19. Jahrhunderts hatte im Vergleich zu heute einen minimalen Gesetzgebungs- und Verwaltungsbedarf. Das bei weitem überwiegende Gros der Gesetzgebung fiel in den Staaten an. Die Gesetze dieser Epoche bedurften noch keines herausragenden technischen oder ökonomischen Sachverstandes. Unter diesen Umständen hatten die Legislaturen (Parlamente) der Staaten und auch der Bundeskongreß ein überwältigendes Gewicht im Institutionengefüge. Die Kongreßausschüsse waren ein Ausdruck der Macht des Kongresses. Doch immerhin waren die Ausschüsse notwendig geworden, weil der Kongreß im späteren 19. Jahrhundert den allmählich wachsenden Gesetzgebungsaufwand anders nicht mehr bewältigen konnte. Auch das verfahrensmäßige Management der Kongreßberatungen stellte höhere Anforderungen. Beides hatte zur Folge, daß insbesondere das Repräsentantenhaus als die größere Kammer des Kongresses eine hierarchische Struktur entwickelte. Die Ausschüsse bestimmten in großem Umfang die Gesetzesinhalte in ihrem Zuständigkeitsbereich. Sie wurden als politische Richtgrößen für die wenigen Bundesbehörden sogar wichtiger als der Präsident in seiner Eigenschaft als eigentlicher Chef der Exekutive. Die Macht zur Beschickung der Ausschüsse wuchs im Repräsentantenhaus jedoch dem „Speaker" zu, dem Präsidenten dieser Kammer. Bis zum Vorabend des Ersten Weltkrieges galt der Speaker dem Präsidenten in der Innenpolitik als überlegen.

Congressional government

Der nachmalige Präsident Woodrow Wilson, seinerzeit Professor für Politikwissenschaft an der Princeton University, beschrieb diesen Zustand in einem berühmt gewordenen Buch als „Congressional Government" (2002, Erstaufl. 1885). Sein Werk, das beißende Kritik an diesen Verhältnissen übte, kam einem Plädoyer für die Führungsrolle des Präsidenten auch in Angelegenheiten der Gesetzgebung gleich. Als Bewunderer des britischen Westminster-Parlamentarismus wünschte sich Wilson eine gestaltungsmächtige Regierung, wie sie Bagehot in seinem oben erwähnten Buch über die englische Verfassung gezeichnet hat. Wilson selbst mußte als Präsident (1913-1921) die Erfahrung machen, wie schwer es der Chef der Exekutive hat, seinen Willen gegen einen selbstbewußten Kongreß durchzusetzen. Der von ihm favorisierte Beitritt der USA zum Völkerbund, der auf Wilsons Idee zurückging, scheiterte 1920 an mangelnder Zustimmung im Senat.

Senioritätsprinzip

Der Senat hatte mit der Direktwahl der Senatoren seit 1913 an politischem Gewicht gewonnen und trat als Zweite Kammer fortan deutlicher wahrnehmbar neben das Repräsentantenhaus. Das Repräsentantenhaus hatte sich 1911 reformiert, aber nicht in die Richtung, die Wilson vorgeschwebt hatte. Eine Mehrheit in der Republikanischen Mehrheitsfraktion hatte sich gegen die „Diktatur" des Speakers aufgelehnt und diesen weitgehend entmachtet. Sie nahm ihm durch eine Satzungsänderung das Recht, die Ausschüsse nach Gutdünken zu besetzen und loyale Gefolgsleute als Ausschußvorsitzende einzusetzen. Fortan sollte die Fraktion die Ausschußzuweisungen selbst in die Hand nehmen, und an die Spitze der Ausschüsse sollten ganz schematisch jene Ausschußmitglieder aufrücken, die dem betreffenden Fachgremium am längsten ohne Unterbrechung angehört hatten. Hier wurde jetzt das Senioritätsprinzip etabliert. Die Minderheitsfraktion des Hauses und auch die Senatsfraktionen folgten diesem Beispiel und übernahmen das sog. Senioritätsprinzip. Dieses Senioritätsprinzip sollte die Machtverteilungen im Kongreß bis in die 1970er Jahre bestimmen. Für den Präsidenten war diese Reform kein Gewinn. Hatte er sich bis dahin mit dem „Speaker" des Repräsentantenhauses arrangieren müssen, so mußte er sich fortan mit einer Reihe von Ausschußvorsitzenden auseinandersetzen, die jeder für sich ein bestimmtes Gesetzgebungsfeld kontrollierten und die darüber hinaus selbstbewußt mit ihrer Verhandlungs- und Verweigerungsmacht umgingen. Die Präsidenten blieben bis in die Zeit der Weltwirtschaftskrise (seit 1929) hinein schwach, nicht nur deshalb, weil der Kongreß stark war, sondern auch deshalb, weil sie keine geeignete Infrastruktur besaßen, um einen Initiativ- oder Führungsanspruch im Verhältnis zum Kongreß anmelden zu können.

Im New Deal wird der Präsident zum Gesetzesinitiator

Als Impulsgeber und aktiver Teilnehmer am politischen Geschehen im Kongreß tritt der Präsident erst seit dem Beginn der Präsidentschaft Franklin D. Roosevelts (1933) hervor. Die amerikanische Öffentlichkeit und der Kongreß blickten auf das Weiße Haus, um Auswege aus der Wirtschaftskrise zu finden. Die Krise war von den USA ausgegangen und hatte mit Firmenzusammenbrüchen und Massenarbeitslosigkeit die USA selbst hart getroffen. Die Idee des Laisserfaire war jetzt diskreditiert. Politisch-gesetzgeberische Maßnahmen wirtschafts- und sozialpolitischen Inhalts versprachen Remedur, nachdem das Vertrauen in die Selbstheilungskräfte des Marktes erschüttert war. In den berühmten „hundert Tagen" nach der Amtseinführung des neuen Präsidenten deckte Roosevelt den Kongreß 1933 im Zeichen seines Regierungsmottos eines „New Deal" mit einer Serie von Gesetzgebungsinitiativen ein. Der Kongreß beschloß diese dann in bei-

112

spielloser Folgsamkeit gegenüber dem Präsidenten. In wenigen Jahren entstand eine Sozial- und Wirtschaftsbürokratie des Bundes, die komplizierte Gesetzeswerke verwaltete. Sie versorgte den Präsidenten darüber hinaus mit Vorschlägen, was er vom Kongreß im Sinne eines erweiterten staatlichen Aufgabenspektrums noch weiter verlangen sollte. Fünf Jahre später war dieser Bann gebrochen, der Kongreß verweigerte Roosevelts „Second New Deal" in weiten Teilen die Zustimmung. Aber der amerikanische Interventionsstaat war jetzt etabliert, und auch die Erwartung an den Präsidenten blieb, dem Kongreß Vorschläge für die Gesetzgebung zu unterbreiten. In dieser Zeit wurde die veränderte Rolle des Präsidenten institutionalisiert. Im Executive Office of the President entstand 1939 eine in den folgenden Jahrzehnten schrittweise erweiterte Präsidialbürokratie, die den Präsidenten als Chef der Exekutive und als Gesprächs- und Verhandlungspartner des Kongresses unterstützt.

Der Zweite Weltkrieg konfrontierte die Präsidentschaft mit einer weiteren Führungserwartung. Aber nicht so sehr der letzte Weltkrieg als vielmehr der kurz nach seinem Ende entbrennende Kalte Krieg verfestigte die bereits innenpolitisch herausgehobene Position des Präsidenten. Die USA entschieden sich für ein dauerhaftes weltpolitisches Engagement und nahmen dafür die dauerhafte Unterhaltung eines personalstarken, technologisch aufwendigen und überaus kostspieligen Streitkräfteapparats in Kauf. In der Präsidialbehörde entstand mit dem Nationalen Sicherheitsrat eine für die Koordinierung und die Leitung der Außen-und Sicherheitspolitik bestimmte Einrichtung. In der Vergangenheit, so nach dem Bürgerkrieg und selbst nach dem Ersten Weltkrieg, hatten die USA ihre Truppen nach dem Ende der Feindseligkeiten in kürzester Zeit auf geringe Friedensstärken reduziert. Nach dem Zweiten Weltkrieg geschah das nicht mehr. Die Kompliziertheit der nunmehr dauerhaften Streitkräfteplanungen und -ausrüstungen brachte die Erwartung mit sich, daß der Präsident dem Kongreß entsprechende Alternativen aufzeigte. Die Geheimhaltungsbedürftigkeit militärischer Einsatzplanungen und Lageeinschätzungen – noch untermauert durch die Furcht vor Spionage und nuklearen Vernichtungsszenarien – legte darüber hinaus noch einen Schleier über die Sicherheitspolitik. In der langen Zeit des Kalten Krieges wurde dem Präsidenten und dem politisch-militärischen Sicherheitsestablishment vieles zur Entscheidung überlassen, ohne daß sie die Öffentlichkeit einer Kongreßdebatte hätten gewärtigen müssen. Dieser Hintergrund spielte beim Hineingezogenwerden der USA in den Vietnamkrieg (seit 1964) und dessen Auswachsen zu einem Südostasienkrieg eine Rolle, ferner bei geheimdienstlichen Operationen in der Dritten Welt und schließlich bei der Unterstützung für Diktatoren und Militärputsche mit antikommunistischer Zielsetzung. Die Präsidentschaft mutierte in den Worten des Historikers und Publizisten A. J. Schlesinger zu einer „Imperial Presidency" (1973), die sich der öffentlichen Kontrolle und der Gegenmacht des Kongresses entzog.

Die Gegenreaktion des Kongresses setzte in den frühen 1970er Jahren ein. Zunächst schaltete der Kongreß mit dem „War Powers Act" (1973) die parlamentarische Zustimmung vor den Befehl für Auslandseinsätze der amerikanischen Streitkräfte. Die Selbstbindung des Kongresses an ein neues Haushaltsbeschließungsverfahren ermöglicht es der Legislative seit 1974, dem Präsidenten als Verfasser des Haushaltsentwurfs für den Kongreß Paroli zu bieten. Eine neue

Weltpolitisches Engagement der USA wertet den Präsidenten auf

Stärkung des Kongresses in den 1970er Jahren

Generation von Kongreßabgeordneten setzte 1975 das Senioritätsprinzip außer Kraft. Heute müssen sich die Präsidenten nicht mehr mit einem guten Dutzend mächtiger Ausschußvorsitzender in beiden Kongreßkammern auseinandersetzen. Die Macht über die Gestaltung des Gesetzgebungsprozesses streut seither über eine schwer überschaubare Vielzahl von Abgeordneten und Senatoren. Die Mehrheitsbeschaffung im Kongreß ist noch schwieriger geworden. Damit einhergehend kann heute kein Präsident mehr wirksam Geheimhaltung reklamieren, um den Kongreß zu umgehen. Schlesingers „imperial presidency" gehört der Geschichte an, das Pendel schlägt zugunsten des Kongresses zurück. Aber ein „congressional government", wie es Wilson vor über hundert Jahren beschrieben hat, ist für die Zukunft dennoch auszuschließen. Zu sehr sind die Präsidentschaft und der Kongreß voneinander abhängig. Die Bundesgesetzgebung im amerikanischen Regierungssystem kommt ohne die Initiative und den Rückhalt eines im Rampenlicht der Öffentlichkeit stehenden Präsidenten nicht aus.

3.3 Struktur und Arbeitsweise der staatlichen Institutionen

3.3.1 Verfassung

Die amerikanische Verfassung hat seit ihrer Annahme durch die vorgeschriebene Dreiviertelmehrheit der Gründerstaaten (1789) zahlreiche Veränderungen erfahren, zunächst durch 26 Zusatzartikel zum ursprünglichen Verfassungstext und ferner durch die Verfassungsinterpretation des Obersten Bundesgerichts der Vereinigten Staaten. Will man sich mit dem gegenwärtigen Stand der Verfassung vertraut machen, so empfiehlt es sich, die Verfassung von hinten zu lesen, d.h. zunächst bei den letzten Zusatzartikeln anzufangen und dann bis in den ursprünglichen Verfassungstext zurückzugehen. Im Unterschied zu anderen Verfassungen wird der ursprüngliche Wortlaut der Verfassung durch Verfassungsänderungen nicht verändert. Er wird nur mit jeder Ergänzung der Verfassung durch eine neue Bestimmung ersetzt bzw. ungültig. Diese Art der Verfassungsänderung hebt die Kontinuität der Verfassung hervor. Sie hat den Vorteil der Transparenz und führt dem Bürger gleichzeitig die Grundzüge der Verfassungsgeschichte vor Augen. Die Verfassung ist ein Schlüsselelement der politischen Folklore, ähnlich wie die Fahne (Stars und Stripes). Die wichtigsten Verfassungsergänzungen betreffen a) die ersten zehn Artikel (Amendments), die praktisch einen modernen Grundrechtekatalog in die Verfassung einbauen, b) die Modifizierung des Wahlverfahrens für den Präsidenten und den Vizepräsidenten (Artikel 12) sowie die Amtsnachfolge des Präsidenten zwischen zwei Wahlperioden (Artikel 20, 22, 25), c) die Rechtsgleichheit aller Bürger der Vereinigten Staaten ungeachtet ihrer Herkunft oder Hautfarbe (Artikel 14 und 15) und d) die direkte Wahl der Senatoren der Vereinigten Staaten (Artikel 17).

3.3.2 Kongreß

3.3.2.1 Verfassungsrechtlicher Rahmen

Die Abgeordneten des Kongresses werden nach dem System der relativen Mehrheit in Einperson-Wahlkreisen gewählt. Der Kongreß der Vereinigten Staaten setzt sich heute aus 535 Mitgliedern zusammen, von denen 100 den Senat und weitere 435 das Repräsentantenhaus konstituieren. Die nationale Legislative der USA ist damit kleiner als die parlamentarischen Körperschaften der größeren europäischen Industrieländer. Dabei weisen die USA eine um mehr als das dreieinhalbfache größere Bevölkerung auf als der bevölkerungsreichste Staat Westeuropas, die Bundesrepublik Deutschland. Die Senatoren und Abgeordneten des amerikanischen Kongresses repräsentieren also jeweils eine große Anzahl von Wählern. Sie sind auch mit einem wesentlich größeren Arbeitsaufwand konfrontiert als die Abgeordneten in anderen Regierungssystemen.

Wahlsystem

US-Verfassung, Artikel 1, 1. Abschnitt: „Alle in dieser Verfassung verliehene gesetzgebende Gewalt liegt beim Kongreß der Vereinigten Staaten, der aus einem Senat und einem Repräsentantenhaus besteht.
Abschnitt 2: Das Repräsentantenhaus besteht aus Abgeordneten, die alle zwei Jahre in den Einzelstaaten vom Volk gewählt werden. Die Wähler in jedem Staat müssen den gleichen Bedingungen genügen, die für die Wähler der zahlenmäßig größten Kammer der Gesetzgebenden Körperschaft des Staates vorgeschrieben sind ...
Abschnitt 3: Der Senat der Vereinigten Staaten besteht aus je zwei Senatoren aus jedem Staat, die von dessen Gesetzgebender Körperschaft auf sechs Jahre gewählt werden. Jedem Senator steht eine Stimme zu ...“

17. Zusatzartikel, 1913 in Kraft getreten:
1. Abschnitt: „Der Senat der Vereinigten Staaten besteht aus je zwei Senatoren aus jedem Staat, die von dessen Bevölkerung auf sechs Jahre gewählt werden. Jedem Senator steht eine Stimme zu. Die Wähler in jedem Staat müssen den gleichen Bedingungen genügen, die für die Wähler der zahlenmäßig stärksten Kammer der Gesetzgebenden Körperschaft des Staates vorgeschrieben sind ...“

Die Senatoren der Vereinigten Staaten – jeder Unionsstaat entsendet zwei Senatoren in den Kongreß – werden von den Wählern ihres Staates gewählt. Anders ausgedrückt: Die Unionsstaaten bilden die Wahlkreise der amerikanischen Senatoren. Die Wahlkreise der 435 Repräsentantenhausabgeordneten müssen in Abständen neu abgesteckt werden. Die Legislativen der Unionsstaaten sind verpflichtet, auf der Grundlage der letzten Volkszählung den Bevölkerungswanderungen zwischen den Staaten und in den Staaten selbst Rechnung zu tragen. Das Oberste Bundesgericht erlegt den Staaten die Verpflichtung auf, das Prinzip des „one man, one vote" zu beachten, d.h. kein Kongreßwahlkreis darf wesentlich größer sein als der andere. Nur bei den allerkleinsten Staaten ist die Mindestvertretung mit einem Mandat vorgeschrieben. Die Abgeordneten leben mit einem politischen Risiko, das kein Senator kennt: die Gefahr, einen angestammten Wahlkreis zu verlieren oder sich auf eine andere Wählerschaft in einem veränderten Wahlkreis einstellen zu müssen. Die Abgeordneten stehen mit ihrer Mandatszeit von zwei Jahren praktisch im Dauerwahlkampf; im Senat stehen alle zwei Jahre nur ein Drittel der Senatoren zur Wahl an.

Im Senat variieren die Wahlkreise als Bezugsgrößen der gewählten Repräsentanten erheblich. Die beiden Senatoren des Staates New York oder die des Staates Kalifornien vertreten große Staaten mit 18 bzw. 30 Millionen Einwohnern, die Senatoren der Staaten New Hampshire oder Nevada aber Staaten, deren gesamte Einwohnerzahl kleiner ist als die vieler amerikanischer Großstädte. Die kleinsten Staaten erreichen ca. 500.000 Einwohner (Alaska, Vermont, Wyoming).

Kompetenzen im Gesetzgebungs- verfahren Beide Kammern des Kongresses sind im Gesetzgebungsverfahren vollständig gleichberechtigt. Jeder Senator oder Abgeordnete (Repräsentant) kann Gesetzesvorlagen zur Beratung in die betreffende Kammer einbringen. Das Plenum des Senats und das Plenum des Repräsentantenhauses müssen Vorlagen im gleichen Wortlaut verabschieden, bevor sie dem Präsidenten zur Unterzeichnung vorgelegt werden. Verabschieden die Kammern abweichende Fassungen der Vorlage, so greift ein von den Geschäftsordnungen des Senats und des Repräsentantenhauses vorgeschriebenes Vermittlungsverfahren. Als Vermittler wird eine „Konferenz" (conference committee) tätig, die ad hoc aus Vertretern der zuständigen Fachausschüsse des Repräsentantenhauses und des Senats gebildet wird. Kommt keine Einigung auf einen gemeinsamen Text zustande, so ist die Vorlage gescheitert.

Jedes Haus besitzt einige Sonderrechte: Allein der Senat hat das Recht, mit einer Zweidrittelmehrheit völkerrechtliche Verträge zu ratifizieren. Er muß den Vorschlägen des Präsidenten für die Ernennung hoher Beamter und für die Berufung Oberster Bundesrichter mit der Mehrheit seiner Mitglieder zustimmen. Ausschließlich das Repräsentantenhaus darf Steuern und Ausgaben vorschlagen. Steuer- und Ausgabengesetze müssen wie andere Gesetze von beiden Kammern beschlossen werden, so daß der Senat in dieser Hinsicht dem Repräsentantenhaus praktisch doch wieder gleichgestellt wird.

3.3.2.2 Arbeitsweise

Ausschußparlament Der Kongreß ist als ein Arbeitsparlament bzw. Ausschußparlament organisiert. Im Repräsentantenhaus gibt es 19 und im Senat 20 Fachausschüsse. Hinzu kommen etwa 200 Unterausschüsse und noch vier Gemeinsame Ausschüsse beider Kammern (Stand 2004). Jede Gesetzesvorlage, die in einer Kammer eingebracht wird, muß zunächst von einem Ausschuß beraten werden. Bestimmt ein Ausschuß oder ein von diesem bestimmter Unterausschuß, daß die Vorlage keine weitere Beratung lohnt, so ist sie gescheitert. Nur dann, wenn der Ausschuß die Vorlage – zumeist nach langen Beratungen und erheblichen Änderungen – an das Plenum der betreffenden Kammer weiterleitet, kann die Kammer über Annahme oder Ablehnung entscheiden. Sämtliche Ausschüsse verfügen über große, qualifizierte Mitarbeiterapparate, und sie rekurrieren darüber hinaus auf die aufwendigen Hilfsdienste des Kongresses.

Repräsentantenhaus In der Arbeit des Repräsentantenhauses spielt der Geschäftsordnungsausschuß (Rules Committee) eine besondere Rolle. Würde im Plenum des Repräsentantenhauses jede Vorlage nach den komplizierten, zeitraubenden Regeln der Geschäftsordnung beraten, so wäre das Repräsentantenhaus außerstande, sein Gesetzgebungspensum in einem überschaubaren Zeitraum zu bewältigen. Deshalb weicht das Haus regelmäßig von seiner Geschäftsordnung ab, um Gesetzesvorlagen nach vereinfachten Regeln zu beraten. Diese maßgeschneiderten ad-hoc-Verfahren, die stets für nur eine bestimmte Vorlage gelten, erarbeitet der Geschäftsordnungsausschuß. Nicht selten empfiehlt dieser Ausschuß dem Plenum, sich mit einer Vorlage, die ein Fachausschuß ins Plenum bringen will, gar nicht erst zu befassen. Die Mehrheitsbank des Geschäftsordnungsausschusses ist mit solchen Abgeordneten der Mehrheitsfraktion beschickt, deren Loyalität zum wichtigsten Repräsentanten der Mehrheitsfraktion, dem Repräsentantenhaussprecher, verbürgt ist. Abweichend von den Nominierungsregeln für die übrigen Fachausschüsse schlägt der Sprecher des Repräsentantenhauses die Kandidaten seiner Partei für diesen Ausschuß vor.

Die Detailberatungen über Gesetzesvorlagen führt das Haus – nach den Vorgaben des Geschäftsordnungsausschusses – in der besonderen Form eines Committee of the Whole House (auf deutsch etwa: Hauptausschuß). In dieser Verfahrensform verlassen die Abgeordneten nicht den Plenarsaal. Der Sprecher des Repräsentantenhauses überläßt die Verhandlungsführung dabei einem Abgeordneten, zumeist dem Vorsitzenden des sachlich zuständigen Ausschusses. Als Committee of the Whole House darf das Repräsentantenhaus Änderungen einer Gesetzesvorlage schon bei einer Anwesenheit von lediglich 100 Abgeordneten beschließen. Das Plenum des Repräsentantenhauses behält allerdings sein Privileg, Gesetze endgültig zu beschließen. Es verliert seine Beschlußfähigkeit aber erst dann, wenn festgestellt wird, daß keine Mehrheit der gesetzlichen Mitglieder – 218 Abgeordnete – anwesend ist (siehe Schaubild auf der nächsten Seite).

Auch der Senat berät die Gesetzesvorlagen weitestgehend in Abweichung   Senat von seiner komplizierten Geschäftsordnung. Anders als im Repräsentantenhaus wird das pragmatische Außerkraftsetzen der Geschäftsordnung nach dem Einstimmigkeitsprinzip beschlossen. Der Senat eröffnet jede Sitzung mit dem Vorschlag, die Geschäftsordnung zugunsten einer ad-hoc-Prozedur zu suspendieren, die zuvor mit der Minderheitsfraktion abgesprochen worden ist. Widerspricht nur ein einziger Senator, so ist der Senat dazu verurteilt, nach den unhandlichen Geschäftsordnungsbestimmungen vorzugehen. Die erste Station des Gesetzgebungsprozesses ist – wie im Repräsentantenhaus – der zuständige Fachausschuß. Allerdings kennt der Senat kein dem Geschäftsordnungsausschuß des Repräsentantenhauses vergleichbares Gremium. Eine ähnliche Funktion hat aber der Führer der Mehrheitsfraktion des Senats. Er schlägt zu Beginn jeder Sitzung traditionell vor, die Geschäftsordnung zu suspendieren. Dem Fraktionsführer der Senatsmehrheit wird im weiteren Verfahren vom Sitzungsleiter unverzüglich das Wort erteilt – ältere Wortmeldungen stehen dann zurück. So kann der Mehrheitsführer das Verfahren stärker beeinflussen als „gewöhnliche" Senatoren.

Schaubild 5

Verfahrensgang einer Vorlage im Kongreß

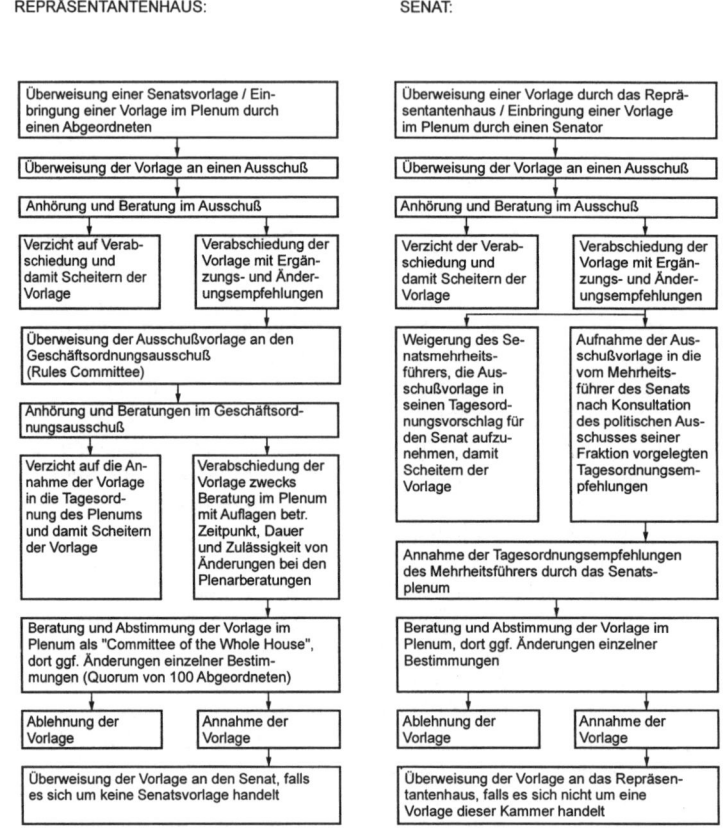

REPRÄSENTANTENHAUS:

SENAT:

Überweisung einer Senatsvorlage / Einbringung einer Vorlage im Plenum durch einen Abgeordneten	Überweisung einer Vorlage durch das Repräsentantenhaus / Einbringung einer Vorlage im Plenum durch einen Senator
Überweisung der Vorlage an einen Ausschuß	Überweisung der Vorlage an einen Ausschuß
Anhörung und Beratung im Ausschuß	Anhörung und Beratung im Ausschuß

Eine weitere Besonderheit des Senats ist das verbürgte Recht jedes Senators auf unbegrenzte Redezeit. Lediglich Dreifünftel der gesetzlichen Mitglieder des Senats können beschließen, daß einem Senator das Wort entzogen wird (bis 1975 galt noch ein Quorum von Zweidritteln). Das Privileg der unlimitierten Rede wurde in der Vergangenheit als sog. Filibuster von einzelnen Senatoren gebraucht, um Senatsbeschlüsse zu verzögern oder zu verhindern. Es bietet sich vor allem als Waffe einer Minderheit von Senatoren an, die einen sich abzeichnenden Mehrheitsbeschluß vereiteln wollen. Eine Dreifünftelmehrheit, die das Wort entzieht, kommt sehr selten zustande: einmal wegen der Stärke der Minderheitsfraktion, zum anderen auch deshalb, weil die meisten Senatoren das Recht der unbegrenzten Rede nicht entwertet wissen wollen.

Mehrheits-management
Jeder Abgeordnete oder Senator, der einen ernstgemeinten Gesetzgebungsvorschlag in den Kongreß einbringt, muß sich zuvor eine grobe Vorstellung da-

118

von machen, wie dieser Vorschlag abgefaßt sein muß, damit er zunächst vom zuständigen Ausschuß akzeptiert werden kann. Betreibt er seinen Vorschlag nicht
nur symbolisch, wie es oft geschieht, um vor den Wählern ein gutes Bild zu machen, so wird er vernünftigerweise den Kontakt mit einflußreichen Kollegen, mit
wichtigen Ausschußmitgliedern und mit seinen Fraktionsführern suchen. Die
Ausschüsse wahren ihre Reputation, indem sie aussichtslose Gesetzesvorschläge
gar nicht erst aus dem Stadium der Ausschußberatungen hinausgelangen lassen.
Die befürworteten Vorschläge haben in der Regel die reale Chance, im Plenum
eine Mehrheit zu finden. Die Möglichkeiten der Ausschüsse, Mehrheiten für ihre
Vorschlägen zustande zu bringen, sind begrenzt. Die Ausschüsse sind eben
Fachgremien, in denen nach der Eigenart der zur Beratung anstehenden Sache
entschieden wird. Allein die Ämter des Sprechers, des Mehrheitsführers und des
Minderheitsführers im Repräsentantenhaus und die des Mehrheits- und Minder-
heitsführers im Senat existieren eigens für den Zweck, die parlamentarische
Mehrheitsbildung zu managen.

3.3.2.3 Kongreßführer und Kongreßmitglieder

Der Sprecher des Repräsentantenhauses ist Präsident dieser größeren Kammer   Repräsentantenhaus
des Kongresses. Auch in dieser Eigenschaft bleibt er der erste und wichtigste Repräsentant seiner Fraktion. Ihm steht der Mehrheitsführer des Repräsentantenhauses zur Seite, der – wie der Sprecher selbst – von der Mehrheitsfraktion gewählt
wird. Beide zusammen bilden das Führungsteam der stärksten Gruppe in der größeren Kammer des Kongresses. Der Mehrheitsführer dirigiert die sog. Whips.
Hier handelt es sich um Abgeordnete, die den Auftrag haben, die Stimmung unter
den Fraktionskollegen zu erkunden und vor wichtigen Abstimmungen abzuzählen
oder zu schätzen, welche Abgeordneten den Standpunkt der Fraktionsführung
unterstützen.

Die Aufgaben der Führungsteams im Repräsentantenhaus haben sich in den
letzten 25 Jahren stark verändert. Früher genügte es, wenn der Sprecher des Repräsentantenhauses ein Einvernehmen mit den Ausschußvorsitzenden und mit
den informellen Meinungsführern unter den Abgeordneten erzielen konnte. Heute
sind die Abgeordneten unabhängiger. Der Abgeordnetentypus, der heute das Bild
bestimmt, bietet schon Neulingen die Chance, sich zu profilieren. Viele Abgeordnete nehmen einen Unterausschuß als Startbasis für die Spezialisierung auf
bestimmte Politikfelder; sie gestalten die Arbeit der Vollausschüsse merklich mit.
Die vormals so überaus mächtigen Ausschußvorsitzenden haben seit 1975 durch
Verfahrens- und Organisationsreformen ihre frühere Macht verloren. Die Ausschußvorsitzenden müssen jetzt stark auf die Meinung der Ausschußmitglieder
achten, wenn sie nicht riskieren wollen, bei den nächsten Fraktionswahlen ihren
Vorsitzendenposten zu verlieren (Davidson 1994).

Dem Senat präsidiert offiziell der Vizepräsident der Vereinigten Staaten als   Senat
Präsident des Senats. Allerdings nimmt der Vizepräsident diese Pflicht nur selten,
meist bei zeremoniellen Anlässen, wahr. Seine Stelle nimmt in der Regel ein Senate President pro tempore ein, ein gewählter Senator, der formell die Verhandlungen des Senats leitet. Das Amt des Senate President „pro tem" ist unbedeutend. Um so wichtiger ist der Mehrheitsführer des Senats, der Vorsitzende der

Mehrheitsfraktion. Der Mehrheitsführer konzipiert mit seinem Stellvertreter, dem Majority Whip, und einem von seiner Fraktion gewählten Policy Committee die Gesetzgebungsstrategie der Senatsmehrheit. Im Senat hat sich die Konvention eingebürgert, die Wortmeldung des Mehrheitsführers stets vorzuziehen. Mit diesem Privileg lenkt der Mehrheitsführer die Senatsberatungen. Auch der Senatsmehrheitsführer muß sich, ähnlich wie das Führungs-Team des Repräsentantenhauses, vielfach arrangieren. Die Senatoren sind von jeher unabhängige Gestalten.

Mitarbeiterstäbe   Wenn hier von Senatoren und Abgeordneten die Rede ist, so handelt es sich um eine Vereinfachung. Kein Kongreßmitglied wäre in der Lage, seinen Verpflichtungen nachzukommen, wenn es keine erfahrenen, sachkundigen und motivierten Mitarbeiter hätte (Davidson/Oleszek 2000). Jeder Abgeordnete des Repräsentantenhauses und erst recht jeder Senator steht im Mittelpunkt einer kleinen Organisation (Prätorius 1997, 57). Die Vielfalt der Verpflichtungen – Termine, Zusammenkünfte mit Wählern, Lobbyisten und Beamten – zwingt jedem Kongreßmitglied einen dichtgedrängten Zeitplan auf, der einer sorgfältigen Planung und Feinabstimmung bedarf. Derlei besorgen spezielle Mitarbeiter. Weitere Mitarbeiter sind für die Organisation des Kongreßbüros verantwortlich, andere wieder für politische Themen (man denke an die Ausschüsse). Etliche andere pflegen hauptsächlich den Kontakt zum Wahlkreis. Eine Anzahl dieser Mitarbeiter wird aus Mitteln des Kongresses bezahlt. Falls das Kongreßmitglied über größere Einkünfte verfügt, stellt es auf eigene Rechnung weitere Mitarbeiter ein. Zu den zahlreichen persönlichen kommen noch die Mitarbeiter der verschiedenen Ausschüsse hinzu. Sie sind eigens dafür abgestellt, Ausschußsitzungen vorzubereiten, Anhörungen zu planen, Sachverständige vorzuladen, Fragen zu überlegen und Kontakte zu Regierungsbeamten und Lobbyisten zu pflegen. Sie arbeiten zum größeren Teil nach den Anweisungen des betreffenden Ausschußvorsitzenden. Ein kleines Ausschußmitarbeiterkontingent ist für Dienstleistungen zugunsten der Minderheitsfraktionsmitglieder reserviert. Große Mitarbeiterstäbe besitzen auch die Fraktionsführer beider Kammern des Kongresses. Mit den persönlichen Mitarbeitern der Kongreßmitglieder und der Ausschüsse kommt der Kongreß an 15.000 Mitarbeiter und mit den Mitarbeitern in den Ämtern und Informationsdiensten des Kongresses (Haushaltsamt, Technologieberatung, Auskunfts- und Recherchendienst, Kongreßbibliothek) kommt er sogar an eine noch höhere Mitarbeiterzahl heran. Er besitzt mit anderen Worten eine eigene politische Bürokratie, die ihn in die Lage versetzt, sich aus eigenen Quellen zu informieren und die Regierungsbehörden zu kontrollieren.

Kongreßgebäude: Das „Kapitol" beherbergt die Tagungsstätte des Kongresses in einem historischen Kuppelbau. In seinem Südflügel sind der Plenarsaal des Repräsentantenhauses und Büroräume für die wichtigsten Amtsträger dieser Kammer untergebracht. Im Nordflügel befinden sich Plenarsaal und Büroräume des Senats. Das Kapitol liegt auf einem Hügel. Deshalb wird der Kongreß auch gern mit „Capitol Hill" umschrieben. Das Kapitolsgebäude wurde nach dem Ersten Weltkrieg zu klein, um den Büros für die Abgeordneten und Senatoren Platz zu bieten. Heute ist der Kapitolshügel mit zahlreichen Bürokomplexen für das Repräsentantenhaus und den Senat bebaut, die teilweise sogar durch Untergrundverkehrsmittel mit dem Kapitolsgebäude verbunden sind. Die Verwaltungshoheit auf dem Capitol Hill hat allein der Kongreß, der zum Beispiel über eine eigene Polizei, ein Architektenbüro, einen Fuhrpark und eine Landschaftsgärtnerei verfügt.

Die politische Existenz der Kongreßmitglieder wurzelt in beinahe jeder Hinsicht in den Wahlkreisen. Senatoren und Abgeordnete werden nach dem Prinzip der relativen Mehrheitswahl in Einperson-Wahlkreisen gewählt (siehe Tabelle 5). Intensive Wahlkreispflege, und das heißt: gründliche Kenntnis und Einschätzung tragender gesellschaftlicher Interessen des Wahlkreises, sind entscheidende Voraussetzungen, um das Mandat zu behalten (Borchert/Copeland 1999). Die Wahlkreispflege kulminiert alle zwei Jahre (für Abgeordnete) oder alle sechs Jahre (für Senatoren) in den Wahlkämpfen. Hier bedienen sich die länger amtierenden Kongreßmitglieder eines informellen Netzes von Anhängern, Sympathisanten und einflußreichen Meinungsführern, um die Wählerschaft für sich zu mobilisieren und die erforderlichen Geldmittel für den Wahlkampf einzutreiben (Beispiele: Smith 1988). Die Chancen für die Wiederwahl dieser Mandatsträger stehen gemeinhin gut. Veränderungen in den Mehrheitsverhältnissen bewegen sich meist in einer Spanne weniger Mandate. In Abständen kommt es im Repräsentantenhaus zu größeren Verschiebungen im Umfang zwischen 40 – 60 Mandaten, die einen Stimmungswandel im Elektorat anzeigen, so etwa 1958, 1964, 1974 oder 1994 (siehe Tabelle 6). Sie gehen zumeist mit einem Generationswechsel einher und schlagen sich für gewisse Zeit in einer deutlich liberaleren oder konservativeren Politik nieder. Die Erfahrung zeigt indes, daß sich auffallende Zugewinne allmählich wieder abbauen. Die Wahlkreispolitik der Kongreßmitglieder ist eine wichtige Ursache für die relativ große Stabilität der Mehrheitsverhältnisse.

Auch zwischen den Wahlen pflegen die Kongreßmitglieder intensiv den Kontakt zu den wichtigsten Leuten im Wahlkreis (King 1998). Dabei gehen ihnen einschlägige Mitarbeiter zur Hand. Sie müssen die zahlreich eingehende Post der Wähler beantworten und den Wählern im Rahmen ihrer Möglichkeiten bei der Bewältigung persönlicher Probleme mit den Bundesbehörden behilflich sein. Diese Briefkasten- oder Sozialarbeiter-Rollen der Kongreßmitglieder sind von vitaler politischer Bedeutung. Ein Abgeordneter oder ein Senator baut damit seine Reputation als ein sorgsam um die Nöte seiner Mitbürger bemühter Volksvertreter auf (Fiorina/Rohde 1994). Die Wahlkreispflege wird von Mitarbeitern mitbesorgt, die im allgemeinen aus dem Haushalt des Kongresses bezahlt werden. Der große Umfang der Mitarbeiterstäbe erklärt sich zum Teil aus diesen Bedürfnissen der Wahlkreispolitik. Seit den 1970er Jahren weisen Meinungsumfragen immer wieder aus, daß das Ansehen des Kongresses als Institution in der Öffentlichkeit nicht mehr sonderlich hoch ist, daß die Wähler ihren eigenen Senator und Abgeordneten als Person aber sehr schätzen.

Neben dem wahlkreisbezogenen Apparat der Kongreßmitglieder steht ein innerer Apparat, der für die Arbeit des Kongreßmitglieds im Kongreß bestimmt ist. Hier handelt es sich um Mitarbeiter, die es dem Kongreßmitglied überhaupt erst ermöglichen, seinen Teil an der Arbeitslast des Kongresses zu übernehmen. Jedes Mitglied des Repräsentantenhauses ist Mitglied mehrerer Ausschüsse.

Auf einen Senator entfallen wegen der kleineren Mitgliedschaft des Senats noch mehr Ausschußmitgliedschaften.

Die Kongreßmitglieder sind extrem von der Anzahl und der Qualität ihrer Stabsmitarbeiter abhängig, die für sie Recherchen erledigen, Reden schreiben, Kontakte zu anderen Abgeordneten pflegen und die sie bei verschiedenen Anlässen vertreten. Die Mitarbeiterstäbe der Kongreßmitglieder variieren zwischen

121

zehn und 70 Mitarbeitern. Die Ausstattung mit einem tüchtigen Mitarbeiterstab ersetzt den Kongreßmitgliedern selten eigene Fähigkeiten, obgleich gute Mitarbeiter viele Schwächen ihres Chefs ausgleichen können. Letztlich kommt es darauf an, wie ein Kongreßmitglied seine Handlungsmöglichkeiten und die Interessen seines Wahlkreises abschätzt.

Tabelle 5:   Mehrheitsverhältnisse im Kongreß 1951-2002 (Anzahl der Mandate)

Kongreßwahl	Repräsentantenhaus		Senat	
	Demokraten	Republikaner	Demokraten	Republikaner
1950	235	199	49	47
1952	213	221	47	48
1954	232	203	48	47
1956	233	200	49	47
1958	282	154	64	34
1960	263	174	65	35
1962	258	176	67	33
1964	295	140	68	32
1966	247	187	64	36
1968	243	192	57	43
1970	255	180	55	45
1972	245	190	57	43
1974	290	145	62	38
1976	291	134	62	38
1978	292	143	61	38
1980	276	159	58	41
1982	269	166	54	46
1984	253	182	47	53
1986	257	177	55	45
1988	261	174	56	44
1990	267	167	56	44
1992	261	173	56	44
1994	204	230	47	53
1996	206	228	45	55
1998	210	223	45	55
2000	211	220	50	50
2002	205	229	48	51
2004	201	232	44	55

Wahlkreisbindung   Die Wähler und Parteianhänger können genau verfolgen, wie sich ihr Kongreßmitglied bei Abstimmungen verhält, insbesondere bei solchen, die für den Wahlkreis wichtig sind. Alle Gesetze von einiger Bedeutung werden in beiden Kammern in namentlicher Abstimmung verabschiedet. Die Interessengruppen und die lokale Presse registrieren sorgsam, wie sich „ihr" Abgeordneter oder Senator zu einer Frage äußert. Verfehlt ein Kongreßmitglied mit seinem Votum häufiger die Wünsche seines Wahlkreises, so riskiert es, daß es von einem Opponenten der Gegenpartei bei der nächsten Wahl abgelöst wird. Verfehlt der Abgeordnete oder Senator insbesondere die Erwartungen seiner engeren Anhänger, so muß er gewärtigen, daß ihm bereits in den nächsten Vorwahlen seiner Partei ein erfolgreicher Gegenkandidat entgegentritt. Der Wahlkreis ist im politischen Kalkül der Kongreßmitglieder die entscheidende Größe (Mayhew 1974). Tatsächlich beste-

hen die Parteien in den Staaten und Kongreßwahlkreisen lediglich aus einem lok-
keren Kranz von Anhängern, die im Wahlkampf freiwillig Leistungen für den
Kandidaten erbringen. (Zum Verhältnis von Partei und Kongressmitgliedern:
Helms 1997 b.) „Organisierte" Wahlkreisparteien existieren nicht.

Tabelle 6: Veränderung der Mehrheitsverhältnisse im Kongreß
(in Mandatsgewinn oder -verlust für die Demokraten)

Kongreßwahl	Repräsentantenhaus	Senat
1950	-28	-5
1952	-22	-2
1954	+19	+1
1956	+1	+1
1958	+49	+15
1960	-19	+1
1962	-5	+2
1964	+37	+1
1966	-48	-4
1968	-4	-7
1970	+12	-2
1972	-10	+2
1974	+45	+5
1976	+1	0
1978	+1	0
1980	-16	-3
1982	-7	-4
1984	-16	-7
1986	-6	+8
1988	+4	+1
1990	+6	0
1992	-6	0
1994	-57	-9
1996	+2	-2
1998	+4	0
2000	+1	-5
2002	-6	-2
2004	-4	-4

Das Image des guten Wahlkreisvertreters in Washington verschafft dem Abgeordneten soviel Freiraum, daß er bei einer Abstimmung anders votieren kann, als
es der Stimmung im Wahlkreis entspricht. Gute Wahlkreisarbeit und -präsenz
bauen einen Vertrauensvorschuß auf, von dem die Kongreßmitglieder zehren.
Abgeordnete, die mit lediglich knappen Mehrheiten gewählt worden sind, können
sich nicht so weit von der vermuteten Stimmung im Wahlkreis entfernen wie ge-
standene Kongreßveteranen, denen als geschätzten Lokalmatadoren vieles nach-
gesehen wird. Letztere müssen nicht gleich um ihre Wiederwahl fürchten, wenn
sie mit einem Votum oder mit einer legislatorischen Initiative einige Wähler ver-
prellen. Wie die Kongreßmitglieder votieren, hängt auch davon ab, wo sie sich
informieren bzw. wer ihnen Anhaltspunkte für ihr Votum bietet. Hier liegt die
Bedeutung der Fraktionsversammlungen und der verschiedenen Meinungsgruppen, die unter dem Dach insbesondere der Repräsentantenhausfraktionen agieren.

Die wichtigsten darunter bilden Zusammenschlüsse der liberaleren und der konservativen Demokraten sowie der konservativeren Hauptströmung und der Gemäßigten bei den Republikanern. Daneben gibt es Vereinigungen der weiblichen Kongreßabgeordneten, der afroamerikanischen Abgeordneten und der Abgeordneten aus bestimmten Regionen (Schreyer 1998). Sonst haben die Kongreßfraktionen keine Bedeutung. Die erklärten oder vermuteten Interessen des Wahlkreises haben im allgemeinen Vorrang vor allen anderen Überlegungen. Jeder Demokrat oder Republikaner votiert so, wie er es für richtig hält.

Fraktionsdisziplin in Personalfragen

Bei vielen kontroversen namentlichen Abstimmungen finden sich sowohl Demokraten als auch Republikaner auf der Seite der Befürworter und Gegner. Wenn dennoch die Mehrheit der Demokraten und die Mehrheit der Republikaner meist unterschiedliche Positionen vertreten, so liegt das weniger in gemeinsamer Weltanschauung begründet als vielmehr in der Tatsache, daß die meisten Demokraten bzw. Republikaner mehr Kontakt untereinander halten als jeweils mit Vertretern der anderen Fraktionen. Die demokratische Repräsentantenhausfraktion heißt traditionell Caucus. Die Republikaner im Repräsentantenhaus und beide Parteien im Senat nennen sich Conference. Beim Zusammentreten eines neu gewählten Kongresses entscheiden diese Fraktionsvollversammlungen die Nominierung für die Schlüsselämter in beiden Kammern. Die Nominierungsvorschläge der Fraktionen werden anschließend von der Mehrheitspartei im Plenum bestätigt. Diese Personalabstimmungen sind der einzige Punkt, in dem die Kongreßfraktionen wirklich diszipliniert auftreten.

3.3.2.4 Politischer Rahmen der Kongreßarbeit: Regierung und Lobbyisten

Haushaltsabhängigkeit der Regierungsarbeit

Zu den wichtigsten Akteuren im Umfeld des Kongresses gehören der Präsident der Vereinigten Staaten und die politischen Chefs der Bundesverwaltung in Washington (Shell 1998). Die Verwaltungsbehörden inspirieren – vor allem in den Ausschüssen – viele wichtige Gesetze, die einen Großteil der Beratungtätigkeit des Kongresses beanspruchen. Die Organisationsgewalt für die amerikanische Bundesregierung liegt nicht beim Präsidenten, sondern beim Kongreß. Zwar kann der Kongreß diese Befugnis mit zeitlich begrenztem Mandat an den Präsidenten delegieren. Aber er behält sich das Recht vor, diese Delegation rückgängig zu machen. Faktisch ist jede Verwaltungsbehörde vom riesigen Department (etwa bedeutungsgleich mit einem Ministerium in Europa) bis hin zur kleinen Abteilung innerhalb eines Departments vom Wohlwollen des Kongresses abhängig. Der Kongreß genehmigt den Haushalt für sämtliche Zweige der Bundesexekutive. Die Fachausschüsse des Kongresses haben es daher in der Hand, den Stellenbestand einer Behörde oder einer Abteilung innerhalb einer Behörde herauf- oder herabzusetzen oder die Bewilligung des betreffenden Fachbudgets von Auflagen abhängig zu machen. Jede Behörde ist gut beraten, wenn sie den Kontakt zum Kongreß, insbesondere zu den für sie zuständigen Kongreßausschüssen, pflegt (Chubb/Peterson 1989).

Bürokratische Interessen

Die vom Präsidenten ernannten Behördenchefs kommen und gehen, der Kongreß bleibt (Fiorina 1989). Es liegt daher im wohlverstandenen Interesse vieler Karrierebeamter, die unabhängig von den Wahlergebnissen und Mehrheitsverhältnissen in den Behörden verweilen, daß sie ein gutes Verhältnis zum Kongreß bewahren. Daß dabei auch Gesichtspunkte bürokratischer Bestandswahrung eine Rolle spielen, liegt auf der Hand. Die Beziehungen zwischen der Administration (Sprachformel für den Präsidenten und seine politischen Beamten) und dem Kongreß werden mit den Spitzenrepräsentanten beider Institutionen nur unvollständig erfaßt. Die Bürokratie als Ganzes treibt häufig eine andere Politik als die einigen Tausend nur auf Zeit amtierenden Beamten, die der Administration einer regierenden Partei angehören.

Schaubild 6

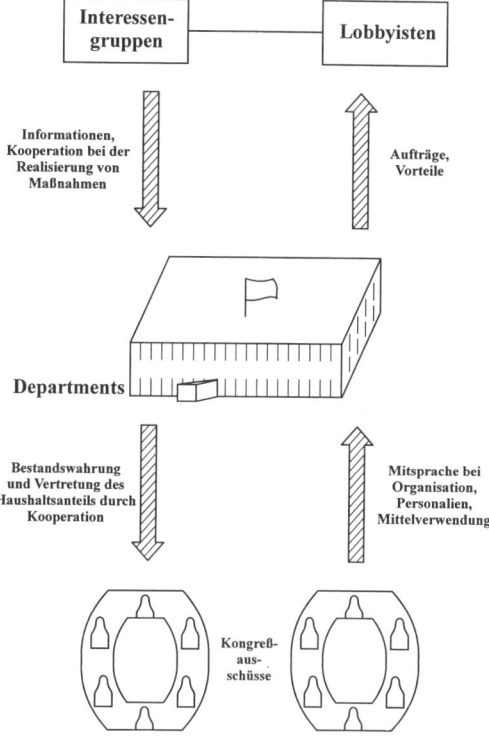

In der politischen Szene Washingtons agieren ferner einige Tausend (geschätzt etwa 15.000) sog. Lobbyisten. Die offizielle Berufsbezeichnung dieser Leute lautet in der Regel „Washington representative" des Verbandes X oder der Firma Y oder des Bürgervereins Z. Wichtiger als die Bezeichnung ist die Tätigkeit, die ein Lobbyist ausübt. Lobbyisten sind in Washington Vertreter eines akzeptierten Berufsstandes. Sie sind nicht etwa, wie es früher enthüllungsjournalistisch aufgezogene Werke behaupteten, eine politische Plage, sondern eine politische Notwendigkeit. Die Lobbyisten sind ebenso auf den Kongreß angewiesen, wie der Kongreß auf die Lobbyisten. Zweifellos werden alle Lobbyisten dafür bezahlt,

Politische Sinnhaftigkeit des Lobbyismus

daß sie die Interessen ihres Verbandes oder ihrer Firma möglichst vorteilhaft zur Geltung bringen. Daraus wird allgemein kein Hehl gemacht. Die Lobbyisten sind neben ihrer Interessentenanwaltstätigkeit unverzichtbare Informationsquellen für den Kongreß, insbesondere für die Kongreßausschüsse (siehe Schaubild auf der vorigen Seite). Die zahlreichen Kenntnisse und Erfahrungen, die sich in Unternehmen, Organisationen und Vereinigungen ansammeln, übertreffen alles, was dem Kongreß und der Administration zur Verfügung steht. Ein Kongreßausschuß, der sich ein Bild von den wahrscheinlichen Folgen seiner Entscheidungen verschaffen will, muß die Einschätzung der Betroffenen kennenlernen.

Die Geographie des Regierungsbetriebs: Die Wege in der amerikanischen Bundeshauptstadt sind für die Betreiber des Regierungsgeschäfts recht kurz. Regierungsbehörden, Anwaltskanzleien und Lobbyisten-Büros ballen sich auf dichtem Raum. Die K-Street in der kleinen Washingtoner Innenstadt ist die wichtigste Meile für Firmendependancen und professionelle Mittler zwischen privaten Interessenten und Regierungsdienststellen. Auf beiden Seiten der Pennsylvania Avenue, die sich zwischen Weißem Haus und Kapitol erstreckt, und südlich davon liegen die meisten Departments. Die Entfernung zwischen Innenstadt und Regierungsareal beträgt einige Minuten mit dem Taxi. Nachgelagerte Regierungsbehörden erstrecken sich bis ins Grenzgebiet der benachbarten Staaten Maryland und vor allem Virginia, wo sich mit dem Verteidigungsministerium (Pentagon) und dem Nachrichtendienst (CIA) auch bedeutsame und personalstarke Einrichtungen der Bundesregierung mit ihrem Hauptsitz befinden.

Für die Masse der Bundesbediensteten wie auch die Vertreter des Einflußgewerbes ist Washington, D.C. lediglich der Arbeitsplatz. Sie wohnen in den Vororten Washingtons auf dem Staatsgebiet von Virginia und Maryland, ein Teil auch im nordwestlichen Stadtbezirk der Hauptstadt, wo es noch gutsituierte Wohnviertel gibt. Die übrigen Hauptstadtbezirke, beginnend gleich hinter dem Capitol Hill, beherbergen Slums mit verfallender Bausubstanz, hoher Kriminalität und einer exorbitanten Arbeitslosenpopulation, wie man sie auch in unmittelbarer Nachbarschaft zu den Geschäfts- und Bürozentren anderer amerikanischer Metropolen, z.B. Chicago oder Philadelphia, antrifft.

Das Dilemma des Lobbyismus steckt ganz allgemein, nicht nur in den USA, in der Verquickung von Vorteilssuche und objektiver Informationsgebung. Nicht nur der Kongreß, auch die Bürokratie pflegt intensiven Umgang mit Lobbyisten. Nur ist der Kongreß für die amerikanischen Lobbyisten vermutlich der wichtigere Adressat. Die Legislative im politischen System der USA besitzt wirkliche Autonomie. Sie greift die Gesetzgebungsvorschläge der Administration nicht selbstverständlich und schon gar nicht in der vorgeschlagenen Weise auf. Schließlich bringt sie eigene Vorstellungen ein. Im „eisernen Dreieck" von Kongreßausschüssen, Interessengruppen und Bürokratie spielt sich ein Großteil des Alltagsregierens ab, das vom Präsidenten und den politischen Beamten nur schwer beeinflußt werden kann (Hartmann 1985).

3.3.3 Präsident und Exekutive

3.3.3.1 Präsident und Vizepräsident – verfassungsrechtlicher Rahmen

Rolle im Gesetzgebungsverfahren

Der Präsident vereinigt in seiner Person die Ämter des Regierungschefs und des Staatsoberhauptes (Hartmann/Kempf 1989). Er darf kein anderes politisches Amt bekleiden. Er hat für die Ausführung der Gesetze Sorge zu tragen und übt den

126

Oberbefehl über die Streitkräfte aus. Er ernennt die Beamten des Bundes und die Obersten Richter vorbehaltlich der Zustimmung des Senats. Jedes vom Kongreß verabschiedete Gesetz bedarf der förmlichen Zustimmung des Präsidenten (siehe Schaubild auf dieser Seite). Die Zustimmung kann der Präsident ausdrücklich durch seine Unterschrift bekunden. Widerspricht der Präsident schriftlich dem Gesetzesbeschluß des Kongresses, so kann dieser Beschluß nicht in Kraft treten. Dieses Veto kann nur durch die förmliche Bestätigung des betreffenden Gesetzesbeschlusses mit einer Zweidrittelmehrheit beider Häuser des Kongresses außer Kraft gesetzt werden. Das gelingt selten. Für das Veto hat der Präsident eine Frist von zehn Tagen (ohne Sonn- und Feiertage). Vertagt sich der Kongreß innerhalb dieser Frist, ist er also als Adressat des Vetos nicht mehr erreichbar, dann greift das Veto auch ohne schriftliche Ablehnung (pocket veto); der Präsident kann mit den Händen in den Hosentaschen zusehen, wie der Beschluss erlischt.

Schaubild 7

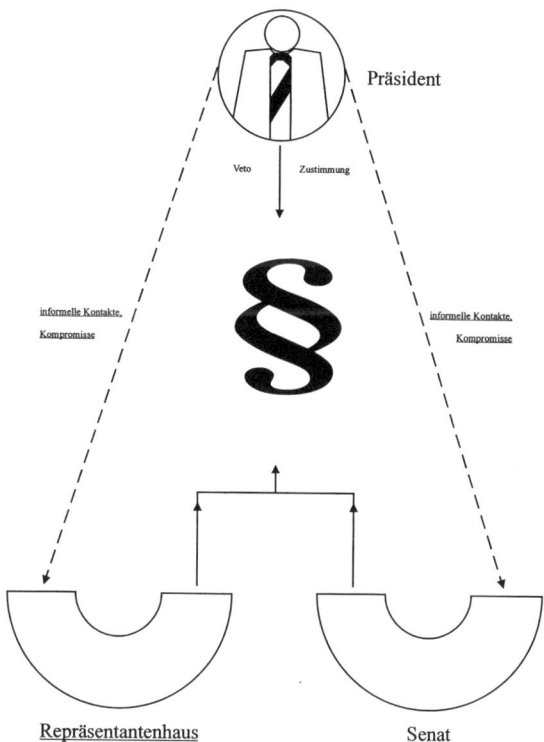

US-Verfassung, Artikel 2, 2. Abschnitt: „Der Präsident ist Oberbefehlshaber der Armee und der Flotte der Vereinigten Staaten und der Miliz der Staaten, wenn diese zur aktiven Dienstleistung für die Vereinigten Staaten aufgerufen wird; er kann von den Leitern der Departments der Bundesregierung schriftliche Stellungnahmen zu Angelegenheiten aus dem betreffenden Bereich verlangen, und er hat, außer in Fällen der Amtsanklage (Impeachment), das Recht, Strafaufschub und Begnadigung für Straftaten gegen die Vereinigten Staaten zu gewähren. Er hat das Recht, auf Anraten und mit Zustimmung des Senats Botschafter, Gesandte und Konsuln, die Richter des Obersten Bundesgerichts und alle sonstigen Beamten der Vereinigten Staaten zu ernennen; aber der Kongreß kann nach Ermessen die Ernennung der Beamten durch ein Gesetz allein dem Präsidenten, den Gerichten oder den Leitern der Bundesbehörden übertragen".

Impeachment (Amtsenthebung)

Der Präsident ist dem Kongreß für sein Handeln nicht verantwortlich. Begeht er eine Straftat oder mißbraucht er sein Mandat, so kann er im Wege der Amtsklage (Impeachment) aus dem Amt entfernt werden:

Das Repräsentantenhaus kann mit der Mehrheit seiner Mitglieder Anklage erheben, über die der Senat unter Vorsitz des Obersten Bundesrichters der Vereinigten Staaten mit Zweidrittelmehrheit entscheidet. Ein Schuldspruch hat lediglich die Amtsentfernung zur Folge. Die Amtsanklage gegen einen Präsidenten wurde erst zweimal angestrengt, das erste Mal im Jahr 1867 gegen Präsident Andrew Johnson. Sie blieb im Senat erfolglos, allerdings knapp, mit lediglich einer fehlenden Stimme. Präsident Richard Nixon kam 1974 einer drohenden Amtsanklage mit seinem Rücktritt zuvor. Gegen Präsident Bill Clinton kam im Dezember 1998 ein Impeachment in Gang; es scheiterte im Februar 1999 deutlich unterhalb des erforderlichen Quorums im Senat.

Amtsdauer

Seit einer erstmals für die Präsidentschaftswahl von 1952 geltenden Verfassungsänderung darf der Präsident nur einmal in Folge wiedergewählt werden. Alle vorausgehenden Präsidenten bis auf Franklin D. Roosevelt (Präsident seit 1933) waren dem Vorbild des ersten Präsidenten, George Washington, gefolgt und hatten auf eine dritte Kandidatur verzichtet. Unter den belastenden Umständen des drohenden Hineingezogenwerdens in den Zweiten Weltkrieg und in den Jahren der amerikanischen Kriegsbeteiligung kandidierte der überaus populäre F.D. Roosevelt historisch beispiellos mit Erfolg für eine dritte und für eine weitere vierte Amtszeit (1940, 1944). Einer Wiederholung dieses Beispiels wollte eine konservative Kongreßmehrheit mit der Verfassungsänderung ein für allemal den Riegel vorschieben.

Wahlverfahren

Das Wahlverfahren für den Präsidenten ist kompliziert. Der Präsident wird – technisch betrachtet – nicht direkt von den wahlberechtigten amerikanischen Bürgern gewählt, sondern indirekt von einer Delegiertenversammlung, dem Wahlmännerkollegium. Dieses besteht aus 538 Delegierten aus allen 50 Staaten der Union und aus drei Delegierten für die Bundeshauptstadt. Das Delegiertenkontingent der einzelnen Staaten berechnet sich gemäß Artikel 2 der Verfassung nach der Gesamtzahl der Senatoren und Abgeordneten des betreffenden Staates (siehe Tabelle 7 und 8). Zur Erinnerung: Jeder Staat ist im Senat mit zwei Senatoren vertreten, auch den Staaten mit sehr geringer Bevölkerung steht mindestens ein Abgeordneter im Repräsentantenhaus zu. Diese Verfassungsregularien steigern das relative Gewicht der kleineren Staaten im Kongress und damit auch im Wahlmännerkollegium. Daraus kann sich die Situation ergeben, dass ein Präsidentschaftskandidat zwar die Mehrheit im Wahlmännerkollegium gewinnt, aber die Mehrheit in der Wählerschaft verfehlt. Genau diese Situation trat in den Präsidentschaftswahlen des Jahres 2000 ein: Der Republikaner Bush Jr. gewann knapp im Wahlmännerkollegium, sein unterlegener Konkurrent, der Demokrat Gore, hingegen eine hauchdünne Mehrheit im Elektorat. Die Institution des Wahlmännerkollegiums erklärt sich aus dem Novum, das die Verfassungsväter des Philadelphia-Konvents 1787 berieten: die Wahl eines auf Zeit amtierenden Staatsoberhauptes. Demokratische Verfassungen, wie wir sie heute kennen, gab es damals nicht. Auch die amerikanische Verfassung sollte noch nicht demokratisch sein. Sie wollte die Bürger zwar an der Wahl des Präsidenten beteiligen. Gleichzeitig wollte sie aber verhindern, daß dem amerikanischen Volk im Präsidenten ein cäsaristischer Volkstribun erwuchs, der möglicherweise – gestützt auf seine Popularität bei den Wählern – das Machtgleichgewicht zwischen Legislative und Exekutive zu seinen Gunsten hätte verändern können. Die von den Bürgern gewählten Elektoren (Wahlmänner) waren als Filterstation gedacht, um die zur Wahl stehenden Kandidaten darauf zu prüfen, ob sie eine Amtsführung im Geiste der Verfassung erwarten ließen. Die schrittweise Demokratisierung der amerikanischen Union minderte den Stellenwert des Wahlmännerkollegiums bereits in der ersten Hälfte des 19. Jahrhunderts herab. Mit dem Aufkommen politischer Parteien wurden die von den Bürgern der Staaten gewählten Wahlmänner gesetzlich verpflichtet, ihre Stimmen für denjenigen Kandidaten abzugeben, auf den die Mehrheit der Wählerstimmen ihres Staates entfallen war. Dies ist auch heute noch die Rechtslage. Faktisch wurden die Wahlmänner damit zu blinden Werkzeugen der relativen Wählermehrheit im betreffenden Staat. Deshalb entspricht der Wahlvorgang tatsächlich seit langem einer direkten Volkswahl (Wasser 1998).

Nur in einer Hinsicht steht das Wahlmännerkollegium der Volkswahl im Wege. Falls ein Präsidentschaftskandidat durch das Auftreten populärer „dritter" Kandidaten die absolute Mehrheit im Wahlmännerkollegium verfehlt, wird die Wahl des Präsidenten im Repräsentantenhaus erforderlich. Dort hat dann jeder Staat – ungeachtet der Anzahl seiner Abgeordneten – nur noch eine Stimme. Diese Verfassungsbestimmung, die seit 1824 schon nicht mehr in Anspruch genommen werden mußte, hat bis heute Spuren in der amerikanischen Politik hinterlassen. Die beiden großen Parteien müssen sich bemühen, ein breites Spektrum von Interessen und Wählergruppen zu integrieren. Nur so läßt sich verhindern, daß sich die Wähler dem Präsidentschaftskandidaten einer neu auftretenden „dritten" Partei zuwenden. Unter ungünstigen Umständen könnte ein zugkräftiger „dritter" Kandidat die Wahl auch heute noch ins Repräsentantenhaus verlagern. Dieser Vorgang würde von der überwiegenden Mehrheit aller Amerikaner nicht mehr verstanden.

Die Kandidaten „dritter" Parteien verfolgen mit ihrer Kandidatur meist nicht die Absicht, die eingefahrenen Gewohnheiten der Präsidentschaftswahl aus den Angeln zu heben (Abramson 1995). Sie wollen die größeren Parteien jedoch zwingen, auf die Sorgen einer sich vernachlässigt glaubenden Wählerschar stärker Rücksicht zu nehmen.

Das jüngste Beispiel eines erfolgreichen „dritten" Kandidaten bot 1992 der Milliardär Ross Perot. Die Eventualität des Versagens der üblichen Wahlmethode hat in der jüngeren Vergangenheit verschiedentlich dazu geführt, über eine Reform des Präsidentenwahlverfahrens nachzudenken. Über Diskussionen kam diese Idee nie hinaus. Sie erschien auch nie sehr dringend, weil stets eine bequeme absolute Mehrheit im Wahlmännerkollegium zustande gekommen ist.

Tabelle 7: Wählerstimmenanteile der Präsidentschaftskandidaten 1948-2000
(Urwählerstimmen in v.H.)

	Demokraten	Republikaner	Unabhängige/ Kandidaten „dritter Parteien"
1948	49,6 (Truman)	45,1 (Dewey)	5 (Thurmond und H. Wallace)
1952	44,4 (Stevenson)	55,1 (Eisenhower)	
1956	42,0 (Stevenson)	57,4 (Eisenhower)	
1960	49,7 (Kennedy)	49,5 (Nixon)	
1964	61,1 (Johnson)	38,5 (Goldwater)	
1968	42,7 (Humphrey)	43,4 (Nixon)	14 (G. Wallace)
1972	37,5 (McGovern)	60,7 (Nixon)	
1976	50,1 (Carter)	48,0 (Ford)	
1980	41,0 (Carter)	50,7 (Reagan)	6,0 (Anderson)
1984	41,6 (Carter)	58,8 (Reagan)	
1988	45,6 (Dukakis)	53,4 (Bush)	
1992	43,0 (Clinton)	37,4 (Bush)	18,9 (Perot)
1996	49,9 (Clinton)	41,5 (Dole)	8,6 (Perot)
2000	48,4 (Gore)	47,9 (Bush)	2,7 (Nader)
2004	48,0 (Kerry)	51,0 (Bush)	

Vizepräsident Der Vizepräsident der Vereinigten Staaten wird vom Wahlmännerkollegium nach dem gleichen Verfahren gewählt wie der Präsident selbst. Er steht ohne Aufgaben im Schatten des Präsidenten, solange dem Präsidenten nichts zustößt. Dennoch war die Person des Vizepräsidenten oft von großer Bedeutung. Einige Präsidenten fielen politischen Attentaten zum Opfer, andere litten unter schweren, lebensbedrohenden Krankheiten. Der Kandidat für das Amt des Vizepräsidenten wird vom Präsidentschaftskandidaten auf dem Nominierungskonvent (Parteitag) vorgeschlagen. Mit diesem Personalvorschlag werden hin und wieder die Verlierer der innerparteilichen Vorentscheidungen (Vorwahlen) entschädigt; diese sollen so dazu motiviert werden, sich im Hauptwahlkampf für den Präsidentschaftskandidaten zu engagieren. Auf diese Weise kam es in der Vergangenheit häufiger zur Bildung von Kandidaten-Teams, die schlecht zusammenpaßten. Ein Vizepräsident erlangt durch das Amt im günstigen Fall größere Bekanntheit und damit einen möglichen Vorteil bei einer späteren Präsidentschaftskandidatur. Im übrigen kann das Amt bislang renommierte Politiker allein durch die erzwungene Untätigkeit verschleißen. Politische Entscheidungen treffen ausschließlich der Präsident und seine Mitarbeiter. Die Unpopularität einer Administration verschont auch den Vizepräsidenten nicht.

Eine seit 1967 geltende Verfassungsänderung sieht vor, daß beide Häuser des Kongresses den Vizepräsidenten wählen müssen, wenn dieser – aus welchen Gründen auch immer – vorzeitig aus dem Amt scheidet. Bereits 1973 wurde diese Verfassungsergänzung aktuell, als der durch Skandale kompromittierte Vizepräsident Spiro Agnew freiwillig zurücktrat. Als der kongreßgewählte Vizepräsident Gerald R. Ford nach dem Rücktritt Präsident Richard Nixons 1974 auch noch Präsident wurde, wurde Nelson A. Rockefeller als Vizepräsident nachgewählt. Der damals in beiden Kammern von den Demokraten kontrollierte Kongreß bewies mit seiner Wahl Republikanischer Politiker, daß er die Parteientscheidung der Wähler im Jahr 1972 respektierte. Trotz der ungewöhnlichen Umstände erlitt das Präsidentenamt keine Schwächung. Hätte es dazu noch eines Beweises bedurft, so lieferte ihn Präsident Ford (1974-77), der um nichts weniger entschieden als sein Vorgänger Konflikte mit dem Kongreß ausfocht und dabei häufig das grobe Geschütz des Vetos auffuhr.

Tabelle 8: Differenz zwischen Wählerstimmen und Wahlmännerstimmen im Wahlmännerkollegium 1984-2000

	Wahlmännerstimmen in v.H. (in Klammern Anzahl)		Differenz zu den Urwählerstimmen in v.H.	
	Demokrat	Republikaner	Demokrat	Republikaner
1984	Mondale 13,3 (72)	Reagan 86,6 (466)	Mondale 27,3	Reagan +27,8
1988	Dukakis 20,8 (112)	Bush 79,1 (426)	Dukakis −24,8	Bush +25,7
1992	Clinton 68,7 (370)	Bush 31,2 (168)	Clinton +25,7	Bush -3,5
1996	Clinton 70,4 (379)	Dole 29,5 (159)	Clinton +20,5	Dole -12,0
2000	Gore 49,5 (266)	Bush Jr. 50,5 (271)	Gore -1,1	Bush Jr. +2,6
2004	Kerry 48,0 (252)	Bush Jr. 51,0 (286)	Kerry -1,4	Bush Jr. +2,1

3.3.3.2 Nominierung des Präsidentschaftskandidaten

Die Präsidentschaftskandidaten werden von den Delegierten der Nationalkonvente beider Parteien gewählt. Bevor ein Präsidentschaftskandidat überhaupt so weit kommt, muß er einen mühsamen Ausleseprozeß durchstehen. Heute entscheidet sich die Nominierung der Präsidentschaftskandidaten in den Vorwahlen und Konventsentscheidungen auf einzelstaatlicher Ebene. Alle bevölkerungsreicheren Staaten, die zusammen das Gros der Delegierten in den Nationalkonventen stellen, praktizieren heute Präsidentschaftsvorwahlen. An diesen Vorwahlen dürfen sich alle Wahlberechtigten beteiligen, die sich eidesstattlich als Anhänger bzw. Wähler einer Partei bekennen. Die Erklärung berechtigt dazu, eine Auswahl zwischen den Bewerbern dieser Partei zu treffen. Bereits 1972 waren über die Hälfte der Delegierten des Demokratischen Nationalkonvents auf der Grundlage der Vorwahlen-Ergebnisse ausgewählt worden, 1980 waren es über 80 %. Die Republikanische Partei hielt Anschluß an diese Entwicklung, später wandten sich einige Staaten wieder von der Vorwahl ab. Die wichtigen, trendsetzenden Staaten behielten die Vorwahlen bei. In der Vorwahl tun die Anhänger einer Partei durch das Votum für einen Kandidaten kund, wen die Delegierten ihres Staates nominieren sollen. Auf die unterschiedlichen Regeln soll hier nicht näher eingegangen werden. Die Angabe der Kandidatenpräferenz bindet in einigen Staaten die Delegierten rechtsverbindlich, in anderen Staaten dient sie lediglich dazu, die Delegierten zu „informieren". In der Praxis dürfte beides keinen Unterschied machen. Ob und wie Vorwahlen durchgeführt werden, bestimmt sich nach dem Recht der Staaten und der Parteien in den Staaten. Die organisatorisch schwachen Bundesparteien haben dabei keine Mitsprache (Beck/Hershley 2001).

Offiziell treten die Parteien im Wahlkampf auf, sobald ein gemeinsamer Präsidentschaftskandidat feststeht. Die Vorwahlen haben den Auswahlprozeß praktisch „privatisiert". Kandidaten treten mit ihren eigenen Organisationen in die Vorwahlkämpfe ein. Werden sie nominiert, so behalten sie ihr bewährtes Vorwahlen-Management und die für die Vorwahlen aufgebaute Organisation bei, um damit auch den offiziellen Wahlkampf ihrer Partei zu führen. Der offizielle Parteiapparat erscheint nach der Nominierung eines Kandidaten zwar auf der Bildfläche, vor allem mit finanziellen und geldwerten Ressourcen. Aber er wird zum Appendix der persönlichen Wahlkampforganisation des Präsidentschaftskandidaten (Pierce 1995). Die Reform der Wahlkampffinanzierung verstärkte diese Entwicklung. Seit den 1970er Jahren gibt es eine öffentliche Wahlkampffinanzierung. Sie begünstigt hauptsächlich die Kandidaten. Für jede – nach oben limitierte – Privatspende an die Kandidaten in den Vorwahlen wird ein öffentlicher Zuschuß gezahlt. Den Hauptwahlkampf der Präsidentschaftskandidaten finanziert die Bundeskasse. Die Kandidaten müssen ein bestimmtes Kleinspendenaufkommen im Vorwahlkampf als Indiz für ihren Rückhalt im Elektorat nachweisen. Das erlaubte Spendenvolumen für die Parteien unterliegt in allen Stadien des Wahlkampfes strengen Restriktionen. Die Wahlbeteiligung bei den Präsidentschaftswahlen liegt im Vergleich mit europäischen Beteiligungsquoten traditionell niedrig und ist heute im Rückblick auf frühere amerikanische Präsidentschaftswahlen sogar rückläufig. Sie überschreitet selten die 50 %-Marke. In den Jahren, in denen die Wahlen zum Repräsentantenhaus oder die Teilwahlen zum Senat gleichzeitig mit den Präsidentschaftswahlen stattfanden, lag die Wahlbeteiligung dennoch regelmäßig höher als bei den dazwischen stattfindenden reinen Kongreßwahlen.

3.3.3.3 Präsident und Kongreß

Präsident als Gesetzgebungsinitiator

Der amerikanische Präsident kommuniziert mit dem Kongreß offiziell in der alljährlich fälligen Vorlage seiner Botschaft zur Lage der Nation, in seiner Haushaltsbotschaft und in Sonderbotschaften, mit denen der Präsident Gesetzgebungsinitiativen anregt. Letztere treffen nicht mehr den Sinn dieser im späten 18. Jahrhundert konzipierten Mitteilungsform. Sie sind ein Beispiel für die Art und Weise, wie die Verfassungspraxis Behelfe findet, um sich den veränderten Rollenerwartungen an den Präsidenten anzupassen.

Artikel 2 der Verfassung: „3. Abschnitt: Er (der Präsident, J.H.) hat von Zeit zu Zeit dem Kongreß über die Lage der Union Bericht zu geben und Maßnahmen zur Beratung zu empfehlen, die er für notwendig und nützlich erachtet."

Sonst hat der Präsident noch die Möglichkeit, einen Gesetzesbeschluß des Kongresses gutzuheißen oder abzulehnen. Legt der Präsident sein Veto gegen ein Gesetz ein, so scheitert das ganze Gesetz, nicht etwa nur jene Passagen, mit denen der Präsident nicht einverstanden ist. Seit Jahren gibt es eine Debatte, auch einige politische Vorstöße, dem Präsidenten ein „item veto" zu geben. Dieses punktuelle Veto würde ihn der Entscheidung entheben, wegen einiger Passagen, die nicht seine Zustimmung finden, ein komplettes Gesetz zum Scheitern zu bringen,

132

gegen das er im übrigen nichts einzuwenden hat. Die Erfolgsaussichten einer entsprechenden Verfassungsänderung werden als gering eingeschätzt. Der Versuch, das „item veto" mit einfachem Gesetz, das sogar Präsident Clintons Zustimmung gefunden hatte, einzuführen, scheiterte 1998 wenig überraschend am Obersten Bundesgericht, nachdem ein Kläger das Unterlaufen des Verfassungstextes beanstandet hatte.

In den 1970er Jahren hat der Kongreß mit verschiedenen Reformen seine Position gegenüber dem Präsidenten gestärkt. Das gilt zunächst für den Bereich der Außen- und Sicherheitspolitik. Als Folge des Vietnamkrieges, in den die USA 1964 allein durch Maßnahmen der Exekutive hineingezogen worden waren, beschloß der Kongreß, die Handlungsfreiheit des Präsidenten bei Auslandseinsätzen der amerikanischen Streitkräfte einzuengen. So darf der Präsident seit 1973 (War Powers Act) Truppen nur mit Zustimmung des Kongresses im Ausland einsetzen. Der Einsatz selbst ist zeitlich limitiert, sofern der Kongreß nicht anders beschließt. Wenn die vorherige Beteiligung des Kongresses bei einem Einsatz nicht möglich ist, kann der Präsident dennoch einen Einsatzbefehl geben. Er muß den Kongreß aber binnen 48 Stunden informieren, der dann den Einsatz zu bestätigen hat. Lehnt der Kongress ab, so ist der Einsatz binnen sechzig, maximal neunzig Tagen zu beenden. In der Vergangenheit hat es immer wieder Versuche der Exekutive gegeben, die Zustimmungsrechte des Kongresses zu unterlaufen. Häufig geschah dies durch verdeckte geheimdienstliche Operationen oder Waffenlieferungen, die unterhalb der Qualitätsstufe eines Militäreinsatzes blieben. Jedes Bekanntwerden solcher Aktionen hat aber dazu geführt, daß der Kongreß weitere Informations- und Zustimmungslücken gestopft hat. Durch seine Haushaltsrechte ist der Kongreß regulär an der Außen- und Verteidigungspolitik beteiligt. Die meisten außenpolitischen Entscheidungen kosten Geld, die Streitkräftepolitik berührt in nahezu jeder Hinsicht das Budget. In diesen Politikbereichen kommt den außenpolitischen und den Streitkräfteausschüssen des Kongresses ihre besondere Bedeutung zu. Nach der Verfassung hat der Senat nicht nur das Recht, völkerrechtliche Verträge – mit Zweidrittelmehrheit – zu ratifizieren. Er gestaltet immer selbstbewußter die Außenpolitik mit (exemplarisch Wilzewski 1999). Die Verfassung verpflichtet den Präsidenten sogar, den Senat über die Grundzüge der Außenpolitik auf dem Laufenden zu halten. Von diesem Privileg profitiert insbesondere der außenpolitische Senatsausschuß. Die Haushaltsabhängigkeit vieler außenpolitischer Maßnahmen hat die Senatsprivilegien im Verhältnis zu den Mitwirkungsmöglichkeiten des Repräsentantenhauses aber deutlich verringert.

Der Haushaltsprozeß ist kompliziert. Zunächst unterscheidet der Kongreß bei ausgabenwirksamen Gesetzesbeschlüssen zwischen der Ermächtigung und der Bewilligung. Beschließen Senat oder Repräsentantenhaus ein Gesetz, so sprechen sie – auf der Grundlage der Empfehlungen eines Fachausschusses – eine Ermächtigung (authorization) an den Präsidenten aus, für dieses Gesetz eine bestimmte Summe auszugeben. In einem zweiten Schritt müssen die beiden Kammern noch eine parallele Bewilligung (appropriation) beschließen, mit der die Summe festgesetzt wird, die der Präsident im Rahmen dieser Ermächtigung tatsächlich ausgeben darf. Die Bewilligung liegt erfahrungsgemäß unter der Ermächtigungsgrenze. Das Repräsentantenhaus und der Senat stützen die Ausgabenermächtigung auf den Bericht eines Fachausschusses. Für die Bewilligung verlassen sie sich auf Empfehlungen ihrer Bewilligungsausschüsse. Diese mächtigen Ausschußgremien haben jeweils Unterausschüsse eingerichtet, die parallel zum Aufgabenbereich eines Fachausschusses arbeiten. Meist entscheidet sich bereits in diesen fachbezogenen Untergremien der Bewilligungsausschüsse, mit welchem Finanzvolumen ein Gesetzesbeschluß ausgestattet wird.

Haushaltsreform stärkt den Kongreß

Bis 1974 entstand der amerikanische Bundeshaushalt durch die Addition einer Vielzahl von Bewilligungsgesetzen. Dieses Verfahren erwies sich im Zeichen knapper werdender Finanzmittel als kostspielig, weil schwer kontrollierbar. In einer verfassungsrechtlichen Grauzone hatte Präsident Nixon zu Beginn der 1970er Jahre damit begonnen, Bewilligungsaufträge des Gesetzgebers nicht auszuführen (impoundment), wenn sie ihm zu kostspielig erschienen oder wenn ihre ihre politische Absicht nicht behagte. Seit 1921 gab es im Umkreis der Präsidialbehörde in Gestalt des Budgetbüros eine Instanz, von der die Mittelanforderungen der Regierungsbehörden koordiniert wurden. 1971 wurde diese Dienststelle in Office of Management and Budget (OMB) umbenannt. Das OMB erarbeitet einen Gesamtplan für das Finanzgebaren der Bundesbehörden, der dem Kongreß mit der Haushaltsbotschaft des Präsidenten vorgelegt wird. Der Haushaltsplan der Budgetbehörde war in der Vergangenheit im Bewilligungsprozeß zerstückelt worden. Der Kongreß zog 1974 die Konsequenz aus dieser unbefriedigenden Situation, die es dem Präsidenten leicht machte, die Haushaltsprobleme dem Kongreß anzulasten. Seit 1975 sind die Ausgabenbeschlüsse einem verbindlichen Haushaltsplan des Kongresses unterworfen. Durch ein entsprechendes Gesetz hat sich der Kongreß verpflichtet, vom Frühjahr bis zum Herbst jeden Jahres nach strikten Terminvorgaben ein Haushaltsgesetz für das kommende Jahr vorzulegen. Mit dem neuen Haushaltsverfahren richteten beide Kammern Haushaltsausschüsse ein, und sie schufen im Congressional Budget Office ein eigenes Haushaltsamt der Legislative. Dieses versetzt den Kongreß in die Lage, komplizierte Haushaltsfragen mit dem gleichen fachlichen Rat vorzubereiten, wie er dem Präsidenten in seinem Haushaltsamt zur Verfügung steht (Wildavsky 2001).

Die Fachausschüsse sind gehalten, dem Haushaltsausschuß ihrer Kammer das Ermächtigungsvolumen ihrer Gesetzesbeschlüsse zu melden. In gleicher Weise müssen die Bewilligungsausschüsse den Gesamtumfang ihrer Bewilligungen mitteilen. Im Haushaltsausschuß werden als Ergebnis der Beratungen verbindliche Ausgabengrenzen festgelegt. Falls Senat und Repräsentantenhaus unterschiedliche Rahmengrößen beschließen, greift ein komplizierter Vermittlungsprozeß, der solange dauert, bis die Haushaltsbeschlüsse zur Deckung kommen. Schließlich muß der Präsident dem gemeinsamen Haushaltsbeschluß des Kongresses noch zustimmen (exemplarisch dazu Klages 1998). Falls dies nicht geschieht, tritt ein haushaltsloser Zustand ein: Die Regierungsmaschinerie droht dann zum Stillstand zu kommen, Behörden stellen ihre Arbeit ein und Beschäftigte werden vorübergehend beurlaubt, weil die Basis für die Gehaltsauszahlungen fehlt. So geschehen 1995 für den Haushalt 1996! Es handelte sich um den ersten Fall dieser Art seit Anwendung des reformierten Haushaltsverfahrens.

Probleme des präsidialen Kongreß- managements

Spätestens seit der Amtszeit F.D. Roosevelts wird vom Präsidenten erwartet, daß er gesetzgeberische Initiativen ergreift, um aus einer wirtschaftlichen Misere herauszuführen und anderen gesellschaftlichen Übelständen abzuhelfen. Moderne Präsidenten haben keine andere Möglichkeit, als die offiziell fehlenden Initiativ-,

Eingriffs- und Führungserwartungen im Verhältnis zum Kongreß weitestgehend informell einzulösen. Dem Kongreß geht es bei allen unübersehbaren Unterschieden zu anderen Parlamenten nicht anders als diesen. Er befaßt sich vorwiegend mit Angelegenheiten, die ihren Ursprung irgendwo in einer Initiative der Regierung haben. Im allgemeinen gilt also die Devise: „The President proposes, the Congress disposes" (der Präsident schlägt vor, der Kongreß befindet darüber). Auf der Ebene der Departments und anderer Fachbehörden findet eine sehr viel häufigere und meist auch reibungslosere Kooperation zwischen dem Kongreß und der Exekutive statt als im Verhältnis des Kongresses zum Präsidenten selbst und zu seinen Mitarbeitern (Mayhew 1991).

Das Kongreßverbindungsbüro des Weißen Hauses berät den Präsidenten, was er unternehmen muß, um seine Projekte vom Kongreß genehmigt zu bekommen. Dabei kommt es entscheidend auf klimatische Faktoren an. Kongreßerfahrene Präsidenten beachten die Ratschläge ihrer Kongreßexperten, insbesondere folgende Gesichtspunkte: Für welchen sonst unbedeutenden Kongreßpolitiker muß sich der Präsident persönlich Zeit nehmen? Bei welchen Kongreßmitgliedern ist ein freundlicher Anruf angebracht, um sie zu einem erwünschten Votum zu bewegen? Zu welchen Gegenleistungen soll sich der Präsident bereit finden, um einer Gruppe von Senatoren oder Abgeordneten ihr Votum zu erleichtern? Unerfahrene Präsidenten haben in dieser Hinsicht häufig versagt, weil ihnen die Regeln fremd blieben, nach denen Sympathien im Kongreß gepflegt werden. Wie die Politik eines Präsidenten überhaupt von seiner Persönlichkeit und seinem politischen Stil bestimmt wird, so gilt dies auch für die Beziehungen zum Kongreß (Lösche 1993). Gute Kongreßberater nützen einem Präsidenten wenig, wenn er nicht auf sie hört. Selbst wenn er auf sie hört, ist ihm der gesetzgeberische Erfolg noch nicht sicher. Der Kongreß gehorcht seinen eigenen Regeln, die nicht allein der Logik und sachlicher Überzeugungskraft folgen (Cox/Kernell 1994, Davidson 1988). Eines der großen Gegenwartsprobleme des Präsidentenamtes liegt darin begründet, daß der Nominierungsprozeß für die Präsidentschaft, der seit langem die TV-Gängigkeit und die Medieneignung der Kandidaten belohnt, auch Kongreßamateuren unter den Präsidentschaftskandidaten beste Chancen eröffnet. Die Regierungsaufgaben verlangen aber die Kenntnis des Kongresses und des Washingtoner Behördenbetriebs. Die letzten Kongreß-Profis im Weißen Haus waren Kennedy und Johnson. George Bush Sr. kannte beides, Regierung und Kongreß, stand aber anders als insbesondere Johnson nie im Ruf eines Kongreßvirtuosen. Carter, Reagan, Clinton und Bush Jr. kamen als Washington-Amateure ins Weiße Haus (ein Porträt der Beziehungen zwischen Präsident und Kongress bietet Helms 1999).

3.3.3.4 Der Führungsapparat

1939 kam es mit einem Reorganisationsgesetz für die Exekutive zur Bildung des „Executive Office of the President", einer eigens dem Präsidenten unterstellten Präsidialbehörde. Dort sind die persönlichen Berater des Präsidenten sowie das Haushaltsamt etatisiert. Das Executive Office wurde in den folgenden Jahren kontinuierlich ausgebaut. Heute ist es eine große, differenzierte Behörde. Mit seiner Fülle von Fachabteilungen, die den Präsidenten in bestimmten Politikbe-

Executive Office und White House Office

reichen beraten, ist es mit dem Bundeskanzleramt in der Bundesrepublik Deutschland vergleichbar. Im Zeitpunkt seiner größten Ausdehnung unter Präsident Nixon (1969-1974), als die Zentralisierung der Regierungspolitik im Weißen Haus einen historischen Höhepunkt erreicht hatte und die Publizistik besorgt die Frage nach einer „imperialen Präsidentschaft" stellte, waren im Executive Office gerade etwa 1.500 Mitarbeiter beschäftigt. Die Beschäftigtenzahl schwankt, geht aber selten über Tausend. Der Umfang des Mitarbeiterkerns, des White House Office, ist jedoch bescheiden. Dem White House Office gehören unter anderem die engsten Mitarbeiter des Präsidenten an. Dazu gehört vor allem der Terminverwalter, landläufig auch als Stabschef bezeichnet. Viele Mitarbeiter in dieser Funktion hatten erheblichen Einfluß auf den Präsidenten – nicht zuletzt deshalb, weil sie es verstanden, nach außen als sein glaubwürdiges Alter ego aufzutreten (Patterson 2001). Neben diesem engeren Büro des Präsidenten besteht das White House Office aus mehreren kleinen, aber wichtigen Unterabteilungen. Hier ist zunächst das Congressional Relations Office zu erwähnen, das Kongreßverbindungsbüro des Präsidenten. Eine weitere bedeutende Dienststelle kümmert sich um die Beziehungen des Präsidenten zur Presse. Geleitet wird sie vom Pressesprecher des Weißen Hauses.

Weißes Haus: Amtssitz des Präsidenten, gelegen an der Pennsylvania Avenue in Washington, D.C. „1600 Pennsylvania Ave." dient im politischen Journalismus gelegentlich auch als Umschreibung für das Weiße Haus. Im Weißen Haus selbst findet nur ein Teil der Präsidentenmitarbeiter Platz. Viele residieren im Old Executive Office Building, einem Gebäude, das vor etwa hundert Jahren für das Kriegsministerium errichtet worden ist und mit seinen vielen Säulen und Säulchen den Geschmack des Betrachters stark herausfordert. Dieser Bau liegt an einer kleinen Straße gleich neben dem vom Präsidenten und engsten Mitarbeitern genutzten Westflügel des Weißen Hauses (im Ostflügel sind hauptsächlich Repräsentationsräume untergebracht). Die Bedeutung der präsidialen Mitarbeiter läßt sich daran erkennen, wo sie untergebracht sind. Die wenigen Auserwählten mit Büros im Weißen Haus selbst gehören zum engsten Beraterkreis, die immer noch bedeutenderen residieren im Old Executive Office Building, die unbedeutenderen in weiter entfernten Bürogebäuden.

Nationaler Sicherheitsrat
Das Executive Office als Ganzes besteht aus bürokratischen Apparaten, in denen die Arbeit der weitverzweigten Regierungsbehörden koordiniert wird. Nur einige seien hier kurz erläutert: Der Nationale Sicherheitsrat (National Security Council (NSC)) im Executive Office ist das zentrale Koordinierungsorgan für die Außenpolitik der USA. Dem NSC gehören neben dem Vizepräsidenten die Sekretäre des Schatzdepartments, des Verteidigungsdepartments, des State Departments und der Leiter des Geheimdienstes CIA an. Wichtiger als diese illustre Ministerrunde ist aber der ständige Mitarbeiterstab des Nationalen Sicherheitsrates, der nach den Weisungen des Präsidenten arbeitet; er hat seinen Sitz im Weißen Haus. Besondere Bedeutung für die außen- und sicherheitspolitische Beratung des Präsidenten hat der Leiter des Mitarbeiterapparates des NSC – der sog. Sicherheitsberater. Er ist der engste Ratgeber des Präsidenten in Fragen der Außen- und Verteidigungspolitik. Meist ist er durch einschlägige außenpolitische Erfahrung oder durch eine akademische Beschäftigung mit Fragen der internationalen Politik für diese Aufgabe qualifiziert. Der Apparat des NSC hat die amerikanische Außenpolitik in der Ära des Kalten Krieges immer stärker aus dem State Department (Department für Auswärtige Angelegenheiten) in das Weiße Haus verlagert. Seit dem Ende des Kalten Krieges tritt das NSC nicht mehr so stark her-

vor. Auf seine Kosten hat das State Department wieder an Bedeutung gewonnen. In der ersten Administration Bush Jr. (2001-2005) war das State Department allerdings erneut von der Sicherheitsberaterin des Präsidenten marginalisiert worden.

Executive Office: Die Dienststellen des Executive Office sind im Old Executive Building – gleich neben dem Weißen Haus – und in einem Neubau – New Executive Office Building – sowie in anderen Bürokomplexen untergebracht. Auch für die Dienststellen im Executive Office gilt die räumliche Nähe zum Weißen Haus als Anzeichen für einen hohen politischen Stellenwert.

Das Office of Management und Budget ist die maßgebliche Anlaufstelle aller Departments und sonstigen Bundesbehörden für die Mittelanforderungen im Bundeshaushalt. Nach den Maßgaben des Präsidenten ordnet das OMB die Ausgaben und die Mittelverteilung zwischen den Zweigen der Bundesbürokratie. Das OMB ist als Haushaltsbehörde der amerikanischen Regierung mit den mächtigen Finanzministerien in anderen Demokratien zu vergleichen. Es handelt sich um nichts weniger als die wichtigste innenpolitische Schaltstelle der amerikanischen Regierung. Im Zeichen eines jahrzehntelang wachsenden Haushaltsdefizits ist seine Rolle in der jüngeren Vergangenheit noch wichtiger geworden. Seitdem der Haushalt seit 1997 erstmals wieder ausgeglichen ist, kommt dem OMB die Aufgabe zu, diesen Status zu verteidigen und die politische Flanke des Präsidenten im Zeichen einer politischen Grundstimmung zu schützen, in der die Polemik gegen ein „big government" stets ein positives Echo findet. Die Einbindung des OMB in die Präsidialbehörde verleiht seiner Tätigkeit ungleich größeres politisches Gewicht, als wenn die Haushaltsplanung außerhalb der direkten Verantwortung des Präsidenten angesiedelt wäre. Entsprechend geringer fällt im Vergleich mit anderen Demokratien die Statur des Finanz- oder Schatzdepartments aus, dem in der Haushaltsplanung just die Zuständigkeit fehlt, die z.B. in Deutschland, Frankreich oder Großbritannien die eigentliche Gestaltungsmacht der Finanzministerien charakterisiert.

Wie keine andere Regierung eines modernen Landes wird die Politik der amerikanischen Bundesregierung von der Persönlichkeit des amtierenden Präsidenten bestimmt. Die Institution der amerikanischen Präsidentschaft ist nur zu einem kleinen Teil „Institution", und zwar im wesentlichen als in der Verfassung festgelegter Aufgabenkatalog und in organisatorischer Hinsicht als das oben in seinen wichtigsten Bestandteilen skizzierte Executive Office. Zu einem größeren Teil ist die amerikanische Präsidentschaft ein sehr flexibles politisches Organ, das von verschiedenen Persönlichkeiten in sehr unterschiedlicher Weise ausgefüllt wird (Falke 1992, Greenstein 2001). Analysen der amerikanischen Politik, die von der Persönlichkeit des Präsidenten absehen, laufen leicht Gefahr, einen, wenn nicht gelegentlich gar den wichtigsten Faktor zu ignorieren.

3.3.4 Die Regierungsbürokratie

An der Spitze der amerikanischen Bundesverwaltung stehen derzeit 15 Sekretäre, die jeweils einem Department, also einer zentralen Verwaltungsbehörde, vorstehen. Jeder Sekretär leitet sein Department selbständig, er trägt dafür die rechtliche und politische Verantwortung. Es handelt sich freilich um keine politische Verantwortung im Sinne eines parlamentarischen Regierungssystems, wo ein Mi-

Office of Management and Budget

Amerikanische Minister als Sekretäre

137

nister durch parlamentarische Mißtrauenskundgebung zum Rücktritt gezwungen werden kann. Deshalb hat es seinen guten Grund, die Departments nicht als Ministerien zu bezeichnen. Ihr Status liegt darunter. Dies zeigt sich schon darin, daß es im amerikanischen Regierungssystem keine dem parlamentarischen Kabinett vergleichbare Institution gibt. Die Sekretäre sind nach Verfassung und Gesetz die höchsten Beamten der Bundesregierung nach dem Präsidenten selbst. Sie werden vom Präsidenten vorgeschlagen, und sie müssen vom Senat – mit Mehrheit – bestätigt werden; sie können schließlich auch vom Präsidenten nach Gutdünken entlassen werden. Jeder Sekretär bekleidet ein exponiertes politisches Amt. Von jeher wird die Position eines Departments-Sekretärs nach parteipolitischen Kriterien besetzt. Meist spielen auch Sachkenntnis und fachliche Eignung eine Rolle.

Die wichtigsten Departments sind, wie auch in anderen Ländern, die klassischen Ressorts: das State Department (Auswärtige Angelegenheiten), das Treasury Department (Wirtschaft und Finanzen), das Department of Defense (Verteidigung) und das Department of Justice (Justiz). Letzteres läßt sich mit einer Kombination von Justiz- und Innenministerium im Aufgabenkatalog europäischer Ministerialbehörden vergleichen. In diesen Verwaltungen, den ältesten Ressorts der amerikanischen Bundesregierung, werden die politischen Loyalitätsanforderungen und die fachlichen Eignungserwartungen an die Amtsinhaber besonders hoch gesteckt. Die übrigen Departments haben deutlich geringeres politisches Gewicht.

Bedeutungslosigkeit des Kabinetts   Obgleich auch die Sekretäre der formellen Bestätigung durch den Senat bedürfen, hat es sich eingebürgert, diesen hochrangigsten Mitarbeitern des Präsidenten die Zustimmung nicht zu versagen. Alle Sekretäre bilden zusammen das Kabinett. Das Kabinett gleicht aber in keiner Weise der Institution des Kabinetts in einem parlamentarischen Regierungssystem. Bezeichnenderweise ist es nicht einmal in der Verfassung erwähnt. Auf die Gefahr einer allzu starken Vereinfachung hin läßt sich das amerikanische Kabinett in etwa mit einer Versammlung der wichtigsten Hauptabteilungsleiter der amerikanischen Bundesregierung vergleichen. Beschlußkompetenzen hat es nicht. Seine wichtigste Funktion besteht darin, die Sekretäre im Rahmen einer breiteren Zusammenkunft mit den Überlegungen des Präsidenten vertraut zu machen. Weil diese Informationen in der Regel bereits in bilateralen Gesprächen oder auf informellen Wegen verbreitet werden, hat das amerikanische Kabinett im Grunde genommen keine Bedeutung. Es ist ein Show-Teil des Regierungsgeschäfts, mit dem neue Präsidenten ostentativ ihr Image als Team-Spieler herauszustreichen pflegen. Je länger ein neuer Präsident regiert, desto seltener tritt das Kabinett zusammen. Die Fäden des Regierungsgeschäfts hält das Executive Office zusammen. Die Sekretäre der politisch weniger gewichtigen Departments gelten als seltene Gesprächspartner des Präsidenten.

Die Administration: das „presidential government"   Die Department-Sekretäre sind die höchsten politischen Beamten der amerikanischen Bundesregierung, aber keineswegs die einzigen. Bis zu 3.000 Beamte in den Departments werden vom Präsidenten selbst und von den Sekretären nach politischem Ermessen ernannt. Es handelt sich um höhere Positionen, in denen politische Loyalität höher oder mindestens gleichwertig mit fachlicher Qualifikation bewertet wird. Das gleiche gilt auch für viele Beamtenstellen, die nach politischen Kriterien besetzt werden könnten, tatsächlich aber oft aus den Reihen der Karrierebeamten beschickt werden. Der einzige Unterschied zu den Karrierebeamten besteht in solchen Fällen nur noch darin, daß die entsprechenden Positionen unter Umgehung der üblichen Laufbahn- und Aufstiegsvorschriften erreicht werden. Im Sprachgebrauch handelt es sich um Stellen im Bereich präsidialer „Patronage". Mit den Patronagepraktiken der Ära der Parteimaschinen hat dies freilich nichts mehr gemeinsam. In der amerikanischen Bundesregierung ist das Prinzip des Fachbeamtentums fest etabliert. Die Qualifizierung einer Position als Karrierebeamtenstelle oder als politische Beamtenstelle ist einigermaßen beliebig. Mit dem Amtsantritt eines neuen Präsidenten oder in der laufenden Amtsperiode wird der Kreis der politischen Beamten laufend eingeengt oder erweitert. Die Gesamtheit dieser politischen Positionen bildet die „Administration" oder das „presidential government" im Unterschied zum „permanent government" der Karrierebeamten.

Schaubild 8

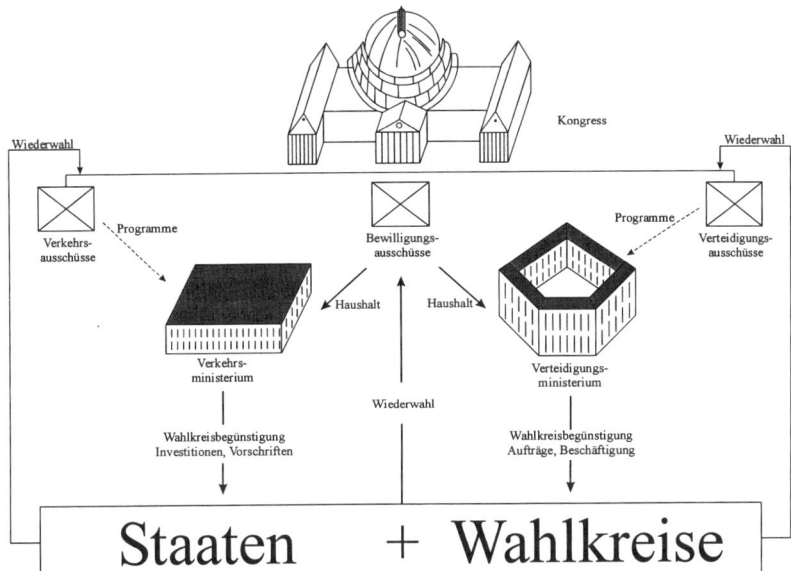

Diese Ausführungen dürfen nicht zu dem Fehlschluß führen, daß ein Präsidentenwechsel markante Unterschiede in der Politik der Departments mit sich brächte. Tatsächlich sitzt die amerikanische Bundesbürokratie so fest im Sattel wie jede Bürokratie in anderen Regierungssystemen – und vielleicht sogar noch fester. Politische Beamte, wie sie das amerikanische Regierungssystem kennt, benötigen eine gewisse, nicht gering zu veranschlagende Einarbeitungszeit. Hierin steckt ein Dilemma für die politische Kontrolle. Nicht selten kommt es vor, daß ein politischer Beamter, der sich mühsam in die verschlungenen Pfade einer Behörde oder einer Behördenabteilung hineingefunden hat, gerade dann seine Position wieder verläßt, wenn er soviel von seinem Job verstanden hat, um in dieser Position etwas bewegen zu können. Deshalb wirken die politischen Beamten wie Fremde in einer sonst recht routinierten Regierungsbürokratie („government of strangers", Heclo 1977). Das Ende der Karriere eines politischen Beamten kann schon dann fällig werden, wenn der Department-Sekretär vorzeitig seinen Abschied nimmt, oder wenn ein lukratives Angebot aus einem Unternehmen lockt, das sich von regierungskundigen Managern einen Nutzen verspricht. Der Wechsel zwischen Business und politischer Verwaltung ist üblich. Den Nutzen von dieser personellen Fluktuation in leitenden Stellen haben die Karrierebeamten. Sie arbeiten bis zum Ende ihrer Dienstzeit in der betreffenden Behörde, der Präsident amtiert höchstens acht Jahre, ein Department-Sekretär oft nicht einmal so lange.

Das „permanent government"

Die unterschwellige Selbständigkeit der amerikanischen Bundes-Departments ist ein Dauerthema politischer Kampf- und Grundsatzreden, die den populären Tenor der Bürokratiefeindlichkeit anschlagen. Dieses Lamento darf nicht allzu ernst genommen werden. Die faktische Autonomie der Departments und einzelner Department-Abteilungen und -Ämter ist zwar beträchtlich. Sie hängt aber auch mit der Rolle des Kongresses im Regierungssystem zusammen. Die „permanent" amtierenden höheren Beamten arbeiten mit den häufig ebenso „permanent" amtierenden Senatoren und Abgeordneten in den Kongreßausschüssen vertraulich und gedeihlich zusammen und sichern dabei ihre Interessen in einer funktionierenden Interessenten-Symbiose ab (siehe Schaubild auf der vorigen Seite). Was immer ein politischer Behördenchef anordnen mag, so können seine – förmlich – untergebenen Mitarbeiter den Mitgliedern der für die Behörden zuständigen Kongreßausschüsse doch immer noch manchen nützlichen Wink geben. Dieser kann das Informationsbedürfnis des Kongresses befriedigen und gleichzeitig dafür sorgen, daß bürokratische Erbhöfe nicht wirklich angetastet werden, weil andernfalls mit einem geharnischten Protest des Kongresses zu rechnen ist.

3.3.5 Gerichtsbarkeit

Die Bundesgerichtsbarkeit baut sich über drei Instanzen in 94 Distriktgerichte, 13 Berufungsgerichte und ein Oberstes Bundesgericht auf. Für nur wenige von der Verfassung vorgesehene Bereiche existiert eine Spezialgerichtsbarkeit (Thaman 1992). Sämtliche Obersten Bundesrichter werden vom Präsidenten vorgeschlagen und schließlich vom Präsidenten ernannt. Nur eine Amtsanklage wegen persönlicher Vergehen oder wegen Amtsmißbrauchs kann sie – in Analogie zum Amtsanklageverfahren gegen den Präsidenten – aus dem Amt entfernen.

Oberstes Bundesgericht als Verfassungsgericht

Das Oberste Bundesgericht der Vereinigten Staaten, der Supreme Court, kombiniert die Aufgaben des höchsten Berufungsgerichts der USA und die eines obersten Verfassungsgerichts. Die Bundesgerichte sind in allen Streitigkeiten zuständig, die das Bundesrecht, die Bundesverfassung und die Vereinbarkeit des Bundesrechts mit dem Recht der Staaten betreffen. Die unteren Instanzen der Bundesjustiz sind die Distriktgerichte. Gegen ihre Entscheidungen kann Berufung zu den Berufungsgerichten des Bundes eingelegt werden. Gegen Entscheidungen dieser Berufungsgerichte kann nur noch die Berufung zum Obersten Bundesgericht verlangt werden. Die Tätigkeit dieses Höchstgerichts geht aber lediglich zum geringeren Teil auf Berufungen zurück. Als letztinstanzliches Berufungsgericht muß der Supreme Court nur in recht wenigen, in der Verfassung genau bezeichneten Fällen tätig werden.

Grundlagen der Verfassungsrechtsprechung:

US-Verfassung, Artikel 3, 2. Abschnitt: „Die richterliche Gewalt erstreckt sich auf alle Fälle nach dem Gesetzes- und Billigkeitsrecht, die sich aus dieser Verfassung, aus den Gesetzen der Vereinigten Staaten und den Verträgen ergeben, die in ihrem Namen geschlossen wurden oder künftig geschlossen werden; – auf alle Fälle, die Botschafter, Gesandte, oder Konsuln betreffen; – auf Streitigkeiten, in denen die Vereinigten Staaten Streitpartei sind; – auf Streitigkeiten zwischen zwei und mehreren Staaten; – zwischen einem Staat und den Bürgern eines anderen Staates; zwischen Bürgern verschiedener Staaten; ... – und zwischen einem Staat oder dessen Bürgern und fremden Staaten, Bürgern und Untertanen. In allen Fällen, die Botschafter, Gesandte oder Konsuln betreffen, und in solchen, in denen ein Staat Partei ist, übt das Oberste Bundesgericht die ursprüngliche Gerichtsbarkeit aus. In allen zuvor erwähnten Fällen ist das Oberste Bundesgericht Berufungsinstanz sowohl hinsichtlich der rechtlichen als auch der Tatsachenbeurteilung ...".

Begründung des Obersten Bundesgerichts im Fall Marbury v. Madison (1803), Auszug: „Die Befugnisse der Legislative werden definiert und in Schranken gewiesen; damit diese Schranken nicht mißgedeutet werden oder in Vergessenheit geraten, wurde die Verfassung schriftlich niedergelegt. Warum aber sind diese Befugnisse beschränkt, warum sind sie schriftlich dokumentiert, wenn sie jederzeit von denen ignoriert werden dürfen, für die sie gemacht worden sind? Niemand wird der Behauptung widersprechen, daß die Verfassung jedem Gesetz vorausgeht, das zu ihm im Widerspruch steht ... Es ist die nachdrückliche Aufgabe und Pflicht der Gerichte zu sagen, was das Recht will. Diejenigen, die eine allgemeine Regel auf Einzelfälle anwenden, müssen notwendigerweise die Regel darlegen und interpretieren. Wenn zwei Rechtsnormen in Konflikt geraten, müssen die Gerichte über die Geltung beider befinden".

Größere Bedeutung hat das Certiorari-Verfahren. Danach zieht der Oberste Gerichtshof ein Verfahren an sich. Kommt ein unteres Bundesgericht zu dem Urteil, in einem von ihm verhandelten Fall verstoße das Gesetz gegen die Verfassung, und geht es daraufhin von der Nichtigkeit des Gesetzes aus, dann kann beim Obersten Bundesgericht die Prüfung der Verfassungswidrigkeit beantragt werden (writ-of-certiorari). Das Gericht sieht sich in Fortführung einer seit 1925 praktizierten Konvention nicht verpflichtet, jedes ihm vorgelegte Verfassungsurteil einer Vorinstanz auch tatsächlich zu prüfen. Wenn vier Oberste Richter zu der Auffassung gelangen, der vorgetragene Fall lohne es, in ein Prüfverfahren einzutreten (grant-of-certiorari), wird das Richterkollegium eine Grundsatzentscheidung treffen. Die große Mehrzahl der Prüfbegehren wird ignoriert. Dieses weit gefaßte Ermessen macht es überhaupt möglich, daß neun Richter mit der Unterstützung von nicht mehr als drei Dutzend – hochqualifizierten – Assistenten (drei bis vier sog. law clerks je Richter) arbeitsfähig sind. Zum Vergleich: Das aus 16 Richtern bestehende deutsche Bundesverfassungsgericht klagt mit guten Gründen trotz der Arbeitsteilung in zwei Senate und trotz üppiger Assistenz über eine kaum zu bewältigende Arbeitslast. Nach dem Grundgesetz muß es jede Verfassungsstreitigkeit verhandeln; lediglich bei den Verfassungsbeschwerden kann es eine gewisse Auswahl treffen (dazu, auch zum folgenden Baum 2000, O'Brian 2003).

Die Besonderheit des Obersten Bundesgerichts ist seine Eigenschaft als Organ der Verfassungsjudikatur. Die Vereinigten Staaten kennen nur eine allgemeine Gerichtsbarkeit. Jedes Gericht, welcher Instanzebene auch immer, entscheidet Zivil-, Strafrechts-, Verwaltungs- und Verfassungsstreitigkeiten gleichermaßen. Jedes Bundesdistriktgericht kann als Verfassungsgericht ein Kongreß- oder Staatsgesetz dadurch annullieren, daß es die Nichtvereinbarkeit mit der Verfassung erklärt. Nur kann es dies nicht endgültig, weil die Berufung zu einer höhe-

Konkrete
Normenkontrolle

141

ren Gerichtsinstanz oder ein Prüfbegehren beim Höchstgericht möglich ist. So wird das Oberste Bundesgericht zum letztinstanzlichen Organ der Verfassungsrechtsprechung. Die amerikanische Verfassungsrechtsprechung kennt nur die konkrete Normenkontrolle. Auf Verfassungswidrigkeit kann nur geklagt werden, wenn ein Bürger oder der Prozeßvertreter einer Regierung (Bund oder Staaten) behauptet, ein Gesetz dürfe nicht angewendet werden, weil es von der Verfassung geschützte Rechte verletze. Stets muß die klagende Seite von einem als unrechtmäßig behaupteten Gesetz durch eigenes Handeln oder Unterlassen betroffen sein. Auf abstrakte Widersprüche zwischen noch nicht angewandten oder bislang noch unangefochtenen Gesetzen einerseits und der Bundesverfassung andererseits läßt sich kein Bundesgericht ein. Zum Vergleich: Diese abstrakte Normenkontrolle spielt in der deutschen Verfassungsrechtsprechung eine große Rolle! Kläger für den Bund ist der Justiz-Sekretär als Generalstaatsanwalt der USA, umgekehrt richten sich Klagen gegen die Vereinigten Staaten stets gegen eine Verwaltungsbehörde des Bundes, nie aber gegen den Präsidenten oder gegen den Kongreß. Der Präsident ist kein Verwaltungsbeamter, und der Kongreß ist ein Gesetzgeber ohne Vollstreckungsvollmacht. Genauso können die Bürger nur auf die Verfassungswidrigkeit eines Staatsgesetzes klagen, indem sie eine Staatsbehörde verklagen, die Anordnungen auf der Basis des Gesetzes trifft. Das Oberste Bundesgericht bestätigt im Erfolgsfall für die Kläger, daß ein Gesetz nicht angewandt werden darf, weil es der Verfassung widerspricht. Als Willensäußerung einer gesetzgeberischen Mehrheit bleibt das Gesetz, es bewirkt nur nichts mehr. Rechtslogische Argumente, ob die politische Willensäußerung selbst ungültig ist, interessieren nicht.

Supreme Court: Wie zwischen Weißem Haus und Capitol Hill eine beachtliche Steigung und eine lange und breite Straße liegt, mit der die Trennung dieser Gewalten auch räumlich betont wird, so befindet sich das Gebäude des Supreme Court, getrennt durch einen Park, auf der Rückseite des Kapitolsgebäudes, das seine Prachtfassade in Richtung Weißes Haus und Regierungsviertel zeigt. Auch bei der Gestaltung dieses Gebäudes hat, wie überall in Washington, klassizistischer Geschmack gewirkt. Bei aller Macht und Pracht des Kongresses muß sich dieser stets des Gerichts in seinem Rücken gewärtig sein.

„Political questions" und „Rechtsfragen"

Das Oberste Bundesgericht reagiert auf rechtliche und politische Entwicklungen sehr flexibel (Shell 1992 b). Zunächst nimmt es nicht jedes Prüfbegehren selbstverständlich an. Es tut dies nur dann, wenn es dem betreffenden Fall wegweisende Bedeutung für die Rechts- und Verfassungsentwicklung beimißt. Ähnlich zieht es auch nur solche Verfahren in unterer Instanz an sich, die es für grundsätzlich rechtsbedeutsam hält. Nur so kann es als Richterkollegium von neun Richtern mit der großen Vielzahl von Fällen fertig werden, die im Gerichtswesen des Bundes anfallen. Das Oberste Bundesgericht kann politisch heikle Rechtsfälle zur Entscheidung annehmen, wenn es zu der Auffassung kommt, daß es einer mit gerichtlicher Autorität versehenen Klärung bedarf. Gelangt es hingegen zur Auffassung, daß es verfrüht sei, sich in einer politisch kontroversen Rechtsfrage zu engagieren, nimmt es den Fall gar nicht erst an, oder es weist ihn nach eingehender Prüfung mit der ausdrücklichen Begründung zurück, daß es sich dabei um eine politische Frage handele, die ein Gericht gar nicht entscheiden dürfe. Diese sog. richterliche Zurückhaltung (judicial restraint) ist als Political-question-Doktrin bekannt geworden. Das Gericht schützt sich damit vor der Gefahr, Entscheidungen zu treffen, die es in unerwünschte politische Kontroversen hineinziehen könnte. Zum Vergleich: Das deutsche Bundesverfassungsgericht hat diese Möglichkeit nicht; es muß jede Klage verhandeln, sofern sie hinreichend begründet ist.

Mit der Political-question-Doktrin hat sich das Gericht einen bequemen Ausweg geschaffen, den es je nach Situationseinschätzung wählt, wenn es sich aus politischen Kontroversen heraushalten möchte. Was freilich eine politische Frage ist, entscheidet das Gericht nicht schematisch. Zu verschiedenen Zeiten hat das Gericht einmal befunden, ein Streit involviere eine politische Frage und es sei deshalb nicht zuständig. Einige Jahre oder Jahrzehnte später hat es sich in ähnlichen Fällen dahingehend korrigiert, es handele sich doch um eine Rechtsfrage und deshalb sei es zuständig, eine Entscheidung zu treffen. Das Gericht qualifiziert einen Streit keinesfalls grundsätzlich als Rechtsfrage, wenn es sich in eine politische Kontroverse einzumischen droht. Vielmehr hat es gerade in den letzten 40 Jahren häufig politisch geladene Streitigkeiten für rechtsfähig erkannt. Dies trug ihm den Vorwurf einer Parteinahme in politischen Kontroversen ein (Walker/Epstein 1993).

Betrachten wir kurz einige bekannte historische Entscheidungen, die das Typische der Verfassungsrechtsprechung illustrieren mögen: Im Fall Dred Scott v. Sandford (1857) hatte der Supreme Court in letzter Instanz zu entscheiden, ob ein Sklave, der mit seinem Herrn aus einem Südstaat mit Sklaverei in einen sklavenfreien Nordstaat verzogen war, im „freien" Staat die Rechte des freien Bürgers genieße. Der Supreme Court entschied dagegen. Der Sklave sei als abhanden gekommenes persönliches Eigentum seines Herren, eines Bürgers der Vereinigten Staaten in einem Sklavereistaat, zu bewerten und an den Eigentümer auszuhändigen. Der nach dem Bürgerkrieg beschlossene 14. Ergänzungsartikel zur Verfassung bestimmte, jeder in den USA geborene Mensch genieße alle Rechte, die in den ersten zehn Ergänzungsartikeln der Verfassung jedem amerikanischen Bürger zugebilligt seien. Im Fall Plessy v. Ferguson (1896) hatte der Supreme Court zu entscheiden, ob ein Gesetz des Staates Louisiana die Verfassung verletze. Dieses Gesetz verpflichtete Schwarze, im Eisenbahnverkehr ausschließlich die für Schwarze bestimmten Abteile zu benutzen. Das Gericht verneinte: Die Separierung nach Rasse sei verfassungsgemäß, wenn die für Schwarze reservierten Einrichtungen nicht schlechter seien als die für Weiße. Diese Haltung des Gerichts diente länger als ein halbes Jahrhundert als Basis für die staatliche Diskriminierung der Schwarzen in den vormaligen Sklavenstaaten (Südstaaten). Erst 1954 befand der Supreme Court im Fall Brown v. Board of Education of Topeka, es sei nicht zulässig, schwarzen Schulkindern in einem Schulbezirk des Staates Kansas den Besuch einer Schule zu verweigern, die von weißen Kindern besucht werde. Als Folge dieser Entscheidung fiel in den folgenden Jahren die Trennung öffentlicher Einrichtungen nach Rassenzugehörigkeit fort. Bald wurde klar, daß die soziale Separierung der Rassen nach Wohlstand und Wohngebieten die Rassentrennung in Schulen wiederherstellte. Etliche untere Bundesgerichte ordneten für Schulen eine Integration an: Schulen in schwarzen Wohnbezirken mußten weiße Schüler aufnehmen, die dorthin lange Wege in Schulbussen zurückzulegen hatten. Umgekehrt wurden schwarze Kinder zu den Schulen in – meist besser situierten – weißen Wohnbezirken transportiert. Im Falle Regents of the University of California v. Bakke (1978) mußte der Supreme Court entscheiden, ob es im

Beispiele aus der Verfassungsrechtsprechung

143

Einklang mit der Verfassung stehe, daß ein Medizinstudiumsbewerber von der Universität nicht zugelassen wurde. Die Universität hatte einen Teil der Studienplätze für rassische Minderheiten reserviert, um diese für historische Chancenverweigerung zu entschädigen. Der Student klagte, weil er den Bewerbertest mit besseren Ergebnissen absolviert hatte als die Bewerber für die quotierten Studienplätze. Der Supreme Court gab dem Studenten Recht. In den folgenden Jahren verlangsamten sich die Maßnahmen zum Chancenausgleich der vormals diskriminierten Minderheiten.

Partizipationsrechte Selbstbestimmung In den Fällen Baker v. Carr (1962) und Reynolds v. Sims (1964) verließ das Oberste Bundesgericht seine bisherige Linie, Fragen der Wahlkreisaufteilung in den Staaten als „political question" anzusehen. Etliche Staatenparlamente hatten es versäumt, den Bevölkerungsverschiebungen in ihren Grenzen Rechnung zu tragen. Als Folge waren viele Bürger unterrepräsentiert. Mit einer Anpassung hätten viele Staatenparlamentarier ihre angestammten Wahlkreise verloren. Mit dem Verweis auf das Rechtsgleichheitspostulat der Bundesverfassung beendete der Gerichtshof diese Praxis. In einer bis heute von heftigen politischen Kontroversen begleiteten Entscheidung konstruierte der Supreme Court 1973 aus dem Kontext der Persönlichkeitsrechte das Recht auf Selbstbestimmung. Hintergrund war der Fall Roe v. Wade: Eine schwangere Frau hatte gegen ein texanisches Gesetz geklagt, das den Schwangerschaftsabbruch nur dann erlaubte, wenn das Leben der Mutter gefährdet war. Das Gericht räumte der Klägerin die freie Entscheidung ein, bis zu einem bestimmten Zeitpunkt die Schwangerschaft zu beenden. Nach Ablauf dieser Frist gerate dieses Recht aber in Konkurrenz mit dem Schutz werdenden Lebens. Danach sollte der Schwangerschaftsabbruch als Regelfall nicht mehr möglich sein. Als Folge dieses Urteils mußten in beinahe allen Staaten die restriktiven Gesetze für die Schwangerschaftsunterbrechung außer Kraft gesetzt werden. Die Kirchen und die konservativ-christliche Rechte laufen bis heute Sturm gegen die seither liberalisierte Abtreibungspraxis.

Notstandsrecht Gewaltenteilung Im Fall Youngstown Tube & Sheet v. Sawyer (1952) klagte ein Stahlproduzent gegen die vorübergehende Beschlagnahmung seiner Betriebe durch die Regierung. Präsident Truman hatte seinen Handels-Sekretär (etwa mit dem Wirtschaftsminister in Deutschland vergleichbar) angewiesen, die Stahlbetriebe, die sich in einem Arbeitskampf befanden und ihre Arbeiter ausgesperrt hatten, der Leitung ihrer privaten Eigentümer zu entziehen. Die USA waren zu dieser Zeit in den Koreakrieg verwickelt, und der Präsident machte den nationalen Notstand geltend, um die Versorgung der Truppen sicherzustellen. Das Oberste Bundesgericht wies die Begründung zurück, der Handelssekretär habe zu Recht im Auftrag des Präsidenten als Oberbefehlshaber der Streitkräfte gehandelt. Vielmehr sei die Regierung verpflichtet gewesen, bei der Beendigung des Arbeitskonflikts den Vorschriften des Taft-Hartley-Gesetzes von 1948 Rechnung zu tragen. Dieses gegen den Widerstand Trumans und der Gewerkschaften durchgesetzte Gesetz räumte dem Präsidenten die Möglichkeit ein, einen Arbeitskampf aus Gründen des nationalen Interesses bis zu 80 Tagen auszusetzen. Weil der Kongreß mit diesem Gesetz die Möglichkeit vorgegeben habe, die Produktion wieder aufzunehmen, so der Supreme Court, gebe es keinen Grund, für diesen Zweck das Ausnahmerecht des Oberbefehlshabers in Anspruch zu nehmen. Im Fall United States v. Nixon (1974) mußte der Supreme Court in letzter Instanz darüber be-

144

finden, ob Präsident Nixon dem Beschluß einer Vorinstanz Folge leisten sollte, Tonbänder herauszugeben, die seine Beteiligung an der Watergate-Affäre klären sollten. 1972 war in das Hauptquartier des Demokratischen Präsidentschaftskandidaten im Washingtoner Bürokomplex Watergate eingebrochen worden. Die Täter wurden mit Nixons Wahlkampfmanagement in Verbindung gebracht. Nixon wandte ein, der Vertraulichkeitsschutz für die Amtsführung des Präsidenten lasse das Gerichtsbegehren nicht zu. Das Gericht konterte mit der Feststellung, ob hier der Vertrauensschutz oder das Interesse an der Verfolgung einer Straftat schwerer wiege, müsse nach dem Gewaltenteilungsprinzip den Gerichten überlassen bleiben. Dieses Urteil läutete das Ende der Nixon-Präsidentschaft ein, weil das Beweismaterial die Mitwisserschaft des Präsidenten belegte.

Das Oberste Bundesgericht ist denkbar einfach organisiert. Es besteht aus neun Richtern, die vom Präsidenten nach politischen Kriterien, aber stets unter Beachtung fachlicher Qualifikation vorgeschlagen werden. Jeder Richtervorschlag muß vom Senat mit absoluter Mehrheit bestätigt werden. Danach werden die Richter vom Präsidenten ernannt. Die Bundesrichter amtieren auf Lebenszeit. Angesichts der verfassungsrechtlichen Bedeutung des Obersten Bundesgerichts sind Richtervorschläge wichtige und stark beachtete politische Entscheidungen geworden. Der Kongreß und die juristische Fachwelt achten streng darauf, daß es nicht zu Gefälligkeitsernennungen kommt, die juristische Maßstäbe völlig außer Acht lassen. Es ist wiederholt vorgekommen, daß der Senat dem vom Präsidenten vorgeschlagenen Kandidaten für das Oberste Bundesgericht seine Zustimmung verweigert hat. Die häufigsten Gründe dafür waren Zweifel an der Kompetenz für die richterliche Spitzenposition oder frühere Äußerungen eines vorgeschlagenen Richters, die auf politische Voreingenommenheit deuteten. Wegen der in den Richterbestellungsprozeß eingebauten parlamentarischen Hürden achten die meisten Präsidenten von vornherein darauf, nur solche Kandidaten in Erwägung zu ziehen, die voraussichtlich nicht an Befähigungsmängeln scheitern werden. Wenn die Präsidenten bei alledem Richterkandidaten bevorzugen, die ihrer Partei nahestehen, so wird das allgemein akzeptiert. Die Richter werden nicht ausschließlich und auch nicht vorwiegend aus der aktiven Richterschaft rekrutiert. Häufig werden ehemalige Politiker, Rechtsanwälte oder hohe juristische Beamte ernannt. Ein Präsident, der in seiner Amtszeit Gelegenheit hat, mehrere Höchstrichter zu ernennen, kann die rechtspolitischen Akzente verschieben, soweit diese von der Rechtsprechung gesetzt werden. Die Erfahrung zeigt, daß Wandlungen im politischen Klima mit einer gewissen Verzögerung auch in der Verfassungsrechtsprechung ihre Spuren hinterlassen. Im Vergleich zu den 1960er und 1970er Jahren ist die Verfassungsjudikatur in der Tendenz konservativer geworden – nicht anders als auch der Kongreß und das Elektorat.

Das Oberste Bundesgericht entscheidet häufig nicht einmütig. Die Mehrheit der Richter veröffentlicht ihr Votum mit einer Begründung (opinion), genauso tun es die Gegner des Urteils der Richtermehrheit (dissenting opinion). Gelegentlich legen einzelne Richter Sondervoten vor, die im Ergebnis zwar das Urteil unterstützen, aber mit einer anderen Begründung als die Mehrheit (concurring opinion). Für die Rechtsentwicklung hat sich die Transparenz der Argumente und Gegenargumente einzelner Richter als sehr nützlich erwiesen. Anhand der Voten läßt sich bei vielen Entscheidungen nachweisen, daß Auffassungen, die noch vor

Nominierung der obersten Bundesrichter

Begründungspraxis

Jahren oder Jahrzehnten in der Minderheit geblieben waren, der Richtermehrheit nunmehr die tragenden Gründe lieferten.

3.3.6 Der Bundesstaat

Formelle Bundesstaatlichkeit

Der amerikanische Bundesstaat umfaßt heute 50 Staaten. Im Vergleich mit dem Föderalismus in der Bundesrepublik Deutschland besitzen die Staaten ein breites Spektrum an Kompetenzen. Grundsätzlich kennt die Verfassung nur zwei Zuständigkeitsbereiche, die ausschließliche Gesetzgebung des Bundes und die ausschließliche Gesetzgebung der Staaten. Im Zehnten Ergänzungsartikel zur Verfassung ist ausdrücklich niedergelegt, daß alle Zuständigkeiten, die nicht ausdrücklich dem Bund zugewiesen sind, bei den Staaten verbleiben. Damit stellt sich die verfassungsrechtliche Struktur des amerikanischen Bundesstaates sehr überschaubar und einfach dar. Jede Regierungsebene macht ihre eigenen Gesetze und führt diese vermittels eigener Verwaltungen aus. Die Bundesregierung verwaltet ihre eigenen Gesetze mit Hilfe eines weit verzweigten Netzes von Bundesdienststellen in den Einzelstaaten und in den Bevölkerungsmetropolen.

US-Verfassung: Auszüge aus den Verfassungsgrundlagen des amerikanischen Bundesstaates:

„Artikel 1, 1. Abschnitt: Der Kongreß hat das Recht: Steuern, Zölle, Abgaben und Akzisen aufzuerlegen und einzuziehen, um für die Erfüllung der Zahlungsverpflichtungen, für die Landesverteidigung und das allgemeine Wohl der Vereinigten Staaten zu sorgen; alle Zölle, Abgaben und Akzisen sind aber für das ganze Gebiet der Vereinigten Staaten einheitlich festzusetzen; auf Rechnung der Vereinigten Staaten Kredite aufzunehmen; den Handel mit fremden Ländern, zwischen den Einzelstaaten und mit den Indianerstämmen zu regeln; ... Münzen zu prägen, ihren Wert und den fremder Währungen zu bestimmen und Maße und Gewichte zu normen; ... dem Obersten Bundesgericht nachgeordnete Gerichte zu bilden; ... Krieg zu erklären ...; Armeen aufzustellen und zu unterhalten ...; ... alle zur Ausübung der vorstehenden Befugnisse und aller anderen Rechte, die der Regierung der Vereinigten Staaten, einem ihrer Zweige oder einem einzelnen Beamten aufgrund dieser Verfassung übertragen sind, notwendigen und zweckdienlichen Gesetze zu erlassen".

US-Verfassung, 10. Zusatzartikel, 1791 in Kraft getreten: „Die Machtbefugnisse, die von der Verfassung weder den Vereinigten Staaten übertragen noch den Staaten entzogen werden, bleiben den Staaten oder dem Volk vorbehalten".

Auszug aus der Entscheidung im Fall McCulloch v. Maryland (1819) betr. den letzten Satz des oben aufgeführten Art. 1: „... Diese Bestimmung wurde für eine Verfassung gemacht, die noch für spätere Generationen taugen sollte und die folglich den verschiedenen Krisen menschlichen Handelns angepaßt werden mußte ... Die Klausel gehört zu den Befugnissen des Kongresses, nicht zu den Beschränkungen für seine Kompetenzen ... Sie will eine zusätzliche Kompetenz begründen, aber keine Einschränkungen bereits bestehender Kompetenzen. ... Mag nur der Zweck legitim, mag er im Rahmen der Verfassung, mögen nur alle Mittel dem Zweck angepaßt und nicht verboten sein und in Übereinstimmung mit Geist und Buchstaben der Verfassung stehen, so sind die Mittel verfassungsmäßig".

US-Verfassung, 16: Zusatzartikel, 1913 in Kraft getreten: „Der Kongreß hat das Recht, Steuern auf Einkommen beliebiger Herkunft zu erheben und einzuziehen, ohne sie proportional auf die Staaten aufteilen zu müssen oder an eine Schätzung oder Volkszählung gebunden zu sein".

Verfassungsrechtsprechung

Die Kompetenzlage zwischen dem Bund und den Staaten und auch die reale Aufgabenverteilung im amerikanischen Bundesstaat stellen sich komplizierter dar, als die förmliche Struktur dieses dualen Föderalismus erkennen läßt (Falke 1998). Ganz ohne die formelle Erweiterung der im ersten Verfassungsartikel aufgezählten Bundeszuständigkeiten hat der Bund seine faktischen Zuständigkeiten auf Kosten der Staaten erweitert. Das Oberste Bundesgericht hatte als verfassungsrechtliche Prüfinstanz dem Bund bereits 1819 im Rechtsstreit McCullock v. Maryland das Recht bescheinigt, im Rahmen der sog. Necessary-and-proper-Klausel (Erster Verfassungsartikel) Gesetze zu verabschieden, die er im Rahmen eines in der Verfassung aufgeführten Gesetzgebungsauftrages für notwendig hält, wenn es ihm dafür auch an einer im Verfassungstext ausdrücklich aufgeführten Zuständigkeit fehlt. Ein drittes Einfallstor für die Ausweitung der Bundeszuständigkeiten war die zunehmend großzügigere Auslegung der Verfassungsbestimmung über den zwischenstaatlichen Handel (Interstate-commerce-Klausel, Erster Verfassungsartikel). In einer historischen Auseinandersetzung verweigerte eine konservative Richtermehrheit am Obersten Bundesgericht Präsident F.D. Roosevelt 1937 seine New-Deal-Reformgesetze, die Eingriffe des Staates in das Marktgeschehen erlaubten. Heute hat sich der Standpunkt durchgesetzt, daß geschäftliche Transaktionen, die den Handel zwischen den Unionsstaaten berühren, mit nahezu allen wichtigen Wirtschaftsaktivitäten gleichgesetzt werden dürfen und der freien Gestaltung durch den Kongreß unterliegen. Mit Hilfe eines dramatischen Schwenks, der nunmehr die großzügige Auslegung der Verfassungsklausel über den zwischenstaatlichen Handel sanktionierte, billigte das Oberste Bundesgericht fortan eine Reihe von Wirtschaftsgesetzen, mit denen die Geschäftsbedingungen und Arbeitsverhältnisse in den Staaten vereinheitlicht wurden. Die wirtschaftsrechtlichen Unterschiede zwischen den Staaten sind aber keineswegs vollständig nivelliert. Ein „verkappter Einheitsstaat" (Abromeit 1992) wie die Bundesrepublik Deutschland sind die USA keineswegs.

Der staatsrechtliche Föderalismus der USA ist heute von einem „fiskalischen" Föderalismus überlagert worden. Der Bund verfügt in den Einkommensteuern über die ertragreichsten Steuereinkünfte. Die größten Ausgaben des Bundes fallen im Verteidigungssektor an. In der Bildungs-, Sozial- und Verkehrspolitik hat der Bund keinerlei Kompetenzen. Dennoch gibt er für entsprechende Zwecke viel Geld aus. Die Staaten und die Gemeinden besitzen zwar die Zuständigkeit für diese Politikbereiche, aber es fehlt ihnen an ausreichenden Steuereinkünften, um entsprechende Aufgaben aus eigener Kraft finanzieren zu können. Hier liegt der Ansatzpunkt für den politischen Mitgestaltungsanspruch des Bundes (dazu und zum folgenden Sutton 2002, Walker 2000). Der Bund bietet Zuschüsse, sog. Federal-grants-in-aid, an, mit denen er sich an der Finanzierung beteiligt. Weil er die Zuschußgewährung mit Auflagen verknüpft, fließen seine Vorstellungen in die Politik der Staaten ein. Auf diese Weise wurde in den Staaten und Gemeinden eine gewisse Vereinheitlichung der Aufgabenschwerpunkte und der Verwaltungspraktiken bewirkt.

Die ältesten und klassischen Zuschußprogramme, die sog. „categorical grants", funktionieren wie folgt: Der Bund bewilligt Gelder für einen Zweck. Er zahlt sie aber nur dann aus, wenn sich der betreffende Empfängerstaat mit einem vorgeschriebenen Eigenmittelanteil an der Abwicklung dieser Aufgabe beteiligt. Den Staaten steht es frei, sich an den Zuschußprogrammen des Bundes nicht zu beteiligen. Mit der Kalkulation der Eigenfinanzierungsquote der Staaten reguliert der Bund die Attraktivität solcher Programme. Wünscht er eine möglichst breite Beteiligung, so wird er den Eigenanteil knapp bemessen. So war es in den 1950er Jahren, als der Bund, um ein flächendeckendes Schnellstraßensystem zu etablieren, 90 % der Kosten übernahm. In relativ kurzer Zeit entstand ein modernes Schnellstraßennetz. Andere Programme, so etwa zum Schutz der Bodenqualität, kommen mit einer kleineren Bundesquote aus. Sie sind ohnehin nur für solche Staaten interessant, in denen Dürre und Erosion die Ernten bedrohen. In der Vergangenheit praktizierte der Bund zeitweise die Vergabe projektbezogener Zuschüsse, die von den Empfängerstaaten nichts anderes verlangten als die Beachtung der vom Bund verlangten Regularien. Diese Zuschüsse gingen sehr stark ins Detail, so daß die betreffenden Staaten zu ausführenden Verwaltungsebenen der Bundesbürokratie zu werden drohten. Für das Autonomieempfinden der Staaten ging diese dichte Regulierung zu weit. Sie war zudem meist auf sozialpolitische Zwecke gerichtet, die in der Gesellschaft nie Popularität gefunden hatten. Seit den späten 1970er Jahren kam es zu einer heftigen politischen Reaktion gegen die „schleichende Zentralisierung" des amerikanischen Bundesstaates. Zu keinem Zeitpunkt kam der Bundesanteil an den Staatenfinanzen aber nennenswert über 20 % hinaus.

Im Gefolge einer Stimmung, die den Sozialstaat als zu groß dimensioniert empfand, setzten in den 1980er Jahren, zur Zeit der Reagan-Administration, Bemühungen ein, den Staaten mehr Autonomie zu belassen. Der Bund zog sich aus etlichen Aufgabenbereichen, in denen er jahrzehntelang als Finanzgeber aufgetreten war, gänzlich oder weitgehend zurück. Die Federal-grants-in-aid sind in den 1990er Jahren immerhin unter die 20 %-Schwelle im Gesamtvolumen der Staatenhaushalte gesunken. Dieser Prozeß dauert noch an. Die finanziellen Verflechtungen blieben. Sie brachten den Staaten auch weiterhin Vorteile. Bevorzugt wurde jetzt das Instrument der sog. Block grant. Diese Art von Zuschußprogramm definiert recht breite Verwendungszwecke. Ein Beispiel ist der Großbereich von Sicherheit und Ordnung. Hier dürfen die Staaten selbst entscheiden, wo sie die Akzente setzen, zum Beispiel bei der Polizei, beim Strafvollzug oder bei der Rechtsprechung. Zeitweise gab es sogar Bemühungen, gänzlich zweckfreie Zuschüsse an die Staaten zu verteilen. Das sog. General revenue sharing, mit dem zwischen 1972 und 1986 experimentiert wurde, bestimmte, daß der Bund einen Teil seiner Einkünfte an die Staaten abtrat, die sie dann nach Gutdünken verwenden konnten. Größere Akzeptanz hatte das Revenue sharing nicht gewonnen. Der Grund lag hauptsächlich darin, daß der Kongreß die Kontrolle darüber behalten wollte, was mit den Bundesgeldern geschah. Weil Abgeordnete oder Senatoren in Ausschüsse drängen, die für ihre Wahlkreise interessant sind, dient die Zuschußvergabe auch als Mittel zur Sicherung der eigenen politischen Zukunft (Kincaid 2001).

Die Bundesstaatsproblematik verweist abermals auf den Kongreß als die Schlüsselinstitution des Regierungssystems. Die Fixierung auf die Staaten und Wahlkreise zwingt die Kongreßmitglieder, einer verbreiteten Stimmung Rechnung zu tragen, die von Washington aus betriebene Reglementierung der Staaten gehe zu weit. Aber sie wissen auch, daß sie nicht den Ast absägen dürfen, auf dem sie sitzen: Ein Kongreß, der sich vollständig aus dem Geschehen in Staaten und Gemeinden zurückzöge, beraubte sich der Chance, mitzuwirken. Er brächte die Abgeordneten um die Chance, bei den Wählern mit ihren Verdiensten zu werben. Das Anhängen an populäre Anti-Washington-Ressentiments findet im Überlebensinteresse der Kongreßmitglieder seine Grenzen.

Die finanzielle Angebotssteuerung ersetzt der amerikanischen Bundesregierung fehlende Zuständigkeiten in der Art der konkurrierenden oder der Rahmengesetzgebungskompetenz im bundesstaatlichen System der Bundesrepublik Deutschland. Sie hat aber bei weitem nicht soviel Vereinheitlichung erreicht wie dort. Nach wie vor gleicht die amerikanische Innenpolitik einem bunten Flickenteppich von staatlicher Aktivität, die unterschiedliche Kosten verursacht und sehr unterschiedliche Leistungen gewährt (Lösche 1989). Daran wird sich auf absehbare Zeit nichts ändern, weil vielen Politikern bereits das bestehende Ausmaß an Vereinheitlichung und Bundeseinfluß zu weit geht.

Bis auf den Staat Nebraska weisen alle Staaten eine Zweikammerlegislative nach dem Vorbild des nationalen Kongresses auf. An der Spitze der Exekutive steht überall ein direkt gewählter Gouverneur. Sämtliche Staaten praktizieren, wie auch der Bund, das System der relativen Mehrheitswahl. Hier erschöpfen sich die Gemeinsamkeiten. In vielen Staaten wird nicht nur der Gouverneur direkt gewählt, sondern auch dessen Stellvertreter (Lieutenant-Governor). Darüber hinaus werden zum Teil sogar die Leiter der einzelnen Exekutivbehörden direkt vom Volk gewählt. Vor allem größere Staaten beschicken ihre Verwaltungen mit geschultem Beamtenpersonal. Das Verwaltungspersonal wird anderswo teilweise noch nach politischen und nicht nach fachlichen Kriterien ausgewählt. Selbst umfassende Verfassungsrevisionen sind in den Staaten – anders als im Bund – nicht ungewöhnlich. Darstellungen des amerikanischen Regierungssystems konzentrieren sich für gewöhnlich auf die Bundesebene – wie übrigens auch dieser Text! Darüber darf aber nicht außer Acht gelassen werden, daß die Staaten und Gemeinden im schlichten politischen Alltag und auch im politischen Bewußtsein einen viel größeren Stellenwert haben als etwa die Länder in der Wahrnehmung der deutschen Bürger. Sind diese politisch in erster Linie und auch einigermaßen deutlich erkennbar hauptsächlich von der im Bund gemachten Politik betroffen, die schwerpunktmäßig von Ländern und Gemeinden verabreicht wird, so kehrt sich diese Rangfolge in den USA um. Die amerikanischen Staaten machen tatsächlich sehr vieles anders, und ihre Politik und politischen Institutionen differieren weithin sichtbar an den Staatengrenzen. Der Bund kommt erst dann, und es bleibt ihm noch genug, für das er verantwortlich gemacht wird. Deshalb ist er im Bewußtsein präsent. Der Lokalismus im Kongreß zeigt aber, daß auch dort die überschaubarere Politik bzw. die Merklichkeit im örtlichen Rahmen letztlich stärker punktet als die abstraktere Gesamtverantwortung vor dem amerikanischen Volk.

Im politischen Entscheidungsprozeß des Bundes sind keine Mechanismen unmittelbarer Bürgermitwirkung vorgesehen. Allerdings sehen viele Staaten Volksbegehren und Volksabstimmung vor. Vor allem in der Tradition der Staaten im Westen haben Referenden ihren Platz (Heußner 1992). Heute gibt es Referenden allerdings in allen Staatenregionen. Teilweise äußert das Volk in entsprechenden Abstimmungen lediglich seine Meinung zu bestimmten Fragen. Dabei kann es auch um Fragen gehen, in denen die Staaten überhaupt keine Entscheidungskompetenz besitzen. So wurden in den 1980er Jahren die Bürger in Refe-

Struktur der Staaten

149

renden nach ihrer Auffassung zur Abrüstung und zum Rüstungsprogramm der Regierung befragt. Häufig geht es bei diesen Abstimmungen aber auch um Fragen, die alle Bürger eines Staates empfindlich treffen. Besonders spektakulär war im Jahr 1978 der Ausgang eines Referendums im Staat Kalifornien, in dem sich die Bürger des Staates dafür aussprachen, bestimmte Steuern abzuschaffen. Als Folge dieses Votums mußten der Staat und viele Gemeinden wichtige Leistungen einstellen oder einschränken, weil diese mit dem Steueraufkommen aus den verbleibenden Quellen nicht mehr bezahlt werden konnten. Einen Eindruck von den Themen, die durch Referendum entschieden werden, mag der Tag der Kongreßwahl 1998 vermitteln, an dem auch einige Volksentscheide durchgeführt wurden: Im Staat Washington wurde der Schwangerschaftsabbruch im Rahmen der vom Supreme Court festgesetzten Minima restriktiver gefaßt; im Staat Michigan wurde die Sterbehilfe legalisiert; im Staat Kalifornien wurde der Verzehr von Pferdefleisch untersagt; in Washington, Nevada, Colorado und Arizona wurde der Marihuana-Gebrauch für medizinische Zwecke legalisiert; im Staat Hawaii entschieden die Wähler gegen die Legalisierung gleichgeschlechtlicher Ehen.

3.4 Parteien und organisierte Interessen

3.4.1 Parteien

Die Parteien sind die Stiefkinder des politischen Systems (Aldrich 1995). Das politische Leben der USA wird seit Mitte des 19. Jahrhunderts von den beiden Traditionsparteien der Demokraten und der Republikaner geprägt (für die historische Entwicklung des Parteiensystems bis zur Gegenwart: Klumpjahn 1998). Beide Parteien sind mit europäischen Parteien nicht vergleichbar. Sie haben keine dauerhafte Organisation, und sie kennen keine profilierten Programme. Ihre Struktur ist föderalistisch. Bei den Bundesparteien handelt es sich um sehr locker organisierte, selbst in dieser Eigenschaft nur periodisch aktivierte Bündnisse einzelstaatlicher Parteiorganisationen, die im übrigen uneingeschränkte Autonomie gegenüber den Bundesparteiorganen beanspruchen.

Ursprünge Demokraten

Die Demokratische Partei führt ihre Ursprünge auf die von Thomas Jefferson 1793 begründete Gruppierung der „Demokratischen Republikaner" zurück. Ein weiterer Stammvater der Partei ist Präsident Andrew Jackson (1829-1837), unter dem sich der Parteiname „Demokraten" durchsetzte. Seit der Präsidentschaft Franklin D. Roosevelts (1933-1945) hat sich die Demokratische Partei den Ruf erworben, für die Rechte der wirtschaftlich Schwachen, der rassisch Diskriminierten und der Gewerkschaften einzutreten. Sie galt lange als Partei bescheidener sozialer Reformen und maßvoller Wirtschaftssteuerung. Die regionalen Wählerschwerpunkte der Demokratischen Partei befinden sich in den großstädtischen Ballungsräumen der Nordost- und Mittelweststaaten. Lange war die Partei auch in weiten Teilen der konservativen Südstaaten überaus stark. In den Südstaaten trat die Demokratische Partei mit einer sozialstaatsfeindlichen Tendenz auf. Hauptsächlich traditionelle Anhänglichkeiten der Südstaaten an die Demokratische Partei erklärten das Verbleiben zahlreicher südstaatlicher Wähler und

Politiker bei den sonst überwiegend reformistischen Demokraten. Im Kongreß paktierten die Demokraten aus den Südstaaten häufig mit den Republikanern in einer sogenannten „konservativen Koalition" gegen die übrigen Demokraten. Sie verschafften so insbesondere den Republikanischen Präsidenten, deren eigene Partei im Kongreß zwischen 1933 und 1994 dauerhaft in der Minderheitsrolle steckte, weltanschaulich nahestehende Gesetzgebungsmehrheiten.

Die Republikanische Partei führt ihre Gründung auf das Jahr 1854 zurück. Die Ablehnung der Sklaverei spielte bei der Gründungsinitiative eine Rolle. Präsident Abraham Lincoln (1861-1865), nach der Sezession der Südstaaten Präsident der nordstaatlichen Rumpfunion, wurde im 19. Jahrhundert zur Identifikationsfigur der Partei. Die Republikaner traten als Gegenspielerin der Demokraten das Erbe der Föderalistischen Partei (1787-1814) und der Whig-Partei (1834-1855) an. Sie ist bis heute die wichtigste konservative Kraft in den USA. Konservativ ist dabei so zu verstehen, daß die Republikanische Partei mit den Demokraten in Grundfragen der politischen und wirtschaftlichen Ordnung übereinstimmt und sich von diesen hauptsächlich in Fragen der Sozialpolitik und des Umfangs staatlicher Eingriffe in den Wirtschaftsprozeß unterscheidet. In diesen Fragen treten die Republikaner für eine noch stärker zurückhaltende Rolle der Regierung ein. Die Republikanische Wählerschaft hat mittlerweile in allen Landesteilen einen starken Wählerstamm. Noch bis in die 1960er Jahre galten die Südstaaten als kaum einnehmbare Hochburg der Demokraten. Seither hat die Republikanische Partei dort fest Fuß gefaßt und die Demokratische Partei als konservative Hegemonialpartei verdrängt. Damit repräsentieren die Republikaner erstmals seit dem Aufkommen der Differenzierung zwischen liberaler und konservativer Politik nahezu konkurrenzlos das Spektrum konservativer Auffassungen und Hochburgen. Die Demokraten kostete diese Verschiebung 1994 ihre seit 60 Jahren gehaltene Dauermehrheit im Kongreß (Bond/Fleischer 2000).

Die Demokraten gelten in der politischen Sprache der USA als liberal, was etwa mit links gleichgesetzt wird, die Republikaner als konservativ, d.h. rechts. Diese Unterscheidung täuscht den europäischen Betrachter leicht darüber hinweg, daß beide Parteien im europäischen Sinne als liberal anzusehen sind. Beide treten für eine Gesellschaft ein, die Unterschiede aufgrund von Reichtum und Leistung akzeptiert; beide stehen für die marktwirtschaftliche Ordnung. Die Begriffe „liberal" und „konservativ" wurden in der Ära des New Deal (1933-1938) vom Demokratischen Präsidenten F.D. Roosevelt in Umlauf gebracht. Roosevelt suchte nach einem Etikett für eine sozialreformerische Politik, mit dem das innenpolitisch unverkäufliche Attribut „sozialdemokratisch" vermieden wurde. Seinen Gegnern heftete er das zur damaligen Zeit nicht schmeichelhafte Attribut „konservativ" an, das heute freilich unbelastet ist, ja in Kreisen der Republikanischen Partei sogar positiv gebraucht wird. Heute haben beide Begriffe viel von ihrer Aussagekraft eingebüßt. Dabei spielt die Tatsache eine Rolle, daß alle Republikanischen Präsidenten der Nachkriegszeit bis zum Amtsantritt Präsident Reagans (1981) die von den Demokraten erkämpften sozialen Errungenschaften – die Ergebnisse einer liberalen Politik – respektierten. Reagan freilich stellte sie um so entschiedener in Frage, zum Teil baute er sie ab. Selbst die Demokraten haben sich inzwischen damit abgefunden. So wurde unter Präsident Clinton keine grundlegende Revision der Reaganschen Politik betrieben. Fragen des Lebensstils und des Stellenwertes der Religion im öffentlichen Leben trennen die Parteien heute am stärksten.

Die Liberalen in der Tradition Roosevelts, die inzwischen kaum noch hervortreten, sehen bescheidene Staatseingriffe als geeignetes Mittel an, um soziale Gerechtigkeit und Chancengleichheit herzustellen, wo dies dem freien Spiel der gesellschaftlichen Kräfte nicht gelingt. Sie hatten ihren größten Einfluß in den 1940er, 1950er und 1960er Jahren. Heute zeigt „liberal" lediglich in bürgerrechtlicher Hinsicht noch eine linke Position an, z.B. in der Haltung zu den Rechten von Polizei und Staatsanwaltschaft, zur Legalität des Schwangerschaftsabbruchs, zum Familienrecht u.ä.m. Die Konservativen sind grundsätzlich der Meinung, daß mehr als ein minimales Eingreifen des Staates in die urwüchsigen sozialen Verhältnisse von Übel sei und Eigenverantwortlichkeit und unternehmerische Risikobereitschaft aushöhle. Der Staat solle sich weitgehend darauf beschränken, Recht und Ordnung und die äußere Sicherheit zu gewährleisten.

Personen kommen vor Parteien

Die amerikanischen Wähler sind mit den beiden großen Parteien vertraut. Wähler kennen die Parteietiketten und können sie den Kandidaten zuordnen. Diese interessieren im übrigen weit mehr als die Parteizugehörigkeit (Wasser 1998). Die Personalisierung der Wahlprozesse prägt die politischen Vorgänge in den Parteien. Die Vorwahlen fachen immer wieder einen Popularitätswettlauf zwischen verschiedenen Kandidaten an, in dem nicht die Vertreter verschiedener Richtungen, sondern meist eher „verbrauchte" und „alte" Kandidaten gegen „junge" und „neue Gesichter" antreten. Der sporadische Erfolg unabhängiger Kandidaten vor allem bei den Präsidentschaftswahlen zeigt hin und wieder, daß es mit den Restbindungen an die traditionellen Parteien nicht mehr allzu weit her ist. Das jüngste Beispiel bietet der texanische Multimilliardär Ross Perot. Ihm gelang es 1992 auf der Grundlage seines gewaltigen Vermögens und mit dem Rückenwind eifriger Medienbeachtung, die übrigen Präsidentschaftsbewerber in Bedrängnis zu bringen. Letztlich scheiterte aber auch Perot.

Parteien und Wahlkampfführung

Die amerikanischen Parteien muten wie das Unding „organisationsloser Parteien" an (allgemein zu den Parteien das Standardwerk von Beck/Hershey 2001). Eine ausgebaute Parteibürokratie europäischen Stils mit hauptamtlichen Funktionären, beitragszahlenden Mitgliedern und öffentlichkeitspolitischen Aufgaben hat es in den USA nie gegeben (Cotter u.a. 1989). Im Zeitalter der kommerziellen TV-Kommunikation, in der Nachrichten und Sensationen Profil und Werbung transportieren, bringen sich die Kandidaten selbst für den Kongreß, für die Präsidentschaft oder für andere Ämter ins Spiel (Zelle 1996). Für die aussichtsreiche Kandidaturbewerbung benötigen sie Medienresonanz, Geld und freiwillige Mitarbeiter, die sie bei den Parteianhängern und Vorwählern bekannt machen (Bennett 1992). Die Parteien schalten sich erst dann in den Wahlkampf ein, wenn der offizielle Kandidat ermittelt worden ist. Ab diesem Zeitpunkt werden sie mit ihrer Organisationsleistung flankierend tätig. Die Gewinner der Vorwahl haben, wie oben dargelegt, in der Regel bereits eine persönliche Wahlkampforganisation aufgebaut. Die Wahlkampfführung ist kostspielig. Vor allem die TV-Werbung kommt teuer.

Kandidatenfinanzierung

Werbematerial, Beratung und Meinungsumfragen kosten Kandidaten und Parteien große Summen. Die Haupteinnahmequellen sind Spenden. Die wichtigste Spendenquelle sind die Political Action Committees (PACs). Seit Mitte der

152

1970er Jahre ist es Unternehmen, Gewerkschaften, Verbänden, Vereinen oder Bürgerinitiativen gestattet, Spendenvereine zu gründen – die sog. PACs –, die bei ihren Angestellten und Mitgliedern um Spenden – im gesetzlich bestimmten Maximalumfang – werben dürfen. Der Vorstand des Spendenvereins bestimmt, wie das Spendenaufkommen auf die Vor- und die Hauptwahlen und auf die in Frage kommenden Kandidaten verteilt wird. In Firmen-PACs, bei denen die größten Summen auflaufen, beherrschen die Manager die Vorstände. Aus Rückversicherungsgründen lassen sie auch jenen Kandidaten gewisse Summen zukommen, die sie eigentlich nicht präferieren. Durch das Wirken der PACs geraten viele Kongreßkandidaten in Abhängigkeiten, die zwar verdeckt auftreten, aber ihre Wirkung nicht verfehlen. Wahlkampffinanzierung dieser Art planiert das Vorfeld für das Lobbying im Kongreß. Die PACs haben den Parteien mit dem Finanzierungsproblem einen Teil ihrer klassischen Aufgaben genommen. Allein der Präsidentschaftswahlkampf wird öffentlich bezuschußt, ebenso der Vorwahlkampf. Die Spendenhöhe und die Nachweispflicht für die Einnahmen sind für die Präsidentschaftswahl gesetzlich streng reglementiert. Für den Kongreß existieren keine Beschränkungen. Was wunder? Hier wären die Legislatoren aufgefordert, über den gesetzlichen Rahmen ihrer eigenen Wahlkampfbemühungen zu beschließen. Die staatliche Subventionierung und Regulierung der Präsidentschaftswahlkämpfe ist auf Personen ausgelegt. Es handelt sich um Kandidaten-, nicht um Parteienfinanzierung. Die nicht auf Kandidaten bezogene politische Werbung mit Slogans und Symbolen, ebenso die Zuwendungen an Parteiorganisationen unterliegen keiner öffentlichen Kontrolle, obgleich ihr Nutzeffekt für bestimmte Kandidaten offensichtlich ist. Solches „soft money" wird zunehmend als Problem der politischen Chancengleichheit empfunden.

Dank der Eigentümlichkeit des präsidentiellen Regierungssystems der USA, das auf der rigiden Gewaltentrennung zwischen Exekutive und Legislative basiert, können die Kongreßmehrheiten und der Präsident derselben Partei angehören oder jeweils die eine oder die andere Partei repräsentieren. Bis auf drei kurze Ausnahmen (1947/48, 1953/54, 1981/82) beherrschten seit 1933 die beiden Mehrheitskonstellationen des „party government" der Demokratischen Partei, d.h. Demokratischer Präsident und Demokratische Kongreßmehrheit, und das „divided" oder „split government" der Republikanischen Partei, d.h. Republikanischer Präsident und Demokratische Kongreßmehrheit (1955-1960, 1968-1974, 1980-1992) die Parteienszenerie. Ein Novum ist das „divided government" in der Konstellation eines Demokratischen Präsidenten und eines mehrheitlich Republikanischen Kongresses (1994-2000). Sie ist das Resultat des Verlustes der konservativen Südstaaten als Hochburg der Demokraten. Ob die neue Republikanische Kongreßmehrheit von Dauer sein wird, läßt sich in der kurzen Rückschau und angesichts der knappen Mehrheitsverhältnisse noch nicht absehen. Einiges spricht dafür, daß es sich um kein vorübergehendes Phänomen handelt.

Die Mehrzahl der Demokratischen Senatoren und Abgeordneten nimmt von jeher eine liberale Position ein, mag diese inzwischen auch nur noch in kulturellen Fragen erkennbar sein. Eine noch vor 20 Jahren mächtige, seither aber stark geschrumpfte und neuerdings nahezu randständige Minderheit der Demokratischen Kongreßmitglieder, vor allem aus den Südstaaten, ist konservativ. Sie gehört nur aufgrund der regionalen politischen Tradition des Südens zur Demokra-

Parteien in der Gesetzgebungspolitik „Divided government"

„Konservative Koalition"

tischen Partei. Seit gut 50 Jahren agieren konservative Süddemokraten und Republikaner in Senats- und Repräsentantenhausabstimmungen als sog. „konservative Koalition", die häufig gegen die Politik Demokratischer bzw. liberaler Präsidenten opponiert, Republikanische Präsidenten meist aber unterstützt hat. Die konservative Grundstimmung der Wählerschaft verfehlt schon seit 20 Jahren auch bei den Demokraten ihre Wirkung nicht. Als die Republikaner 1994 die Mehrheit im Kongreß gewannen, traten sie überaus geschlossen auf und fanden Unterstützung bis in die Reihen der Demokraten. Wenn sich diese Mehrheit verfestigen sollte, dürfte sich das Koalitionsbedürfnis der Republikaner über die Parteigrenzen hinweg schwächen. Die Nationalisierung der amerikanischen Parteien, d.h. das Zusammengehen der liberalen und der konservativen Tendenz in je einer Partei, ist bereits heute eine Tatsache. In diesem Sinne könnte der Parteifaktor im Kongreßgeschehen künftig stärker an Bedeutung gewinnen.

3.4.2 Verbände, Firmen, Vereine

Unternehmer-
verbände

In den USA gibt es einige Tausend Unternehmerverbände. Dabei handelt es sich zum allergrößten Teil um Industrieverbände, die eine gesamte Branche oder Teile einer Branche vertreten. Die typische Trade association betreibt zwar auch Lobbying beim Kongreß, bei der Bundesbürokratie oder in den Einzelstaaten. Aber sie ist im allgemeinen viel stärker damit befaßt, Handelsmessen auszurichten, die Mitglieder fachlich und betriebswirtschaftlich zu beraten und Fachzeitschriften sowie Mitteilungsblätter herauszugeben. Bedeutendere Arbeitgeberverbände gibt es in den USA nicht. Die Unternehmen mit gewerkschaftlich organisierten Belegschaften verhandeln direkt mit den Gewerkschaftsvertretern über die Lohn- und Arbeitsbedingungen. Lediglich in einigen größeren Städten gibt es kleine Arbeitgeberverbände, die im Auftrag der Gewerbetreibenden – meist in Handel und Handwerk – mit einer Gewerkschaft verhandeln. Schließlich gibt es in den USA ca. 1.500 Handelskammern. Im Unterschied zu entsprechenden europäischen Handelskammern besitzen sie rein privaten Charakter. Die Handelskammern repräsentieren meist kleinere Unternehmen.

Als zentrale Unternehmerdachverbände treten drei Organisationen auf. Die älteste darunter ist die bereits 1895 gegründete National Association of Manufacturers (NAM). Die größte Dachorganisation ist die 1912 gegründete National Chamber of Commerce. Die Chamber fungiert als Dachverband der lokalen und einzelstaatlichen Handelskammern. Die Chamber und die NAM haben eine überaus heterogene Mitgliedschaft. Die NAM ist zwar ein Dachverband, aber in erster Linie ein solcher der Trade associations. Andererseits gehören ihr Tausende Einzelunternehmen als Mitglieder an. Die National Chamber of Commerce zählt neben den Handelskammern ebenfalls eine Reihe von Trade associations und eine geschätzte Viertelmillion Einzelunternehmen als Mitglieder. In den Führungsorganen und in der Politik der NAM dominieren die Vertreter der großen Konzerne. Auch in der National Chamber of Commerce spielen sie eine wichtige Rolle. Aber diese Dachorganisation nimmt erfahrungsgemäß stärker Rücksicht auf kleine und mittlere Unternehmen, die das Rückgrat der lokalen Handelskammern bilden (Hartmann 1985). Doch die großen Unternehmen besorgen ihre Interessen im allgemeinen im Alleingang, mit Scharen eigener Lobbyisten. Die Verbände sind eher eine Art politische Eingreifreserve, die zum Zuge kommt, wenn tatsächlich einmal gemeinsame Interessen der Geschäftswelt auf dem Spiel stehen, bzw. wenn die Firmen auch auf dem politischen Markt ausnahmsweise einmal nicht als Konkurrenten auftreten (Vogel 1989). Die amerikanischen Unternehmen betreiben in der Regel eine ungeordnete, geradezu individualistische Interessenpolitik.

Die Autonomie des einzelnen Unternehmens bestimmt den Blickwinkel amerikanischer Manager und Eigentümer. Diese wollen freie Handhabe bei der Gestaltung der Unternehmensbeziehungen, handele es sich um die Marktbeziehungen zu anderen Unternehmen oder um die Arbeitsbeziehungen zu den Gewerkschaften oder um die Beziehungen zur Regierung. Alle Großunternehmen unterhalten entweder ständige Lobbyisten in Washington, die dort beim Kongreß ihre Interessen wahren sollen, oder sie nehmen die Dienstleistungen der vielfältigen Lobby-Firmen in Anspruch. Letztere bringen auf Honorarbasis die Anliegen ihrer Großwirtschaftskunden bei den zuständigen Stellen vor. Für die Beziehungen zu den Gewerkschaften bedarf es keiner Lobby. In Entsprechung zu den Gewerkschaften unterhalten die Großfirmen Arbeitsrechts- und Kollektivvertragsspezialisten, oder sie nehmen entsprechende Anwaltshilfe in Anspruch, um Vereinbarungen mit den Gewerkschaften auszuhandeln, die auf die Beschäftigten des jeweiligen Unternehmens zugeschnitten sind.

Das Unternehmen im Zentrum der politischen Einflußnahme aus der Gesellschaft

Das Einzelunternehmen ist in jeder Hinsicht der einzige wirklich bedeutende unternehmerisch-interessenpolitische Akteur in den USA. Diese Beobachtung läßt sich noch weiter dahin zuspitzen, daß nur denjenigen Großunternehmen Bedeutung zukommt, die über ausreichende organisatorische und finanzielle Kraft verfügen, um ihre politischen und Arbeitsbeziehungen effektiv zu regeln. Die kleinen und mittleren Unternehmen geraten dabei ins Hintertreffen. Sie sehen es als ihr vitales Interesse an, die Gewerkschaften überhaupt aus den Betrieben herauszuhalten und staatliche Regelungen generell auf ein Minimum zurückzuschrauben.

Die American Federation of Labor/Congress of Industrial Organizations (AFL/CIO) organisiert als gewerkschaftlicher Dachverband an die hundert Einzelgewerkschaften. Viele große Gewerkschaften bleiben der AFL/CIO fern. Die größte Einzelgewerkschaft der USA, die Fernfahrergewerkschaft (International Brotherhood of Teamsters), ist auch die erfolgreichste Einzelgewerkschaft. Der Organisationsgrad der amerikanischen Arbeitnehmerschaft ist traditionell gering. Der Wandel zur Dienstleistungsgesellschaft, vor allem das Entstehen neuer Jobs in gewerkschaftsfernen Branchen und in Zeitarbeitsverhältnissen, hat die Bedeutung der Gewerkschaften auf einen historischen Tiefstand gebracht (Lösche 1998). Mitte der 1990er Jahre wurden optimistisch noch 10 % Gewerkschafter in der Arbeitsbevölkerung geschätzt.

Gewerkschaften

Die Grundzüge des amerikanischen Arbeitsrechts bestimmt das Wagner Act von 1935, das erstmals die nicht-landwirtschaftlichen Arbeitgeber unter bestimmten Voraussetzungen zur Anerkennung der Gewerkschaften verpflichtete. Für Landarbeiter gilt das Arbeitsrecht bis heute nicht. Arbeitnehmer haben das Recht, sich gewerkschaftlich zu organisieren und eine Gewerkschaft als Interessenvertretung bei den Arbeitgebern zu bestimmen. Eine durch Gesetz geschaffe-

Arbeitsbeziehungen

ne Arbeitsbehörde (NLRB = National Labor Relations Board) übt die Aufsicht über die Tarifparteien aus: Sie bestimmt die Größe der Tarifverhandlungseinheiten und überwacht die betriebsinternen Organisationswahlen. Für diese Wahlen dürfen alle Gewerkschaften kandidieren, die Mitglieder in einem Unternehmen nachweisen. Diejenige Gewerkschaft, für die eine absolute Mehrheit der organisierten Belegschaftsmitglieder votiert, vertritt sämtliche Gewerkschaftsmitglieder des betreffenden Unternehmens. Das Wagner Act bestimmt weiterhin, daß das NLRB Neuwahlen anordnen muß, wenn 30 % der Organisierten dies verlangen und damit der Auffassung Ausdruck geben, daß die gewählte Gewerkschaft die gesamte organisierte Belegschaft nicht mehr zufriedenstellend repräsentiert. Die Arbeitgeber müssen die gewählte Gewerkschaft anerkennen und mit ihr verhandeln. Das Gesetz verbietet, die Beschäftigten am Beitritt zu einer Gewerkschaft zu hindern. In allen Streitigkeiten, die unter dem Wagner Act anfallen, ist die NLRB die erste Instanz. Gegen ihre Entscheidung kann nur noch Berufung bei den Bundesgerichten eingelegt werden.

Die Bestimmungen des Wagner Act werden ergänzt durch zwei weitere Gesetze, die den Rechtsstatus der amerikanischen Gewerkschaften festschreiben. Das Taft-Hartley-Act von 1947 ermächtigt den Präsidenten der Vereinigten Staaten, einen Streik für achtzig Tage auszusetzen, wenn er zu der Auffassung gelangt, daß der Streik wichtige nationale Interessen beeinträchtige. Darüber hinaus räumt es den Unionsstaaten die Möglichkeit ein, Kollektivvereinbarungen zu verbieten, mit denen die Beschäftigten eines Unternehmens zum Beitritt zu einer Gewerkschaft verpflichtet werden sollen. 22 Staaten im konservativen Süden und Südwesten haben entsprechende Gesetze verabschiedet, die sich bei Arbeitskämpfen als ein Einfallstor für die Einstellung von Streikbrechern erwiesen haben. Die Tarifbeziehungen sind durch den sog. „business unionism" charakterisiert. Branchenweite Tarifverträge sind die Ausnahme. Weder die Gewerkschaften noch die Unternehmen legen Wert auf flächendeckende Verträge; die Unternehmen deshalb nicht, weil sie ihrer Ertragslage entsprechende Abschlüsse anstreben, und die Gewerkschaften nicht, weil es ihnen darum geht, aus den Verhandlungen für die Einzelbelegschaften soviel herauszuholen, wie nur eben möglich.

Agrarinteressen Die landwirtschaftlichen Produzentenverbände, die sog. Commodity groups, vertreten z.B. die Interessen der Fleischproduzenten, der Weizenfarmer, der Baumwollfarmer und der Milchproduzenten. Die etwa 120 Commodity groups sind bevorzugte Gesprächspartner der Regierung und der Landwirtschaftsausschüsse des Kongresses. Sie gelten als wirklich repräsentative Verbände. Die allgemeinen Farmer-Verbände, die American Farm Bureau Federation (AFBF) und die National Farmers' Union (NFU), werden als ideologische Verbände angesehen, die als politische Interessenvertretung keine große Bedeutung mehr haben. Ihre Programme stammen noch aus der Epoche, als die Agrarpolitik ein wichtiges Thema der amerikanischen Innenpolitik war. Das liegt inzwischen an die 60 Jahre zurück. Die Zeit ist über AFBF und NFU hinweggegangen. Aber für die Farmer haben diese Organisationen praktische Bedeutung, weil sie ihren Mitgliedern ähnlich wie die Genossenschaften in Europa einen guten Service bieten (Beratung, günstige Einkaufsmöglichkeiten, Kredit).

Public interest groups Bedeutsam sind ferner die sog. „public interest groups" (Brinkmann 1983, 1984). Dabei handelt es sich um Verbraucher-, Natur- und Umweltschutzgruppen sowie um Vereine, die für „good government", d.h. für bürgernahe Reformen des politischen Systems eintreten. Sie sind in mancher Hinsicht eine amerikanische Besonderheit: Sie setzen sich für Veränderungen des politischen Prozesses ein, die eine reibungslosere Umsetzung des Bürgerwillens durch die Abgeordneten und Beamten gewährleisten sollen. Die wichtigste landesweit operierende Gruppe dieser Art ist die sog. Bürger-Lobby Common Cause, die vor gut 20 bis 30 Jahren überaus erfolgreich an der Reform der Wahlkampffinanzierung und des Kongresses mitgewirkt hat. Common Cause ist eine Mitgliederorganisation, die sich auf die gutsituierten Mittelschichten stützt. Viele der kleineren Gruppen, die sich um die Themen Umweltschutz, Tierschutz u.ä. gebildet haben, entstanden erst in den 1970er Jahren. Sie finanzieren sich nicht nur, wie Common Cause, aus Spenden, sondern zum größeren Teil aus Zuwendungen der großen Stiftungen (Ford Foundation, Carnegie Foundation u.a.).

Heute gibt es in Washington mehrere Tausend offizielle und weitaus mehr inoffizielle Lobbyisten. Sie arbeiten für Verbände, Firmen und Organisationen, oder sie bieten ihre Dienstleistungen wechselnden Klienten an (dazu und allgemein zum Verbändesystem: Sebaldt 2001). Alle größeren Firmen und die Einzelgewerkschaften des Dachverbandes AFL/CIO unterhalten in ihren Washingtoner Büros hochbezahlte Mitarbeiter. Das Service-Lobbying hat in den letzten Jahrzehnten an Intensität und Bedeutung gewonnen. Hier handelt es sich um private Firmen und Anwaltskanzleien, die eine Vielzahl wechselnder Kunden – vornehmlich aus dem Unternehmensbereich – bedienen. Einige Lobbying-Unternehmen haben sich spezialisiert: Sie machen ausfindig, welche Schlüsselpersonen in einem Wahlkreis angesprochen werden müssen, um auf den Wahlkreisabgeordneten einzuwirken, damit er in einer Kongreßabstimmung entsprechend votiert. Anschließend werden die betreffenden Kongreßmitglieder mit Briefen, Faxen, E-Mails und Anrufen bedrängt, um sich bei einer bevorstehenden Abstimmung wie erwünscht und nicht anders zu verhalten.

Lobbyisten

3.5 Wirkungsgeschichte

Das präsidentielle Regierungssystem hat wenige Jahrzehnte nach Gründung der USA vor allem in Mittel- und Südamerika Nachahmung gefunden. Auch die Schweiz hat sich bei der Modernisierung ihrer politischen Verhältnisse im 19. Jahrhundert eng an das amerikanische Vorbild angelehnt. In jüngerer Zeit haben die Verfassungskonstrukteure dem US-amerikanischen Vorbild wenig abgewinnen können. Das zeigt sich unter anderem darin, daß bei den Verfassungsgebungen in Osteuropa und in den Nachfolgestaaten der Sowjetunion nicht das amerikanische Präsidialsystem als Vorbild gedient hat, sondern eher das semipräsidentielle Regierungssystem Frankreichs. Spitzt man die Frage nach der Vorbildwirkung des US-amerikanischen Systems auf dessen Ausstrahlung in demokratischen Gesellschaften zu, so bleibt außer der Schweiz wenig übrig. Zwar haben die meisten lateinamerikanischen Länder am präsidentiellen Verfassungskonstrukt festgehalten. Aber keiner dieser Gesellschaften blieben in der jüngeren Geschichte Militärdiktaturen oder autoritäre Herrscher in Zivil erspart.

Bevor wir näher auf die Verbreitung des präsidentiellen Regierungssystems eingehen, erscheint es angebracht, einen kurzen Blick auf die Gesellschaft zu werfen, die seit über 200 Jahren mit diesem System regiert wird (dazu: Prätorius 1997). Die USA sind eine durch und durch liberale Gesellschaft, die den Staat so klein wie möglich zu halten trachtet. Das gesellschaftliche Kredo ist auf der politischen Ebene die Demokratie, auf der gesellschaftlichen Ebene der Markt. Das präsidentielle Regierungssystem paßt vorzüglich zu einer Gesellschaft, die keinen Wert darauf legt, Staat und Gesellschaft groß zu verändern. Wie oben dargelegt, ist die politisch-parlamentarische Mehrheitsbildung in den USA eine höchst komplizierte Sache. Die Institutionen funktionieren besser bei der Verhinderung politischer Entscheidungen als bei der Realisierung von Plänen, die auf Veränderungen der gesellschaftlichen Gegebenheiten abzielen.

Die Grundstimmung ist in der schweizerischen Gebirgsrepublik nicht viel anders. Die Schweiz hielt sich bereits im 19. Jahrhundert viel darauf zugute, daß sie eine Republik war. Sie war damals mit Ausnahme Frankreichs noch vollständig von monarchisch verfaßten Staaten umgeben. Sie repräsentierte – ähnlich wie die USA – das hohe Gut staatlicher Einheit in Kombination mit konfessioneller und kultureller Verschiedenheit in den Kantonen. Nun war die Schweiz zur damaligen Zeit, wie sie es auch heute noch ist, ein Unikum in der europäischen Staatenlandschaft. Sie hatte keinen Adel, sie betrat die moderne Geschichte als Kaufmanns- und Industriellenrepublik, sie huldigte dem Kult des einfachen, tugendhaften Bürgers, der von seinem Fleiß und seiner Erfindungsgabe lebt, und sie erfreute sich ähnlich wie die USA einer politisch-militärisch relativ geschützten Lage.

Bis heute hat auch die Schweiz ein strikt gewaltenteiliges Regierungssystem. Die Legislative, die Bundesversammlung, gliedert sich in ein Staatenhaus, den Ständerat, und in eine Volkskammer, den Nationalrat. Die Konstruktion des Ständerates folgte dem Beispiel des Senats im amerikanischen Kongreß. Selbst das für die Schweiz charakteristische Partizipationsinstrument des Plebiszits hat sich von der Ansschauung US-amerikanischer Staaten leiten lassen. Abweichend vom US-Vorbild wird die Regierung, der Bundesrat, von der Bundesversammlung gewählt. Sie kann von der Bundesversammlung dann aber nicht mehr abgelöst werden. Die Schweiz hat keinen Präsidenten. Sie hat eine mehrköpfige – direktoriale – Exekutive beibehalten. Der Bundesrat besteht aus sieben Mitgliedern, die sämtlich die gleichen Rechte haben. Ein Mitglied des Bundesrates übernimmt im Jahresturnus die Rolle des Präsidenten bzw. des zeremoniellen Staatsoberhaupts (Linder 1999 b). Die Schweiz liegt mitten in Europa. Im Laufe ihrer Geschichte blieb sie stets gesamteuropäischen Einflüssen ausgesetzt. Dies ist der Grund, warum es in der Schweiz Parteien gibt, denen alles in allem weit größere Bedeutung zukommt als in den USA, daß in der Schweiz ferner die faktische Gesetzgebungsarbeit – wie im übrigen Europa – von Ministerialbehörden geleistet wird und daß schließlich das Parlament, die Bundesversammlung, im Vergleich zum amerikanischen Kongreß ein recht geringes politisches Gewicht aufbietet. Es konnte auch nicht ausbleiben, daß die schweizerischen Parteien das weltanschauliche Meinungsspektrum widerspiegeln, wie es aus den umliegenden europäischen Ländern geläufig ist (Linder 1999 a).

Die Nachahmung des präsidentiellen Regierungssystems zeitigte in Lateinamerika ganz andere Ergebnisse. Zunächst ist festzuhalten, daß es seit 1812, zu dem Zeitpunkt, als die spanischen Kolonien in Amerika ihre Unabhängigkeit begehrten, kein anderes Beispiel für einen republikanischen Verfassungsstaat gab als eben die USA. Schon deshalb waren diese attraktiv. Bei vordergründiger Betrachtung hatten die USA wenige Jahrzehnte zuvor scheinbar das gleiche geschafft, was jetzt auf dem südlichen Kontinent abzulaufen schien. Tatsächlich waren die Verhältnisse in Lateinamerika aber nicht vergleichbar. Bei der Unabhängigkeit der britischen Kolonien in Nordamerika handelte es sich um die völkerrechtliche Verselbständigung von Kolonien, denen das britische Mutterland bereits ein für die damalige Zeit bemerkenswertes Höchstmaß an Selbstverwaltungsrechten zugestanden hatte. Durch die förmliche Unabhängigkeit wurden dort letztlich Institutionen und Praktiken sanktioniert, die es schon vor der Unabhängigkeit gegeben hatte. Südlich der damaligen USA war alles anders.

Spanien und Portugal hatten ihren Kolonien keine vergleichbaren Freiheiten gelassen. Die Vizekönigtümer und Territorien unter der spanischen und portugiesischen Krone wurden nicht anders verwaltet als die europäischen Besitzungen der Madrider und Lissaboner Könige. Hinterließen britisches Verfassungsdenken und frühkapitalistische Tugenden in den nordamerikanischen Kolonien ihre Wirkungen, wie in Großbritannien selbst, so waren die spanische und portugiesische Herrschaftspraxis in Europa und Amerika vom Absolutismus geprägt. Die Mutterländer und die Kolonien befanden sich im Griff einer Staatsbürokratie, die für die Entfaltung von Handel und Wandel wenig Sinn hatte und vielmehr darauf setzte, aus den europäischen und amerikanischen Untertanen soviele Steuern und Abgaben herauszupressen, wie nur möglich. Damit fehlte der Nährboden, auf dem in Nordamerika die Ideen der Bürgerfreiheit, der Selbstverwaltung und der Gewaltenteilung gereift waren (Krakau 1992).

Bis zur Unabhängigkeit lautete die Parole in Süd- und Mittelamerika: alle Macht dem König und seiner absolutistischen Bürokratie! Dieses Erbe erwies sich auch über die Schwelle zur förmlichen Unabhängigkeit hinweg als wirkungsvoller als der freiheitlich-merkantile Geist der USA. Gesellschaften feudalen und absolutistischen Zuschnitts stülpten sich mit dem Vorbild der USA deren liberale Verfassung über. So blieben bis heute zwar in groben Zügen Regierungssysteme, in denen sich unschwer das US-amerikanische Vorbild erkennen läßt. Aber die politische Praxis zeigt vielfach noch die Spätfolgen der Diktatur im Gewande militärischer oder oligarchisch-ziviler Herrschaft. Schon das für die USA so wichtige Moment des Bundesstaates fehlte in den meisten lateinamerikanischen Verfassungen. In Mexiko, Argentinien und Brasilien wurde der amerikanische Föderalismus zwar kopiert. Vergleicht man den US-amerikanischen Bundesstaat aber mit den lateinamerikanischen Bundesstaaten, so wird bereits nach flüchtigem Hinsehen deutlich, daß die Autonomie der Einzelstaaten südlich des Rio Grande viel geringer ausfällt und daß schließlich die zentrale Figur des Präsidenten auch die bundesstaatliche Struktur überschattet (Mols 1981). Das Stichwort „Präsident" bietet sich an, um zur nächsten wichtigen Betrachtung überzuleiten. Formell halten sich die südamerikanischen Regierungssysteme an das aus der amerikanischen Verfassung bekannte Gewaltenteilungsschema. Tatsächlich ist die Figur des Präsidenten mit weitergehenden Rechten ausgestattet als das US-amerikanische Vorbild, vor allem auch mit Notstandsbefugnissen (Mols 1985).

Aus der Perspektive des Jahres 1998 läßt sich nicht mehr leichthin über Lateinamerika sprechen, als handelte es sich wie noch vor 20 Jahren um ein hoff-
nungsloses Jammertal unverbesserlicher Militärdiktaturen. Vielerorts haben sich
die Verhältnisse verbessert. So halten sich etwa in Argentinien und Brasilien junge Demokratien, die inzwischen manche schwere Krise erfolgreich bewältigt haben (Nohlen 1994). Betrachten wir die Verhältnisse etwas genauer, so stellt sich
abermals heraus, daß die realen Machtverteilungen nach wie vor stark vom präsidentiellen Regierungssystem der USA abweichen. Im Mittelpunkt des politischen
Prozesses steht dort nicht, wie in den USA, der Kongreß als die Schlüsselinstitution des Regierungssystems, sondern der volksgewählte Präsident. Die Institution
des demokratisch gewählten Präsidenten ragt überall so heraus, daß sie die Parlamente in den Schatten stellt. In der politikwissenschaftlichen Literatur werden
Systeme dieser Art als „Delegative Demokratien" charakterisiert (O'Donnell
1994). Damit ist gemeint, daß es sich um einen Typus von Demokratie handelt,
der den Qualitätssprung über die Schwelle der Diktatur schon geschafft hat, der
aber vom veredelten Produkt lange etablierter Demokratien, die unter den günstigen Wohlstandsvoraussetzungen der Industriegesellschaften entstanden sind,
noch ein großes Stückweit entfernt ist.

An dieser Stelle kann der Ausblick auf die Wirkungsgeschichte des präsidentiellen Regierungssystems der USA abgebrochen werden. Um die mißlungene
Übernahme des amerikanischen Vorbilds etwa in Lateinamerika zu verstehen,
nützt es wenig, Verfassungsdokumente oder die Rechtslage zu studieren. Verfassungen und Gesetze sind dort, weil sie eben keine Diktaturen mehr sind, durchaus
nicht unwichtig. Aber sie müssen relativiert werden. Die Gesellschaften, für die
sie bestimmt sind, kommen aus einer Vergangenheit, in der das Recht nicht allzu
viel galt. Das mag sich ändern, aber vorerst sind Personen immer noch wichtiger
als Institutionen. Vor diesem Hintergrund ist es bereits ein Gewinn, wenn beim
herausragend wichtigen Amt der Präsidentschaft die Mehrheitsregel akzeptiert
wird, d.h. wenn der unterlegene Kandidat seine Niederlage akzeptiert und die
Revision des Wahlergebnisses nicht mit dem Aufmarsch der Armee, sondern mit
der Planung für den nächsten Wahlkampf betreibt.

Noch eine letzte Bemerkung: Nicht wenige noch junge Demokratien in Asi-
en, z.B. Südkorea oder die Philippinen, bedienen sich der Begriffe und Kon-
struktionsprinzipien der US-amerikanischen Verfassung (dazu informativ die
Beiträge in: Merkel/Sandschneider/Segert 1996). Auch die meisten undemokrati-
schen Länder der Welt verzichten heute nicht auf die demokratische Fassade, um
Herrschaftspraktiken und -inhalte zu verschleiern, die von der Demokratie um
Lichtjahre entfernt sind. Damit wird einer Erwartung gehuldigt, daß die Dinge
heute, wie auch immer sie wirklich sein mögen, doch demokratisch aussehen
müssen. Und darin liegt eine weitere Bedeutung des präsidentiellen Regierungssystems der USA. Es wird als Vorbild und Stichwortkatalog dazu mißbraucht,
Verhältnisse schönzufärben, die in der Sache von der Demokratie weit entfernt
sind. Es sei an dieser Stelle auch an die flachere Publizistik erinnert, die den
amerikanischen Präsidenten in vollständiger Verkennung der wirklichen Verhältnisse immer mal wieder als den „mächtigsten Mann der Welt" tituliert. Eine ver-
fälschendere Darstellung der Charakteristika des präsidentiellen Regierungssystems läßt sich kaum vorstellen. Gemessen an einem britischen Premierminister,

an einem deutschen Bundeskanzler oder an einem französischen Staatspräsidenten ist der US-amerikanische Präsident ein bedauernswerter Halbinvalide. Die lauteste Musik in der amerikanischen Bundeshauptstadt spielt nicht im Weißen Haus, sondern auf dem Kapitolshügel, dem Sitz des Kongresses. Das Präsidentenamt, wie es in der Dritten Welt vielfach geschieht, mit gewaltigen Kompetenzen auszustatten, kommt der Umkehrung der Absichten und Realitäten des US-amerikanischen Vorbilds gleich. Im Kreise der westlichen Demokratien sind die USA mit ihrem Regierungssystem die Ausnahme geblieben. Erstaunlich ist das nicht. Das Regierungssystem ist unter geschichtlichen Umständen gereift, die schon zur Gründerzeit der USA ein Unikum waren. Wenn heute in Osteuropa und in den GUS-Nachfolgestaaten die Vorbilder des parlamentarischen oder des semi-präsidentiellen Regierungssystems stärker wirken, so hat dies seinen guten Grund. Es handelt sich hier um Regierungssysteme, die auf Parteien, auf zentralstaatlichen Bürokratien und auf Weltanschauungen aufbauen, die es in den USA eben nicht gibt.

4 Frankreich

4.1 Entstehung des Regierungssystems

Das französische Regierungssystem hat sich in teilweise krassen Schüben und Brüchen entwickelt. Es verkörpert insofern einen Gegensatz zu den bisher dargestellten Regierungssystemen. Das herausragende Kennzeichen des gegenwärtigen Regierungssystems der V. Republik ist der Primat der Regierung. Unter diesem Aspekt steht Frankreich in einer Reihe mit dem britischen Regierungssystem. Zwei Dinge sind jedoch grundlegend anders. Die französische Republik kennt an der Spitze der Exekutive ein politisch gestaltungsmächtiges Staatsoberhaupt, den Präsidenten, und daneben eine parlamentarisch verantwortliche Regierung. Vor dem Hintergrund der Regierungssystemerfahrungen in der Vergangenheit erscheint die bald 50-jährige Epoche der V. Republik als eine Periode der Stabilität. Davor galt Frankreich als Land mit notorischer Instabilität des Regierungssystems. Hier soll zunächst ein Rückblick auf frühere Epochen der französischen Verfassungsentwicklung geboten werden, um die Charakteristika der V. Republik besser abschätzen zu können.

4.1.1 Das vorrevolutionäre Regime

Die Französische Revolution steht am Anfang einer wechselhaften Geschichte von Regierungsformen und Verfassungen, die allein in Frankreich in gut 170 Jahren nahezu alles vorführten, was im vielgestaltigen europäischen Europa sonst an politischen Ordnungsformen aufgetreten ist (vgl. zum folgenden: P. C. Hartmann 1985). Das Revolutionsereignis von 1789 zeigte an, daß sich in Frankreich am Ende des 18. Jahrhunderts Staat und Gesellschaft auseinanderentwickelt hatten. Zuvor hatte Frankreich im 17. und im 18. Jahrhundert den zuerst in Spanien praktizierten Absolutismus zu hoher Perfektion geführt. Wie so viele europäische Reiche, so war auch Frankreich noch im 16. und frühen 17. Jahrhundert ein buntes Gemisch von recht autonomen Territorialherrschern unter der Oberhoheit eines Monarchen gewesen. Ludwig XIV. gelang es, die Territorialfürsten zu entmachten, indem er seinen Hof zum Mittelpunkt des gesellschaftlichen Lebens und zum Ort des sozialen Aufstiegs in der zentral gelenkten Bürokratie aufbaute. Die Adelsfamilien aus der Provinz strebten in die neuerbaute Hauptstadt Versailles, wo sie am kostspieligen höfischen Leben teilhatten. Mit Hofämtern, Verwaltungsstellen und Offiziersrängen wurden bedeutende Teile des Adels an den König gebunden, der mit Rang und Titel über Aufstieg und Einkünfte bestimmte.

Der absolutistische Staat

Dieser Adel bildete den Grundstock der Verwaltung und des stehenden Heeres. Beide dienten den Bourbonen dazu, neue Gebiete zu erobern und Frankreich als europäische Großmacht zu festigen.

Wie in anderen europäischen Monarchien hatten sich in Frankreich Überreste feudaler, d.h. vorabsolutistischer Institutionen gehalten. Der König brauchte für seine Politik im Inneren und Äußeren viel Geld. Namentlich die Hofhaltung und die Streitkräfte kosteten große Summen. Für die Bewilligung von Steuern, mit denen dies alles hätte bezahlt werden müssen, war aber die Zustimmung der Generalstände erforderlich, in denen neben der Geistlichkeit und dem Adel auch Bürger und Bauern vertreten waren. Zur Erinnerung: Das Gegenstück zu den Generalständen war in England das Parlament. Anders als den englischen Königen war es den Bourbonherrschern gelungen, die Generalstände auszuschalten. Beraten von den Kardinälen Richelieu und Mazarin, den „Mächten hinter dem Thron", von denen wegen ihres geistlichen Standes keine usurpatorische Gefahr für die Dynastie drohte, wurden neue Einkunftsquellen erfunden: Abgaben oder Binnen- und Außenzölle, für die es der Zustimmung der Generalstände nicht bedurfte. Auf diese Weise bekam die Krone die Mittel in die Hand, um ihre Macht auszubauen. Die Generalstände durften übrigens, genau wie das britische Parlament, nicht aus eigenem Recht zusammentreten. Die Bourbonen verzichteten darauf, sie einzuberufen. So gerieten die Generalstände als herrschaftsbeschränkendes Instrument in Vergessenheit. Die Bourbonen regierten ohne die Stände. Dies war der Kern der absolutistischen Herrschaft in Frankreich. Als Rechtsfiktion blieben die Stände. Sie traten zwischen 1614 und 1789 nur nicht mehr zusammen.

4.1.2 Die Revolution*

Finanzkrise

Rückbesinnung auf die Stände

Die Ausschaltung der Stände gelangte im späteren 18. Jahrhundert an ihr Ende. Die Finanzbedürfnisse des Staates konnten mit den üblichen Mitteln jetzt nicht mehr gedeckt werden. Frankreichs Beteiligung an den zahlreichen kontinentaleuropäischen Kriegen, ferner seine kostspielige maritime Rivalität mit Großbritannien und schließlich Frankreichs aufwendige, zur Schwächung Großbritanniens betriebene Unterstützung der nordamerikanischen Unabhängigkeitsbewegung kulminierten in einer Krise der Staatsfinanzen. Ohne die Rückbesinnung auf das Steuerbeschließungsrecht der Stände gab es keinen Ausweg. So wurden die Stände 1789 zum ersten Mal seit nahezu 180 Jahren wieder einberufen. Die Stände hatten ihr Erscheinungsbild inzwischen verändert, weil sich die Gesellschaft grundlegend gewandelt hatte. Durch die Entfaltung von Handel und Gewerbe war ein wohlhabendes Bürgertum entstanden, das im politischen Leben des Landes bis dahin allerdings überhaupt keine Rolle gespielt hatte. Just die modernsten Klassen Frankreichs, Vertreter der intellektuellen Berufe, wohlhabende Kaufleute, die sich Adelstitel käuflich erworben hatten, und der kleine, seinerseits in den Kommerz hinüberwachsende Adel waren die Basis des Dritten Standes gewor-

---

*   Es empfiehlt sich, hierzu noch einmal die Ausführungen im Teil 1 über Montesquieu und Rousseau zu lesen.

den. Der Dritte Stand, vor gut 200 Jahren noch der geringste unter den Ständen, war nach seiner gesellschaftlichen Bedeutung inzwischen an die erste Stelle gerückt.

Um dieselbe Zeit beherrschte die gleiche Gesellschaftsschicht das britische Parlament. Während Bürgertum und Kleinadel dort bereits seit über 150 Jahren im Parlament vertreten gewesen waren und wachsenden Einfluß auf die Regierung ausgeübt hatten, fehlte es den Vertretern des Dritten Standes in Frankreich vollständig an politischer Praxis. Das Bourbonenregime fußte allein auf der Herrschaft von Beamten und Offizieren. Ein wirkliches Beamtentum war zur gleichen Zeit in Großbritannien noch gar nicht vorhanden. Das Militär war dank der beschützten Lage klein dimensioniert und politisch nie bedeutend gewesen. Das politisch interessierte Bürgertum Frankreichs war unter den Bourbonen dazu verurteilt, über Politik allein polemisch und literarisch und in einer oppositionellen Grundhaltung zu diskutieren. In diesem Zusammenhang entstand eine bis heute fruchtbare staatstheoretische Literatur. Diese zeigte aber nur, daß Politik den zukunftsträchtigen Klassen Frankreichs nicht als Sache des praktischen Handelns vertraut war. Wo die politische Klasse Großbritanniens Politik und Verfassung als Angelegenheit einer schrittweisen Veränderung erlebte, die für alle Beteiligten lediglich ein begrenztes Risiko barg, so mußte solches Augenmaß in Frankreich fehlen. Der Dritte Stand machte sich 1789 Gedanken über eine ideale Politik. In vielen Köpfen wirkte die Ideenwelt des in großer Mode befindlichen Salonphilosophen Rousseau. Mit dem legitimistischen Prinzip der Bourbonen ließen sich solche Vorstellungen nicht vereinbaren.

Rousseau hatte seine Staatstheorie auf ein kleines, überschaubares Staatswesen im Sinne einer Stadtrepublik angelegt. Die unmittelbare Selbstregierung der Bürger war bereits im großflächigen Frankreich eine Illusion. Der Dritte Stand konstituierte sich 1789 als verfassungsgebende Versammlung (Konstituante), als Verkörperung des französischen Volkes. Er sprengte seine ständische Hülse, die anderen Stände spielten bald keine Rolle mehr. Er rief sich selbst zum Gesetzgeber aus. Der König hatte daneben vorläufig noch Platz. Aber Ludwig XVI. wurde nur mehr als konstitutioneller Monarch geduldet, der nach den Maßgaben der Konstituante regieren durfte. Es kam, was unter diesen Umständen unvermeidlich war: Die Konstituante debattierte und debattierte, für die praktischen Fragen und für die Probleme, die von der jahrhundertelangen Bourbonenherrschaft hinterlassen worden waren, wußte sie keine praktische Antwort. Das Volk murrte, die Unzufriedenheit wuchs, dazu mochten sich der König und seine Berater nicht in die ungewohnte Rolle der konstitutionellen Galionsfigur hineinfinden. Unkluge Obstruktionsversuche der Krone und spürbare Unzufriedenheit führten die Herrschaft der Konstituante nach einigen Wirren, die hier nicht referiert werden sollen, in die Erste Republik (1792). Diese gelangte schon bald in den Griff der sog. Schreckensherrschaft der Jakobiner, der radikalen, republikanischen Fraktion in der Nationalversammlung. Die Monarchie wurde abgeschafft, der König gemeuchelt und die Idee des Volkes überhöht und kanonisiert. Letztlich wurde sie dem persönlichen Ehrgeiz einiger Führer der radikalen Fraktion dienstbar gemacht. Mit verschiedenen Verfassungsmutationen sollte die Erste Republik bis 1804 Bestand haben.

Vergleich mit Großbritannien

Scheitern der konstitutionellen Monarchie

Erste Republik

4.1.3 Die napoleonische Ära

Bedrohung der
Revolution von
außen
Die politischen Umwälzungen im nachbourbonischen Frankreich erschütterten
ganz Europa. Der Sturz der Dynastie, damals eine noch völlig ungewohnte Erfahrung, und die offene, aggressive Leugnung des monarchischen Prinzips riefen die
übrigen europäischen Mächte auf den Plan. Sie wollten mit den französischen
Veränderungen gleichzeitig auch den Keim einer Ansteckung ersticken, von der
sie die eigenen Gesellschaften bedroht sahen. Die mächtigen Monarchen Europas
rangen sich zu einer militärischen Lektion gegen die Revolution durch. Es gab
Krieg. Doch die im Gestrigen erstarrten kontinentaleuropäischen Dynastien –
Preußen und Österreich – hatten sich übernommen. Und sie waren hinter Frankreich in bezug auf ihre ökonomische und sonstige Entwicklung weit zurückge-
blieben. Der Versuch einer politischen Strafaktion gegen die revolutionären Stö-
renfriede erwies sich als stümperhaft, er blieb militärisch erfolglos. Dessen ungeachtet geriet die Erste Französische Republik dadurch in hohe Gefahr. Die Nationalversammlung erwies sich außerstande, die militärische Bedrohung für die
Revolution erfolgreich abzuwehren.

Klassengesellschaft
In einem komplizierten Prozeß, dessen Einzelheiten hier abermals nicht interessieren sollen, übertrug die Nationalversammlung in Anlehnung an antike
Verfassungsvorbilder 1794 zunächst einem Direktorat, dann einem Konsul ihren
Schutz. Letzterer war ein Diktator, der das Schlimmste abwenden sollte. Der Erste Konsul der französischen Republik, an den dieser Auftrag erging, war der
nach heutiger politischer Ortsbestimmung aus Italien gebürtige niedrigrangige
Offizier Bonaparte, der im folgenden, so wie ihn die Weltgeschichte registriert
hat, mit seinem Vornamen Napoleon benannt werden soll. Das militärische Genie
Napoleon sollte das Versammlungsregime nach einiger Zeit ablösen. Napoleon
wuchs über seine Auftraggeber hinaus, und er entledigte sich ihrer auf dem Höhepunkt seiner militärischen Erfolge. Aus alledem resultierte nach einiger Zeit
ein autokratisches System, das Empire: eine Kaiserherrschaft, die 1804 eine Art
neuer Monarchie in Frankreich etablierte. Allerdings war diese Monarchie anders
beschaffen als die der Bourbonen. Sie beseitigte zwar die Nationalversammlung,
aber sie schuf neue Klassen und einen neuen Adel, der nicht mehr auf Geburt,
sondern vor allem auf militärischer Leistung basierte. Die Trikolore als Flaggen-
symbol für die Revolution wurde beibehalten, ebenfalls einiges von den Phrasen
des Volkswillens und des Allgemeinwohls. Letztlich blieb es dabei, daß sich das
Versammlungsregime der Revolutionszeit totgelaufen, daß es ferner seine Ineffizienz enthüllt hatte und daß es von einer neuen Autokratie abgelöst worden war.
Als letztes sei noch hinzugefügt, daß diese neue Autokratie die herkömmliche
französische Bürokratie und das Militär effektiviert hatte. Zahlreiche Institutionen der Staatsverwaltung und die zentralistische Verwaltungseinteilung Frankreichs gehen auf diese Zeit zurück.

4.1.4 Bürgerkönigtum, Zweite Republik und Zweites Kaiserreich

Restauration

Juli-Revolution 1830

Nach dem Scheitern des napoleonischen Versuchs, im Zeichen französischer Suprematie eine europäische Einigung herbeizuführen, kam es zur sog. Restauration. Im Jahre 1815 kehrte der nächste Verwandte des letzten Bourbonenkönigs, Ludwig XVIII., auf den restaurierten französischen Königsthron zurück. Inzwischen war die Zeit jedoch über die Bourbonen hinweggeschritten. Ludwig XVIII. mußte sich damit arrangieren, daß die Ära Napoleon mächtige neue Klassen geschaffen hatte, die er nicht ignorieren konnte. Die Restauration der bourbonischen Königsherrschaft erwies sich schon bald als nicht haltbar. Erhebliche politische Unzufriedenheit, vor allem auf Seiten des Bürgertums, mündete in eine weitere Revolution ein, die Juli-Revolution von 1830. Sie war eigentlich keine „große Revolution". Das reiche Bürgertum, Bankiers und Fabrikanten, hatte zur Einsicht gefunden, daß es für ihre Geschäfte besser war, die Bourbonen endgültig in der historischen Kulisse verschwinden zu lassen. Für die Geschäfte und das Ansehen Frankreichs erschien eine konstitutionelle Monarchie besser geeignet, in der die reichen Stände in Gestalt einer parlamentarischen Versammlung an den Geschehnissen mitwirken konnten. Chef dieser neuen Monarchie wurde ein entfernter Verwandter des Bourbonenhauses, der sog. „Bürgerkönig" Louis Philippe. Sein bis heute erinnerungswürdiges Regierungsmotto hieß: Bereichern Sie sich, meine Herren (enrichissez-vous, messieurs!). Und so geschah es denn auch. Die Gesellschaft dieser Juli-Monarchie artete zu einer hemmungslosen Gewinn- und Ausbeutungswirtschaft aus – kein französisches Unikum, das gleiche spielte sich in den Nachbarländern ab! Die vom Land in die Stadt verpflanzten, verelendeten Arbeiter erwiesen sich als Sprengsatz. Die sog. Juli-Monarchie ging bereits 18 Jahre später in einem Aufstand des Pariser Proletariats und des Kleinbürgertums unter.

Revolution von 1848

Kaiserherrschaft
Louis Bonaparte

Frankreich wechselte nach der Februar-Revolution von 1848 erneut zur republikanischen Regierungsform. Gewinner der Unruhen, aus denen die Zweite Republik entstand, war ein Verwandter des großen Napoleon, sein Neffe Louis Bonaparte. Es handelte sich um einen politischen Abenteurer, der mit viel Geschick seine schillernde Biographie auszuspielen verstand, um die Massen zu begeistern. Bereits 1849 ließ sich Louis Bonaparte zum Staatspräsidenten wählen. Das Muster, nach dem diese Republik verfaßt war, erinnerte stark an die amerikanische Verfassung mit ihrer strikten Gewaltenteilung zwischen Nationalversammlung und Präsident. Im Unterschied zur Herrschaft des Bürgerkönigs setzte Louis Napoleon nicht allein auf das reiche Bürgertum. Eine der wichtigsten Grundlagen seiner Herrschaft war das bettelarme Proletariat, dem als Ergebnis der letzten Revolution das Wahlrecht gewährt worden war. Seither gehört das allgemeine Wahlrecht zu den politischen Glaubensartikeln der französischen Verfassungskultur (obgleich das Bekenntnis erst mit der im europäischen Vergleich überaus späten Einführung des Frauenwahlrechts 1946 Substanz erlangte). Bereits 1851 war auch diese Republik fast schon wieder an ihr Ende gelangt. Bonaparte ließ sich zunächst zum Präsidenten auf zehn Jahre wählen. Bereits 1852 rief er in Anknüpfung an den großen Verwandten das Kaiserreich aus. Frankreich steuerte unter Napoleon III. in monarchische Fahrwasser zurück. Abermals war die Zeit nicht stehengeblieben. Das Parlament blieb eine bedeutungslose, mani-

puliierte Versammlung. Die industrielle Entwicklung hatte Frankreich stärker als
je zuvor verändert. Dies brachte schwere soziale Konflikte mit sich, auf die der
jüngere Bonaparte, wie seine Vorgänger, keine Antwort wußte. Auch dieser
Sprößling des Bonaparte-Geschlechts verlegte sich darauf, mit außenpolitischen
Aktionen, von denen er sich Popularität versprach, sein Regime zu festigen. Nach
Versuchen, mit militärischen Abenteuern in Italien und selbst im fernen Mexiko
die innenpolitischen Wunden zu verdecken, scheiterte diese Politik in der beabsichtigten Torpedierung von Bismarcks kleindeutscher Einigungspolitik. Der
deutsch-französische Krieg von 1870/71 besiegelte das Ende der zweiten Napo-
leonsherrschaft und leitete zu einem neuen Regime über.

4.1.5 Die Entstehung der parlamentarischen Dritten Republik

Schwierige Anfangsjahre

Die Niederlage im deutsch-französischen Krieg ging mit schweren sozialen Er-
schütterungen einher. Während das französische Staatsschiff nach der Gefangennahme Napoleons III. führerlos vor sich hin trieb, kam es in Paris, der dyna-
mischsten Wachstumsregion Frankreichs, zu einem Volksaufstand. Verkleistert
mit sozialistischer Ideologie, erhob sich ein Teil des einfachen Pariser Volkes
und rief 1871 nach der Vorlage des Kommunistischen Manifestes die Kommune
aus, die Selbstregierung der Arbeiter. Die Kommune wurde von den verbliebenen
bewaffneten Kräften der Provisorischen Regierung Frankreichs unterdrückt. Bald
darauf gab es einen Friedenschluß mit Deutschland, der mit der Gründung des
Deutschen Reiches – provokanterweise in Versailles – verbunden wurde. In der
Nachfolge des Zweiten Kaiserreichs hatte sich eine Nationalversammlung konstituiert. Sie beschloß mit der Verabschiedung einschlägiger Verfassungsgesetze
1875 die Dritte – eine parlamentarische – Republik. Diese Republik war in den
Anfangsjahren mit erheblichen Konflikten belastet. Dem französischen Bürgertum steckte der Schrecken über die Folgen der plebiszitär entgleisten Zweiten
Republik und über die Kommune noch in den Gliedern. Das Wahlsystem und der
Wahlkreiszuschnitt wurden so angelegt, daß die konservativen, ländlichen Regionen im Parlament weit besser repräsentiert waren als die wenigen Industriemetropolen mit ihrer für sozialistische Ideen empfänglichen Arbeiterschaft.

Das bonapartistische Trauma

In den Anfangsjahren mußte die Dritte Republik mit der Befürchtung zurechtkommen, aus den Reihen der Armee, die schwer an der Niederlage im
deutsch-französischen Krieg trug, könne erneut eine Art Bonaparte erwachsen.
Auf General Boulanger, 1886 zum Kriegsminister berufen, ruhten die Hoffnun-
gen der Antirepublikaner. 1889 putschte Boulanger auch, der Versuch schlug
aber fehl. Damit erlosch die aktuelle Befürchtung eines wiederauflebenden Bona-
partismus. Sie blieb allerdings als historisches Erinnerungsmoment in der politischen Elite und in der kritischen Öffentlichkeit bis in die jüngere Zeit lebendig.
Wie sich in den Ereignissen am Ende der III. Republik und am Ende der IV. Republik vor erst 47 Jahren zeigen sollte, trat in kritischen Momenten auch später
ein politisch ambitionierter Militär auf den Plan. Heute spielt das bonapartistische Trauma keine Rolle mehr.

Verhältnis Staat/Kirche

Die III. Republik geriet schließlich auch in einen Konflikt mit der katholischen Kirche. Ein tragendes Element der Französischen Revolution war die

Trennung von Staat und Kirche gewesen. Das Bürgertum hatte seit dem Scheitern der Bourbonenrestauration im Jahre 1830 über alle Regimewechsel hinweg die politischen Geschicke des Landes bestimmt. Die katholische Kirche suchte nach der staatlichen Einigung Italiens (1870), bei der sie sich der Existenz eines liberalen italienischen Verfassungsstaates beugen mußte, die Kraftprobe mit der liberalen Weltanschauung. Diese Auseinandersetzung blieb nicht ohne Auswirkung auf die benachbarten katholischen Länder. Die sich von vielen Seiten bedroht fühlende französische Republik steigerte sich in eine Konfrontation mit der Kirche. Das Schulwesen wurde dekonfessionalisiert, der Jesuitenorden zeitweise verboten.

4.1.6 Dritte Republik und Vichy

Die III. Republik war als Regierungssystem darauf angelegt, einen politisch-parlamentarischen Status quo zu verteidigen, in dem sich das gesellschaftlich tonangebende Bürgertum in den Städten und Landstrichen der französischen Provinz eingerichtet hatte. Das Wahlsystem war auf die Überrepräsentation der ländlichen Provinz angelegt. Die politisch radikalere Wählerschaft hatte das Nachsehen. Die in der II. Republik und im Zweiten Kaiserreich eingeführte Volksabstimmung galt als eine Ursache für die Fehlentwicklungen, die das politische Abenteurertum Louis Bonapartes begünstigt hatten. Die III. Republik war rein parlamentarisch konstruiert. Ferner bewirkte die rigorose, mit allen staatlichen Mitteln bekräftigte Abgrenzung des Staates von der Kirche, daß die Republik keine politische Betätigung des Katholizismus tolerieren würde, wie sie es zu dieser Zeit in Belgien, in den Niederlanden, in der Schweiz und in Deutschland gab. Das wirkt sich bis heute noch darin aus, daß in diesem katholischen Land keine christlich-demokratische Partei dauerhaft größere Bedeutung fand. Schließlich behielt auch die III. Republik die von Napoleon I. eingeführte, zentralisierte und hocheffiziente Staatsverwaltung bei. Bei allen politischen Schwächen war ihr Verwaltungsapparat eine gut geölte Maschine, die kompromißlos die Staatsziele durchsetzte. Und die Armee erhielt ein militärisches Betätigungsfeld, das sie vom Gram über die Niederlage gegen Preußen-Deutschland ablenkte: Ermuntert vom früheren Kriegsgegner in der Person des deutschen Reichskanzlers Bismarck, legte sich Frankreich mit der Eroberung neuer Kolonien in Afrika Betätigungsfelder für seine Streitkräfte zu.

Das Parlament bildete den Mittelpunkt des Regierungssystems der III. Republik. Es setzte sich aus dem Abgeordnetenhaus und dem Senat zusammen. Die parlamentarisch verantwortliche Regierung konnte von der einen wie von der anderen Kammer abberufen werden. Der Staatspräsident wurde von beiden Parlamentskammern gewählt. Seine Befugnisse waren nach der Textlage keineswegs gering, kein Präsident schöpfte sie aber jemals aus. Viel mehr ist auch zur Regierung nicht zu sagen. Sie hatte nach der Verfassung zwar die Befugnis, im Einvernehmen mit dem Staatspräsidenten das Parlament aufzulösen, machte jedoch nie Gebrauch davon. So kam es zum sog. „régime d'assemblée", zur „Parlamentsregierung" (Duverger 1986; Grosser/Goguel 1980).

Régime d'assemblée

Die politischen Parteien bewegten sich – abgesehen von der anfänglich sehr kleinen Schar sozialistischer Abgeordneter – trotz ihrer Vielfalt und ihrer verbalradikalen Programme auf demselben politischen Boden. Die Dritte Republik entsprach exakt ihren Interessen. Parteien- und Fraktionsdisziplin waren zu vernachlässigen. Die Abgeordneten – in der Regel aus den freien Berufen: Anwälte, Ärzte, Professoren – verdankten ihr Mandat nicht so sehr den Parteien als vielmehr der Tatsache, daß sie in ihren zumeist überschaubaren Provinzwahlkreisen Ansehen genossen und im Ruf standen, ihre Wähler wirksam in Paris zu vertreten (Hoffmann 1976). Große Erwartungen an den Staat gab es nicht. Es reichte, den Staat möglichst weit auf Abstand zu halten. Im Ersten Weltkrieg gelang es dann allerdings mit einer gewaltigen Kraftanstrengung, die nationalen Ressourcen zu mobilisieren.

Krisenhafte Zwischenkriegsepoche

Vorübergehend fand sich das Parlament unter dem Druck der existentiellen Bedrohung von 1914 bis 1918 sogar dazu bereit, der Regierung wirkliche Handlungsfähigkeit einzuräumen. Aber nach dem Ende der Kriegshandlungen glitt das

Volksfront

Regierungssystem wieder in die gewohnten Bahnen zurück. Nun waren die Verhältnisse nach dem Krieg keineswegs einfacher geworden. Die einigermaßen beschauliche Bürgerrepublik wich einer sich noch rascher industrialisierenden Gesellschaft. Die Linke und die sozialistischen Gewerkschaften waren stärker geworden. Infolge der Weltwirtschaftskrise (1929) glitt die III. Republik in tiefe Probleme. Arbeitslosigkeit und soziales Elend stellten Fragen, auf die das beherrschende bürgerliche Lager keine Antwort wußte. 1936 bildeten Sozialisten und Linksliberale (Volksrepublikaner) mit Unterstützung, aber ohne Regierungsbeteiligung der Kommunisten die sog. Volksfront, die erste und zugleich auch letzte linke Regierung der III. Republik. Die Volksfront beschloß sozialpolitische Neuerungen für die Interessen der Industriearbeiterschaft, die bisher im Schatten dieser Republik gestanden hatte.

Ende der III. Republik

Schon 1938 war die Volksfront am Ende, ihre sozialpolitischen Errungenschaften blieben. Die III. Republik erlosch, als Frankreich im Juni 1940 vor den deutschen Armeen kapitulierte. Die letzte Regierung der III. Republik legte die Geschicke des Landes in die Hände des greisen Marschalls Pétain, der sich damit in die Rolle eines Erfüllungsgehilfen der deutschen Reichsregierung bringen sollte. Der Norden Frankreichs wurde deutsches Besatzungsgebiet, der Süden stand unter der förmlichen Hoheit eines französischen Reststaates. Im Badeort Vichy nahm eine Regierung unter Leitung des Marschalls Pétain ihren Sitz. Sie stand dort einem faschistischen Marionettenregime vor. Vor dem Hintergrund der kontinuierlichen Verschlechterung der militärischen Lage für das Dritte Reich wurde später auch das südliche Frankreich besetzt.

Rolle de Gaulles im Zweiten Weltkrieg

Teile der französischen Armee hatten 1940 die Kapitulation nicht akzeptiert. Viele Offiziere, darunter der General de Gaulle, und in ihrem Gefolge etliche Politiker und Beamte setzten sich im Juni 1940 nach London ab, von wo aus sie den bewaffneten Widerstand im Inneren Frankreichs mit organisierten. Die Widerstandsbewegung in Frankreich wurde allerdings in hohem Maße auch von Kommunisten getragen. De Gaulle empfahl sich bei den Westalliierten als Partner in der gemeinsamen Abwehr der deutschen Aggression. Dazu führte er die im Kolonialimperium Frankreichs vorhandenen militärischen Potentiale zusammen. De Gaulle wurde von Briten und Amerikanern aber lediglich als nützlicher Juniorpartner akzeptiert. Ein ausdrückliches politisches Mandat für sein Handeln hatte de Gaulle nicht. Er war ein begabter, jedoch keineswegs ranghoher General gewesen und hatte nie eine herausragende politische Funktion bekleidet. Er berief sich als Repräsentant Frankreichs im Exil letztlich auf die Idee, daß es mit der Größe und Würde Frankreichs nicht vereinbar sei, daß seine Heimat auf Dauer widerstandslos Niederlage und Besatzung hinnehme. Mit den französischen Truppenkontingenten, die sich an der Wiedereroberung Frankreichs im Sommer 1944 beteiligt hatten, zog de Gaulle als Chef des freien Frankreich in Paris ein. Dort bildete er mit seinen engsten Vertrauten eine Provisorische Regierung (dazu, auch im folgenden Loth 1987).

4.1.7 Die Vierte Republik und der Übergang zur Fünften Republik

Für die Ausarbeitung einer Verfassung wurde 1945 eine Verfassunggebende Versammlung gewählt. De Gaulles Vorstellungen entsprach bereits das Wahlergebnis nicht. Wie in der vergangenen Dritten Republik beherrschten die Parteien, teils unter neuen Bezeichnungen, die Konstitutante. Als sie auch noch mit Unterstützung der Kommunisten de Gaulles Vorstellungen von der starken Exekutive eine Absage erteilten und den Verteidigungsetat kürzten, nahm de Gaulle als Provisorischer Regierungschef seinen Abschied; er zog sich aus der Politik zurück. Das Verfassungsdokument, auf das sich die Verfassunggebende Versammlung 1946 einigte, lag recht deutlich bei den Verfassungsverhältnissen der III. Republik. Im Stile der Zeit enthielt die Verfassung der nunmehr IV. Republik viele programmatische Bekundungen im Sinne einer Staatsverantwortung für die soziale Gerechtigkeit. Auch die Institutionen gerieten etwas anders als in der Vorgängerrepublik. Allein die Nationalversammlung konnte jetzt die Regierung zum Rücktritt zwingen. Den Senat gab es unter dieser Bezeichnung nicht mehr. Seine Nachfolgeinstitution, der Rat der Republik, hatte im Gesetzgebungsverfahren deutlich geringere Rechte als die Nationalversammlung, wie jetzt die größere Kammer des Parlaments umbenannt wurde (vorher: Abgeordnetenkammer). Der Präsident sollte nach wie vor nicht in direkter Volkswahl, sondern durch die Wahl beider Parlamentskammern bestimmt werden (Weisenfels 1980).

Restauration der parlamentarischen Republik

Auch das Parteiensystem hatte sich verändert. Die Kommunisten, denen dank ihrer Rolle im Widerstand große Unterstützung zuteil geworden war, waren stärker als je zuvor im Parlament vertreten. In Gestalt der Republikanischen Volksbewegung (MRP) konnte sogar eine Partei Fuß fassen, die christlich-demokratisches Gedankengut vertrat. Im übrigen fanden sich in der Mitte des Parteienspektrums ungefähr die gleichen politischen Kräfte wieder, die das Schicksal der III. Republik bestimmt hatten. Auf der Linken gehörten die Sozialisten zu den tragenden Parteien der IV. Republik. Das Parlament machte zwar lebhaft von der Möglichkeit Gebrauch, Regierungen zu stürzen und neue Regierungen einzusetzen. Aber die Regierung scheute unverändert vor der Parlamentsauflösung zurück, um die Parteien und Abgeordneten zu disziplinieren. Auch der Staatspräsident hielt sich in gewohnter Weise zurück. Galt schon die III. Republik im Vergleich mit den europäischen Demokratien als Rekordhalterin in der Amtsdauer der Regierungen– kaum eine Regierung amtierte länger als durchschnittlich zwei Jahre –, so drückte die IV. Republik die durchschnittliche Kabinettsdauer auf etwa sechs Monate. Die meisten Kabinette

Wiederaufleben des stark fragmentierten Parteiensystems

171

setzten sich im Kern immer wieder aus denselben drei Parteien zusammen: Sozialisten, Christdemokraten und Linksliberale. Wichtige Parlamentarier pendelten zwischen den Ministerien und den fachlich einschlägigen Ausschüssen der Nationalversammlung hin und her. Es war üblich, daß Differenzen in der Regierungskoalition oder am Kabinettstisch eher mit einer Regierungskrise quittiert wurden, als daß sie zum Anlaß gedient hätten, nach einem konstruktiven Kompromiß zu suchen. Der Austausch von Personen wurde zum Ersatz für Problemlösungen. Der einzige ruhende Pol im politischen Geschehen, der die Effizienzmängel der Politik in gewissem Umfang aufzufangen verstand, war die Ministerialverwaltung (Williams 1964).

Belastungen durch den Entkolonialisierungsprozeß

Die IV. Republik war von Anbeginn mit schweren politischen Herausforderungen konfrontiert. Die Kriegsfolgen und die Verwerfungen der Nachkriegszeit brachten viele soziale Härten mit sich, die ein geschlossenes und konzeptionelles Denken und Handeln auf Regierungsseite verlangten. Die Kommunistische Partei besaß in den größten Gewerkschaften mächtige Verbündete. Sie beharrte nach Beginn des Kalten Krieges in der Innen- und Außenpolitik auf rigorosem Oppositionskurs. Die Staatsfinanzen waren zerrüttet. Ausgerechnet unter diesen Voraussetzungen mußte sich Frankreich noch der Tatsache stellen, daß sich die Zeiten für europäische Kolonien unwiderruflich dem Ende zuneigten. Mit Hilfe britischer Truppen hatte Frankreich seine Kolonien in Indochina wieder in Besitz genommen. Gegen das Wiederaufleben der Kolonialverhältnisse gab es dort von vornherein massiven Widerstand. Frankreich erlitt 1954 in Indochina (heute Vietnam) eine vernichtende militärische Niederlage, es zog sich als Folge aus Südostasien zurück. Das nächste und für das Schicksal der IV. Republik tödliche Kolonialproblem stellte sich in den nordafrikanischen Besitzungen, insbesondere in Algerien. In staatsrechtlicher Hinsicht waren die algerischen Gebiete integrale Bestandteile des französischen Mutterlandes. Dort lebten seit Generationen Franzosen, zum großen Teil naturalisierte spanische und italienische Einwanderer, inmitten einer Mehrheit muslimischer Menschen, denen die französischen Bürgerrechte vorenthalten wurden. In Algerien bildete sich eine Unabhängigkeitsbewegung, die den Sicherheitsbehörden und der Armee mit einem Untergrundkrieg schwer zu schaffen machte. Die Versuche, den Widerstand zu brechen, verschlangen immer größere Ressourcen und menschliche Opfer, und sie sorgten bei den Verbündeten Frankreichs für wachsende Irritation.

Algerienkrise und Zusammenbruch der IV. Republik

Aufsehenerregende Attentate in Algerien setzten die Regierung massiv unter Druck. 1958 wußten die Regierungen der IV. Republik keinen Ausweg mehr. Der Krieg war nicht zu gewinnen. Um Algerien verloren zu geben, war die Republik aber zu schwach. 1958 putschte die Armee in Algier. Der Aufstand drohte auf das Mutterland überzugreifen. Bürgerkriegserwartungen machten sich breit. In diesen dramatischen Umständen kollabierte die IV. Republik. Die letzte reguläre Regierung dieser Republik rang sich in einem Kraftakt dazu durch, deren geschworenen Gegner, den General de Gaulle, um die Übernahme der Regierungsgeschäfte zu bitten. In dieser Eigenschaft gab de Gaulle die Ausarbeitung einer neuen Verfassung in Auftrag. Es handelte sich hier um nichts weniger als eine politische Kapitulation vor dem „starken Mann", der den algerischen Krieg zu Ende bringen sollte. Dafür bekam er das Angebot, das Regierungssystem umzubauen (Weisenfels 1980).

Das Verfassungsproblem löste de Gaulle ebenso rasch wie effizient. Ein von der amtierenden Nationalversammlung einberufener Verfassungskonvent beschäftigte sich mit verschiedenen Verfassungsvorbildern. Er berücksichtigte die bekannten Verfassungsideen de Gaulles und legte nach kurzen Beratungen einen Verfassungsentwurf vor, der vom französischen Volk gebilligt werden mußte. Diese Zustimmung blieb nicht versagt. Die Fünfte Republik löste die krisengeschüttelte Vorgängerrepublik ab. Die Armee, besonders die Truppen in Algerien, hatten die Berufung de Gaulles begrüßt. Der General enttäuschte die Erwartungen. In realistischer Einschätzung der Situation gab er das französische Algerien zunächst noch stillschweigend, nach einiger Zeit dann auch öffentlich auf. Die Enttäuschung darüber gipfelte 1961 in einem weiteren Putschversuch der Algerienarmee. Zu dieser Zeit war das Verfassungsgefüge der V. Republik dank de Gaulle bereits einigermaßen stabil. Die entschlossene Reaktion de Gaulles ließ den Putsch scheitern.

Die V. Republik ist in vieler Hinsicht anders als ihre Vorgängerinnen. Der Präsident ist formell noch stärker als seine Amtsvorgänger. Das Parlament ist der große Verlierer der Verfassungsentwicklung von der IV. zur V. Republik. Es ist nicht mehr der zentrale Spieler auf der politischen Szenerie, sondern lediglich der dritte Mitspieler mit dem Staatspräsidenten an erster und dem Regierungschef an zweiter Stelle.

Bis hier wurde die Vorgeschichte des Regierungssystems der V. Republik nach ähnlichen Kriterien geschildert die des britischen oder des amerikanischen. Eine Ergänzung ist aber unverzichtbar. Bei der Diskussion der französischen Verfassungsinstitutionen muß bedacht werden, daß die Idee der Nation in der Vergangenheit den Verpflichtungswert der Verfassung überlagert hat. Die französische Nation als Inbegriff für Sprache, Kultur und historische Größe hat in der hier referierten Zeit durchweg größeren politischen Identifikationswert gehabt als die Verfassungen und die politikrelevanten Gesetzesregeln (Ehrmann 1977, 11ff.). Wie es heute in der Verfassung heißt, bildet das französische Volk eine „nation une et indivisible". Die Begriffe der Einheit und Unteilbarkeit lassen sich in verschiedener Weise auslegen und treffen zumeist doch alle das Richtige. Da geht es einmal um die territoriale Einheit, die in den Kern des politischen Selbstverständnisses eingeflossen ist. Dazu kommt die Erwartung, daß die Franzosen durch Ideologien und Glaubensbekenntnisse nicht groß gespalten sein dürfen.

Verfassung Frankreichs von 1958 i.d.F. von 2003: „Art. 2: Frankreich ist eine unteilbare, laizistische, demokratische und soziale Republik. Die Organisation der Republik ist dezentral. Sie gewährleistet die Gleichheit aller Bürger vor dem Gesetz ohne Unterschied der Herkunft, Rasse oder Religion. Sie achtet jeden Glauben".

Nimmt man nur diese beiden Akzente des Nationverständnisses, so dürfte deutlich werden, daß die Legitimität der Verfassung und des Regierungssystems auch daran gemessen wurde, ob die Politik die Nation zu repräsentieren vermochte. Faßt man die Verfassungsproblematik einmal so, dann wird deutlich, daß die Nationerwartung vielen französischen Verfassungen im Wege stand. Im Jahr 1848 war es der Bürgerkrieg, 1871 war es die Schande der Niederlage gegen Preußen-Deutschland und die erzwungene Abtretung Elsaß-Lothringens. Dies alles waren schwere Verstöße gegen das Nationverständnis. Die Niederlage von 1940 mit der erniedrigenden Besatzung und der Spaltung der Gesellschaft in Passive, Widerständler und Kollaborateure hatte noch ungleich dramatischere Traumata zur Folge. Die III. Republik, die das alles nicht hatte verhindern können, hatte vor der Nation versagt. Und nicht anders war es mit der IV. Republik, mit dem drohenden Bürgerkrieg, dem unabwendbaren Verlust Algeriens und dem unerquicklichen Schauspiel, wie schlecht sich die französische Kolonialmacht von ihrem Überseereich zu trennen vermochte. In dieses Bild paßt es, daß man sich 1958 Abhilfe just von General de Gaulle versprach, dem es in schon fast mythischer Verklärung 1940 gelungen war, durch seine Arbeit im Exil die Ehre Frankreichs zu retten.

4.2 Regierungsstrukturen

4.2.1 Verfassung*

Die Verfassung von 1958 bereichert die Verfassungslandschaft der westlichen Demokratien um einen neuen Typus. Diese Verfassung ist zwar parlamentarisch: Die Regierung bedarf der Zustimmung des Parlaments, der Nationalversammlung. Die Regierung kann von dieser auch abberufen werden. Gleichzeitig gibt diese Verfassung dem Präsidenten aber mehr Macht, als im parlamentarischen System gemeinhin üblich. Der Präsident kann die Regierung ablösen, wenn er es für richtig hält. Er darf auch das Parlament auflösen. Darüber hinaus erkennt ihm die Verfassung ein besonderes Gestaltungsrecht in der Außen- und Sicherheitspolitik zu. Durch die Volkswahl des Präsidenten erhält dieser eine Legitimitätsgrundlage, die sich mit der des Parlaments messen kann (Avril/Giquel 1991).

Die Verfassung sieht zudem einen Verfassungsrat vor, der in der ursprünglichen Verfassungskonzeption eher untergeordnete Bedeutung besaß. Die Verfassungstradition des 19. und 20. Jahrhunderts war stark der Idee von einer Suprematie des Volkswillens verhaftet, wie er im Votum des Parlaments zum Ausdruck kommt. Danach sollte kein Gericht über dem Gesetzgeber stehen. Im Zweifel hatten die Gerichte die Willensäußerung des Parlaments, also eine spezielle Gesetzesentscheidung, den allgemein gefaßten und zeitlich älteren Bestimmungen des Verfassungsdokuments vorzuziehen. In ähnlicher Denkweise machten der Staatspräsident und die Regierung von ihren Verfassungsrechten keinen Gebrauch gegen den virtuellen Souverän im Parlament. De Gaulle konterte das Parlament als Ort des in Permanenz repräsentierten Souveräns mit der Präsidentschaft als einer konkurrierenden Ausdrucksform des Volkswillens. Die Verfassung der V. Republik war als technischer Behelf gedacht, um das Parlament in engere Schranken zu weisen. Der Verfassungsrat sollte darüber wachen, daß diese Grenzen gewahrt blieben. Er wuchs aber über diese Rolle hinaus und hat die Verfassung als Schranke für den Mehrheitswillen durchgesetzt. Dieser weitgehend stille Verfassungswandel hat große Wirkung entfaltet. Heute hat sich dieser Verfassungsrat zu einem Organ von verfassungspolitischer Bedeutung entwickelt, das den Vergleich mit modernen Verfassungsgerichten zuläßt. Die Erklärung der

---

* Es empfiehlt sich, hierzu noch einmal die Ausführungen im Teil 1 über Rousseau, den Abbé Siéyès und Constant zu lesen.

Menschenrechte von 1789 und die sozialstaatlich gestimmte Präambel der Verfassung der IV. Republik sind in die geltende Verfassung integriert. Sie stellen eine Art Grundrechtekatalog dar. Unter Berufung auf die Menschen- und Bürgerrechte tritt der Verfassungsrat seit einem Vierteljahrhundert in eine politisch nicht immer bequeme Verfassungsauslegung ein.

Die 40-jährige Geschichte der V. Republik zeigt inzwischen eine Fülle typischer Probleme und Konflikte, die sich sämtlich schon verfassungstechnisch aus der Verfassungskonstruktion herauslesen lassen. Zum Erstaunen vieler anfänglich skeptischer Beobachter sind die Institutionen und auch die politischen Eliten mit diesen Herausforderungen gut fertig geworden. Inzwischen gibt es keine vorstellbare Problemkonstellation im Verhältnis von Präsident, Regierung und Parlament, für die es in der Praxis keine Beispiele oder Lehren gäbe. Letztere sind von besonderer Bedeutung, weil sich die Belastbarkeit einer Verfassung daran zeigt, ob es in der Vergangenheit Fingerzeige oder Daumenregeln gibt, wie eine Situation schon einmal erfolgreich gemeistert worden ist.

Die Verfassung trägt in starkem Maße die Handschrift des Generals de Gaulle. Seine Verfassungsidee entwickelte er bereits frühzeitig in einer programmatischen Rede im normannischen Städtchen Bayeux (1946). Dort verlangte er, die Sicherheit der Nation brauche einen starken Präsidenten, der über den Parteien stehe und der sich, wenn die Situation es verlange, über das Gezänk der Parlamentarier hinwegsetzen könne. Der Präsident sollte ein Mandat des Volkes haben, also dieselbe Legitimationsqualität für sich in Anspruch nehmen können wie die Parlamentarier; deshalb müsse er auch auf das Instrument der Volksbefragung zurückgreifen können. Daß der Präsident aber auch das Plebiszit verhindern können soll, wenn es ihm opportun erscheint, zeigen die Bestimmungen zur Verfassungsänderung. Diese kann vom Parlament, vom Premierminister oder vom Präsidenten beantragt werden. Beschließen beide Kammern mit Zweidrittelmehrheit, so muß die Verfassungsänderung in einem Plebiszit bestätigt werden. Wenn der Präsident es aber wünscht, findet die Volksabstimmung nicht statt und die gemeinsam votierenden Mitglieder beider Parlamentskammern können die Änderung als „Kongreß" beschließen: mit Dreifünftelmehrheit. Maßgeblichen Einfluß auf den Verfassungsentwurf hatte de Gaulles Mitstreiter im Widerstand, Michel Debré. Ihm wird großer Einfluß auf die Details des rationalisierten Parlamentarismus zugeschrieben, der die V. Republik charakterisiert. Dieser Begriff eines rationalisierten Parlamentarismus hebt den Gegensatz zum überzogenen Parlamentarismus der IV. Republik hervor.

4.2.2 Parlament

Das französische Parlament besteht aus zwei Kammern, der Nationalversammlung und dem Senat. Die Wahl der Nationalversammlung erfolgt nach dem Prinzip des absoluten Mehrheitswahlsystems. Die Parlamentarier werden in Einperson-Wahlkreisen gewählt. Gewählt ist derjenige Kandidat, der 50 und mehr Prozent der abgegebenen Stimmen auf sich vereinigt. Gelingt es keinem Kandidaten, eine absolute Mehrheit für sich zu gewinnen, so findet zwei Wochen später ein zweiter Wahlgang statt, an dem sich nur noch die Kandidaten mit den be-

Wahlsystem für die National-
versammlung

sten Ergebnissen im ersten Wahlgang beteiligen dürfen. Dieses Wahlsystem soll mehrheitsbildend wirken, und es erzielt diesen Effekt auch (dazu näher Nohlen 2004, 279ff.). In einem Land mit Zweiparteientradition würde das absolute Mehrheitswahlsystem wenig Sinn machen. Frankreich aber hat ein stärker differenziertes Parteiensystem, dem dieses Wahlsystem Rechnung trägt. In Anbetracht der vielen Parteien mit nennenswerter parlamentarischer Repräsentanz bringt der erste Wahlgang bei weitem nicht in allen Wahlkreisen die Entscheidung. In der Frist zwischen dem ersten und dem zweiten Wahlgang setzt in den unentschiedenen Wahlkreisen ein intensives Verhandeln zwischen den Parteien ein, um zweitbeste Lösungen zu finden. Es hat sich im Laufe der V. Republik bei – bis 2002 – nur mehr vier größeren Parteien eingespielt, daß zwischen den Wahlgängen die beiden Parteien des rechten Lagers übereinkommen, welchen ihrer im ersten Wahlgang gescheiterten Kandidaten sie im zweiten Wahlgang gemeinsam ins Rennen schicken wollen. Sie sprechen dann Empfehlungen an ihre Wähler aus, den Kandidaten zu begünstigen, mit dem sie gemeinsam im Rennen bleiben wollen. Auf diese Weise soll erreicht werden, daß der erfolgreiche Bewerber wenigstens im eigenen politischen Lager steht, wenn er schon nicht zur eigenen Partei gehört. Ähnliche Absprachen gibt es auf der Linken. Sozialisten und Kommunisten stehen im zweiten Wahlgang zugunsten eines Lagerkandidaten zurück.

Tabelle 9: Wahlen zur Nationalversammlung 1958-2002 (in v.H., in Klammern Mandate)*

	Kommunisten (PCF)	Sozialisten* (PS)	Gaullisten** (RPR)	Zentrum*** (UDF)	Sonstige
1958	18,9 (10)	20,6 (67)	17,5 (198)	11,7 (57)	31,3 (245)
1962	21,8 (41)	16,4 (105)	31,9 (269)	8,9 (55)	21,0 (107)
1967	22,5 (73)	19,0 (121)	37,7 (244)	12,6 (41)	8,2 (98)
1968	20,0 (34)	16,5 (57)	47,8 (354)	10,4 (33)	5,3 (99)
1973	21,6 (73)	18,9 (102)	34,5 (268)	12,5 (34)	12,5 (100)
1978	17,5 (86)	24,7 (104)	22,8 (153)	20,7 (114)	11,2 (110)
1981	16,1 (44)	37,8 (283)	20,9 (85)	19,1 (62)	6,1 (103)
1986****	9,7 (35)	31,9 (216)	26,6 (147)	15,5 (130)	16,3 (49)
1988	11,3 (27)	35,9 (282)	26,6 (127)	18,5 (129)	7,7 (12)
1993	9,1 (24)	19,2 (67)	19,8 (242)	18,6 (207)	33,3 (37)
1997	9,9 (38)	23,7 (241)	15,7 (134)	14,2 (108)	36,5 (56)
2002	4,8 (38)	23,9 (141)	33,7 (369)	4,9 (22)	24,3 (24)

* *mit verbündeten Parteien ** vor 1975 UNR/UDR ***vor 1978 Unabhängige Republikaner und nahestehende Parteien ****Verhältniswahl*

Das Wahlsystem hat bewirkt, daß die Parlamentswahlen zwischen den beiden Lagern entschieden werden (siehe Tabelle 9). Die Kommunistische Partei ist die notorische Leidtragende des Wahlsystems, das ihre Wähler massiv unterrepräsentiert. Neue Parteien und kleinere Parteien werden noch massiver benachteiligt, und zwar je stärker, desto mehr Wähler ihnen von den traditionellen Parteien zulaufen (siehe Tabelle 10). Das liegt in der Logik des Mehrheitswahlsystems. Die in der V. Republik praktizierte Spielart hat darüber hinaus noch den Effekt, daß

---

* Die Prozentzahlen beziehen sich auf die Ergebnisse im ersten Wahlgang, die Mandatszahlen berücksichtigen die Ergebnisse der Stichwahl (zweiter Wahlgang).

die Stärke auch der größeren Nationalversammlungsfraktionen von Wahl zu Wahl beträchtlich schwankt (siehe Tabelle 11). Für das „parlamentarische Fußvolk" entstehen damit kräftige Anreize, sich für den Fall des Mandatsverlustes mit lokalen oder regionalen Doppelmandaten rückzuversichern. Solange die Linke in Sozialisten und Kommunisten und die Rechte in Neo-Gaullisten und UDF gespalten waren (letztere bis 2003), beließ das Wahlsystem sämtlichen wichtigen Parteien in beiden Wahlrunden genügend Chancen, auf ihrer Selbständigkeit zu beharren. Wie sich die Vereinigung beider Parteien auswirkt, läßt sich noch nicht abschätzen.

Verfassung Frankreichs von 1958 i.d.F. von 2003: „Art. 24: Das Parlament besteht aus der Nationalversammlung und dem Senat. Die Abgeordneten der Nationalversammlung werden in allgemeiner und unmittelbarer Wahl gewählt. Der Senat wird in mittelbarer Wahl gewählt. Er gewährleistet die Vertretung der Gebietskörperschaften der Republik. Die außerhalb Frankreichs wohnenden Franzosen werden im Senat vertreten".

Der 321 Mitglieder umfassende Senat ist wie seine Vorgängerinstitution die Vertretungskörperschaft der Departments und Gemeinden. Jedes der 89 französischen Departments wählt drei Senatoren, und zwar in Dreijahresintervallen jeweils ein Drittel der Senatoren. Wahlberechtigt sind aber lediglich die Bürgermeister, die Generalratspräsidenten und andere gemeindliche Funktionsträger, insgesamt eine durch Amt definierte Wählerschaft von etwa 240.000 Personen. Der Senat ist zu einer kuriosen Parlamentskammer geworden. Ursprünglich gedacht als Repräsentanz für die unteren Verwaltungsebenen eines zentralistischen Staates, hat die Reform der Staatsverwaltung die Struktur des Senats seit Anfang der 1980er Jahre überholt. Heute ist Frankreich ein dezentralisierter Einheitsstaat, in dem die Departments nicht mehr ihre traditionelle Verwaltungsfunktion ausüben. Der Senat überrepräsentiert die agrarischen Landstriche und die Kleinstädte. Die Mehrheit der 38.000 französischen Gemeinden sind Miniaturgebilde. Trotz der demokratisch überaus schwachen Legitimation ist dem Senat durch die Verfassung ein gewichtiges Wort im Gesetzgebungsprozeß zugewiesen.

Wahlsystem
für den Senat

Die Nationalversammlung steckt in der Zwangsjacke des „rationalisierten Parlamentarismus". Die Verfassung bestimmt exakt, wie lange die Nationalversammlung tagen darf, bis 1975 lediglich sechs Monate. Diese Frist ist 1976 auf neun Monate verlängert, 1995 aber auf maximal 120 Tage beschränkt worden. Diese restriktive Bestimmung war wie viele andere vom Negativbild der parlamentarischen Versammlungsregime in der III. und IV. Republik geleitet, als die Kammern praktisch in Permanenz tagten.

Der rationalisierte
Parlamentarismus

In der verbleibenden kurzen Sitzungsperiode sollte das Parlament der V. Republik das übliche Beratungs- und Gesetzgebungspensum bewältigen. Es war damit arbeitszeitlich so stark eingeschnürt, daß ihm keine Zeit blieb, um sich mit Störmanövern gegen die Regierungspolitik zu beschäftigen. Die Konzession einer längeren Sitzungsperiode im Kontext einer bescheidenen Verfassungsrevision kostete nicht viel. Gut 20 Jahre nach Gründung der V. Republik hatten sich die Parlamentarier an den durch andere Verfassungsbestimmungen noch immer gesicherten Primat der Regierung gewöhnt (Kempf 1997). Die Nationalversammlung wählt ihren Kammerpräsidenten, und sie gibt sich in Abstimmung mit dem Senat eine eigene Geschäftsordnung. Eingeschränkt wird dieses Recht durch den Art. 48 der Verfassung. Er schreibt vor, daß von den zur Beratung vorliegenden Gesetzesvorlagen mit Vorrang die Regierungsvorlagen beraten werden müssen. Das gleiche gilt für jene Vorlagen aus der Mitte der Nationalversammlung selbst, die von der Regierung ausdrücklich befürwortet werden. Auch kann die Regierung nach Art. 44, Abs. 3 der Verfassung verlangen, daß über ein Gesetz allein mit den Änderungswünschen der Regierung und in nur einer statt wie üblich in drei Lesungen abgestimmt werden muß. Verbindet die Regierung eine Vorlage mit der Vertrauensfrage und spricht die Nationalversammlung der Regierung nicht binnen 24 Stunden das Mißtrauen aus, so ist die Vorlage auch ohne Abstimmung angenommen (Art. 49, Abs. 3 der Verfassung, sog. „vote bloquée").

Tabelle 10: Differenz zwischen Wählerstimmen für die Nationalversammlung im ersten Wahlgang und Mandatsverteilung nach der Stichwahl (zweiter Wahlgang) in v.H.

	Kommunisten	Sozialisten	Gaullisten	Zentrum*	Sonstige
1962	-14,7	+1,8	+14,7	+0,6	-2,5
1967	-9,8	+2,0	+4,6	-5,5	+8,8
1968	-14,1	-6,6	+13,6	-4,7	+11,8
1973	-8,9	-1,2	+11,9	-6,6	+4,8
1978	-5,7	+4,9	-3,7	-0,9	-7,9
1981	-8,5	+11,2	-6,2	-8,4	-11,5
1986**	-3,6	+10,8	-1,1	+7,0	-7,8
1988	-6,6	+13,0	-4,6	+3,9	-5,6
1993	-4,9	-7,6	+22,2	+17,3	-26,9
1997	-3,3	+18,1	+7,5	+4,5	-26,8
2002	-1,2	-0,2	+28,2	0,1	-2,9

* *einschließlich Vorgängerparteien der heutigen PS bzw. der heutigen Parteien des Zentrums (UDF).*
** *Verhältniswahl.*

Im Kabinett ist ein Parlamentsminister für die Agenda von Nationalversammlung und Senat zuständig. Seine Rolle gleicht der des Leader of the House im britischen Kabinett; sein Gewicht im parlamentarischen Geschäftsgang ist kaum geringer als das des britischen Pendants. In Anbetracht der Möglichkeiten, welche die Verfassung für die parlamentarische Vorfahrt der Regierungsvorstellungen eröffnet, zählt es nicht groß, daß die Nationalversammlung – wie auch der Senat – ein Präsidium bildet, dessen Mitglieder in den Grenzen der verbleibenden Möglichkeiten über das legislatorische Prozedieren beraten. Für die Abstimmung in der Regierungsmehrheit, die in der V. Republik im Regelfall bislang mehr als eine Fraktion umfaßt hat, sind die Präsidenten der parlamentarischen Gruppen – die Fraktionsvorsitzenden – allerdings recht wichtige Partner der Regierung.

Bedenkt man angesichts der Eigenarten modernen Regierens, daß die Parlamente zumeist damit beschäftigt sind, Vorschläge der Regierungen zu bearbeiten, so operiert die Nationalversammlung geradezu unter dem Diktat des Gesetzgebungsfahrplans der Regierung (Camby/Servant 1992). Auch dabei scheint die Anschauung der Vergangenheit durch: Die Weigerung der Kammern, sich mit den von der Regierung erwünschten Gesetzen überhaupt zu beschäftigen, war in den Vorgängerrepubliken ein wichtiger Hebel gewesen, um die Prioritätensetzung der Regierung zu unterlaufen.

Tabelle 11: Veränderung der Mehrheitsverhältnisse in der Nationalversammlung (in Mandatsgewinn oder –verlust der Linken (PCF und PS)

Wahljahr	
1962	+69
1967	+48
1968	-103
1973	+84
1978	+25
1981	+127
1986*	-76
1988	+58
1993	-228
1997	+188
2002	-100

* 1986 wurde nach dem Verhältniswahlprinzip gewählt.

Die Verfassung bestimmt ferner – hier handelt es sich um ein Unikum unter den Verfassungen der westlichen Welt –, daß die Nationalversammlung und der Senat lediglich je sechs Ständige Ausschüsse einrichten dürfen. Die Ausschüsse besitzen eine Mitgliederzahl zwischen 80 und 140 Abgeordneten. Ausschußgremien in solcher Größenordnung sind nach aller Erfahrung nicht recht arbeitsfähig. Auch diese Bestimmung erklärt sich aus der historischen Rückschau. In der III. und IV. Republik waren die zahlreichen Fachausschüsse überaus mächtige Gremien, die Minister, Behörden und Beamte beherrschten. Nicht selten verschmähten es Ausschußvorsitzende, ihre Position gegen die eines Ministers einzutauschen.

Der Premierminister kann der Nationalversammlung nach seiner Ernennung die Vertrauensfrage stellen, er kann aber auch darauf verzichten. Im Laufe der Legislaturperiode kann der Regierungschef beliebig oft um das Vertrauen nachsuchen. In der Regel geschieht dies, um bei öffentlich kontroversen Maßnahmen die Reihen im Regierungslager zu schließen. Mit dem Vertrauensinstrument gehen die Regierungen vorsichtig um. Eine fehlende Mehrheit erzwingt den Rücktritt. Anders verhält es sich bei Mißtrauensanträgen aus der Nationalversammlung. Sie werden von der Verfassung massiv erschwert. In der III. und IV. Republik war es gängige Praxis, daß Teile der Regierungsmehrheit dem eigenen Kabinett per Mißtrauensvotum ein Bein stellten. Das Mißtrauensinstrument ist in der V. Republik stumpf geblieben. Kommt es zu einer Abstimmung über einen Mißtrauensantrag, der erst zwei Tage später überhaupt abgestimmt werden darf, so werden gegen die Regierung lediglich die Nein-Stimmen gezählt. Enthaltungen gelten ebensowenig wie die Stimmen abwesender Abgeordneter (Art. 49 Verfassung).

Was auf den ersten Blick wie eine dramatische Disziplinierung der Nationalversammlung anmutet, wird plausibel, wenn man als Vergleichsmaßstab die Republiken der Vergangenheit wählt. Nimmt man auch das britische Regierungssystem als Vergleichspunkt, so erscheint der rationalisierte Parlamentarismus bei weitem nicht so sensationell. Das ist kein Zufall. Michel Debré, der 1958 bei den Verfassungsberatungen eine maßgebliche Rolle gespielt hatte, war mit den britischen Verhältnissen bestens vertraut. Doch selbst gemessen an den britischen

Verhältnissen geht die Entwertung des Parlaments recht weit (Jun 2000). Die Suprematie der Regierung ist vollständig. Solange die Regierung fest im Sattel sitzt, d.h. über ausreichende Mehrheiten im Parlament verfügt, funktioniert die Nationalversammlung in der Art einer leichtgängigen Gesetzgebungsmaschine (Frears 1990, Hereth 1992).

Primat der National-
versammlung

Der Senat ist im Gesetzgebungsverfahren vollständig mit der Nationalversammlung gleichberechtigt. Ein Gesetzesbeschluß kommt nur dann zustande, wenn beide Kammern einen übereinstimmenden Text verabschieden. Differenzen im Votum beider Kammern sind schon wegen deren unterschiedlicher Zusammensetzung wahrscheinlich. Kommt die Nationalversammlung durch das Volksvotum zustande, so basiert der Senat auf der Wahl durch einen unrepräsentativen Teilausschnitt der französischen Bevölkerung. Bei Nichteinigung beider Kammern auf einen Entwurf tritt ein Vermittlungsausschuß auf den Plan. Gelingt es diesem nicht, einen doppelt mehrheitsfähigen Kompromiß zu stiften, so wandert der Entwurf unter Umständen mit wechselseitigen Änderungswünschen zwischen beiden Kammern hin und her. Für den rationalisierten Parlamentarismus ist das kein Problem. Wenn die Regierung es will, kann sie bestimmen, daß die Nationalversammlung mit ihrem Votum den Ausschlag gibt (Kempf 1992). Die parlamentarische Opposition mutet im rationalisierten Parlamentarismus kaum weniger eingeschnürt an als die Mehrheit (Helms 2002, 96 ff.). Bei näherem Hinsehen operiert sie aber unter Bedingungen, die nicht wesentlich schlechter sind als die der Opposition im britischen Unterhaus. Betrachtet man zudem die französische Opposition im Kontext der Gesellschaft, so bewegt sie sich in einem für Kritik an Staat und Regierung überaus empfänglichen Milieu. Die französische Öffentlichkeit zeichnet sich von jeher durch fehlenden Respekt vor der Obrigkeit und durch die Bereitschaft zum offenen politischen Protest aus (Leggewie 1993). Das rasche Alternieren der Parlamentsmehrheiten zeigt seit 1981, daß die Parteien der parlamentarischen Opposition bei den Wahlen ungeachtet des rationalisierten Parlamentarismus gute Chancen auf den Mehrheitsgewinn haben.

4.2.3 Plebiszitäre Mitwirkung

Die V. Republik hat erstmals seit der II. Republik das Plebiszit wieder in das Regierungssystem eingebracht. Für de Gaulle war das Plebiszit neben der Volkswahl des Präsidenten die zweite Säule der Verfassung. Wenn es notwendig erschien, sollte sich der Präsident in einer Frage direkt an das Volk wenden, um sie ohne die Einmischung des Parlaments und der Parteien entscheiden zu lassen. Ein Referendum kann vom Präsidenten auf Antrag der Regierung angeordnet werden. Ein Präsident, der im selben Lager steht wie die Regierung, kann ein Referendum „bestellen". In der Anfangsperiode der Republik wurde relativ häufig vom Plebiszit Gebrauch gemacht (Direktwahl des Präsidenten, Unabhängigkeit Algeriens, Abschaffung des Senats). Ironischerweise scheiterte de Gaulles späte politische Karriere 1969 just an letzterem Referendum über den Vorschlag, den Senat abzuschaffen. Dieses Referendum wurde ein Jahr nach der schwersten Krise der V. Republik, den Mai-Unruhen des Jahres 1968, veranstaltet. Studenten und streikende Arbeiter hatten 1968, begleitet von Straßenkrawallen, der Regierung vorübergehend jede Autorität genommen. Bei diesem Referendum ging es eigentlich darum, ob die Franzosen de Gaulle noch als Staatspräsidenten wollten, zumal der Präsident selbst angedeutet hatte, er würde eine negative Abstimmung als Anlaß zum Rücktritt nehmen.

Referenden, die von späteren Präsidenten angeordnet wurden, hatten keine größere Bedeutung. Sie dienten eher der Vergewisserung des Staatschefs, ob er sich noch der Gunst einer Mehrheit der Franzosen erfreute, so Pompidou mit einem Referendum über Frankreichs Beteiligung an der europäischen Einigung. Das Referendum ist für den Präsidenten einigermaßen gefährlich geworden, wie sich zuletzt 1992 zeigte, als Mitterand die Franzosen befragte, ob sie mit dem Maastrichter Vertrag über die Europäische Union einverstanden seien. Die müde Mehrheit, die dabei herauskam, verstärkte die Zweifel am Rückhalt im Volk. Das Referendum ist in der französischen Konstruktion ohnehin kein Ausdrucksmittel echter Volksmitwirkung an der Politik. Ein Volksbegehren ist nicht vorgesehen. Letztlich bedient dieses Instrument allein der Präsident, und dieser wird stets daran interessiert sein, damit einen politischen Vorteil zu gewinnen.

4.2.4 Parlament, Regierung und Präsident

Nach dem Zusammentreten einer neu gewählten Nationalversammlung oder nach der Entlassung einer Regierung schlägt der Präsident eine neue Regierung vor. Diese Regierung kann dann eine Vertrauensabstimmung im Parlament beantragen. Der Präsident schlägt allein den Premierminister vor, die Ministervorschläge unterbreitet der Premierminister. De facto wird der Premierminister, wenn er es mit einem Präsidenten aus dem eigenen politischen Lager zu tun hat, die Personalvorstellungen dieses Präsidenten berücksichtigen. Es hat sich seit 1986 eingebürgert, daß auch dann, wenn der Premierminister nicht aus dem politischen Lager des Präsidenten kommt, dieser bei der Ernennung des Verteidigungs- und des Außenministers mitspricht. Dieser Anspruch leitet sich von der sog. „domaine reservée" her, die sich auf jene Verfassungsbestimmungen stützt, die dem Präsidenten als Oberbefehlshaber der Streitkräfte eine besondere Rolle in der Sicherheits- und Außenpolitik zuweisen. In letzter Zeit ist aber durchaus umstritten, ob die Oberbefehlshaberfunktion eine allgemeine Richtungsweisung in der Außenpolitik deckt. Der sozialistische Regierungschef Jospin forderte den gaullistischen Präsidenten Chirac Anfang 2000 ostentativ mit einem außenpolitischen Gegenakzent heraus. Der Präsident darf die Regierung nicht entlassen – es sei denn, der Premierminister bietet den Rücktritt der Regierung an. Der Präsident hat aber das Recht zur Parlamentsauflösung, er kann also Neuwahlen zur Nationalversammlung anberaumen. Dazu bedarf es keines Antrags der Regierung. Die einzige Einschränkung dabei ist das Verbot, die Nationalversammlung mehr als einmal im jahr aufzulösen (siehe Schaubild auf der nächsten Seite). Der Präsident befindet sich damit in einer verfassungsrechtlich überaus starken Position (Lacroix/Lagroye 1992). Die Minister müssen aus den Reihen der Nationalversammlung kommen, ihr Mandat müssen sie nach dem Eintritt in die Regierung aufgeben.

Beziehung zwischen Präsident und Premierminister

Ära de Gaulle/ Giscard d'Estaing

Schaubild 9

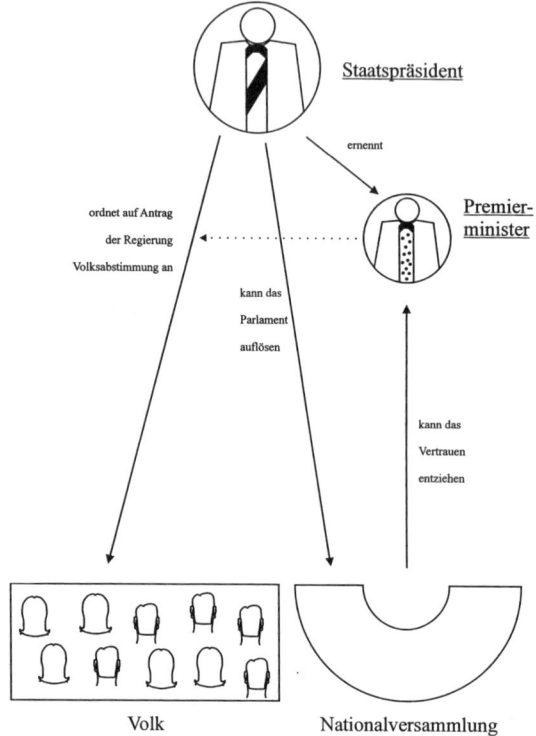

Staatspräsident

ernennt

Premier-
minister

ordnet auf Antrag
der Regierung
Volksabstimmung an

kann das
Parlament
auflösen

kann das
Vertrauen
entziehen

Volk

Nationalversammlung

Auch hier handelt es sich um ein Stück Anti-Verfassung mit Blick auf die Vorgängerrepubliken, in denen die Parlamentarier ohne großes Risiko in die Regierung wechselten. Wenn sie bei der nächsten Kabinettskrise aus der Regierung
ausschieden, blieben sie doch immerhin noch im Parlament – eventuell mit der
guten Chance, bei einer der nächsten Regierungsbildungen wieder dabei zu sein.
Die Verfassungspraxis der V. Republik kennt zwei Grundkonstellationen im
Verhältnis von Präsident und Regierung. Bis 1981 kamen der Staatspräsident und
die Regierung bzw. der Premierminister aus demselben – gaullistischen – politischen Lager. Der General de Gaulle herrschte wie ein konstitutioneller Monarch.
Er gehörte keiner Partei an und trat auch keiner bei, und er verbat sich, in seinem
Namen eine Partei zu gründen. Er wollte nach seinem Idealbild des Staatsober-
hauptes ein unabhängiger Staatslenker sein – eine Pouvoir neutre im Sinne Constants. Die laufenden Regierungsgeschäfte besorgten seine Premierminister,
sämtlich Persönlichkeiten, die ihn in der Vergangenheit auf seinem politischen
Weg begleitet hatten. Eine erste Komplikation trat ein, als de Gaulles Nachfolger
Pompidou 1974 im Amt starb (Harrison 1995).

Politische Geographie von Paris: Paris als Geschäfts-, Kultur- und Touristenmetropole absor-
biert das Erscheinungsbild der Regierungsmetropole. Noch einigermaßen dicht beieinander liegen auf der nördlichen Seineseite der Elysée-Palast, Amtssitz des Präsidenten, und das Hotel

182

Matignon, Sitz des Premierministers. Beide sind jeweils umsäumt von Bauten, die nichts mit der Regierung zu tun haben. Weit weg, auf der anderen Seineseite und in größerer Entfernung voneinander liegen die Parlamentsbauten. Das Palais Bourbon, wegen seiner Architektur auch „maison sans fenêtres" (Haus ohne Fenster) genannt, beherbergt die Nationalversammlung und das Palais de Luxembourg den Senat. Im weiteren Umfeld verstreut liegen die Ministerien. Sehr konzentriert wohnen jedoch die Minister, Parlamentarier und höheren Beamten der Ministerialverwaltung – sie ballen sich in zwei Pariser Stadtbezirken mit den besten und teuersten Wohnlagen.

Der bei de Gaulle seinerzeit wohlgelittene Finanzminister Giscard d'Estaing bewarb sich 1974 um die Präsidentschaft, die gaullistische Partei nominierte einen eigenen Kandidaten. Neben seiner eigenen Partei, den Unabhängigen Republikanern, unterstützten Giscard im zweiten Wahlgang auch die Gaullisten. Sie wollten die Wahlentscheidung nicht dem sozialistischen Bewerber Mitterand zuspielen. So gelangte Giscard d'Estaing ins Präsidentenamt. Seine eigene Anhängerschaft in der Nationalversammlung war jedoch schwächer als die der Gaullisten. Giscard berief den Gaullistenführer Chirac zum Premierminister. Beide waren starke, überaus ehrgeizige Charaktere, die nicht miteinander auskamen. Verärgert gab Chirac bereits 1976 die Premierministerschaft auf. Fortan regierte Giscard mit einem Ministerpräsidenten aus der eigenen Partei. Mit reicher Regierungserfahrung ausgestattet, stellte er auch diesen Regierungschef in den Schatten. Chirac kandidierte 1981 als Präsidentschaftskandidat für die Gaullisten, zog sich aber im zweiten Wahlgang zugunsten des nach Stimmen erfolgreicheren Giscard zurück. Diese Wahl brachte den sozialistischen Kandidaten Mitterand ins Amt.

Auch nach der Wahl Mitterands blieb der Staatspräsident die beherrschende Figur im Regierungsgeschehen. Er mischte sich aber nicht in Details der Regierungsarbeit ein und eiferte insofern dem Stil de Gaulles nach. Aber er zog in allen ihm wichtigen Politikbereichen die Fäden. Einen Bruch gab es erst, als die Sozialisten im Jahre 1986 ihre Mehrheit in der Nationalversammlung verloren. Die Wahlniederlage war um so überzeugender, als den Sozialisten nicht einmal die eigens dazu beschlossene Anwendung des Verhältniswahlrechts die erhofften Vorteile erbracht hatte. Mitterand mußte sich wohl oder übel mit den neuen Mehrheitsverhältnissen arrangieren. Chirac als unbestrittener Führer der gaullistischen Partei wurde zum Regierungschef berufen. Diese erste Phase der sog. „cohabitation", d.h. der Koexistenz zwischen einem Präsidenten aus dem einen und einer Regierung aus dem anderen Lager, bewies zum ersten Mal, wie flexibel die Verfassung der V. Republik tatsächlich ist (Ardant 1999). Mitterand respektierte das Wählervotum und ließ die Regierung vorbehaltlich seiner Mitsprache in der „domaine reservée" gewähren. Hier zeigte sich nun, wie auch in den folgenden Fällen der sog. „cohabitation", daß der Premierminister eine starke Rolle im Regierungssystem gewinnen kann. Als Richtliniengeber kann sich ein „freistehender" bzw. „kohabitierender" Premierminister um nichts weniger entfalten als sein Kollege an der Themse (Messerschmidt 2003). Als Mitterand 1988 als Präsident im Amt bestätigt wurde, veranlaßte er sogleich die Neuwahl der Nationalversammlung, die jetzt wieder eine sozialistische Mehrheit bekam. Das Verhältnis Präsident-Premierminister pendelte in die gewohnten Bahnen des gemeinsamen politischen Lagers zurück (Ardant 1991, Elgie/Machin 1991). Ein zweites Mal kam es nach der Parlamentswahl von 1993 zu einer „cohabitation". Abermals mußte sich Mitterand mit einer Regierung der Rechten arrangieren. Chirac trug in den Präsidentschaftswahlen von 1995 den Sieg

Kohabitation

183

davon. Erneut war jetzt das gemeinsame politische Lager in den Regierungsorganen hergestellt (Eilfort 1997). Nach einer unbedacht vorgezogenen Parlamentsauflösung kam es 1997 zu einem dritten Fall der „cohabitation", als jetzt unerwartet die Sozialisten wieder die Parlamentsmehrheit gewannen. Chirac arrangierte sich mit der Situation in der Weise, wie es zuvor Mitterand – nur mit umgekehrtem Lagervorzeichen – getan hatte. Chirac löste 2002 nach seiner Bestätigung im Präsidentenamt die Nationalversammlung auf. Die Kohabitation fand mit dem Sieg der Parteien des rechten Lagers abermals ihr Ende.

Das Verhältnis Präsident/Regierung läßt sich für die V. Republik kurz dahin charakterisieren, daß die Regierungspraxis zwischen den beiden Endpunkten einer Achse schwankt (siehe Schaubild auf der übernächsten Seite). In einer homogenen Lagerkonstellation, wenn Präsident und Regierung aus demselben politischen Lager kommen, gibt es eine praktische Arbeitsteilung, aber die letzte Entscheidung in grundlegenden außen- und innenpolitischen Fragen liegt beim Präsidenten. Das gilt letztlich auch für die Entscheidung über die Person des Premierministers (siehe Tabelle 12).

In einer heterogenen Lagerkonstellation, wenn Präsident und Regierung verschiedenen Lagern angehören, zieht sich der Präsident auf seine Prärogative zurück; er überläßt die Innenpolitik und die Details der Außen- und Sicherheitspolitik der parlamentarisch verantwortlichen Regierung (vergl. auch Oertel 1991). Und noch eine Beobachtung läßt die bisherige Praxis zu: Wenn sich in einer uneinheitlichen Lagersituation zwischen den Kraftpolen des Regierungssystems die Chance bietet, mit Auflösung der Nationalversammlung die Lagerhomogenität wiederherzustellen, dann zögert der Präsident erfahrungsgemäß nicht.

4.2.5 Präsident

Der Präsident genießt weitreichende Befugnisse als Oberbefehlshaber der Streitkräfte und für Situationen des inneren und äußeren Notstands. Diese letzteren sind für den üblichen Regierungsprozeß ohne Belang; sie spielten nur in den Anfangsjahren der V. Republik eine Rolle.

Verfassung von 1958 i.d.F. von 2003: „Art. 20: Der Präsident der Republik wacht über die Einhaltung der Verfassung. Er sichert durch seinen Schiedsspruch das ordnungsgemäße Funktionieren der öffentlichen Gewalt sowie die Kontinuität des Staates. Er ist der Garant der nationalen Unabhängigkeit, der Integrität des Staatsgebietes, der Einhaltung der Gemeinschaftsabkommen und der Verträge. (...)

Art. 8: Der Präsident der Republik ernennt den Premierminister. Er entläßt ihn aus dem Amt, wenn ihm dieser den Rücktritt der Regierung anbietet. Auf Vorschlag des Premierministers ernennt und entläßt er die weiteren Mitglieder der Regierung.

Art. 9: Der Präsident der Republik führt den Vorsitz im Ministerrat ...

Art. 11: Der Präsident der Republik kann auf Vorschlag der Regierung während der Sitzungsperioden des Parlaments oder auf gemeinsamen Vorschlag beider Kammern... jeden Gesetzesentwurf zum Volksentscheid bringen, der die Organisation der öffentlichen Gewalt, die Wirtschafts- und Sozialpolitik und die öffentlichen Dienste betrifft, oder auf die Ratifizierung eines Vertrages abzielt, der, ohne gegen die Verfassung zu verstoßen, Folgen für das Funktionieren der Institutionen hätte...

Art. 12: Der Präsident der Republik kann nach Beratung mit dem Premierminister und den Präsidenten der Kammern die Auflösung der Nationalversammlung verfügen...

Art. 15: Der Präsident ist Oberbefehlshaber der Streitkräfte. Er führt den Vorsitz in den obersten Räten und Ausschüssen für die Landesverteidigung.

Art. 16: Wenn die Institutionen der Republik, die Unabhängigkeit der Nation, die Integrität ihres Staatsgebietes oder die Erfüllung ihrer internationalen Verpflichtungen schwer und unmittelbar bedroht sind und wenn das regelmäßige Funktionieren der verfassungsmäßigen öffentlichen Gewalt unterbrochen ist, ergreift der Präsident der Republik, nach förmlicher Beratung mit dem Premierminister, den Präsidenten der Kammern und dem Verfassungsrat die durch diese Umstände erforderlichen Maßnahmen..."

Seit 1962 wird der Präsident in direkter Volkswahl gewählt. Noch der ursprüngliche Verfassungstext von 1958 hatte vorgesehen, daß der Präsident von der gleichen Wahlkörperschaft gewählt werden soll, die auch den Senat wählt. Dieser Einschränkung stimmte de Gaulle seinerzeit nur widerwillig zu. Wie sich zeigte, suchte er bei nächster Gelegenheit Remedur. 1962 beraumte er unter verfassungsrechtlich sehr umstrittenen Voraussetzungen eine Volksabstimmung an, die vorschlug, den Präsidenten künftig direkt vom Volk wählen zu lassen. Das Votum war positiv. De Gaulles Wiederwahl 1965 lief bereits nach diesem neuen Regularium ab.

Wahl des Präsidenten

Tabelle 12: Die Premierminister der V. Republik 1959-2002

	Amtsdauer	Koalitionen
Michael Debré (UNR)*	1959-1962	Gaullisten/Konservative/andere
George Pompidou (UNR)	1962-1967	Gaullisten/Giscardianer
Maurice Couve de Murville (UDR)	1968-1969	Gaullisten/Giscardianer
Jaques Chaban-Delmas (UDR)	1969-1972	Gaullisten/Giscardianer/ rechter Zentrumsflügel
Pierre Messmer (UDR)	1972-1974	Gaullisten/Giscardianer/ rechter Zentrumsflügel
Jacques Chirac (UDR)	1974-1976	UDR/PR/gesamtes Zentrum
Raymond Barre (parteilos)	1976-1981	RPR/UDF
Pierre Mauroy (PS)	1981-1984	PS/MRG/PCF
Laurent Fabius (PS)	1984-1986	PS/MRG
Jacques Chirac (RPR)	1986-1988	RPR/UDF
Michel Rocard (PS)	1988-1991	PS/MRG (Minderheitskabinett)
Edith Cresson (PS)	1991-1992	PS/MRG (Minderheitskabinett) (PS)
Pierre Bérégovoy (PS)	1992-1993	PS/MRG (Minderheitskabinett) (PS)
Edouard Balladur (RPR)	1993-1995	RPR/UDF
Alain Juppé (RPR)	1995-1997	RPR/UDF
Lionel Jospin (PS)	1997-2002	PS/Verts (Grüne)
Jean-Pierre Raffarin (DL)	2002-	UMP (Zusammenschluß RPR/UDF)

Die UNR bzw. die UDR waren Vorläufer des 1976 gegründeten RPR.

Für die Wahl des Präsidenten gilt im Grunde genommen das gleiche Prinzip wie für die Wahl der Nationalversammlung. Gewinnt im ersten Wahlgang ein Kandidat die absolute Mehrheit der Stimmen, so ist er gewählt. Verfehlt er die absolute Stimmenmehrheit, so müssen sich die beiden Bewerber mit dem größten Stimmenaufkommen der Stichwahl in einem zweiten Wahlgang stellen (Pierce 1995). Die Amtszeit betrug bis 2002 sieben Jahre. In einem Referendum billigte das

Elektorat im Jahr 2000 eine Verfassungsänderung, die die Amtszeit des Präsidenten auf fünf Jahre verkürzte. Die Wiederwahl ist nach wie vor möglich. Kein Bewerber hat bisher die Wahl im ersten Durchgang geschafft (siehe Tabelle 13).

Schaubild 10

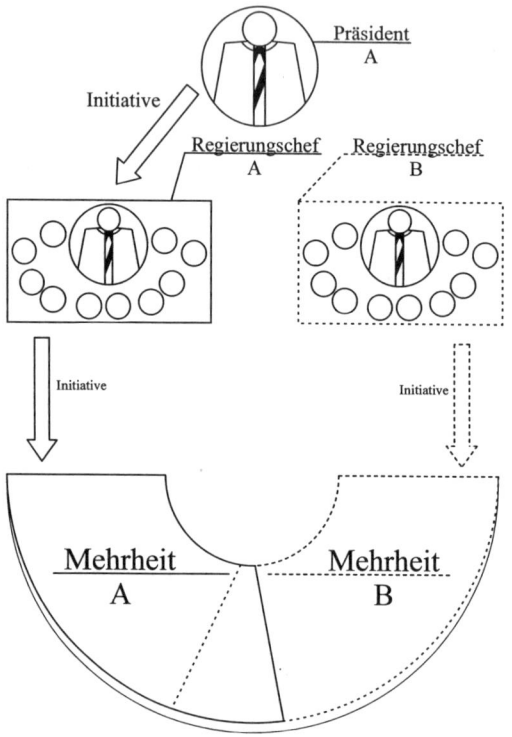

Ministerrat und Regierung

Die Regierung faßt ihre Beschlüsse im Ministerrat. Dieser berät über Dekrete, Verordnungen und Gesetzentwürfe. Den Ministerrat leitet der Präsident. Der Premierminister muß die Tagesordnung vorlegen. Gehören Präsident und Premierminister demselben Lager an, so kann der Präsident seine politischen Vorstellungen unmittelbar eingeben.

In der Lage einer Kohabitation ist die Lage delikater (Hayward 1993). Dem Staatspräsidenten bleibt wenig anderes übrig, als sich zurückzuhalten und den Moderator zu spielen. Die Diskussion in der Regierung wird sich in der „cohabitation" ins Vorfeld der Ministerratssitzungen verlagern. Ständige oder ad hoc gebildete interministerielle Ausschüsse bilden wichtige Führungsinstrumente des Premierministers (Kempf 1997; Kimmel 1999, 317 f.). Besondere Bedeutung hat das „Interministériel" für Europaangelegenheiten, das die französische Politik im wichtigsten Organ der EU, dem Rat der Europäischen Union, koordiniert.

186

Verfassung von 1958 i.d.F. von 2003: „Art. 20: Die Regierung bestimmt und leitet die Politik der Nation. Sie verfügt über die Verwaltung und die Streitkräfte. Sie ist gegenüber dem Parlament unter den in Art. 49 und 50 festgesetzten Bedingungen und nach dem dort festgelegten Verfahren verantwortlich.

Art. 21: Der Premierminister leitet die Tätigkeit der Regierung. Er ist für die Landesverteidigung verantwortlich. Er sorgt für die Ausführung der Gesetze. Er kann einzelne seiner Befugnisse den Ministern übertragen...“

Unabhängig von den Mehrheitskonstellationen kann der Präsident auf einen recht großen Mitarbeiterapparat zurückgreifen. Wie der Premierminister und die Fachminister hat auch der Präsident in französischer Tradition sein eigenes „Kabinett“, d.h. einen Stab handverlesener Mitarbeiter, die sich in der Ministerialbürokratie auskennen. Sie verschaffen dem Präsidenten ein Bild von den Vorgängen, Stimmungen und Personalien im Regierungsapparat, das nicht durch die offiziellen Vorträge des Regierungschefs gefiltert ist. Überwiegend handelt es sich um „Leihbeamte“ aus den Ministerien, die dorthin zurückkehren, teilweise aber statt dessen den Einstieg in eine eigene politische Karriere suchen.

Tabelle 13: Präsidentschaftswahlen 1965-2002 (Stimmen in v.H.)

		1. Wahlgang	2. Wahlgang
1965	De Gaulle	44,6	55,2
	Mitterand (Sozialist)	31,8	44,8
	Lecanuet (Christdemokrat)	15,6	
1969	Pompidou (Gaullist)	44,5	58,2
	Poher (Lib)	23,3	41,8
	Duclos (Kommunist)	21,3	
1974	Mitterand (Sozialist)	43,2	49,2
	Giscard d'Estaing (Unab. Rep.)	32,6	50,8
	Chaban-Delmas (Gaullist)	15,1	
1981	Mitterand (Sozialist)	25,9	51,8
	Giscard d'Estaing (UDF)	28,5	48,2
	Chirac (RPR)	18,0	
	Sonstige		
1988	Mitterand (Sozialist)	34,1	54,0
	Chirac (RPR)	19,9	46,0
	Barre (unabhängig)	16,5	
	Le Pen (FN)	14,4	
1995	Jospin (Sozialist)	23,3	47,4
	Chirac (RPR)	20,8	52,6
	Balladur (RPR)	18,5	
	Le Pen (FN)	11,4	
2002	Chirac (RPR)	19,9	82,2
	Le Pen (FN)	16,9	17,8
	Jospin (Sozialist)	16,2	

Protokollarische Schwierigkeiten macht bisweilen die „domaine réservée“. Sie gilt inzwischen als anerkannt, ist aber in jüngster Zeit ins Gerede gekommen, ohne daß schon absehbar wäre, ob es sich nur um die berühmte Ausnahme von der Regel handelt. Wegen der bisher geltend gemachten Reservatrechte des Präsidenten in den sensiblen Bereichen der Außen- und Sicherheitspolitik und in der Europapolitik gibt es hier einen besonders großen Abstimmungsbedarf zwischen

Regierung und Präsident. Dies ist der Grund, weshalb Frankreich bei wichtigen internationalen Konferenzen häufig in Gestalt des Präsidenten und des Regierungschefs vertreten ist.

4.2.6 Regierung und Ministerialbürokratie

Die Rolle der Verwaltungsakademien

In früheren Republiken waren die Ressortminister Parteifunktionäre oder versierte Parlamentarier, von der Verwaltung verstanden sie wenig. Die Verwaltung, der ruhende Pol im Regierungsprozeß, genoß Reputation ob ihrer Professionalität und Parteienferne. Das Parlament und die Verwaltung waren getrennte Welten. Das sollte sich mit dem Übergang zur V. Republik ändern. Frankreich verfügte von jeher – seit napoleonischer Zeit – über elitäre Einrichtungen, in denen die Verwaltungsspitzen des Landes ausgebildet wurden. So gilt die École Polytechnique als die erste Station einer bürokratischen Karriere, die sich nach Absolvierung dieser anspruchsvollen Ausbildungsstätte auf weiterführende Verwaltungsschulen für die Präfektentätigkeit, für die Verwaltungsgerichtsbarkeit, den Rechnungshof, die Diplomatie und für die technischen Verwaltungssparten verzweigt. Die Ausbildungsprofile dieser renommierten Einrichtungen stellen traditionell auf den klassisch verwaltenden Rechts- und Ordnungsstaat ab. Auf Initiative Michel Debrés, des Vaters der Verfassung der V. Republik, wurde 1946 die École Nationale d'Administration (ENA) gegründet. Debré war – wie de Gaulle selbst – auf die staatliche Modernisierung Frankreichs fixiert. Nach seiner Vorstellung klaffte im Elitenausbildungssystem eine Lücke. Es gab noch keine Institution, die Frankreichs Verwaltung auf die Funktion des Motors der wirtschaftlichen und gesellschaftlichen Innovation trainieren konnte. Das Experiment ENA erwies sich als durchschlagender Erfolg (Ardant 1997). Heute stellen Absolventen der ENA Parlamentarier, Minister, hohe Verwaltungsbeamte sowie Leiter öffentlicher und privater Großunternehmen und Versicherungsgruppen. In die Politik sollten sie erst mit der V. Republik eindringen. Heute finden sich die sog. „Enarchen" nicht nur in den engeren Zielbereichen der öffentlichen Verwaltung, sondern auch in den Parteien, insbesondere des rechten Lagers. Auch die Sozialisten weisen erfolgreiche „Enarchen" in ihren Reihen auf (Suleiman 1978).

Verwaltungskorps

Die politische Bürokratie Frankreichs kennt wenige politische Beamte. Nur die Generaldirektoren als eine Art Staatssekretäre an der Spitze der Ministerien bekleiden politische Positionen. Hierarchisch hoch angesiedelte Positionen unterliegen den Aufstiegsregularien des öffentlichen Dienstes. Einzige Ausnahmen sind die Präfekten und Botschafter. Frankreichs Beamte wachsen nicht in der Loyalität zu einem bestimmten Ministerium auf. Sie gehören alle einem Verwaltungskorps, d.h. einer öffentlich-rechtlichen Körperschaft an, die ausschließlich Absolventen einer bestimmten Verwaltungsschule aufnimmt. Im betreffenden Korps entscheidet sich ihre weitere Karriere. So hat die Finanzinspektion als renommierteste aufnehmende Institution für ENA-Absolventen den Zugriff auf das Wirtschafts- und Finanzministerium. Darüber hinaus hat sie sich im Laufe der Jahre weitere Pfründen erstritten, in die anschließend ENA-Absolventen einrückten. In ähnlicher Weise haben das Korps der Bergbauingenieure oder das der Brücken- und Straßeningenieure bestimmte Ministerien für sich in Beschlag ge-

188

nommen. Bleiben wir kurz bei diesen Beispielen: Die ursprünglichen Aufgaben des Bergbaukorps haben sich erledigt. Aber das Korps hat sich beizeiten darauf eingestellt und bildet seine Beamten an der Bergbauakademie im betriebswirtschaftlichen Management für den öffentlichen Sektor aus. Ähnlich hat sich das bereits auf das 18. Jahrhundert zurückgehende Brücken- und Straßenkorps angepaßt. Beide operieren vornehmlich in den technisch geprägten Ministerialbereichen. Das Präfektenkorps beherrscht das weitverzweigte Innenministerium. Die Verwaltungscorps betreiben ausschließlich Personalpolitik. Weil dem so ist, haben sie große Nähe zur Politik (Suleiman 1974, Kessler 1986, Bock 1999).

Die geringe Anzahl der politischen Beamten bringt die Minister in ein Dilemma. Zwar gibt es gute Gründe, die Beförderung in sensiblen Apparaten nicht dem Parteibuch zu überlassen. Aber es gibt auf der anderen Seite ein legitimes Bedürfnis der politischen Behördenleitung, Mitarbeiter zu gewinnen, die ihr besonderes persönliches Vertrauen genießen. Das Problem ist nicht neu. Bereits die Vorgängerrepubliken arbeiteten in den Ministerien mit sog. „cabinets ministériels", den sog. Ministerkabinetten. Diese lassen sich etwa mit einem persönlichen Stab vergleichen. Die Mitglieder der Ministerkabinette werden vom Ressortchef nach Gutdünken ausgesucht. Sie haben keine Weisungsbefugnisse gegenüber den Beamten des Ressorts. Sie holen Auskünfte im eigenen Ressort ein, sie geben dem Minister Einschätzungen und knüpfen Kontakte zu anderen Ministerien (siehe Schaubild auf der nächsten Seite). Auch der Premierminister besitzt in Analogie zu den Fachministerien eine bürokratische Infrastruktur, die ihm die Richtliniengebung und Koordination in den Ressorts ermöglicht. Sein großes Ministerkabinett ergibt sich schon aus den Koordinierungsaufgaben in der Regierung und aus den Kooperationszwängen im Verhältnis zum Präsidenten (Gaffney 1991, Thuiller 1982).

Schon in der Anfangsphase der V. Republik amtierte ein Ministertypus, den es in den Vorgängerrepubliken überhaupt nicht gab. Es handelte sich um Politiker, die so gut wie keine Parlamentskarrieren vorweisen konnten. Sie standen anfänglich noch in irgendeiner persönlichen Beziehung zum General de Gaulle, dem der herkömmliche Parlamentarier ein Graus war. Diese auf Kompetenz erpichte Ministerriege griff auf das Aufgebot der schon zahlreich vorhandenen ENA-Absolventen zurück, um ihre Ministerkabinette zusammenzustellen. Der eine oder andere Minister hatte auch schon selbst die ENA durchlaufen. Verwaltungsexperten wurden jetzt als Minister oder als Stabsmitarbeiter mit der engeren Politik vertraut. Viele hohe Beamte entschlossen sich aufgrund der Erfahrung in solchen Stabsfunktionen, selbst eine politische Karriere zu suchen. Im Lager der Regierungsparteien häuften sich die Parlamentskandidaturen ehemaliger ENA-Absolventen. Viele erhofften sich den Sprung in Ministerämter, etliche sollten ihn früher oder später schaffen. Wem das Gedrängel im rechten Lager zu arg wurde, der versuchte es als „Enarch" auch im Lager der gemäßigten Linken, bei den Sozialisten. In gut 40 Jahren gewann der parlamentarisch-politische Betrieb der V. Republik die Färbung eines Elitengeschäfts, das zu einem guten Teil von Verwaltungstechnokraten bestimmt ist (Birnbaum 1980, Bourdieu 1989, Kreuzer/Stephan 1999).

Ministerkabinette

Abbildung 11

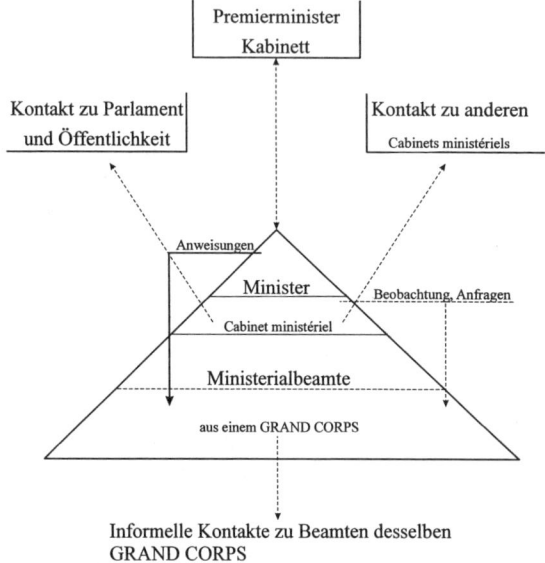

Die Stärke dieser Technokraten in der Ministerialbürokratie ist die sichere Lage-einschätzung, die passende Wahl der finanziellen und administrativen Mittel und Wege sowie das Erstellen vernünftiger Szenarien, die nach den politischen Vorgaben das bestmögliche Ergebnis garantieren sollen. Die Realisierung solcher Schritte in der Verwaltung selbst dürfte keine Probleme verursachen. Die Schwierigkeit liegt darin, daß die gesellschaftlichen Adressaten der Politik vernachlässigt werden. Frankreichs Politik stellt sich auf der abgebenden Seite als Anordnungskultur dar (Keeler 1993). Eine Lösung wird ausgetüftelt, aber die Betroffenen werden nicht gefragt. Das nicht selten unzureichende Geben und Nehmen im Verhältnis zu den gesellschaftlichen Gruppen ist der Schwachpunkt der Ministerialbürokratie. Das Informieren und Informiertwerden trägt nach aller Erfahrung mehr zum Gelingen politischer Vorhaben bei als bürokratische Musterlösungen. Weil die Betroffen in Frankreich oft nicht recht gefragt oder ernst genommen werden, auch wenn es um vitale Interessen geht, verweigern sich die Adressaten gelegentlich lautstark und mit dramatischen Gesten den Anordnungen des Gesetzgebers und der Verwaltung (Bode 1997):

Sie gehen auf die Straße, und wenn es arg kommt, stürmen sie schon einmal öffentliche Gebäude oder legen den Verkehr lahm. Die Gesellschaft sympathisiert nicht selten oder zeigt doch Verständnis. Die Erfahrung des aktiven Protestes ist den meisten gesellschaftlichen Gruppen nicht fremd. Die französische Regierungskultur ist noch stark obrigkeitlich eingestellt, die gesellschaftliche Kultur aber ausgeprägt obrigkeitskritisch. Bei sehr massiven Protesten der Betroffenen, denen die Öffentlichkeit nicht selten Sympathie entgegenbringt, erfolgt in der Regel die Rücknahme oder Teilrücknahme der kritisierten Maßnahme. Darin läßt sich erkennen, daß im Verhältnis von Regierungssystem und Gesellschaft beträchtliche Reibungsverluste auftreten. Nicht im Semi-Präsidentialismus oder im rationalisierten Parlamentarismus stecken die Probleme des französischen Regierungssystems, sondern in der relativen Gesellschaftsferne der politisch-administrativen Eliten, die mit ihrem Kompetenzbewußtsein des öfteren an den Bedürfnissen und Empfindsamkeiten der Bürger vorbeihandeln (Ehrmann/ Schain 1992). Ein Nebeneffekt dieses Phänomens ist die im europäischen Vergleich relativ schwache Verbändelandschaft.

4.2.7 Gerichtsbarkeit

Die richterliche Kontrolle des Gesetzgebers ist in Frankreich noch recht neu. Der Verfassungsrat war seinerzeit als Helfershelfer konzipiert worden, um ein trotz aller Einschränkungen womöglich immer noch zu aufsässiges Parlament in die Schranken zu weisen. Die sog. Organgesetze, d.h. Gesetze, die sich auf die staatlichen Institutionen selbst, wie Parlament, Regierung und Justiz beziehen, müssen vor dem Inkrafttreten vom Verfassungsrat geprüft werden. Die übrigen Gesetze unterliegen der fakultativen Prüfung durch den Verfassungsrat. Das Recht zur Anrufung haben in diesen Fällen der Präsident, der Premierminister, die Kammerpräsidenten und seit einer Verfassungsänderung von 1976 auch eine Mindestanzahl von Abgeordneten oder Senatoren. Je ein Drittel der neun Mitglieder des Staatsrats werden vom Staatspräsidenten, vom Nationalversammlungspräsidenten und vom Senatspräsidenten berufen. In den Anfangsjahren der V. Republik enttäuschten die Verfassungsrichter die Erwartungen der Verfassungsschöpfer nicht, Grenzüberschreitungen des Parlaments zu verhindern. Das sollte sich erst 1971 ändern.

Verfassung Frankreichs von 1959 i.d.F. von 2003: Art. 61: „Die Organgesetze müssen vor ihrer Verkündung und die Geschäftsordnungen der parlamentarischen Kammern vor ihrer Anwendung dem Verfassungsrat vorgelegt werden, der über ihre Verfassungsmäßigkeit befindet. Zu dem gleichen Zweck können die Gesetze vor ihrer Verkündung dem Verfassungsrat vom Präsidenten der Republik, vom Premierminister, vom Präsidenten von einer der beiden Kammern oder von 60 Abgeordneten oder 60 Senatoren zugeleitet werden...
Art. 62: Eine für verfassungswidrig erklärte Bestimmung kann nicht verkündet oder angewandt werden. Gegen die Entscheidungen des Verfassungsrats gibt es kein Rechtsmittel. Sie binden die öffentlichen Gewalten und alle Verwaltungs- und Gerichtsinstanzen".

Infolge der Pariser Mai-Unruhen von 1968 hatte die gaullistische Regierung ein Vereinsgesetz verabschiedet, mit dem die Demonstrationsfreiheit empfindlich eingeschränkt werden sollte. Aufgrund einer Klage des Senatspräsidenten maß der Verfassungsrat dieses Gesetz an der Menschenrechtsdeklaration von 1789. Deren Persönlichkeitsrechtsgarantien besitzen Verfassungsrang. Der Verfassungsrat stellte fest, daß grundlegende Bürgerfreiheiten unzulässig eingeschränkt worden waren. Diese Entscheidung wurde bahnbrechend für weitere Anrufungen des Verfassungsrates, der daraufhin zahlreiche Gesetze mit dem Verweis auf Grundrechtsverstöße annullierte (Ehrmann 1981). Die verfassungsgerichtliche Rolle des Verfassungsrates hat inzwischen den Stil der politischen und parlamentarischen Debatte in der V. Republik beeinflußt. Dazu hat maßgeblich eine

Verfassungsrat als Verfassungsgericht

Verfassungsänderung aus dem Jahr 1976 beigetragen, die das Anrufungsrecht auf mindestens 60 Mitglieder einer der beiden Parlamentskammern erweitert hat. Die Opposition droht seither, wenn die Regierung allzu rigoros von ihrer Überlegenheit Gebrauch machen will, mit der Anrufung des Verfassungsrates. Umgekehrt wird die Regierung vorsichtiger, wenn sie Gesetze vorlegt, die in die Freiheitsrechte einschneiden. Der Verfassungsrat ist alles in allem aber noch ein sehr unvollständiges Verfassungsgericht (Stone 1987). Kein französisches Gericht kann den Verfassungsrat anrufen, um sich der Verfassungsmäßigkeit eines Gesetzes zu vergewissern. Auch ein Verfassungsbeschwerderecht für die Bürger gibt es noch nicht. Inzwischen wird diskutiert, wie der Verfassungsrat reformiert werden kann.

Der Staatsrat   Der Staatsrat bildet die Spitze einer weitverzweigten Verwaltungsgerichtsbarkeit. Die Aufgabe des einen Zweiges ist es, die Verwaltungspraxis mit verbindlichen Auslegungen einheitlich und gesetzeskonform zu erhalten. Ein anderer Zweig des Staatsrates funktioniert ähnlich wie die deutschen Verwaltungsgerichte. Er kann von Bürgern angerufen werden, die fehlerhafte bzw. gesetzeswidrige Verwaltungsentscheidungen geltend machen. Gesetzentwürfe müssen vor der parlamentarischen Beratung im Staatsrat ferner auf ihre Stimmigkeit im Rahmen der übrigen Gesetze begutachtet werden. Das Ergebnis kann freilich ignoriert werden. Nicht von ungefähr hat die ENA die Ausbildung der künftigen Staatsräte übernommen.

4.2.8   Territorialverwaltung

Zentralistische Tradition   Frankreich war noch bis vor wenigen Jahrzehnten ein exemplarischer Zentralstaat. Zwischen die ca. 38.000 Gemeinden und die Ministerien der Pariser Zentralverwaltung waren nur noch die Departements geschaltet. Diese aber waren Verwaltungseinrichtungen des Staates, vergleichbar mit den Regierungsbezirken großer deutscher Flächenländer, nur eben kleiner zugeschnitten. Als Vertreter der Zentralgewalt fungierte in den Departements der Präfekt, ein politischer Beamter im Amtsbereich des Innenministeriums, der mit guten Gründen als der eigentliche Herrscher im Departement angesehen wurde. Der geringe Spielraum der Kommunalverwaltungen übertrug alle Entscheidungen von größerer Reichweite auf den Präfekten. Dessen ungeachtet wohnte diesem System eine nicht vorgesehene Flexibilität inne. Viele Bürgermeister, vor allem solche in größeren Städten, konnten die Präfekten durch ihre Ämterverbindung mit einem Sitz in der Nationalversammlung oder mit anderen informellen Direktkontakten zur Ministerialbürokratie umgehen oder beeinflussen. Vor allem die Verbindung des Nationalversammlungsmandats mit dem Bürgermeisteramt größerer Städte erfreut sich bis in die Gegenwart großer Beliebtheit. Sie ermöglicht ein Höchstmaß an politischer Präsenz im lokalen Geschehen und bietet zudem die Chance, der Heimatgemeinde durch den Kontakt zu den Pariser Ministerien Vorteile zu verschaffen.

In der V. Republik wurden eine zielstrebige wirtschaftliche Modernisierung und die Entwicklung der regionalen Infrastruktur betrieben. Durch Bevölkerungsverschiebungen hatten sich die landwirtschaftlichen Provinzen entvölkert, umgekehrt erlebten die Industriemetropolen einen ungeheuren Bevölkerungszuwachs. Mit massiven staatlichen Investitionen wurden weitere Entwicklungspole in der Provinz erschlossen. Die alten Departementsgrenzen taugten für die Regionalplanung und die strukturpolitische Steuerung in keiner Weise. Deshalb wurde bereits in den 1970er Jahren die Regionalisierung des Landes betrieben. Zunächst blieb sie bei der Schaffung von Planungseinheiten stehen, die sich mit zusammenhängenden Wirtschaftsräumen deckten.

Seit 1982 praktiziert Frankreich einen Selbstverwaltungsregionalismus, der Regionalisierung den französischen Staat merklich verändert hat (siehe zum folgenden: Kempf 1997). Durch eine Verfassungsänderung wurde 2003 die dezentrale Staatsorganisation festgeschrieben. Die 22 Regionen genießen heute in den Bereichen der regionalen Wirtschaftsplanung und des Baus und der Unterhaltung von Schulen und kulturellen Einrichtungen Eigenständigkeit. Die Regionen wählen eigene Parlamente und diese wiederum Regierungen unter der Leitung eines Regionalpräsidenten. Die nach wie vor existenten Departements sind ebenfalls in kommunale Selbstverwaltungseinrichtungen umgewandelt worden und besorgen inzwischen eigenständig einen Teil der Aufgaben, die ihnen vorher als Unterverwaltungen des Zentralstaates zugewiesen waren. Die Präfekten entscheiden in den sozialen und kulturellen Selbstverwaltungsbereichen nichts mehr. Sie sind aber als Träger der verbliebenen Aufsichtsrechte des Zentralstaates geblieben. Auch in den Regionen gibt es den Präfekten. Vor allem in den Departments sind die Präfekten unverändert wichtige Repräsentanten des Staates. Sie regeln den gesamten Bereich von Sicherheit und Ordnung. Für die vielen Kleingemeinden stehen sie mit Rat und administrativer Unterstützung bereit.

Der Schwachpunkt des Regionalisierungsprozesses ist die schmale Steuerbasis der Departments und Regionen. Die großen und ertragreichen Steuerquellen sprudeln hauptsächlich in die Kassen des Pariser Finanzministeriums, das einen Teil davon an die Regionen und die übrigen Selbstverwaltungseinheiten zurücktransferiert. Nachdem die jüngste Verfassungsänderung die Regionen aufgewertet hat, ist vorgesehen, deren Finanzausstattung zu verbessern. Die Regionalisierung hat das politische Leben Frankreichs verändert. Die enge Fixierung der Bürgermeister und Gemeinderäte auf Paris gehört der Vergangenheit an. Die Gemeinden haben mehr Spielraum gewonnen, und sie müssen sich jetzt mit Regional- und Departmentsverwaltungen auseinandersetzen, die größere örtliche Problemkenntnis besitzen als die Pariser Zentralbehörden. Etliche Abgeordnete in der Nationalversammlung nutzten die veränderte Situation, um für regionale Ämter mit ihrer Verfügung über Finanzen und Personal zu kandidieren. Regionale Positionen boten manchen Vorteil für Popularität im Wahlkreis. Die Politik unterhalb der zentralstaatlichen Ebene ist freier, aber auch komplizierter geworden. Den politischen Eliten haben die Regionen ein neues Betätigungsfeld eröffnet. Es gibt mehr Möglichkeiten, unterhalb der nationalen Ebene politische Karrieren vorzubereiten. Für die Parteien sind die Regionen ein wichtiges Ereignisfeld geworden. Die Regionalwahlen finden große politische Beachtung und werden als Stimmungsbarometer für die Popularität der in Paris regierenden Mehrheit gedeutet.

4.3 Interessenvermittlung

4.3.1 Parteien

Das gegenwärtige Parteiensystem, das im rechten Lager seit einigen Jahren starke Veränderungen aufweist, hat sich nach Gründung der V. Republik herausgebildet (zum folgenden ausführlich Ruß, Schild, Schmidt, Stephan 1999). Als einzige Partei, die heute noch Kontinuität mit den Parteien der Vorgängerrepubliken aufweist, ragt die Kommunistische Partei Frankreichs heraus. Die aktuelle Parteienkonstellation gibt es sogar erst seit Anfang der 1970er Jahre. Die Parteiensysteme der früheren Republiken waren von kleinen und mittleren Parteien charakterisiert, die sich in der Mitte des Parteienspektrums positionierten. Diese Parteien waren für die Republik und für die Marktwirtschaft, aber gegen den Staat, wo er dem Bürger fordernd gegenübertrat; sie riefen nach dem Staat, wenn ihre Klientel seines Schutzes bedurfte.

Parteien in der III. und IV. Republik

Die traditionellen Parteien der Mitte waren hauptsächlich im ländlichen und kleinstädtischen Milieu verankert, das Frankreich damals viel stärker prägte als heute. Organisatorischer Mittelpunkt dieser Honoratiorenparteien war der Parlamentsabgeordnete gewesen. Er hatte im Regelfall seit Jahrzehnten einen Wahlkreis vertreten und es verstanden, die Klientelforderungen aus seiner Wählerschaft zu bedienen. Die Programmatik dieser Parteien nahm sich oftmals radikal aus. Dahinter verbarg sich tatsächlich meist eine bewahrende Grundhaltung. Der ausgeprägte Säkularismus in der politischen Tradition des Landes verhindert bis heute, daß sich das Katholische in der Politik wirksam organisieren kann. Dennoch gab und gibt es Landstriche, in denen ein christlicher Konservatismus zu Hause ist. Die Tabuisierung eines bekennenden Konservatismus, der sich auf christliche Werte beruft, hatte noch in der III. Republik die Folge, daß er sich an antiparlamentarische Strömungen anhängte. Aus der christlichen Widerstandsbewegung gegen die deutsche Okkupation formte sich in der IV. Republik zeitweise eine christlich-demokratische Partei. Bezeichnenderweise vermied sie aber bereits mit ihrer Namensgebung (MRP = Sammlungsbewegung des Volkes) den Bezug auf das Christliche. Das MRP sollte eine der tragenden Parteien der IV. Republik werden. Auf der Linken operierten neben den Kommunisten die französischen Sozialisten (SFIO = Französische Sektion der Arbeiterinternationale). Im Unterschied zur Kommunistischen Partei, die fest im Industriearbeitermilieu verankert war, repräsentierte die SFIO hauptsächlich Staatsbedienstete und Bildungsbürger. Die SFIO, das MRP und kleinere Parteien, insbesondere die Radikalsozialisten, bildeten die „Koalitionsdrehscheibe" der IV. Republik. Keine von ihnen sollte den Wechsel zur V. Republik lange überdauern.

Gaullisten (RPR)

Die erste dramatische Änderung infolge des Republikwechsels war die Befreiung des politischen Konservatismus vom Stigma der Republikfeindlichkeit (siehe zum folgenden allgemein Borella 1990, Ysmal 1989). De Gaulle hatte sich verbeten, in seinem Namen eine Partei zu gründen. De facto war auch die V. Republik ohne Parteien nicht arbeitsfähig. Zur Unterstützung des Präsidenten schlossen sich die gaullistischen Abgeordneten unter wechselnden Bezeichnungen zu einer Union zusammen, die im Jahr 1967 den Schritt zur Parteiwerdung

194

tat (UNR = Union für die Neue Republik). Die Popularität de Gaulles wurde so zur Grundlage einer Partei, die zwar an ihrer Treue zu den Republikgrundsätzen keine Zweifel ließ, die aber erkennbar auch an die katholisch-konservative Bevölkerung appellierte. Der damalige Gaullistenführer Chirac nahm 1975 den Aufbau einer effizienten Parteiorganisation in Angriff. Die gaullistische Partei, inzwischen UDR (Demokratische Union für die Republik), dann umbenannt in RPR (Rassemblement pour la République = Sammlungsbewegung für die Republik), verwandelte sich in eine starke Organisation. Sie baute einen festen Mitgliederstamm, eine Parteizentrale und Parteigliederungen in allen Winkeln des Landes auf. Das RPR musste neben der Kommunistischen Partei Frankreichs als die wohlorganisierteste politische Kraft angesehen werden (Knapp 1994). In den späten 1990er Jahren geriet das RPR in die Krise. Unter dem Konkurrenzdruck des rechtsextremen FN spaltete sich der rechte Flügel 1999 ab und verselbständigte sich als RPF. Das RPF warb gemeinsam mit rechtsliberalen Parteien und den ultrarechten Parteien um die Wählergunst. Ihre Zielgruppe sind Wähler, die auf eine harte Linie in der Politik der Inneren Sicherheit, bei der Einwanderung aus Nordafrika und auf die Ablehnung weiterer europäischer Integration setzen. Das RPR schloss sich wenige Monate nach der Wiederwahl Chiracs als Staatspräsident mit der UDF zusammen.

Die seit 2002 mit der RPR verschmolzene UDF (Union Démocratique Fran- UDF caise = Demokratische Union Frankreichs) vereinigte die Restbestände vormaliger Kleinparteien. Ihr Stammelement war die lockere Abgeordnetenföderation der Unabhängigen Republikaner. Ihr Führer war bereits in den Anfängen der V. Republik der spätere Staatspräsident Giscard d'Estaing. Giscard und die Unabhängigen Republikaner hatten sich schon in der Frühphase der V. Republik dazu entschlossen, die gaullistische Fraktion in der Nationalversammlung zu unterstützen. Die organisatorische Basis der Unabhängigen Republikaner blieb schwach. Sie waren eben das letzte Überbleibsel der alten Honoratiorenparteien, die außerhalb des Parlaments keine nennenswerten organisatorischen Stützen besaßen. Mit der Präsidentschaft Giscards (seit 1974) wurde es erforderlich, die Unabhängigen Republikaner als politische Kraft zu modernisieren; Giscard wollte 1981 erneut für die Präsidentschaft kandidieren. Diese Operation gelang nur unvollständig. Viele am Rande der Bedeutungslosigkeit agierende Kleinparteien, die oft nur noch mit wenigen Abgeordneten in der Nationalversammlung vertreten waren, bildeten eine Allianz mit den Unabhängigen Republikanern. Ferner stießen die Christlichen Demokraten, ein splitterhaftes Überbleibsel des alten MRP, hinzu. Dieses Parteiensammelsurium schloß sich 1978 unter der Bezeichnung UDF zusammen. Es blieb bei einer Parteienkonföderation, weil die Mitgliedsparteien auf ihrer Selbständigkeit beharrten. Die größeren Parteien in dieser Konföderation trennten sich 1998 von der UDF. Sie waren mit der Rumpf-UDF zerstritten, weil UDF-Politiker in einigen Regionen mit der rechtsextremen FN koalierten. Erst im November 1998 kamen die verbleibenden Parteien überein, ihre Selbständigkeit zugunsten einer nunmehr einheitlichen Partei mit dem gleichbleibenden Namen UDF aufzugeben. Zwischen der UDF und dem RPR gibt es keine großen inhaltlichen Unterschiede. Die UDF tritt als die in wirtschaftlicher Hinsicht liberalere Partei auf, während das RPR in der Art einer großen Volkspartei eher Rücksicht auf die sozial Schwächeren nimmt. Das RPR streicht auch die konservativen Werte wie Familie, soziale Disziplin und Staatsautorität heraus. Die UDF hingegen betont stärker Leistung und Leistungsgratifikation, Selbstentfaltung und Distanz des Staates zum Bürger. Ihre Zukunft ist ungewiß, wie die des rechten Lagers in seiner aus den letzten 30 Jahren vertrauten Konstellation überhaupt. Das RPR und die UDf vereinigten sich 2002 zur Union für die präsidentielle Mehrheit (UMP). Unter Beibehaltung des Kürzels UMP benannte sie sich wenig später in die Union für die Volksmehrheit um.

Sozialisten
Die Sozialistische Partei (PS: Parti Socialiste) ist die Schöpfung des nachmaligen Staatspräsidenten Mitterand. Die Vorgängerpartei SFIO war an Sklerose gescheitert. Sie überlebte ihre enge Bindung an die IV. Parlamentsrepublik nicht lange. Die Gründung der Sozialistischen Partei (1969/71) rekurrierte zwar auf sozialistische Ideen und sozialreformerische Programmatik, sie wurde aber vor allem als ein Instrument geschaffen, um die konservative Mehrheit in der V. Republik zu brechen. Zu diesem Zweck war die Sozialistische Partei von Anfang an darauf angelegt, eine sozialistische Präsidentschaftskandidatur zu unterstützen. Im Lager der politischen Linken waren die Sozialisten anfänglich der kleinere Partner. Während die Kommunisten traditionell um die 20 % der Wählerstimmen bei den Parlamentswahlen gewonnen hatten, mußten sich die Sozialisten erst hocharbeiten. Doch bereits 1978 hatten sie nahezu den Gleichstand mit den Kommunisten geschafft. Gut zehn Jahre nach Parteigründung eroberte Mitterand die Präsidentschaft (1981).

Die Sozialistische Partei vereinigt verschiedene Strömungen, die sich als innerparteiliche Gruppierungen organisiert haben und die bei Programmdebatten oder Personalentscheidungen wie „Parteien in der Partei" operieren. Das liegt vornehmlich daran, daß die Partei bei ihrer Gründung aus verschiedenen sozialistischen Zirkeln und Gesinnungsgruppen bestand. Die Unterschiede blieben erhalten. Sie reichen von Befürwortern sozialistischer Wirtschaftsprinzipien bis hin zu pragmatischen Anhängern eines sozial gemilderten Kapitalismus, die um des Parteilogos willen sozialistische Vokabeln in ihre Rede einflechten. Der gemeinsame Nenner der im übrigen organisatorisch eher schwachen Sozialistischen Partei war die Gestalt des Gründers und nachmaligen Staatspräsidenten Mitterand. Dieser war stets populärer als seine Partei. Das machte sich bereits 1986 bemerkbar, als die Wähler eine sozialistische Regierung abwählten. Der Popularitätsbonus Mitterands, der 1995 nicht erneut kandidierte, ließ sich auf den sozialistischen Nachfolgekandidaten nicht übertragen. Chirac gewann diese Wahl. Dessen ungeachtet vermochten die Sozialisten schon die nächste Parlamentswahl (1997) für sich zu entscheiden. Als Parteialternative zu den Gaullisten scheint die Sozialistische Partei unabhängig von ihren Führerpersönlichkeiten etabliert.

Kommunisten
Die Kommunistische Partei (PCF = Parti Communiste Francais) ist aus heutiger Sicht die große Verliererin der Parteienentwicklung. Seit Anfang der 1980er Jahre geriet sie in den freien Fall. Sie vermochte sich bei etwa der Hälfte des Wählerpotentials (10 %) zu fangen, das sie in den Vorjahren sicher für sich verbuchen konnte. Ursächlich war dabei nicht nur die Veränderung der politischen Großwetterlage (Ende des Kalten Krieges, Zusammenbruch des Sowjetsystems), sondern ebenso der soziale Wandel, der viele klassische Arbeitsplätze in der Industrie gekostet hat. Das Industriearbeitermilieu war lange die Hauptstütze der Kommunistischen Partei gewesen. Heute sind die Kommunisten nur mehr Ju-

niorpartner der Sozialisten. 1981 wie auch 1997 entschlossen sie sich, die sozialistische Mehrheit in der Nationalversammlung zu unterstützen.

Seit gut zehn Jahren operiert am rechten Rand der RPR eine rechtspopulistische Partei, der Front National (FN). Es handelt sich hier um eine politische Kraft, die bislang noch ganz im Bann ihres Gründers Le Pen steht. Le Pen beutete in den 80er Jahren Themen aus, die von der Politik vernachlässigt worden waren. Er erkannte, daß in der Industriearbeiterschaft und im unteren Mittelstand Bedrohungsängste wirkten. Arbeitslosigkeit und Arbeitsplatzkonkurrenz mit Einwanderern um schlecht bezahlte Jobs sowie das Vordringen der islamischen Kultur in die ärmeren Stadtviertel erzeugten Ressentiments, die sich ein politisches Ventil suchten. Weder die gaullistische Rechte noch die Linke weiß auf diese Probleme, die sich besonders kraß in den Metropolen zeigen, eine befriedigende Antwort. Die Zukunft des FN läßt sich schwer absehen. Ende 1998 endete ein Kampf um die Führung des FN in der Spaltung. Le Pens Herausforderer Mégret setzt auf Koalitionen mit den Parteien der Rechten. Le Pen feierte 2002 seinen größten Triumph, als es ihm gelang, mit der zweitgrößten Stimmenmehrheit den Premierminister und gleichzeitig sozialistischen Kandidaten aus dem Rennen für den entscheidenden zweiten Wahlgang zu werfen. *Front National*

Bei der Beschreibung des Parteiensystems vor 1958 operierte die politische Publizistik Frankreichs gern mit dem Begriff der „politischen Familien". Entsprechende Bedeutung hat heute die „Lagerstruktur" des Parteiensystems. War das Bild der politischen Familie in der III., der IV. und auch noch der frühen V. Republik eine Hilfe, um Struktur in die Vielfalt der Parteien zu bringen, so ist das Bild der Lager trennschärfer. Waren mit den politischen Familien die Spaltungen der französischen Politik in eine Rechte sowie in eine rechte und eine linke Mitte und in eine gemäßigte und eine extreme Linke gemeint, so bezeichnet die Rede von der „Linken" und von der „Rechten" ein in seiner Grundstruktur bipolares Parteiensystem, das in seinen Wirkungen dem Zweiparteiensystem in Großbritannien gleichkommt. Eines unterscheidet das Lagerphänomen dennoch vom klassischen Zweiparteiensystem britischen Zuschnitts: Zur Lagerkonkurrenz tritt die Binnenkonkurrenz in den Lagern hinzu. Sie hat sich allerdings abgeschwächt. Die Kommunisten nähern sich der politisch-parlamentarischen Bedeutungslosigkeit. Seit Gründung der UMP ist die Spaltung des rechten Lagers weitgehend beseitigt. Koalitionen spielten in der V. Republik nie eine Rolle. Selbst wenn sich zwecks Mehrheitsbeschaffung die Parteien des linken oder rechten Lagers zusammentaten, beherrschte den Regierungsprozess stets die Seniorpartei, die den Regierungschef stellte (Jun 2002). *„Politische Familien"*

Die französischen Parteien sind von jeher in hohem Maße personenfixiert (Knapp 1992, Knapp/Le Galès 1991). Dazu hat das Regierungssystem der V. Republik noch beigetragen. Der größte Preis, den das Regierungssystem aussetzt, ist die Präsidentschaft. Jene Partei, die das Präsidentenamt erobert, hat viele Möglichkeiten, auch die übrigen Institutionen ins Schlepptau zu nehmen. Namentlich in den großen und stark organisierten Parteien läßt sich beobachten, daß prominente Parteiführer intensiv darauf hinarbeiten, sich als Präsidentschaftskandidaten zu empfehlen. Der erfolglose Startversuch für die Präsidentschaft untergräbt nicht schon den Stand eines Parteiführers in der eigenen Organisation. Mitterand fügte sich an der Spitze der neu gegründeten Sozialistischen Partei *Präsidialorientierung der größeren Parteien*

1974 keinen Schaden zu, als er im Kräftemessen mit dem liberalen Präsidentschaftskandidaten Giscard d'Estaing den Kürzeren zog. Er verbuchte immerhin
einen bemerkenswerten Achtungserfolg. Schon der nächste Versuch (1981) war
erfolgreich. Genauso erging es Chirac, der 1988 seine Niederlage gegen Mitterand gut zu verkraften verstand (Zadra 1997).

4.3.2 Interessengruppen

Der Einfluß der Verbände ist geringer einzuschätzen als in den Nachbarländern
(allgemein dazu Ehrmann/Schain 1992, Kempf 1997, Lasserre/Schild/Uterwedde
1997, Mény 1999, Jansen 2001). Wie bereits im Zusammenhang mit den Institutionen des Regierungssystems berichtet, pflegt die französische Ministerialbürokratie im Verhältnis zu den gesellschaftlichen Adressaten keinen konsultativen
Stil. Sieht man von den Gewerkschaften ab, so bedurfte es etwa in der III. Republik keiner intensiven Verbandsarbeit, um die dominierenden gesellschaftlichen
Interessen zur Geltung zu bringen. Sie waren in das Regierungssystem und in die
Repräsentation der ländlich-kleinstädtischen Gesellschaft im Parlament eingebaut. Ein erster Bruch ergab sich 1936 mit der Volksfrontregierung, die eine Politik für die Gewerkschaften betrieb. Die IV. Republik knüpfte hier an. Sozial-
und christdemokratisches Gedankengut waren in ihren Regierungskoalitionen lebendig. Das genügte bereits, um Verbandsgründungen auf seiten der Unterneh-
mer und des Kleingewerbes zu fördern. Anfänglich ermunterte die Regierung sogar die Bildung effektiver Verbände. Die Regierung steckte mittelfristige Ziel-
daten für Wachstum und Einkommensentwicklung ab (sog. „planification"), um
Anhaltspunkte für die Verteilung der strukturpolitischen Investitionen zu gewinnen. Weil es sich hier aber um ein marktkompatibles Plansystem handelte, das
mit der sozialistischen Planwirtschaft nichts gemeinsam hatte, war die Regierung
auf die Mitarbeit der repräsentativen Verbände angewiesen.

Unternehmer-
verbände

Mit großem Wohlwollen begleiteten die ersten Nachkriegsregierungen die
Reorganisation der französischen Unternehmerschaft im Verband Conseil National du Patronat Francais (CNPF). Dieser war ursprünglich als gemeinsamer
Dachverband für die Großindustrie und für kleine und mittlere Firmen vorgesehen. Nach einiger Zeit fiel der CNPF in die Rolle einer Vertretung der großen
und starken Industriebetriebe zurück. Als Interessenvertretung der kleinen und
mittleren Unternehmen bildete sich ein eigener Verband, die Confederation
Générale des Petites et Moyennes Entreprises (CGPME). Diese trat radikal auf.
Sie repräsentiert Unternehmen in einer Größenordnung, die Hauptleidtragende
wirtschaftlicher Konzentrationsprozesse sind. Dieser Verband macht bis heute
gelegentlich auch mit spektakulären Demonstrationen von sich reden. Der CNPF
reorganisierte sich Ende der 1990er Jahre und benannte sich in Mouvement des
Entreprises Française (MEDEF) um. Das MEDEF bevorzugt demgegenüber diskrete Gespräche mit Ministern und Beamten. Der Kontakt zur Ministerialbürokratie wird durch den Umstand erleichtert, daß nicht wenige frühere Ministerialbeamte und Absolventen der Verwaltungsakademien nach einer Karriere im öffentlichen Dienst in leitende Unternehmensfunktionen wechseln. Das MEDEF
vereinigt die Funktionen eines Industrieverbandes mit denen eines Arbeitgeber-

verbandes. Die Aufgaben der Dachverbandsorgane sind hauptsächlich koordinierender und repräsentierender Natur. Verhandlungen mit den Gewerkschaften und industriespezifische Interessen nehmen die angeschlossenen Mitgliedsverbände wahr. Das Problem des CNPF wie aller französischer Verbände ist das hohe Selbstbewußtsein der Ministerialbürokratie. Altindustrielle und stützungsbedürftige Produzenten genießen in der Hochbürokratie keine Wertschätzung. Ihr Beschwerdeadressat sind die Parlamentarier und die Minister, die auf öffentliche Proteste sensibel reagieren müssen.

Die Landwirtschaft ist der am besten organisierte Erwerbszweig. Der bedeutendste Agrarverband ist die FNSEA (Fédération Nationale des Sociétés agricoles). Sie organisiert die wohlhabendsten, sehr effektiv wirtschaftenden Landwirte im Norden Frankreichs. Die Kleinlandwirtschaft bedient sich eigener Verbände. Auch bei Landwirten aller Kategorien ist eine ausgeprägte Protestbereitschaft festzustellen.

Die Gewerkschaften sind von jeher schwach. In den für sie besseren Zeiten Gewerkschaften wurde eine Höchstorganisationsquote von etwa 20 % geschätzt. Nach neuesten Schätzungen hat sich diese Quote mindestens halbiert. Das ist im internationalen Vergleich überaus wenig und wird sonst nur in den USA erreicht. Die Gründe für diese Schwäche der Gewerkschaften sind vielfältig. Ein Grund dürfte darin liegen, daß viele französische Arbeitnehmer im traditionellen Kleinhandel und Kleingewerbe arbeiten sowie in kleinen und mittleren Industriebetrieben. Dort ist traditionell der Wille des Arbeitgebers, des Patron, Gesetz. Auch in anderen Ländern haben Gewerkschaften gerade in Betrieben dieser Größenordnung erhebliche Organisationsschwierigkeiten. Die Privatisierung vieler Staatsbetriebe hat das Klima für die Gewerkschaftswerbung seit Mitte der 1980er Jahre verschlechtert. In den politisch einigermaßen beschützten Staatsindustrien hatten die Industriegewerkschaften ihre Hochburgen. Schließlich kommt die allgemeine Entwicklung in Richtung auf produktivere Fertigungstechniken hinzu. Sie hat die industriellen Arbeitsplätze so stark verändert, daß sie vom klassischen Organisationsbild der Industriegewerkschaften schlicht verfehlt werden.

Die Gewerkschaftslandschaft differenziert sich nach politischen Richtungen. Die organisatorisch stärkste Richtung verkörpert die Confédération Generale du Travail (CGT). Sie ist eng mit der Kommunistischen Partei verbunden und organisiert die klassischen Industriebereiche der Metallproduktion. Darüber hinaus ist sie in den öffentlichen Verkehrsbetrieben gut repräsentiert. Vor allem in letzteren erwachsen ihr erhebliche Druckpotentiale. In der produzierenden Wirtschaft verliert sie aus den oben erwähnten Gründen an Gewicht. Die nächste wichtige Gewerkschaft verkörpert die Confédération Francaise Démocratique du Travail (CFDT), eine Organisation, die hauptsächlich Beschäftigte in zukunftsträchtigeren Branchen wie der Chemie und der Elektronik organisiert. Sie ist auch im öffentlichen Dienst vertreten. Die CFDT gilt als die modernste unter den französischen Gewerkschaften. Sie betreibt eine pragmatische Politik im Verhältnis zu den Managern und wird von diesen als Verhandlungspartner besonders geschätzt. Sie gilt daneben auch als besonders kampferprobte Organisation, die sich führend an den Arbeitskämpfen beteiligt. Viele ihrer Funktionäre stehen der Sozialistischen Partei nahe. Unter den kleineren Gewerkschaften verdient noch die Confédération Générale du Travail – Force Ouvrière (CGT-FO) Erwähnung: ein Gewerkschaftsbund, der hauptsächlich den öffentlichen Dienst mit organisiert. Alle Gewerkschaften verlegen ihre Aktivität häufig auf die Straße, weil sie unter den Verbänden von der Regierung am wenigsten als Gesprächspartner gesucht werden (Mielke 1983). Die Arbeitsbeziehungen zeigen im übrigen ein diffuses Bild: Tarifverhandlungen werden auf lokaler und regionaler Ebene, gelegentlich auch zwischen den gewerkschaftlichen Zentralen und den Arbeitgeberverbänden geführt. Warnstreiks, Sympathiestreiks und andere Gesten der Kampfentschlossenheit gehören zum Repertoire der Massenaktionen. Sie begleiten die Tarifverhandlungen oder Forderungen der Gewerkschaften an die Politik. Den schärfsten Biß haben solche Aktionen im gewerkschaftlich – wie in anderen Ländern auch – inzwischen noch am besten organisierten öffentlichen Dienst (z.B. bei den Verkehrsbetrieben). Wie in vielen anderen Ländern gewinnt das Unternehmen bzw. der Betrieb als Verhandlungsebene für die Gewerkschaften immer mehr an Bedeutung.

4.4 Wirkungsgeschichte

Die vor zehn Jahren begonnene Demokratisierung in Osteuropa hat sich auf der Suche nach Vorbildern für ein demokratisches Regierungssystem unter anderem am Regierungssystem der V. Republik ein Beispiel genommen. Besonders deutlich ist dies in Rußland, in den Nachfolgestaaten der Sowjetunion und in Südosteuropa (von Beyme 1994, 254ff.). In Polen spielte Frankreich als Anschauung zeitweise eine gewisse Rolle. Betrachten wir kurz die Gründe, warum der französische Semi-Präsidentialismus Interesse gefunden hat. Es gibt zwei Parallelen in der Ausgangssituation. In beiden Fällen gab es eine Tabula rasa. In Frankreich hatten die Parteien der IV. Republik schlichtweg aufgegeben. Sie wurden unter den Trümmern des Systems begraben, das sie im Stich gelassen hatten. In der Stunde Null der V. Republik beherrschte General de Gaulle die politische Bühne. Seine Gefolgschaft war sich mit ihm in der Ablehnung der Vorgängerrepublik einig. Blicken wir nach Osteuropa. Dort waren totalitäre Systeme abgestürzt. Politisch unerfahrene demokratische Eliten überlegten, in welchen Institutionen sie eine Demokratie aufbauen konnten. Die bekannten Demokratieformen in Europa setzen politische Parteien voraus, die das Regierungsgeschäft und den Rollenwechsel zwischen Regierung und Opposition beherrschen. In Frankreich gab es solche Parteien zumindest für das Regieren nicht. War das Startkapital bei Gründung der V. Republik die persönliche Autorität des Generals de Gaulle gewesen, so hatten im Grunde genommen auch die osteuropäischen Gesellschaften am Ende der Diktatur nichts anderes als ein Aufgebot von Personen, die sich unter neuen Voraussetzungen auf Politik einlassen wollten.

Vorbildwirkung in Osteuropa

Das Modell der V. Republik paßt besser auf Regierungssysteme, die nicht von erfahrenen Parteien ausgehen können. Nun war in das Gründungsdokument der V. Republik auch ein deutlicher Anti-Parteien-Affekt eingebaut. Dieser sollte sich in der politischen Praxis später verlieren. Die Regierungspraxis aber wurde wieder stärker von – nun aber regierungserfahrenen Parteien – bestimmt. Der Anti-Parteien-Affekt spielte in den osteuropäischen Systemen, die sich für die Spielart des französischen Demokratiemodells entschieden, keine Rolle.

Die Konstruktion des Staatspräsidenten als letzte Autorität und Spielmacher im Regierungsbildungsprozeß war ein tragendes Element bei der Gründung der V. Republik. Die Regierung war dabei allemal für die Aufgabe des Routinegeschäfts beim Regieren prädestiniert. Blenden wir nun wieder zurück nach Osteuropa. Die Entscheidung für das semi-präsidentielle Regierungssystem bot auch dort die besseren Möglichkeiten für die personelle Konzentration politischer Führungsaufgaben. Die Alternative des parlamentarischen Regierungssystems hätte die Regierung von einer Parlamentsmehrheit oder von der Einigungsfähigkeit einer Parteienkoalition abhängig gemacht. Ein machtvoller Präsident nach dem Vorbild des französischen amtiert immerhin für eine vorgegebene Amtsperiode. Auch die Änderung der parlamentarischen Mehrheiten kann ihn nicht aus dem Amt werfen. Umgekehrt kann der Präsident im Rahmen seiner Verfassungsrechte das Parlament neu wählen lassen, wenn er sich mit ihm nicht mehr einigen kann. Betrachten wir vor diesem Hintergrund auch noch die mögliche Alternative eines präsidentiellen Systems US-amerikanischer Art. Diese Alternative wurde bezeichnenderweise gar nicht groß erörtert. Ihre Nachteile für den Inhaber des Regierungsamtes, also in diesem Falle ausschließlich den Präsidenten, liegen auf der Hand. Der amerikanische Präsident läßt sich zwar nicht leicht aus dem Amt stoßen, aber er bleibt auf Gedeih und Verderb mindestens für die Dauer der Legislaturperiode zur Kooperation mit dem Kongreß verurteilt. Der amerikanische Präsident ist als Regierungsführer eben keine starke Figur, sondern eine schwache.

Betrachten wir nun kurz, wie die Elemente des französischen Verfassungsmodells in Osteuropa übernommen wurden. Blicken wir zunächst auf Rußland. Der russische Präsident wird wie sein französischer Kollege direkt gewählt, aber lediglich für eine Amtszeit von vier Jahren. Er ernennt die Regierung, und diese bedarf des Vertrauens der Duma, des russischen Parlaments. Der Präsident hat das Recht, die Duma aufzulösen. Die Duma kann umgekehrt den Ministerpräsidenten per Mißtrauensvotum aus dem Amt entfernen. Wenn der Präsident nicht einverstanden ist, bleibt die Regierung im Amt. Dies ist die erste Abweichung vom französischen Modell. Bestätigt die Duma ihr Mißtrauensvotum noch dreimal, so läßt sich die Regierung zwar nicht länger halten, aber der Präsident kann dann mit dem Mittel der Parlamentsauflösung zurückschlagen. Unbeanstandet durch das russische Verfassungsgericht hat sich der russische Präsident nach Inkrafttreten der Verfassung (1993) das Recht angemaßt, die Chefs der sog. Machtministerien (Inneres, Verteidigung, Nachrichtendienst) selbst zu bestimmen. Diese Ämter sind damit der parlamentarischen Verantwortung entzogen (siehe auch Trautmann 1995). Ziehen wir ein Zwischenresümee: Die Verfassungsfigur des russischen Präsidenten ist deutlich von der Anschauung der V. Republik beeinflußt. Sie geht aber bereits so weit über das französische Vorbild hinaus, daß sie schon einen anderen Typus verkörpert. (Mommsen 1999, 2003). Inzwischen lässt sich feststellen, dass Russland unter Präsident Putin (seit 2000 im Amt) mit Einschränkungen der Pressefreiheit und mit manipulierten Wahlen unter die Schwelle der Noch-Demokratie auf den Status eines autoritären Systems herabgesunken ist, das nur mehr in den äußeren Formen noch der Regierungssystemanalyse zugänglich ist. Wie die Ukraine, Weißrussland und die übrigen Staaten der GUS fällt Russland aus dem Vergleich demokratischer Regierungssysteme heraus (Systemporträts bei Ismayr 2004).

Verlassen wir Osteuropa und nehmen wir das westliche Europa in Augenschein. Die V. Republik betrat so spät die historische Bühne, daß sie nur noch wenige Verfassungsgebungen westlich des vormaligen Eisernen Vorhangs beeinflussen konnte. Ein Beispiel für solchen Einfluß bot Portugal, ein anderes Griechenland. Beide Länder entschieden sich 1975 für semi-präsidentielle Systeme, beide verwarfen sie schon nach kurzer Zeit zugunsten eines parlamentarischen (Portugal 1982, Griechenland 1986). Betrachten wir dazu noch zwei weitere Systeme, die historisch nichts mit der französischen Verfassung zu tun haben, mit dieser aber grundlegende Ähnlichkeiten teilen (vgl. dazu und zum folgenden die betreffenden Länderbeiträge in Ismayr 2003).

Nach dem Ersten Weltkrieg hatten sich das abgelegene Finnland (1919) und das Deutsche Reich (1919) Verfassungen gegeben, die ausgesprochen starke Staatspräsidenten vorsahen. Wenn der direkt gewählte deutsche Reichspräsident zur Auffassung gelangte, auch die Auflösung des Reichstages werde keine regierungsfähige Mehrheit zustande bringen, dann konnte er als Ersatzgesetzgeber tätig werden, indem er Gesetze im Wege der Notverordnung in Kraft setzte. Eine so weit reichende Abdankung der Parlamentsbefugnisse stand in Frankreich nie zur Diskussion. In der Weimarer Republik wurde sie zur Grundlage für die Kaltstellung des Reichstages. Sie wurde mißbräuchlich angewandt, weil ein inkompetenter Amtsinhaber ohne demokratische Überzeugung – Hindenburg – die Konsequenzen nicht übersah. Blicken wir nach Finnland. Auch dort war das formelle Regierungssystem demjenigen Frankreichs 40 Jahre später nicht unähnlich. Die Präsidenten Mannerheim und Kekkonen, der erstere Staatschef zur Zeit des Zweiten Weltkrieges, der letztere in der Zeit des Kalten Krieges, genossen große Autorität. Ihre Möglichkeiten, Regierungen zu entlassen und auch einzusetzen, waren beachtlich. Doch zu keinem Zeitpunkt entgleiste das bis vor kurzem im wesentlichen unveränderte finnische Regierungssystem in Richtung auf eine autoritäre Herrschaft (Hartmann/Kempf 1989). Die Grundstrukturen des Regierungssystems blieben unbeschadet der förmlichen Verfassungslage das Parlament, die parlamentsgestützte Regierung und die Parteien. Selbst Finnland hat sich seit Anfang 2000 vom Semi-Präsidentialismus abgewandt, indem es den Präsidenten mit einer Verfassungsänderung auf rein repräsentative Aufgaben beschränkt hat. Dahinter stand die Absicht, die Verfassungslage derjenigen in den Mitgliedsländern der Europäischen Union – eben mit Ausnahme Frankreichs – anzupassen. Was läßt sich aus diesen Beispielen für das semi-präsidentielle Regierungssystem lernen? Nichts, außer daß jedes der wenigen Beispiele für sich betrachtet werden muß.

Versuchen wir trotzdem ein Resümee, so läßt sich feststellen, daß Frankreich und Finnland keine Verfassungsvorschriften bis an die äußersten Grenzen gedehnt haben. Sie haben ihre Verfassungen vielmehr in einer Art und Weise gehandhabt, die auf dem Humus historisch gewachsener Vorstellungen von den Grenzen des Erlaubten entstanden ist. Damit gelangt diese Betrachtung an ihr Ende. So, wie sich das Westminster-Modell nicht auf andere parlamentarische Demokratien übertragen läßt, so wenig hat sich das semi-präsidentielle System Frankreichs nach Rußland exportieren lassen. Zur Wirkungsgeschichte des französischen Regierungssystems läßt sich nicht mehr sagen, als daß sein Institutionengefüge vor dem Hintergrund der französischen Geschichte entstanden ist.

Was daraus wird, wenn es in seiner verfassungstextlichen Struktur anderswo Nachahmung findet, bestimmt sich nicht nach dem inneren Sinn eines konstitutionellen Rechtsgebildes, sondern nach den Erfahrungen und Erwartungen der Gesellschaft, die damit zurechtkommen soll.

5   Ergebnisse des Vergleichs

Der Ausgangspunkt dieses Regierungssystemvergleichs war die Typisierung der Regierungssysteme nach ihrer Gewaltenteilungsstruktur in Richtung Gewaltentrennung oder Gewaltenverschränkung. Zur Erinnerung: Das parlamentarische Regierungssystem beruht unabhängig von den Definitionsunterschieden in der Literatur auf der Abhängigkeit der Regierung und der Regierungspolitik von der Zustimmung einer Parlamentsmehrheit. Die Regierung bleibt im präsidentiellen Regierungssystem auch dann im Amt, wenn sie mit ihrer Politik im Parlament keine Mehrheit findet. Das parlamentarische Regierungssystem fußt auf der Einheit von Regierung und Parlamentsmehrheit, der sog. Regierungsmehrheit. Das präsidentielle Regierungssystem kennt keine Regierungsmehrheiten, weil die Regierung nicht vom Parlament abgelöst werden kann.

Typisierung der
Regierungssysteme

Diese unterschiedlichen Lösungen der Gewaltenteilungsproblematik treten exemplarisch am Phänomen der parlamentarischen Opposition zutage. Die Kombination von Regierungsmacht und Parlamentsmehrheit fördert im parlamentarischen Regierungssystem ein ausgeprägtes Konkurrenzverhalten seitens der parlamentarischen Minderheit. Die Opposition muß sich in der Öffentlichkeit als künftige Alternative zur Regierung profilieren, um die nächsten Wahlen mit der Aussicht auf Erfolg bestreiten zu können. Parlamentarische Opposition dieser Art ist ohne Parteien unmöglich. Anders formuliert: Das parlamentarische Regierungssystem setzt effiziente Parteien voraus. Die Möglichkeit des Parteienwechsels an der Regierung wirkt als machtbeschränkendes Moment für die Regierungsmehrheit.

Parlamentarisches
Regierungssystem

Das präsidentielle Regierungssystem kennt dieses Phänomen der politischen Opposition nicht. Das Gegengewicht zur Regierung bildet dort das Parlament insgesamt. Es könnte dort disziplinierte Parteien geben. Sie sind aber nicht notwendig, um die Regierungsmacht auszubalancieren. Das Parlament kann die präsidentielle Regierung zwar nicht ablösen, aber es kann Regierungsvorschläge durch Mehrheitsverweigerung zum Scheitern bringen. Der Präsident verkörpert die Regierung, ob er nun mit der Unterstützung des Parlaments agiert oder ohne sie.

Präsidentielles
Regierungssystem

Das semi-präsidentielle Regierungssystem, wie es oben am Beispiel Frankreichs erörtert wurde, liegt sehr nahe bei der Konstellation des parlamentarischen Regierungssystems. Der Präsident braucht verläßliche Mehrheiten für eine ihm ergebene Regierung, wenn er als politischer Führer auftreten will. Fehlt es daran, so bleibt ihm nichts anderes übrig, als sich auf die Rolle eines Staatsoberhauptes

Semi-präsidentielle
Regierungssysteme

zurückzuziehen, das wie im „rein" parlamentarischen Regierungssystem das effektive Regieren allein der parlamentarisch verantwortlichen Regierung überläßt. Nur wenn der Präsident von Regierung und Parlamentsmehrheit als Führungsfigur anerkannt wird, schrumpft die Bedeutung der Regierung auf ein Ausmaß, das aus dem parlamentarischen Regierungssystem in Reinkultur nicht geläufig ist. Das „efficient secret" auch des semi-präsidentiellen Regierungssystems ist die Regierungsmehrheit, d.h. die Verbindung von Regierung und Parlamentsmehrheit.

Beim Vergleich Großbritannien-USA-Frankreich sind ausschließlich solche Systeme berücksichtigt worden, die weder das im übrigen Kontinentaleuropa verbreitete Verhältniswahlsystem noch den Zwang zu Koalitionen noch das Phänomen des nicht durch Wahlen verursachten Regierungswechsels kennen. Insoweit hat dieses Buch in gewisser Weise „untypische" Regierungssysteme ins Auge gefaßt. Diese sind allerdings politikwissenschaftlich wie auch politisch höchst bedeutsam. Gewiß kompliziert der Zwang zu Koalitionsregierungen das Regierungsgeschäft im Vergleich mit den britischen und französischen Verhältnissen. Aber der Dualismus von Regierungsmehrheit einerseits und parlamentarischer Opposition andererseits tritt auch in allen übrigen parlamentarischen und semi-präsidentiellen Regierungssystemen deutlich zutage.

Das präsidentielle Regierungssystem findet neben den USA wenige Beispiele. Allein in Lateinamerika hat es nennenswert Fuß fassen können. Die vorhandenen Demokratien in West- und Osteuropa, in Nordamerika und in Ostasien entsprechen überwiegend dem Typus parlamentarischer oder semi-präsidentieller Regierungssysteme. Deshalb drängt sich die Frage auf, was die politikwissenschaftliche Auseinandersetzung mit dem präsidentiellen Regierungssystem der USA lehrt. Die USA bilden mit ihrem Regierungssystem eine Ausnahme, die kaum Anknüpfungspunkte für das Verständnis anderer präsidentieller Regierungssysteme bietet. Selbst die lateinamerikanischen Beispiele bringen in dieser Hinsicht nicht viel. Dort fehlt es einfach an mächtigen Parlamenten in der Art des amerikanischen Kongresses, der in hohem Maße die Eigenart der amerikanischen Politik bestimmt. Eine Lehre aus dem Studium des präsidentiellen Regierungssystems der USA kann darin bestehen, daß es unter den demokratischen Regierungssystemen einfach Unikate gibt, die als solche erkannt werden müssen.

Noch eine weitere Lehre läßt sich aus dem amerikanischen Beispiel gewinnen. Es ist durch eine historische Kontinuität charakterisiert, die den breiten gesellschaftlichen Konsens über das Regierungssystem ausdrückt. Das gleiche gilt übrigens auch für Großbritannien. Dessen Regierungssystem verzeichnet im Laufe der Jahrhunderte zwar gewaltige Veränderungen. Diese verteilten sich aber in kleinen Schritten über so lange Zeiträume, daß die politischen Institutionen in der Wahrnehmung der Gesellschaft nie ihre Identität einbüßten. Frankreich hingegen hat eine zwar eindrucksvolle kulturelle Identität, seine politischen Institutionen waren jedoch bis in die jüngere Vergangenheit notorisch umstritten. Wie die französische Nachkriegsgeschichte zeigt, war die Gesellschaft irgendwann nicht mehr bereit, ein mit zahlreichen Mängeln behaftetes Regierungssystem mit Parlamentsdominanz länger zu akzeptieren. In gut einer Generation hat die neugegründete V. Republik alle üblichen politisch-parlamentarischen Bewährungsproben überstanden, und Verfassung und Verfassungspraxis sind offensichtlich in den politischen Konsens der französischen Gesellschaft eingeflossen.

Bräuche und Institutionen, die auf eine so lange Geschichte zurückblicken könnten wie die britischen oder US-amerikanischen, kann es aus der Sache heraus in Frankreich nicht geben. So zeigt das französische Beispiel, daß selbst in einem überschaubaren Zeitraum wichtige Verfassungskonventionen heranreifen können, die von allen wichtigen Akteuren in der Politik anerkannt werden. In vielen europäischen Ländern liegen die Dinge ähnlich. Das gilt auch für die Bundesrepublik Deutschland, deren politische Praxis in den Anfängen stark vom Bemühen charakterisiert war, die Fehler der ersten deutschen Republik zu vermeiden. Das Regierungssystem der V. französischen Republik ist in ähnlicher Weise darauf angelegt, sich vom Negativbild der III. und der IV. Vorgängerrepubliken abzugrenzen.

Mustern wir nun kurz die Kriterien der Regierungssystemunterscheidung durch, die zu Beginn dieses Buches vorgestellt worden sind:

1. Das wichtigste Prüfmoment bei der Betrachtung der Regierungssysteme ist die Frage nach dem parlamentarischen Vertrauensbedürfnis bzw. der parlamentarischen Mehrheitsabhängigkeit der Regierung. Wo dieses besteht, ob nun in der Gestalt eines rein parlamentarischen oder in der modifizierten Form eines semi-präsidentiellen Regierungssystems, dort sind grundsätzlich andere Strukturen anzutreffen als im präsidentiellen Regierungssystem, in dem die Regierung gemeinhin keine Ablösung vor Ablauf der parlamentarischen Legislaturperiode zu gewärtigen hat. Wie oben noch einmal referiert, ist der wichtigste Punkt die Entscheidung für die Gewaltenverschränkung oder für die Gewaltentrennung mit allen ihren Folgen für die Rolle der politischen Parteien. Diese sind im parlamentarischen Regierungssystem schlechthin unverzichtbar, im präsidentiellen spielen sie hingegen keine wichtige Rolle. *(Parlamentarisches Vertrauensbedürfnis bzw. parlamentarische Mehrheitsabhängigkeit der Regierung)*

2. Die Art des Regierungssystems ist ein starkes Indiz für den Stellenwert des Staatsoberhauptes als politischer Führer. Präsidentielle Regierungssysteme können sich für einen volksgewählten Präsidenten oder für ein gewähltes Direktorium entscheiden. Es bleibt dabei, daß die Regierung die Repräsentationsaufgaben mit den Funktionen einer – unvermeidlich kontroversen – politischen Führungsrolle verbindet. Die letzteren bestimmen ihr Erscheinungsbild im Regierungssystem. Das parlamentarische Regierungssystem erlaubt demgegenüber die klare Trennung von kontroverser Regierungsführung und unkontroverser Staatsrepräsentanz. Im semi-präsidentiellen Regierungssystem ist die Trennschärfe der doppelten Exekutive geringer, weil der Präsident bei entsprechenden parlamentarischen Mehrheiten in die Rolle eines politischen Richtliniengebers gelangt. *(Stellenwert des Staatsoberhauptes)*

3. Die Frage der Kompatibilität oder Inkompatibilität, d.h. der Vereinbarkeit von Amt und Mandat, hat sich bei diesem Vergleich als unwichtig erwiesen. In Frankreich, das 1958 die Inkompatibilität eingeführt hat, haben wir es mit der gleichen Grundkonstellation zwischen Parlament und Regierung zu tun wie in Großbritannien, das die Vereinbarkeit von Amt und Mandat erlaubt. Die Kompatibilität ist im präsidentiellen Regierungssystem systemlogisch *(Vereinbarkeit von Amt und Mandat)*

ausgeschlossen. Die rechtswissenschaftliche Betrachtung mißt diesem Punkt durchweg größere Bedeutung zu als der Regierungssystemvergleich.

Verfassungs-gerichtsbarkeit

4. Fragen der Gerichtsbarkeit und Verfassungsgerichtsbarkeit berühren die Eigenart des Regierungssystemtypus nicht. Das semi-präsidentielle System Frankreichs, im Kern ein parlamentarisches, kennt eine inzwischen hochaktive Verfassungsgerichtsbarkeit, ebenso wie das präsidentielle System der USA. Das britische Regierungssystem toleriert kein Verfassungsgericht. Diese Unterschiede haben nichts mit dem parlamentarischen oder dem präsidentiellen Regierungssystem zu tun. Die Rechtstradition bzw. die Rechtsentwicklung leisten hier die Erklärung. Die Unabhängigkeit der Gerichte gehört zum Kernbestand der Gewaltenteilungsidee, die alle Demokratien charakterisiert.

Bundes- oder einheitsstaatliche Struktur des Regierungssystems

5. Die Besonderheiten des parlamentarischen oder präsidentiellen Regierungssystems berühren auch die bundes- oder einheitsstaatliche Struktur des Regierungssystems nicht. Es gibt parlamentarische Bundesstaaten wie die Bundesrepublik Deutschland, Kanada oder Australien, und es gibt in vielen Teilen der Welt präsidentiell verfaßte Einheitsstaaten. Auch dieser Unterschied erklärt sich aus der Tradition und aus Zweckmäßigkeitsüberlegungen. Der von jeher als musterhaft geltende französische Einheitsstaat ist durch eine Regionalreform aufgelockert worden. Auch Großbritannien beschreitet diesen Weg.

Parteien- und Verbändestrukturen

6. Die Parteien- und Verbändestrukturen sind stark von der Regierungssystemstruktur bestimmt (dieser Punkt wurde bereits unter 1. aufgenommen). In den USA mit ihrem Dualismus von Präsident und Kongreß suchen die organisierten Interessen einmal den Weg über die Regierungsbehörden, ein anderes Mal über den Kongreß mit seinen zahlreichen Fachausschüssen. Der Kongreß ist häufig die günstigere Adresse. Im parlamentarischen Regierungssystem sind die Verbände mit dem Gleichtakt von Regierung und Parlamentsmehrheit konfrontiert. Letztere unterstützt die Regierung und hält sie im Amt. Schon deshalb sind die Verbände gut beraten, bei den Ministerien anzusetzen, wo komplizierte Gesetzeswerke vorbereitet werden.

Mit Blick auf die im ersten Kapitel formulierten Leitfragen soll nun ein Fazit des Regierungssystemvergleichs gezogen werden:

a) Welche politischen Institutionen verkörpern die wichtigsten bzw. die führenden politischen Willensbildungsinstitutionen und Entscheidungsorgane? Konzentriert sich die politische Entscheidungsgewalt beim Parlament oder bei der Regierung oder ist sie auf beide verteilt? Wieweit wirken die Parteien unmittelbar an Regierung und Gesetzgebung mit?

Politisches Führungszentrum

In Großbritannien läßt sich leicht ein politisches Führungszentrum erkennen. Im Kabinett und in der Person des Premierministers überschneiden sich die Spitzen der Regierungspartei, der Mehrheitsfraktion des Unterhauses und der Ministerialverwaltung. Die in der Verfassungstheorie fixierte förmliche Abhängigkeit des Premierministers und des Kabinetts vom Vertrauen der Unterhausmehrheit bedeutet tatsächlich die Abhängigkeit beider vom Vertrauen der Wähler. Zur Herausbildung eines politischen Führungszentrums ist es im Regierungssystem der USA nie gekommen. Zwar ist die Macht des Präsidenten kontinuierlich gewachsen. Es kann aber keine Rede davon sein, daß der Präsident alle wichtigen Entscheidungen im Regierungssystem kontrollierte. Dem Präsidenten steht im Kongreß ein Gegenspieler gegenüber, der effektive Gegenmacht besitzt. Die Schlüsselstellung des Kongresses unterscheidet das amerikanische Regierungssystem grundlegend von den Verhältnissen in Großbritannien. Die Parteien haben im amerikanischen Regierungssystem keine große Bedeutung. Auch das Oberste Bundesgericht der USA ist ein bedeutender Faktor des Regierungssystems. Entscheidet es eine umstrittene politische Frage als Rechtsfrage, so greift es faktisch in den Regierungsprozeß ein. Es verwirft oder bestätigt kontroverse Gesetze und Regierungshandlungen.

Demgegenüber hat Frankreich wieder ein Regierungssystem mit überschaubaren, klar bestimmten Führungsrollen. Je nach den Mehrheitsverhältnissen in der Nationalversammlung fällt die politische Führung der Regierung zu oder dem Staatspräsidenten. Im Unterschied zum britischen Regierungssystem können sich die politischen Führungsrollen in Frankreich zwischen den beiden Polen der doppelten Exekutive verschieben. Der Grund ist die semi-präsidentielle Konstruktion des Regierungssystems. Diese eröffnet dem Präsidenten Eingriffsmöglichkeiten in den politischen Prozeß, die im reinen parlamentarischen System nicht vorkommen. Das gilt insbesondere für die Möglichkeit des Präsidenten, nach Ermessen das Parlament aufzulösen. Nur dann, wenn der Präsident mit der Regierungsmehrheit übereinstimmt, d.h. wenn er von den Rollenträgern der parlamentarischen Strukturen als politischer Führer anerkannt wird, schlägt das Pendel zugunsten einer machtvollen Führungsrolle des Präsidenten aus. Stehen aber der Präsident im einen und Regierung und Parlamentsmehrheit im anderen politischen Lager, so schrumpft die politische Statur des Präsidenten auf die eines repräsentativen Staatsoberhauptes. Die Bedeutung der Parteien ist nicht geringer als im britischen Parlamentarismus oder in anderen parlamentarischen Regierungssystemen.

b) Welcher Koordinierungsaufwand zwischen den politischen Institutionen und welche Kompromißzwänge sind in ein Regierungssystem eingebaut? Kann die Regierung ihren Willen im Parlament durchsetzen oder müssen sich beide, Parlament und Regierung, miteinander arrangieren?

Im Verhältnis von Kabinett, Unterhaus und Parteien ergibt sich in Großbritannien ein scheinbar gering anmutender Koordinierungsbedarf. Das Kabinett unter der Leitung des Premierministers plant, überwacht und leitet die Gesetzgebungsplanung des Unterhauses unmittelbar. Dieser regierungslastige Koordinierungsaufwand darf jedoch nicht als fehlender Kompromißzwang mißverstanden werden. Die Vernachlässigung wichtiger Meinungsgruppen im Regierungslager wird im Extremfall mit dem Rücktritt prominenter Kabinettsmitglieder oder mit offen vorgetragener innerparteilicher Kritik am Kurs des Kabinetts quittiert. Die mangelnde Berücksichtigung der Verbände bei der Gesetzesvorbereitung in den Ministerien würde dazu führen, daß den federführenden Ministerien wichtige Infor-

Koordinierungsbedarf

mationen entgehen und daß Kabinettsbeschlüsse zustande kommen, die den beabsichtigten Effekt verfehlen. Ein verborgener, aber um nichts weniger kräftiger Kompromißzwang spielt im britischen Regierungssystem eine wichtige Rolle.

Das amerikanische Regierungssystem zeichnet sich demgegenüber durch einen weithin sichtbaren Koordinierungsaufwand und durch offen wahrnehmbare Kompromißzwänge aus. Der Präsident sowie die Senatoren und die Abgeordneten des Kongresses sind in erster Linie ihrer Wählerschaft verpflichtet. Alles andere tritt dahinter zurück. Wenn sich Präsident und Kongreß nicht einigen, kommt keine Entscheidung zustande. Weil jedoch etliche Entscheidungen keinen Aufschub dulden, sind beide letztlich darauf angewiesen, sich zu einigen, wobei die eine Seite dann größere Abstriche von ihren Erwartungen machen muß als die andere.

Der Kongreß, der in Sachentscheidungen so gut wie keine Fraktionsdisziplin kennt, muß von der Richtigkeit politischer Vorstellungen des Präsidenten erst überzeugt werden. Die Mehrheitsbeschaffung im Kongreß bleibt nicht der Zufälligkeit persönlicher Sympathien und flüchtiger Einschätzungen überlassen. Sie vollzieht sich in organisierten Formen. Der Kongreß besitzt reale Entscheidungsautonomie und scheut keineswegs davor zurück, sich auf heftige und langwierige Konflikte mit dem Präsidenten einzulassen. Die Parteien sind als Klammer zwischen Präsident und Kongreß zu vernachlässigen.

Der Kongreß ist aufgrund seiner fragmentierten Struktur (Ausschüsse, Unterausschüsse, parteiübergreifende Abstimmungsallianzen) außerstande, eine koordinierende Rolle im Regierungsprozeß zu übernehmen. Diese fällt notgedrungen dem Präsidenten zu. Doch auch die Möglichkeiten des Präsidenten sind auf Verständigung und Überzeugungsarbeit beschränkt. Verhandlungen zwischen dem Präsidenten und den Kongreßführern sowie persönliche Abmachungen und Kompensationsgeschäfte mit Abgeordneten und Abgeordnetengruppen bestimmen die Abläufe im Regierungssystem der USA.

Frankreich liegt sehr dicht bei den britischen Verhältnissen. Das Zentrum des Regierungssystems sind die Regierung und ggf. der Staatspräsident. Die Mehrheit ist ähnlich wie in Großbritannien darauf disponiert, die Regierung zu unterstützen. Faktisch hat die Regierung – wie stets im französischen Regierungssystem ggf. zusammen mit dem Staatspräsidenten – den Regierungsprozeß fest im Griff. Kompromißzwänge gehen hauptsächlich von der Notwendigkeit aus, widerstrebende oder abweichende Flügel der Regierungsmehrheit in den eigenen Reihen zu halten.

Regieren in Frankreich, Großbritannien und in den USA

Das Regieren in Frankreich und Großbritannien erscheint einfacher als in den USA. Tatsächlich ist es aber bei genauem Hinsehen nicht weniger aufwendig und anspruchsvoll. Es konzentriert die Regierungsaufgaben nur stärker bei einer Institution. Die Parlamentsmehrheit, die Regierung und der Premierminister stützen sich auf denselben Wählerauftrag. In Frankreich kommt, falls der Staatspräsident im Lager der Regierungsmehrheit steht, noch das mächtige Mandat der Präsidentschaftswahl hinzu. Die semi-präsidentiellen Strukturen des französischen Regierungssystems machen die Dinge schon um einiges komplizierter als im parlamentarischen System Großbritanniens. Die Regierungsmehrheit muß stets mit der Möglichkeit rechnen, daß der Präsident in einer opportun erscheinenden Situation das Parlament auflöst, weil er sich davon eine gefügigere Regie-

rung verspricht. Das Amt und die Verfassungspraxis der französischen Präsidentschaft sind darauf angelegt, daß der Präsident die sich bietenden Möglichkeiten
ausschöpft, um dem Premierminister die politische Richtliniengebung zu entwin-
den. Im amerikanischen Regierungssystem gibt es keine Wählermehrheit, die für
Präsident und Kongreß gleichermaßen relevant wäre. Senat und Repräsentantenhaus arbeiten nicht im politischen Gleichtakt. In der zweiten Hälfte des 20. Jahrhunderts war das „divided government" mit dem Präsidenten der einen und Kongreßmehrheiten der anderen Partei die Regel.

c) Birgt das Regierungssystem die Gefahr, die legitime Vertretung bestimmter
gesellschaftlicher Interessen zu vernachlässigen oder bestimmte politische
Richtungen zu benachteiligen? Haben entsprechende Leistungsmängel er-
kennbare Folgen für das Regierungssystem?

Das britische Regierungssystem kann ohne Gefährdung seiner Handlungsfähig-   Gefährdung der
Handlungsfähigkeit
keit bestimmte Interessen, die Einfluß auf Regierungsentscheidungen suchen,
vernachlässigen. Das gleiche gilt für das französische Regierungssystem. Der
Grund liegt darin, daß in beiden – ihrer Grundstruktur nach ähnlichen – Systemen
die Regierung den eigentlichen Impulsgeber der parlamentarischen Politik dar-
stellt. Die Parlamente beschäftigen sich hauptsächlich mit Anstößen, Vorlagen
und Initiativen der Regierung, die dabei auf den Apparat der Ministerialverwaltung zurückgreift. Diese ist deshalb bevorzugter Adressat der Verbände und der
Lobbyisten. In beiden Ländern beherrscht die Regierung die vom Parlament zu
sanktionierende Politik in noch weit größerem Ausmaß, als dies aus den europäischen Nachbarländern bekannt ist. Die britischen Constitutional conventions und
die französische Verfassung mit ihren zahlreichen Regularien für die Parlamentsarbeit sind beide darauf angelegt, daß die Regierung im parlamentarischen
Beschließungsverfahren ihren Willen durchsetzen kann.

Die Schlüsselstellung des Kongresses im amerikanischen Regierungssystem
eröffnet Lobbyisten und Verbänden ein weites Feld von Zugangsmöglichkeiten
zu politischem Einfluß. Gewiß spielt auch die amerikanische Regierung im Gesetzgebungsprozeß eine gewichtige Rolle. Aber wo der Weg über das Weiße
Haus und die Bundesbehörden keinen Erfolg verspricht, bleibt immer noch der
Zugang zum Kongreß, zu dem wieder die Regierungsbehörden mit ihrer Mittel-
und Personalausstattung in Abhängigkeit stehen. Durch intensives und geschicktes Lobbying können auch kleinere Interessengruppen erreichen, daß die Kongreßmitglieder ihre Anliegen aufgreifen. Diese Offenheit ist die Kehrseite der
sonst hochkomplizierten, schwerfälligen und auf breiten Konsens angelegten Ent-
scheidungsprozesse im Kongreß.

Die Chancen neuer und kleiner Parteien, im Regierungssystem Einfluß zu   Neue und kleine
Parteien
gewinnen, sind in allen drei Regierungssystemen gering. Kleinere Parteien kön-
nen hin und wieder die Themen der öffentlichen Diskussion bestimmen, kaum
jedoch Wahlerfolge erzielen. Die krasse Wahlsystembegünstigung der etablierten
Großparteien ist in allen drei Parteiensystemen nicht zu übersehen. Sie ist durch
das Mehrheitswahlsystem bedingt.

Die organisatorisch schwachen und weltanschaulich kaum profilierten großen amerikanischen Parteien beherbergen ein sehr lebendiges Spektrum ver-

schiedener Richtungen und Gruppierungen, die vor allem bei der Nominierung der Präsidentschaftskandidaten um Einfluß ringen. Erweisen sich die beiden großen Parteien einmal unfähig, eine populäre Stimmung zu integrieren, so kann es zur Gründung dritter Parteien oder zur ernstzunehmenden Herausforderung unabhängiger Präsidentschaftskandidaten kommen. Diese überstehen selten einen Präsidentschaftswahlkampf, zeigen aber doch eine Gefahr für das eingefahrene Zweiparteiensystem an. Deshalb sind die beiden großen Parteien stets bemüht, das verlorene Wählerreservoir durch entsprechende Kurskorrekturen zurückzugewinnen. Sie waren damit bislang erfolgreich.

Literatur

Aberbach, Joel D. 1990: Keeping A Watchful Eye: The Politics of Congressional Oversight, Washington, D.C.

Aberbach, Joel D., Putnam, Robert D., und Rockman, Bert A. 1981: Bureaucrats and Politicians in Western Democracies, Cambridge und London

Abramson, Paul R. 1995: Third-Party and Independent Candidates in American Politics: Wallace, Anderson, Perot, in: Political Science Quarterly, 110. Jg., S. 349-368

Abromeit, Heidrun 1993: Interessenvermittlung zwischen Konkurrenz und Konkordanz. Studienbuch zur vergleichenden Lehre politischer Systeme, Opladen

Abromeit, Heidrun 1992: Der verkappte Bundesstaat, Opladen

Adams, Willi Paul 1973: Republikanische Verfassung und bürgerliche Freiheit, Darmstadt

Adams, Willi Paul, Czempiel, Ernst-Otto, Ostendorf, Berndt, Shell, Kurt L., Spahn, P. Bernd, und Zöller, Michael 1992: Länderbericht USA, Bd. 1: Geschichte-Politische Kultur – Politisches System – Wirtschaft, erg. und akt. Aufl., Bonn

Adams, Willi Paul, und Lösche, Peter (Hrsg.) 1998: Länderbericht USA. Geschichte – Politik – Geographie – Gesellschaft – Kultur, 3. akt. u. neu bearb. Aufl., Bonn

Alderman, R.K., und Carter, Neil 1991: A Very Tory Coup: The Ousting of Mrs. Thatcher, in: Parliamentary Affairs, 44. Jg., S. 125-139

Aldrich, John H. 1995: Why Parties? The Origin and Transformation of Party Politics in America, Chicago

Almond, Gabriel A., und Powell, John Bingham 1966: Comparative Politics: A Developmental Approach, Boston

American Political Science Association 1950: Toward a More Responsible Party System, in: American Political Science Review, 44. Jg., Supplement

Appleton, Andrew 1995: Parties under Pressure: Challenges to Established French Parties, in: West European Politics, 18. Jg., S. 52-77

Ardant, Philippe 1991: Le premier ministre en France, Paris

Ardant, Philippe (Hrsg.) 1997: L'ENA, Pouvoirs, Nr. 80, Paris

Ardant, Philippe (Hrsg.) 1999: La cohabitation, Pouvoirs, Nr. 91, Paris.

Avril, Pierre, und Gicquel, Jean 1991: Droit constitutionelle, 3. Aufl., Paris

Bagehot, Walter 1969: The English Constitution, mit einer Einf. von R.H.S. Crossman, London

Bagehot, Walter 1971: Die englische Verfassung, hrsg. von Klaus Streifthau, Neuwied und Berlin

Baggott, Bob 1995: From Confrontation to Consultation: Pressure Group Relations from Thatcher to Major, in: Parliamentary Affairs, 48. Jg., S. 484-502

Bahro, Horst, und Veser, Ernst 1996: Das semi-präsidentielle System: Bastard oder Regierungssystem sui generis?, in: Zeitschrift für Parlamentsfragen, 27. Jg., S. 471-485

Barberis, Peter (Hrsg.) 1996: The Whitehall Reader: The United Kingdom's Administrative Machinery in Action, Buckingham

Baston, Lewis, und Seldon, Anthony 1998: Das Ende des konservativen Jahrhunderts, in: Hans Kastendiek, Karl Rohe und Angelika Volle (Hrsg.), Länderbericht Großbritannien. Geschichte – Politik – Wirtschaft – Gesellschaft, akt. u. erw. Aufl. Bonn, S. 257-274

Baum, Lawrence 2000: The Supreme Court, 7. Aufl., Washington, D.C.

Beard, Charles A. 1974 (Erstaufl. 1913): Eine ökonomische Interpretation der amerikanischen Verfassung, Frankfurt/M.

Beattie, Alan, Dunleavy, Patrick, und Rhodes, Rod (Hrsg.) 1994: Prime Minister, Cabinet and Core Executive, Basingstoke

Beck, P.A., und Hershey, Marjorie Randon 2001: Party Politics in America, 9. Aufl., New York

Becker, Bernd 2002: Politik in Großbritannien, Paderborn

Bennett, W.L. 1992: The Governing Crisis: Media, Money, and Marketing in American Elections, New York

Berg-Schlosser, Dirk, und Müller-Rommel, Ferdinand (Hrsg.) 1997: Vergleichende Politikwissenschaft, 3. Aufl., Opladen

Beyme, Klaus von 1999: Die parlamentarische Demokratie. Entstehung und Funktionsweise 1789-1999, 3. Aufl., Opladen und Wiesbaden

Beyme, Klaus von 1984: Parteien in westlichen Demokratien, 2. Aufl., München

Beyme, Klaus von 1986: Vorbild USA? Der Einfluß der amerikanischen Demokratie in der Welt, München

Beyme, Klaus von 1988: Der Vergleich in der Politikwissenschaft, München

Beyme, Klaus von 1994: Systemwechsel in Osteuropa, München

Birnbaum, Pierre 1980: Les sommets de L'Etat, 2. Aufl., Paris

Bock, Hans Manfred 1999: Republikanischer Elitismus und technokratische Herrschaft, in: Marie Luise Christadler und Hendrik Uterwedde (Hrsg.), Länderbericht Frankreich, Opladen, S. 383-403

Bode, Ingeborg 1962: Ursprung und Begriff der parlamentarischen Opposition, Stuttgart

Bode, Ingo 1997: Französische Verhältnisse: Interessenvermittlung in Frankreich. Signale für Deutschland, in: Zeitschrift für Politikwissenschaft, 7. Jg., S. 3-20

Bond, Jon R., und Fleisher, Richard 2000: Polarized Politics: The President and Congress in a Partisan Era, Washington, D.C.

Borchert, Jens (Hrsg.) 1999: Politik als Beruf. Die politische Klasse in westlichen Demokratien, Opladen

Borchert, Jens, und Copeland, Gary 1999: USA: Eine Klasse von Entrepreneuren, in: Jens Borchert (Hrsg.), Politik als Beruf. Die politische Klasse in westlichen Demokratien, Opladen, S. 456-481

Borella, Francois 1990: Les partis politiques dans la France d'aujourd'hui, 5. Aufl., Paris

Bourdieu, Pierre 1989: La noblesse de l'État. Grandes écoles et ésprit de corps, Paris.

Brinkmann, Heinz-Ulrich 1983: Interessengruppeneinflüsse auf den amerikanischen Kongreß, in: Politische Vierteljahresschrift, 25. Jg., S. 255-274

Brinkmann, Heinz-Ulrich 1984: Public Interest Groups im politischen System der USA, Opladen

Camby, Jean-Pierre, und Servant, Pierre 1992: Le travail parlementaire sous la Vème République, Paris

Campbell, Wilson und Wilson, Graham K. 1995: The End of Whitehall: Death of a Paradigm?, Oxford

Charlot, Jean 1994: La politique en France, Paris

Christadler, Marie Luise, und Uterwedde, Hendrik (Hrsg.) 1999: Länderbericht Frankreich. Geschichte – Politik – Wirtschaft – Gesellschaft, Bonn

Chubb, John E., und Peterson, Paul E. (Hrsg.) 1989: Can the Government Govern?, Washington, D.C.

Cole, Alistair 1993: The Presidential Party and the Fifth Republic, in: West European Politics, 16. Jg., S. 49-66

Constant, Benjamin 1970: Werke in vier Bänden, hrsg. von A. Blaeschke und Lothar Gall, Berlin

Cotter, Cornelius P., Gibson, James L., Bibby, John F., und Huckshorn, Robert J. 1989: Party Organization in American Politics, Pittsburgh

Cox, Gary W., und Kernell, Samuel (Hrsg.) 1994: The Politics of Divided Government, Cambridge

214

Crossman, R.H.S. 1969: Introduction, in: Walter Bagehot, The English Constitution, London

Davidson, Roger H. 1988: Congress and the Presidency: Invitation to Struggle, Newbury Park

Davidson, Roger H. 1994: The Post-Reform Congress, New York

Davidson, Roger H., und Oleszek, Walter J. 2000: Congress and Its Members, Washington, D.C.

Dicey, A.V. 2002 (Erstersch. 1885): Einführung in das Studium des Verfassungsrechts (engl. Introduction to the Study of Constitutional Law), Baden-Baden

Dippel, Horst 1985: Die amerikanische Revolution, Frankfurt/M.

Dippel, Horst 1986: Die politischen Ideen der Französischen Revolution, in: Iring Fetscher und Herfried Münkler, (Hrsg.), Pipers Handbuch der politischen Ideen. Bd. 4: Neuzeit: Von der Französischen Revolution bis zum europäischen Nationalismus, München, S. 21-69

Doeker, Günter, und Wirth, Malcolm 1982: Das politische System Großbritanniens, Berlin

Döring, Herbert (Hrsg.) 1995: Parliaments and Majority Rule in Western Europe, Frankfurt/M. und New York

Döring, Herbert 1993 a: Großbritannien. Regierung, Gesellschaft und politische Kultur, Opladen

Döring, Herbert 1993 b: Das klassische Modell in Großbritannien. Ein Sonderfall, in: Walter Euchner (Hrsg.), Politische Opposition in Deutschland und im internationalen Vergleich, Göttingen, S. 21-38

Döring, Herbert, und Grosser, Dieter (Hrsg.) 1987: Großbritannien: Ein Regierungssystem in der Belastungsprobe, Opladen

Dowding, Kenneth 1995: The Civil Service, London

Duverger, Maurice 1980: A New Political System Model: Semi-Presidential Government, in: European Journal of Political Research, 8. Jg., S. 165-187

Duverger, Maurice 1985: Le système politique en France, Paris

Duverger, Maurice 1986: Le régimes sémi-présidentiels, Paris

Easton, David 1965: A Systems Analysis of Political Life, New York

Edwards, G.C. 1989: At the Margins: Presidential Leadership of Congress, New Haven und London

Ehrmann, Henry 1977: Das politische System Frankreichs, 2. Aufl., München

Ehrmann, Henry W. 1981: Die Entwicklung der Verfassungsgerichtsbarkeit im Frankreich der V. Republik, in: Der Staat, 20. Jg., S. 380-390

Ehrmann, Henry, und Schain, Martin A. 1992: Politics in France, 5. Aufl., New York

Eilfort, Michael 1997: Der Monarch ist tot, der Adel erschüttert. Parlamentarismus im Frankreich des „Bürgerpräsidenten" Chirac, in: Zeitschrift für Parlamentsfragen, 28. Jg., S. 60-87

Elgie, Robert, und Machin, Howard: France 1991. The Limits to Prime Ministership Government in a Semi-Presidential System, in: West European Politics, 14. Jg., S. 62-78

Elvert, Jürgen 1999: Das politische System Irlands, in Wolfgang Ismayr (Hrsg.), Die politischen Systeme Westeuropas, Opladen, 2. Aufl., S. 255-288

Euchner, Walter (Hrsg.) 1993: Politische Opposition in Deutschland und im internationalen Vergleich, Göttingen

Falke, Andreas 1992: Das Präsidentenamt und die Struktur der Exekutive, in: Willi Paul Adams und andere (Hrsg.), Länderbericht USA. Bd. 1, akt. u erg. Aufl., Bonn, S. 397-412

Falke, Andreas 1998: Föderalismus und Kommunalpolitik, in: Willi Paul Adams und Peter Lösche (Hrsg.), Länderbericht USA, 3. akt. u neu bearb. Aufl., Bonn, S. 263-277

Farnham, David 1996: New Labour, the New Unions and the New Labour Market, in: Parliamentary Affairs, 49. Jg., S. 584-598

Fetscher, Iring 1968: Großbritannien. Gesellschaft, Staat, Ideologie, Frankfurt/M.

Fetscher, Iring 1975: Rousseaus politische Philosophie. Zur Geschichte des demokratischen Freiheitsbegriffs, Frankfurt/M.

Fiorina, Morris P. 1989: Congress – Keystone of the Washington Establishment, 2. Aufl., New Haven und London

215

Fiorina, Morris P., und Rohde, David W. (Hrsg.) 1994: Home Style and Washington Work, New York

Foley, Michael 1993: The Rise of the British Presidency, Manchester und New York

Fraenkel, Ernst 1964: Parlamentarisches Regierungssystem, in: Ernst Fraenkel und Karl-Dietrich Bracher (Hrsg.), Staat und Politik, Das Fischer-Lexikon, Bd. 2, Frankfurt/M., S. 240

Fraenkel, Ernst 1976 a: Deutschland und die westlichen Demokratien, 3. Aufl., Stuttgart

Fraenkel, Ernst 1976 b: Das amerikanische Regierungssystem, 3. Aufl., Opladen

Frears, John 1990: The French Parliament: Loyal Workhorse, Poor Watchdog, in: West European Politics, 13. Jg., S. 32-51

Furtak, Robert K. 1996: Staatspräsident – Regierung – Parlament in Frankreich und Rußland, in: Zeitschrift für Politikwissenschaft, 6. Jg., S. 945-968

Gaffney, John 1991: The Political Think-Tanks in the United Kingdom and the Ministerial Cabinets in France, in: West European Politics, 14. Jg., S. 1-17

Gall, Lothar 1963: Benjamin Constant: Seine politische Ideenwelt und der deutsche Vormärz, Wiesbaden

Garrett, John 1992: Westminster: Does Parliament Work?, London

Greenstein, Fred I. 2001: The Presidential Difference: Leadership Style from FDR to Clinton, Princeton und Oxford

Grosser, Alfred, und Goguel, Francois 1980: Politik in Frankreich, Paderborn

Gerstenberger, Heide 1973: Zur politischen Ökonomie der bürgerlichen Gesellschaft. Die historischen Bedingungen ihrer Konstitution in den USA, Frankfurt/M.

Haensch, Günter, und Tümmers, Hans J. 1991: Frankreich. Politik, Gesellschaft, Wirtschaft, München

Hamilton, John, Madison, James, und Jay, John 1995 (Erstaufl. 1788): Die Federalist-Artikel, übers. von Angela und Willi Paul Adams, Paderborn

Hammond, Susan Webb 1991: Congressional Caucuses and Party Leaders in the House of Representatives, in: Political Science Quarterly, 106. Jg., S. 277-294

Händel, Heinrich 1982: Großbritannien, 2 Bde., München

Harrison, Martin 1995: De Gaulle to Mitterand: Presidential Power in France, New York

Hartmann, Jürgen 1995: Vergleichende Politikwissenschaft. Ein Lehrbuch, Frankfurt/M. und New York

Hartmann, Jürgen 1985: Verbände in der westlichen Industriegesellschaft, Frankfurt/M. und New York

Hartmann, Jürgen 1991: Europa im Vergleich. Die politischen Systeme in den westeuropäischen Demokratien, Berlin

Hartmann, Jürgen, und Kempf, Udo 1989: Staatsoberhäupter in westlichen Demokratien. Strukturen, Funktionen und Probleme des „höchsten Amtes", Opladen

Hartmann, Peter Claus 1985: Französische Verfassungsgeschichte der Neuzeit (1450-1980), Darmstadt

Hartmann, Jürgen, Meyer, Bernd, und Oldopp, Birgit 2002: Geschichte der politischen Ideen, Wiesbaden

Hayward, Jack (Hrsg.) 1993: De Gaulle to Mitterand. Presidential Power in France, New York

Heclo, Hugh 1977: A Government of Strangers: Executive Politics in Washington, Washington, D.C.

Heclo, Hugh, und Wildavsky, Aaron 1974: The Private Government of Public Money: Community and Policy Inside British Politics, Berkeley und Los Angeles

Heideking, Jürgen 1992: Revolution, Verfassung und Nationalstaatsgründung, 1763-1775, in: Willi Paul Adams und andere (Hrsg.), Länderbericht USA, Bd. 1, akt. u. erg. Aufl., Frankfurt/New York, S. 64-86

Helms, Ludger 1997 a: Parteien und Fraktionen. Ein internationaler Vergleich, Opladen

Helms, Ludger 1997 b: Parteiorganisationen und parlamentarische Parteien in der amerikanischen Präsidialdemokratie, in: Ludger Helms (Hrsg.), Parteien und Fraktionen. Ein internationaler Vergleich, Opladen, S. 307-329

Helms, Ludger 1997 c: Das Parteiensystem Großbritanniens nach dem Ende der konservativen Hegemonie, in: Zeitschrift für Politikwissenschaft, 7. Jg. (1997), S. 1337-1360

216

Helms, Ludger 1997 d: Wettbewerb und Kooperation. Zum Verhältnis von Regierungsmehr-heit und Opposition im parlamentarischen Gesetzgebungsverfahren in der Bundesrepu-blik Deutschland, Großbritannien und Österreich, Opladen

Helms; Ludger 1999: Präsident und Kongress in der legislativen Arena. Wandlungstendenzen amerikanischer Gewaltenteilung am Ende des 20. Jahrhunderts, in: Zeitschrift für Parla-mentsfragen, 30. Jg., S. 841-864

Helms, Ludger 2002: Politische Opposition, Opladen

Hennessy, Peter 1998: The Blair Style of Government: A Historical Perspective and an Inte-rim Audit, in: Government and Opposition, 33. Jg., S. 3-20

Hereth, Michael 1992: Zur Kontrolle der öffentlichen Finanzen in Großbritannien, Frankreich und Deutschland, in: Jürgen Hartmann und Uwe Thaysen (Hrsg.), Pluralismus und Parla-mentarismus in Theorie und Praxis. Winfried Steffani zum 65. Geburtstag, Opladen, S. 175-188

Hereth, Michael 1995: Montesquieu zur Einführung, Hamburg

Heußner, Hermann K. 1992: Entstehung direktdemokratischer Verfahren in den USA – ein Rückblick auf die geschichtlichen Impule plebiszitärer Verfassungsgebungen, in: Zeit-schrift für Parlamentsfragen, 23. Jg., S. 131-145

Hoffmann, Stanley (Hrsg.) 1976: Sur la France, Paris

Holtmann, Everhard 1994: Politik-Lexikon, 2. Aufl., München

Hübner, Emil 1991: Das politische System der USA. Eine Einführung, München

Hübner, Emil, und Münch, Ursula (Hrsg.) 1998: Das politische System Großbritanniens. Eine Einführung, München

Ismayr, Wolfgang (Hrsg.) 2003: Die politischen Systeme Westeuropas, 3. Aufl., Opladen

Ismayr, Wolfgang (Hrsg.) 2004: Die politischen Systeme Osteuropas, 2. Aufl., Opladen

Jäger, Wolfgang, und Welz, Wolfgang (Hrsg.) 1995: Regierungssystem der USA. Lehr- und Arbeitsbuch, München – Wien

James, Simon 1992: British Cabinet Government, London und New York

Janssen, Peter 2001: Frankreich. Verbände – eine Rechnung mit vielen Unbekannten, in: Werner Reutter und Peter Rütters (Hrsg.), Verbände und Verbandssysteme in Westeuro-pa, Opladen, S. 125-150

Jeffery, Charlie 2001: Verfassungspolitik und Verfassungswandel, in: Gert-Joachim Glaeßner, Werner Reutter und Charlie Jeffery (Hrsg.), Verfassungspolitik und Verfassungswandel. Deutschland und Großbritannien, Wiesbaden, S. 125-142

Jellinek, Georg 1914: Allgemeine Staatslehre, 3. Aufl., Berlin

Johnson, Nevil 1998: The Judicial Dimension in British Politics, in: West European Politics, 21. Jg., S. 148-166

Jones, Charles O. 1995: Separate but Equal Branches: Congress and the Presidency, Chatham

Jordan, Grant, und Richardson, Jeremy J. 1987: Government and Pressure Groups in Britain, Oxford

Jowell, Jeffrey, und Dawn, Oliver (Hrsg.) 1994: The Changing Constitution, 2. Aufl., Ox-ford

Jun, Uwe 1999: Großbritannien: Der unaufhaltsame Aufstieg des Karrierepolitikers, in: Jens Borchert (Hrsg.), Politik als Beruf. Die politische Klasse in westlichen Demokratien, Opladen, S. 186-212

Jun, Uwe 2002: Parteien im Parlament. Die institutionell schwache Stellung der Fraktio-nen, in: Sabine Ruß, Joachim Schild, Jochen Schmidt und Ina Stephan (Hrsg.), Partei-en in Frankreich. Kontinuität und Wandel in der V. Republik, Opladen, S. 123-143

Jun, Uwe 2002: Koalitionen in der V. Republik, in: Sabine Kropp, Suzanne S. Schütte-meyer und Roland Sturm (Hrsg.), Koalitionen in West- und Osteuropa, Opladen, S. 770-789

Kaiser, André 1998: Verbände und Politik, in: Hans Kastendiek, Karl Rohe und Angelika Volle (Hrsg.), Großbritannien. Geschichte-Politik-Wirtschaft-Gesellschaft, akt. und erw. Aufl., Bonn S. 224-238

Kaltefleiter, Werner 1969: Die Funktionen des Staatsoberhauptes in der westlichen Demokra-tie, Köln und Opladen

Kastendiek, Hans 1998: „Collective bargaining" und gewerkschaftliche Interessenvertretung, in: Hans Kastendiek, Karl Rohe und Angelika Volle (Hrsg.), Großbritannien. Geschichte – Politik – Wirtschaft – Gesellschaft, akt. und erw. Aufl., S. 331-357

Kastendiek, Hans, Rohe, Karl, und Volle, Angelika (Hrsg.) 1998: Großbritannien. Geschichte – Politik – Wirtschaft – Gesellschaft, akt. u. erw. Aufl., Bonn

Kastning, Lars 1991: Vereinigtes Königreich, in: Winfried Steffani (Hrsg.), Regierungsmehrheit und Opposition in den Staaten der EG, Opladen, S. 375-414

Kavanagh, Dennis 1987: Thatcherism and British Politics: The End of Consensus, London und Basingstoke

Kavanagh, Dennis 1996: British Politics: Continuities and Change, 3. Aufl., Oxford

Kavanagh, Dennis, und Morris, Peter 1994: Consensus Politics: From Attlee to Major, 2. Aufl., Oxford und Cambridge

Keeler, John T. 1993: Executive Power and Policy-Making Patterns in France: Gauging the Impact of Fifth Republic Institutions, in: West European Politics, 16. Jg.. S. 518-544

Kempf, Udo 1997: Von de Gaulle bis Chirac: Das politische System Frankreichs, 3. Aufl., Opladen

Kempf, Udo 1992: Frankreichs Senat – Wenig Potestas, viel Auctoritas, in: Jürgen Hartmann und Uwe Thaysen (Hrsg.), Pluralismus und Parlamentarismus in Theorie und Praxis. Winfried Steffani zum 65. Geburtstag, Opladen, S. 189-214

Kessler, Marie-Christine 1986: Les grands corps de l'Etat, Paris

Kimmel, Adolf 1999: Der Verfassungstext und die lebenden Verfassungen, in: Marieluise Christadler und Henrik Unterwedde (Hrsg.), Länderbericht Frankreich. Geschichte-Politik-Wirtschaft-Gesellschaft, Bonn, S. 306-325

King, Anthony 1991: The British Prime Ministership in the Age of the Career Politician, in: West European Politics, 14. Jg., S. 25-47

King, Anthony 1998: Running Scared: Why America's Politicians Campaign too Much and Govern too Little, New York

Kincaid, John 2001: Federalism in the United States of America: A Continual Tension between Persons and Places, in: Arthur Benz und Gerhard Lehmbruch (Hrsg.), Föderalismus. Analysen in entwicklungsgeschichtlicher und vergleichender Perspektive, Politische Vierteljahresschrift, Sonderheft 32, S. 134-156

Klages, Wolfgang 1998: Staat auf Sparkurs. Die erfolgreiche Sanierung des US-Haushalts, Frankfurt /M. und New York

Kleinsteuber, Hans J. 1984: Die USA. Politik, Wirtschaft, Gesellschaft, 2. Aufl., Hamburg

Klemmt, Reiner 1983: Die Verantwortlichkeit der Minister in Großbritannien, Tübingen

Klumpjahn, Helmut 1998: Die amerikanischen Parteien: Von ihren Anfängen bis zur Gegenwart, Opladen

Kluxen, Kurt (Hrsg.) 1971: Parlamentarismus, 3. Aufl., Köln und Berlin

Kluxen, Kurt 1976: Geschichte Englands, 3. Aufl., Stuttgart

Kluxen, Kurt 1983: Geschichte und Problematik des Parlamentarismus, Frankfurt/M.

Knapp, Andrew 1994: Gaullism since de Gaulle, Alderhot

Knapp, Andrew 1992: The Cumul des Mandats, Local Power and Political Parties in France, in: West European Politics, 14. Jg., S. 18-40

Knapp, Andrew, und Le Galès, Patrick 1991: Top-Down to Bottom-Up? Center-Periphery Relations and Power Structure in France's Gaullist Party, in: West European Politics, 14. Jg., S. 271-294

Krakau, Knud 1992: Lateinamerika zwischen Diktatur und Demokratie, in: Detlef Junker, Dieter Nohlen und Hartmut Sangmeister (Hrsg.), Lateinamerika am Ende des 20. Jahrhunderts, München

Kreuzer, Marcus, und Stephan, Ina 1999: Frankreich: Zwischen Wahlkreishonoratioren und nationalen Technokratien, in: Jens Borchert (Hrsg.), Politik als Beruf. Die politische Klasse in westlichen Demokratien, Opladen, S. 161-185

Kriele, H. 2003: Einführung in die Staatslehre, 6. Aufl., Wiesbaden

Kropp, Sabine, Schüttemeyer, Suzanne S. und Sturm, Roland (Hrsg.) 2002: Koalitionen in West- und Osteuropa, Opladen

Labbé, Dominique 1994: Trade Unionism in France since the Second World War, in: West European Politics, 17. Jg., S. 146-168

Lacroix, Bernard, und Lagroye, Jaques (Hrsg.) 1992: Le Président de la République, Paris

Landeszentrale für politische Bildung Baden-Württemberg (Hrsg.) 1989: Frankreich, Stuttgart

Landfried, Christine 1994: Parteifinanzen und politische Macht. Eine vergleichende Studie zur Bundesrepublik Deutschland, zu Italien und zu den USA, 2. Aufl., Baden-Baden

Landshut, Siegfried 1971: Formen und Funktion der parlamentarischen Opposition, in: Kurt Kluxen (Hrsg.), Parlamentarismus, 3. Aufl., Köln und Berlin, S. 401-424

Lange, U. 1980: Teilung und Trennung der Gewalten bei Montesquieu, in: Der Staat, 19. Jg., S. 214-234

Lasserre, René, Schild, Joachim, und Uterwedde, Henrik 1997: Frankreich. Politik, Wirtschaft, Gesellschaft, Opladen

Leggewie, Claus 1993: Alles andere als (parlamentarische) Opposition. Über die Grenzen der Opposition im politischen System Frankreichs, in: Walter Euchner (Hrsg.), Politische Opposition in Deutschland und im internationalen Vergleich, Göttingen, S. 127-136

Lehner, Franz, und Widmaier, Ulrich 1994: Vergleichende Regierungslehre, 3. Aufl., Opladen

Linder, Wolf 1999 a: Das politische System der Schweiz, in: Wolfgang Ismayr (Hrsg.), Die politischen Systeme Westeuropas, Opladen, 2. Aufl., S. 489-518

Linder, Wolf 1999 b: Schweizer Demokratie, Bern, Stuttgart und Wien

Locke, John 1989 (Erstaufl. 1690): Zwei Abhandlungen über die Regierung, hrsg. von Walter Euchner, Frankfurt/M.

Loewenstein, Karl 1959: Staatsrecht und Staatspraxis in den USA, Tübingen

Loewenstein, Karl 1964: Der britische Parlamentarismus. Entstehung und Gestalt, Reinbek

Loewenstein, Karl 1967: Staatsrecht und Staatspraxis von Großbritannien, Tübingen

Lösche, Peter 1989: Amerika in Perspektive. Politik und Gesellschaft der Vereinigten Staaten, Darmstadt

Lösche, Peter 1992: Herrschaft des Kongresses oder Herrschaft des Präsidenten? Überlegungen zur Fiktion und Wirklichkeit einer populären Dichotomie, in: Jürgen Hartmann und Uwe Thaysen (Hrsg.), Pluralismus und Parlamentarismus in Theorie und Praxis. Winfried Steffani zum 65. Geburtstag, Opladen, S. 215-230

Lösche, Peter 1993: Opposition und oppositionelles Verhalten in den Vereinigten Staaten, in: Walter Euchner (Hrsg.), Politische Opposition in Deutschland und im internationalen Vergleich, Göttingen, S. 115-128

Lösche, Peter 1998: Verbände, Gewerkschaften und das System der Arbeitsbeziehungen, in: Willi Paul Adams und Peter Lösche (Hrsg.), Länderbericht USA, 3. akt. und neu bearb. Aufl., Bonn, S. 340-374

Loth, Wilfried 1987: Geschichte Frankreichs im 20. Jahrhundert, Stuttgart

Lowi, Theodore J. 1985: The Personal President: Power Invested, Promise Unfulfilled, Ithaca und London

Mackintosh, John P. 1981: The British Cabinet, 3. Aufl., London

Marsh, David 1992: The New Politics of British Trade Unionism. Union Power and the Thatcher Legacy, London und Basingstoke

Mayhew, David R. 1974: Congress: The Electoral Connection, New Haven und London

Mayhew, Donald R. 1991: Divided We Govern: Party Control, Lawmaking, and Investigation, 1946-1990, New Haven und London

McKenzie, Robert T. 1961: Politische Parteien in England, Köln und Opladen

Mény, Yves 1991: Le système politique francais, Paris

Mény, Yves 1999: Interessengruppen in Frankreich: Von Pluralismus keine Spur, in: Marie Luise Christadler und Hendrik Uterwedde (Hrsg.), Länderbericht Frankreich, Opladen, S. 348-362

Merkel, Wolfgang, Sandschneider, Eberhard, und Segert, Dieter (Hrsg.) 1996: Systemwechsel 2. Die Institutionalisierung der Demokratie, Opladen

Messerschmidt, Romy 2003: Vom mächtigen Superpräsidenten zum machtlosen Repräsentanten? Zum Wandel des Präsidentenamtes der V. Republik und den Diskussionen um die Verfassungsreform in Frankreich, in: Zeitschrift für Parlamentsfragen, 34. Jg., 389-413

Mewes, Horst 1986: Einführung in das politische System der USA, Heidelberg

Mielke, Siegfried (Hrsg.) 1983: Gewerkschaftshandbuch, Opladen

Miller, William L. 1998: The Periphery and Its Paradoxes, in: West European Politics, 21. Jg., S. 167-196

Mols, Manfred 1981: Mexiko im 20. Jahrhundert, Paderborn

Mols, Manfred 1985: Demokratie in Lateinamerika, Stuttgart

Mommsen, Margareta 1999: Das „System Jelzin" – Struktur und Funktionsweise des russischen „Superpräsidentialismus", in: Wolfgang Merkel und Andreas Busch (Hrsg.), Demokratie in Ost und West. Für Klaus von Beyme, Frankfurt/M., S. 290-309

Mommsen, Margareta 2003: Wer herrscht in Russland? Der Kreml und die Schatten der Macht, München

Montesquieu, Charles de 1992 (Erstaufl. 1748): Vom Geist der Gesetze, eingel. und übers. von E. Forsthoff, Tübingen

Münch, Richard 1995: Systemtheorie und Politik, in: Dieter Nohlen und Rainer-Olaf Schultze (Hrsg.), Lexikon der Politik, Bd. 1: Politische Theorien, München, S. 625-635

Nagler, Jürg 1998: Territoriale Expansion, Sklavenfrage, Sezessionskrieg, Rekonstruktion, 1815-1877, in: Willi Paul Adams und Peter Lösche (Hrsg.), Länderbericht USA, akt. u. neu bearb. Aufl., Bonn, S. 42-72

Naßmacher, Hiltrud 1991: Vergleichende Politikforschung. Eine Einführung in Methoden und Probleme, Opladen

Naßmacher, Hiltrud, und Uppendahl, Herbert (Hrsg.) 1989: Kanada. Wirtschaft, Gesellschaft, Politik in den Provinzen, Opladen

Neustadt, Richard S. 1960: Presidential Power: The Politics of Leadership, New York

Nohlen, Dieter 1978: Wahlsysteme der Welt. Daten und Analysen. Ein Handbuch, München

Nohlen, Dieter 2004: Wahlrecht und Parteiensystem, 4. Aufl., Opladen

Norton, Philip 1987: Special Issue on Parliaments in Western Europe, in: West European Politics, 13. Jg., S. 1-153

Norton, Philip (Hrsg.) 1990 a: Parliaments in Western Europe, London

Norton, Philip 1990 b: Parliament in the United Kingdom: Balancing Effectiveness and Consent, in: West European Politics, 13. Jg., S. 10-31

Norton, Philip 2000: The United Kingdom: Exerting Influence from Within, in: Knut Heidar und Ruud Koole (Hrsg.), Parliamentary Party Groups in European Democracies: Political Parties Behind Closed Doors, New York, S. 39-56

Nuscheler, Franz 1969: Walter Bagehot und die englische Verfassungstheorie, Meisenheim a.G.

O'Brian, David M. 2003: Storm Center: The Supreme Court in American Politics, 6. Aufl., New York und London

O'Donnell, Guillermo 1994: Delegative Democracy, in: Journal of Democracy, 5. Jg., S. 55-69

Oertel, Barbara 1991: Republik Frankreich, in: Winfried Steffani (Hrsg.), Regierungsmehrheit und Opposition in den Staaten der EG, Opladen, S. 157-195

Patterson, Bradley H. 2001: The White House Staff: Inside the West Wing and Beyond, Washington, D.C.

Pierce, Roy 1995: Choosing the Chief: Presidential Elections in France and the United States, Ann Arbor

Plöhn, Jürgen 2001: Großbritannien. Interessengruppen im Zeichen von Traditionen, sozialem Wandel und politischen Reformen, in: Werner Reutter und Peter Rütters (Hrsg.), Verbände und Verbandssysteme in Westeuropa, Opladen, S. 169-196

Prätorius, Rainer 1997: Die USA. Politischer Prozeß und soziale Probleme, Opladen

Reichel, Peter (Hrsg.) 1984: Politische Kultur in Westeuropa, Frankfurt/M. und New York

Reutter, Werner, und Rütters, Peter (Hrsg.) 2001: Verbände und Verbandssysteme in Westeuropa, Opladen

Richardson, Jeremy (Hrsg.) 1982: Policy Styles in Western Europe, Boston und Sydney

Riklin, A. 1989: Montesquieus freiheitliches Staatsmodell, in: Politische Vierteljahresschrift, 30. Jg., S. 420-442

Rohe, Karl 1998: Parteien und Parteiensystem, in: Hans Kastendiek, Karl Rohe und Angelika Volle (Hrsg.), Länderbericht Großbritannien, akt. u. erw. Aufl., Bonn, S. 239-256

Rose, Richard 1985: Politics in England: Resistance and Change, London und Basingstoke

Rose, Richard 2001: The Prime Minister in a Shrinking World, Cambridge

Rosenstone, Steven J., Behr, Roy L., und Lazarus, Edward H. 1996: Third Parties in America: Citizen Response to Major Party Failure, 2. Aufl., Princeton

Rostock, M. 1974: Die Lehre von der Gewaltenteilung in der politischen Theorie von John Locke, Meisenheim

Rousseau, Jean-Jacques 1958 (Erstaufl. 1762): Vom Gesellschaftsvertrag oder Die Grundsätze des Staatsrechts, übers. von Heinrich Weinstock, Stuttgart

Ruß, Sabine, Schild, Joachim, Schmidt, Jochen, und Stephan, Ina (Hrsg.) 1999: Parteien in Frankreich. Kontinuität und Wandel in der V. Republik, Opladen

Saalfeld, Thomas 1997: Partei und Fraktion in Großbritannien, in: Ludger Helms (Hrsg.), Parteien und Fraktionen. Ein internationaler Vergleich, Opladen, S. 67-97

Safran, William 1995: The French Polity, 4. Aufl., White Plains

Savage, David G. 1992: Turning Right: The Making of the Rehnquist Supreme Court, New York

Schlesinger, Arthur J. 1973: The Imperial Presidency, Boston

Schmidt, Manfred G. 1995: Wörterbuch zur Politik, Stuttgart

Schreyer, Söhnke 1998: Neue Politiker und Parteiströmungen im US-Kongreß, Frankfurt/M. und New York

Schröder, Hans-Christoph 1995: Die Geschichte Englands. Ein Überblick, in: Hans Kastendiek, Karl Rohe und Angelika Volle (Hrsg.), Großbritannien. Geschichte-Politik- Wirtschaft-Gesellschaft, Frankfurt/M. und New York, S. 15-67

Searing, Donald D. 1994: Westminster's World: Understanding Political Roles, Cambridge, Mass.

Searing, Donald D. 1995: Backbench and Leadership Roles in the House of Commons, in: Parliamentary Affairs, 48. Jg., S. 419-438

Sebaldt, Martin 2001: Transformation der Verbändedemokratie. Die Modernisierung des Systems organisierter Interessen in den USA, Wiesbaden

Setzer, Hans 1973: Wahlsystem und Parteienentwicklung in England. Wege zur Demokratisierung der Institutionen, Frankfurt/M.

Shell, Donald, und Hodder-Williams, Richard (Hrsg.) 1995: Churchill to Major: The British Prime Ministership since 1945, London

Shell, Kurt L. 1986: Der amerikanische Konservatismus, Stuttgart

Shell, Kurt L. 1992 a: Die Verfassung von 1787, in: Willi Paul Adams und andere (Hrsg.), Länderbericht USA, Bd. 1, akt. u erg. Aufl., Frankfurt und New York, S. 329-340

Shell, Kurt L. 1992 b: Die Verfassung im Wandel, in: Willi Paul Adams und andere (Hrsg.), Länderbericht USA, Bd. 1, akt. u erg. Aufl., Frankfurt und New York, S. 340-356

Shell, Kurt L. 1998: Kongreß und Präsident, in: Willi Paul Adams und Peter Lösche (Hrsg.), Länderbericht USA, 3. akt. u neu bearb. Aufl., Bonn, S. 207-248

Smith, Hendrick 1988: Der Machtkampf in Amerika. Reagans Erbe: Washingtons neue Elite, Reinbek

Sontheimer, Kurt 1972: Das politische System Großbritanniens, München

Sorauf, Frank J. 1992: Inside Campaign Finance: Myths and Realities, New Haven und London

Stammen, Theo 1972: Regierungssysteme der Gegenwart, 3. überarb.u. erw. Aufl., Stuttgart

Steffani, Winfried 1979: Parlamentarische und präsidentielle Demokratie: Strukturelle Aspekte westlicher Demokratien, Opladen

Steffani,. Winfried (Hrsg.) 1991: Regierungsmehrheit und Opposition in den Staaten der EG, Opladen

Steffani, Winfried 1995: Semi-Präsidentialismus: ein eigenständiger Systemtyp? Zur Unterscheidung von Legislative und Parlament, in: Zeitschrift für Parlamentsfragen, 26. Jg., S. 621-641

Steffani, Winfried 1997: Gewaltenteilung und Parteien im Wandel, Opladen

Steinsdorff, Silvia von 1995: Die Verfassungsgenese der Zweiten Russischen und der Fünften Französischen Republik im Vergleich, in: Zeitschrift für Parlamentsfragen, 26. Jg., S. 486-504

Stone, Alec 1987: In the Shadow of the „Constitutional Council": The Juridicisation of the Legislative Process in France, in: West European Politics, 12. Jg., S. 12-34

Stone, Alec 1992: The Birth of Judicial Politics in France: The Constitutional Council in Comparative Perspective, New York

Sturm, Roland 1991: Großbritannien. Wirtschaft, Gesellschaft, Politik, Opladen

Sturm, Roland 1998 a: Staatsordnung und politisches System, in: Hans Kastendiek, Karl Rohe und Angelika Volle (Hrsg.), Länderbericht Großbritannien. Geschichte -Politik – Wirtschaft – Gesellschaft, akt. und erw. Aufl., Bonn, S. 194-223

Sturm, Roland 1998 b: New Labour – New Britain? Großbritannien nach dem Wahlsieg Tony Blairs, in: Hans Kastendiek, Karl Rohe und Angelika Volle (Hrsg.), Länderbericht Großbritannien. Geschichte – Politik – Wirtschaft – Gesellschaft, akt. und erw. Aufl., Bonn, S. 275-294

Suleiman, Ezra N. 1974: Politics, Power, and Bureaucracy in France: The Administrative Elite, Princeton

Suleiman, Ezra N. 1978: Elites in French Society. The Politics of Survival, Princeton

Sutton, Robert P. 2002: Federalism, Westport

Thaman, Stephen C. 1992: Das Rechtssystem, in: Willi Paul Adams und andere (Hrsg.), Länderbericht USA. Bd. 1, akt. u erg. Aufl., Frankfurt und New York, S. 519-545

Thaysen, Uwe, Davidson, Roger H., und Livingston, Robert G. (Hrsg.) 1988: US-Kongreß und Deutscher Bundestag. Bestandsaufnahmen im Vergleich, Opladen

Thuiller, Guy 1982: Les cabinets ministériels, Paris

Trautmann, Ljuba 1995: Rußland zwischen Diktatur und Demokratie. Die Krise der Reformpolitik seit 1993, Baden-Baden

Vogel, David 1989: Fluctuating Fortunes: The Political Power of Business in America, New York

Vogel, David 1996: Kindred Strangers: The Uneasy Relationship between Business and Politics in America, Princeton

Walker, David B. 1995: The Rebirth of Federalism: Slouching toward Washington, Chatham

Walker, David B. 2000: The Rebirth of Federalism. Slouching Toward Washington, 2. Aufl., New York und London

Walker, Thomas G., und Epstein, Lee 1993: The Supreme Court of the United States: An Introduction, New York

Wasser, Hartmut 1984: Die Vereinigten Staaten von Amerika. Porträt einer Weltmacht, 2. Aufl., Frankfurt/M.

Wasser, Hartmut 1998: Politische Parteien und Wahlen, in: Willi Paul Adams und Peter Lösche (Hrsg.), Länderbericht USA, 3. akt. und neu bearb. Aufl., Bonn, S. 305-339

Wasser, Hartmut, und Schissler, Jacob (Hrsg.) 1991: Die USA. Wirtschaft, Politik, Gesellschaft, Opladen

Weber, Helmut 1998: Recht und Gerichtsbarkeit, in: Hans Kastendiek, Karl Rohe und Angelika Volle (Hrsg.), Länderbericht Großbritannien. Geschichte -Politik – Wirtschaft – Gesellschaft, akt. und erw. Aufl., Bonn, S. 178-193

Weisenfels, Ernst 1980: Frankreichs Geschichte seit dem Krieg. Ereignisse, Gestalten, Hintergründe, 1944-1980, München

West European Politics 1989: Understanding Party System Change, Bd. 12, Heft 4

West European Politics 1989: West European Prime Ministers, Bd. 12, Heft 2

Widmaier, Ulrich, Gawrich, Andrea, und Becker, Ute 1999: Regierungssysteme Zentral- und Osteuropas. Ein einführendes Lehrbuch, Opladen

Wildavsky, Aaron 2001: The New Politics of the Budgetary Process, 4. Aufl., New York

Williams, Philip M. 1964: Crisis and Compromise: Politics in the Fourth Republic, London

Wilson, Frank L. 1987: Interest-Group Politics in France, Cambridge

Wilson, Graham K. 1981: Interest Groups in the United States, Oxford

Wilson, Graham K., und Barker, Anthony 1995: The End of the Whitehall Model?, in: West European Politics, 18. Jg., S. 130-149

Wilson, Woodrow 2002 (Erstaufl. 1885): Congressional Government, New Brunswick

Wilzewski, Jürgen 1999: Triumph der Legislative. Zum Wandel der amerikanischen Sicherheitspolitik 1981-1991, Frankfurt/M. und New York

Wright, Vincent 1989: The Government and Politics of France, London

Young, James P. 1985: Amerikanisches politisches Denken von der Revolution bis zum Bürgerkrieg, in: Iring Fetscher und Herfried Münkler (Hrsg.), Pipers Handbuch der politischen Ideen, Bd. 3: Von den Konfessionskriegen bis zur Aufklärung, München, S. 617-653

Ysmal, Colette 1989: Les partis politiques sous la Vème République, Paris

Zadra, Dirk 1997: Der Wandel des französischen Parteiensystems. Die „présidentiables" in der V. Republik, Opladen

Zelle, Carsten 1996: Parteien und Politiker in den USA. Personalisierung trotz „party revival", in: Zeitschrift für Parlamentsfragen, 27. Jg., S. 317-335

Zippelius, Reinhold 1983: Staat, in: Wolfgang W. Mickel (Hrsg.), Handlexikon zur Politikwissenschaft, München, S. 490-494

Neu im Programm
Politikwissenschaft

Arthur Benz (Hrsg.)

Governance – Regieren in komplexen Regelsystemen

Eine Einführung
2004. 240 S. Governance Bd. 1.
Br. EUR 24,90
ISBN 3-8100-3946-2

Governance: Ein Modebegriff oder ein sinnvolles wissenschaftliches Konzept? Das Buch erläutert das Konzept in unterschiedlichen Diskussionszusammenhängen und begründet seine Relevanz.

Jürgen Hartmann

Das politische System der Bundesrepublik Deutschland im Kontext

Eine Einführung
2004. 311 S. Br. EUR 21,90
ISBN 3-531-14113-9

Diese Einführung in das politische System der Bundesrepublik schildert den Parlamentarismus, den Bundesstaat, die Parteien, die Gesetzgebung und die politische Verwaltung, die Praxis der Koalitionsregierung und das Verfassungsgericht. Das Buch wählt eine vergleichende Perspektive, um diese tragenden Strukturen des politischen Systems zu beleuchten. Es skizziert die entsprechenden Strukturen in den Nachbarländern und in den USA. Das politische System wird immer stärker vom Umfeld der Europäischen Union bestimmt. Dem trägt das Buch mit einer komprimierten Darstellung der EU-Institutionen sowie mit einer Schilderung der wichtigsten Nahtstellen zwischen der deutschen und der europäischen Politik Rechnung.

Beate Kohler-Koch,
Thomas Conzelmann,
Michèle Knodt

Europäische Integration – Europäisches Regieren

2004. 348 S. Grundwissen Politik Bd. 34.
Geb. EUR 26,90
ISBN 3-8100-3543-2

In diesem Einführungsbuch stehen Entwicklung und Funktionsweise der Europäischen Union im Mittelpunkt. Die Exemplifizierung theoriegeleiteter Analyse soll dazu verhelfen, den sperrigen Gegenstand der europäischen Integration eigenständig zu erschließen. Dieses Einführungsbuch soll dazu dienen, die Entwicklung und Funktionsweise der Europäischen Union besser zu begreifen.
Die Autoren wählen eine theoriegeleitete Analyse der Entwicklung und Gestaltung europäischer Politik. Gleichzeitig gibt das Buch einen Überblick über unterschiedliche Theorieansätze und deren Anwendung auf konkrete Tätigkeitsbereiche und Strukturentwicklungen.

Erhältlich im Buchhandel oder beim Verlag.
Änderungen vorbehalten. Stand: Januar 2005.

www.vs-verlag.de

VS VERLAG FÜR SOZIALWISSENSCHAFTEN

Abraham-Lincoln-Straße 46
65189 Wiesbaden
Tel. 0611.7878-722
Fax 0611.7878-400